权威 · 前沿 · 原创

皮书系列为

“十二五”“十三五”“十四五”时期国家重点出版物出版专项规划项目

智库成果出版与传播平台

北京市哲学社会科学研究基地智库报告系列丛书

中国企业海外发展报告
（2024）

ANNUAL REPORT ON OVERSEAS DEVELOPMENT OF CHINESE ENTERPRISES (2024)

主　编／张新民　王分棉　杨道广

社会科学文献出版社
SOCIAL SCIENCES ACADEMIC PRESS (CHINA)

图书在版编目(CIP)数据

中国企业海外发展报告.2024 / 张新民，王分棉，杨道广主编.--北京：社会科学文献出版社，2024.12.--（企业海外发展蓝皮书）.--ISBN 978-7-5228-4666-8

Ⅰ. F279. 247

中国国家版本馆 CIP 数据核字第 2024B4N753 号

企业海外发展蓝皮书

中国企业海外发展报告（2024）

主　　编 / 张新民　王分棉　杨道广

出 版 人 / 冀祥德
组稿编辑 / 恽　薇
责任编辑 / 孔庆梅
文稿编辑 / 刘　燕
责任印制 / 王京美

出　　版 / 社会科学文献出版社 · 经济与管理分社（010）59367226
地址：北京市北三环中路甲 29 号院华龙大厦　邮编：100029
网址：www. ssap. com. cn
发　　行 / 社会科学文献出版社（010）59367028
印　　装 / 天津千鹤文化传播有限公司

规　　格 / 开 本：787mm × 1092mm　1/16
印 张：25. 25　字 数：377 千字
版　　次 / 2024 年 12 月第 1 版　2024 年 12 月第 1 次印刷
书　　号 / ISBN 978-7-5228-4666-8
定　　价 / 168. 00 元

读者服务电话：4008918866

本报告系：

2023年北京市社会科学基金决策咨询重点项目“中国企业海外发展报告2024”（批准号：23JCB030）的研究成果；

教育部哲学社会科学发展报告项目“中国企业海外发展报告”（批准号：13JBGP002）的研究成果；

对外经济贸易大学北京企业国际化经营研究基地和中国企业国际化经营研究中心的研究成果。

《中国企业海外发展报告（2024）》编委会名单

主　编　张新民　王分棉　杨道广

编　委　张新民　王分棉　杨道广　刘思义　卿　琛
葛　超　陈　帅　李文心　赵文卓　周　晨
郭瞳瞳　金　瑛　孙宛霖　彭　皎　韩紫轩
丁　璇　贺　佳　贾志远　周亦杨

主编简介

张新民 博士，对外经济贸易大学原副校长，国务院学位委员会工商管理学科评议组成员，对外经济贸易大学北京企业国际化经营研究基地首席专家，教授，博士生导师，享受国务院政府特殊津贴专家，2014 年入选财政部“中国会计名家”培养工程。中国财务报表分析第一人，引领了中国财务报表分析领域的理论和方法创新，创造性地提出了“张氏财务分析框架”，实现了从使用西方方法分析中国财务报表到使用中国人自己创立的框架分析中国企业财务报告的跨越，并将其广泛运用于课堂教学和企业管理实践，是中国 EMBA 教育界最具影响力的专家之一。主持或完成国家自然科学基金重大项目 1 项、面上项目 1 项，国家社会科学基金重点项目 2 项、一般项目 1 项，北京市社会科学基金特别委托项目等省部级项目 9 项；获得北京市第十二届哲学社会科学优秀成果奖一等奖等省部级奖励近 10 项；获得北京市教学名师称号，所授课程入选国家第三批精品视频公开课和国家精品课程。

王分棉 博士，对外经济贸易大学国际商学院教授，博士生导师，管理学系副主任，对外经济贸易大学北京企业国际化经营研究基地研究员，中国影视产业研究中心副主任，美国马里兰大学史密斯商学院访问学者。主持 2 项国家社会科学基金项目（包括 1 项重点项目）、1 项国家自然科学基金项目、1 项教育部项目、3 项北京市社会科学基金项目；在国内期刊上发表论文近 30 篇；主编 1 部“十二五”国家级规划教材（获得北京市“优质教材”称号)；出版3部专著；2篇研究报告被《成果要报》采用（其中1篇获北京市副市长的批示)；获得第八届高等学校科学研究优秀成果奖（人文社会科学）一等奖等10项省部级奖励；获得对外经济贸易大学“科研标兵”和“教学标兵”称号。主要研究方向为战略管理、国际企业管理。

杨道广 博士，对外经济贸易大学北京企业国际化经营研究基地研究员，国际商学院教授，博士生导师。主持国家自然科学基金青年项目、教育部人文社会科学基金青年项目各1项。相关研究成果见诸国际顶尖学术刊物 *The Accounting Review* 和 *Journal of International Business Studies*，国际权威学术刊物 *Journal of the American Taxation Association* 和 *Journal of Corporate Finance*，以及国内重要学术刊物《经济研究》《南开管理评论》《会计研究》《审计研究》等。独著《超越财务报告内部控制：中国经验》，是“十二五”国家级规划教材《审计》和MPAcc/MAud精品系列教材《审计理论与实务》《商业伦理与会计职业道德》的副主编，联合申报的本科“审计”课程荣获“首批国家级一流本科课程——线下课程”称号。担任 *Asian Review of Accounting* 编委以及国内外权威学术刊物的匿名审稿专家。

摘　要

随着全球经济格局的不断演变和国际竞争的日益激烈，中国企业在海外市场的拓展面临前所未有的挑战与机遇。一方面，全球经济增长乏力，经济全球化遭遇逆流，地缘政治紧张局势加剧，全球供应链和产业链加速重构，使得对外贸易环境变得更加错综复杂。另一方面，中国经济成功抵御了外部风险，经受住国内多重压力的考验。得益于一系列稳增长的政策措施，中国经济逐步恢复并持续向好；同时，中国的高水平对外开放不断深化，及时有效的稳外贸政策为对外贸易发展提供了更多有利条件。面对挑战与机遇并存的局势，中国对外贸易展现出了强劲的发展韧性和创新活力，为经济的稳定增长和持续复苏做出了积极贡献。

本报告认为，2023 年中国货物进出口贸易规模好于预期，对外贸易主体结构、伙伴结构、商品结构、区域分布结构均得到进一步优化。内外贸一体化发展取得积极进展，中间品贸易呈现强劲的增长态势。服务贸易规模创下历史新高，对外直接投资和对外承包工程均稳中有升。2023 年中国入围“世界 500 强”企业在数量上有所减少，但在营业收入方面呈现一定幅度的增长；入围“最具价值全球品牌 100 强”的中国企业数量与 2022 年持平，但在总体品牌价值方面出现了一定幅度的下降。从中国上市公司海外投资来看，2023 年中国上市公司海外投资总量呈现增长态势；投资地区以地缘优势（东南亚）和互补优势（欧洲）明显的地区为主；投资领域主要聚焦于金属、装备制造和化工行业并呈多元化发展态势；投资模式以独立投资、增资与合资经营为主；投资企业地域分布非均衡化，呈现“东多西少”的特点；投资企业主要来源于制造业；投资企业类型以民营企业居多。北京“两区”建设后，北京服务贸易、货物贸易以及数字贸易进出口总额整体呈上升趋势，北京对外投资高质量发展。RCEP 全面实施后，北京企业与 RCEP 成员国在货物贸易、服务贸易以及数字贸易方面取得了新进展，也为推动北京对外投资高质量发展带来了机遇和挑战。2023 年北京跨境电商在进出口总额、医药产品试点、政府财政支持和新设企业数量等方面均展现出强劲的增长势头；综试区政策从政策协同、消费增长拉动和产业升级推动三方面助力了北京跨境电商发展。此外，北京企业发展“一带一路”对外贸易存在一定的优势，但也面临国际化经营与风控能力不足、全球数字贸易竞争激烈、绿色贸易合作不够深入等挑战。2023 年北京企业在共建“一带一路”国家的投资规模有所回落，在新兴市场的布局更加广泛，表明企业在规避高风险市场的同时，积极寻找新的增长点。

关键词： 中国企业　北京“两区”平台　RCEP　“一带一路”　跨境电商

目录

I 总报告

II 分报告

Ⅲ 专题篇

Ⅳ 北京篇

Ⅴ 案例篇

皮书数据库阅读**使用指南**

总报告

B.1
2023年中国企业海外发展总体分析与评价

张新民　王分棉*

摘　要：　2023 年，中国对外贸易顶住外部压力，克服内部困难，表现出了较强的韧性。货物进出口贸易规模好于预期，中国保持了全球货物贸易第一大国的地位。对外贸易主体结构、伙伴结构、商品结构、区域分布结构均得到进一步优化。内外贸一体化发展取得积极进展，中间品贸易呈现强劲的增长态势。服务贸易规模创下历史新高，旅行服务和知识密集型服务贸易增长明显。对外直接投资和对外承包工程均稳中有升，在共建“一带一路”国家的投资和承包工程展现出强劲的增长势头。

关键词：　对外贸易　对外直接投资　对外承包工程

* 张新民，博士，教授，对外经济贸易大学北京企业国际化经营研究基地首席专家，主要研究方向为企业财务质量；王分棉，博士，教授，对外经济贸易大学北京企业国际化经营研究基地研究员，主要研究方向为战略管理、国际企业管理。

一　中国企业对外贸易总体分析与评价

2023年，全球经济的缓慢复苏、贸易和投资活动的减缓以及地缘政治紧张局势的加剧等不利因素加剧了中国对外贸易的下行风险。在此背景下，中国对外贸易顶住外部压力、克服内部困难，展现出较强的韧性。总体来看，2023年中国对外贸易规模好于预期，对外贸易质量优中有升，经营主体活力充足，民营企业主力作用增强，贸易伙伴多元共进，与共建"一带一路"国家的货物贸易进出口额占比提升，产品竞争优势稳固，出口动能活跃，服务贸易规模进一步扩大、结构进一步优化，高水平开放稳步推进，对外贸易新平台新业态发展势头良好。

（一）2023年中国货物贸易情况

2023年中国货物贸易进出口总额为59368.3亿美元，比2022年下降了5.0%（见图1）。[①] 出口额和进口额均略有降低，出口额同比降低4.6%，为33800.2亿美元，占全世界货物贸易出口额的比重为14.2%，占比基本与上年持平，保持了全球第一的地位；进口额同比降低了5.5%，为25568.0亿美元，在全世界货物贸易进口额中的占比为10.6%，占比较2022年略有提高，保持了全球第二的地位。尽管全球经济复苏步履维艰，中国依然成功维持了在国际市场上的竞争力，展现出了较强的持续发展能力。2023年，中国货物贸易顺差为8232.2亿美元，相比2022年降低了147.0亿美元。

1. 2023年中国企业货物贸易主体分析

从中国对外货物贸易的企业主体来看，2023年中国民营企业连续5年为第一大外贸经营主体，稳外贸主体地位更加巩固。具体而言，有进出口贸易实绩的民营企业达到55.6万家，企业数量占比达到86.2%。2023年民营企业货物贸易进出口总额达22.36万亿元，增长6.3%，占中国货物贸易进出口总额的53.5%，拉动整体货物贸易进出口总额实现了3.1%的增长。此

---

① 本报告数据因四舍五入存在误差，未进行机械统一。

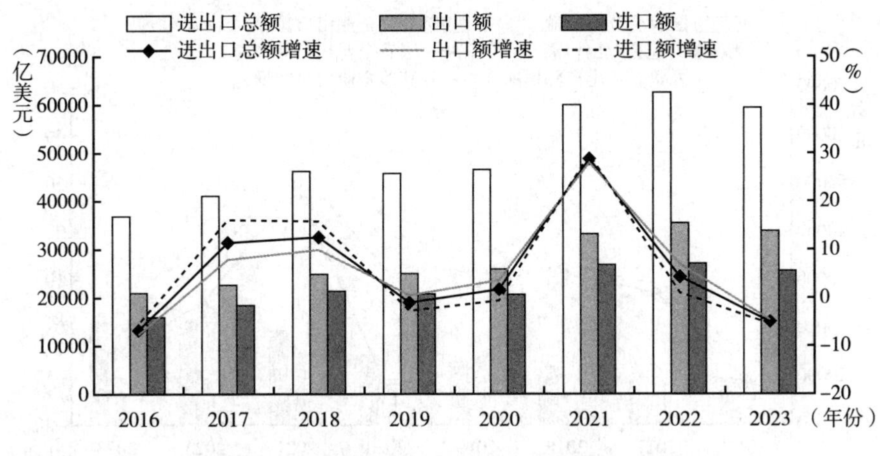

图1　2016~2023年中国对外货物贸易总体情况

资料来源：海关总署统计进出口商品总值表A。

外，民营企业不仅持续开拓新兴市场，同时在传统市场上展现出了较强的稳定性。具体而言，民营企业与共建“一带一路”国家的贸易额同比增长了9.2%，与欧盟和美国的贸易额也分别实现了2.3%和2.0%的增长。①

2023年，国有企业贡献了9500.0亿美元的货物贸易进出口总额，占货物贸易进出口总额的16.0%，出口额达到2688.7亿美元，比2022年降低了5.2%；进口额达到6811.3亿美元，较2022年下降了6.6%。2023年，外资企业的货物贸易进出口总额为17931.7亿美元，占中国货物贸易进出口总额的30.2%，这一比例较2022年有所降低。其中，出口额达到9656.5亿美元，比2022年减少了14.0%；进口额达到8275.2亿美元，比2022年减少了13.1%（见图2、图3）。

2. 2023年中国企业对外货物贸易区域市场分析

2023年中国企业对外货物贸易的区域市场依然主要分布在亚洲和欧洲，与北美洲的货物贸易进出口总额大幅下降，与拉丁美洲、非洲和大洋洲的货物贸易进出口总额小幅上升，非洲是2023年中国出口额唯一增长的大洲。中国与美国、日本、韩国等发达国家的货物贸易进出口总额大幅下跌，与俄

① 国务院新闻办公室。

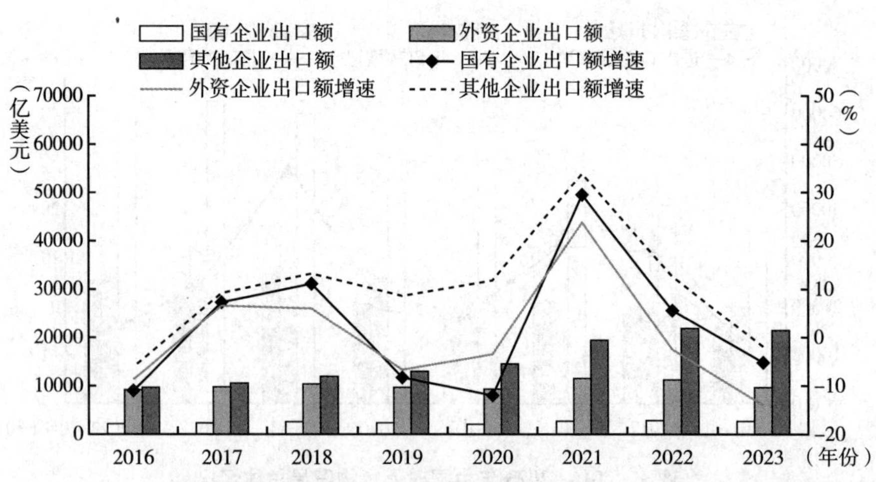

图 2　2016~2023 年中国不同性质企业的货物出口情况

资料来源：海关总署统计出口商品贸易方式企业性质总值表。

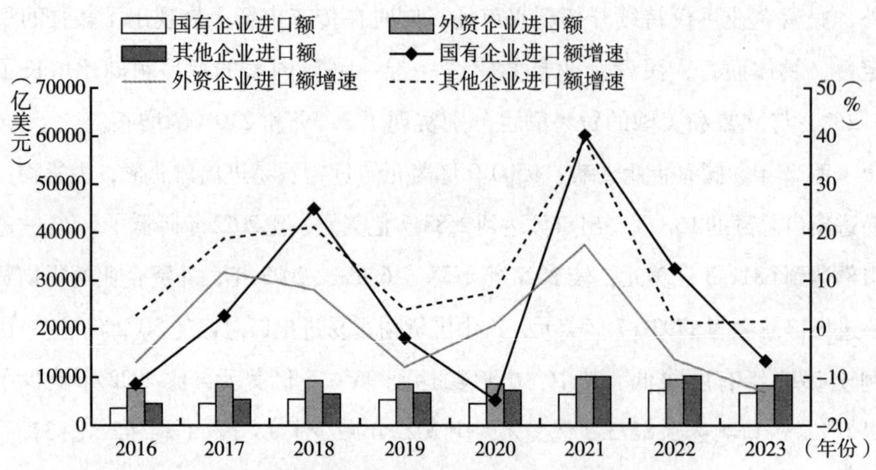

图 3　2016~2023 年中国不同性质企业的货物进口情况

资料来源：海关总署统计进口商品贸易方式企业性质总值表。

罗斯、巴西、印度和墨西哥等发展中国家的货物贸易进出口总额增加，贸易伙伴呈现更加多元化的分布趋势。

从对外货物贸易的区域市场分布情况来看，2023 年，中国在亚洲市场的货物贸易进出口总额为 29371.9 亿美元，比 2022 年降低了 7%，占中国货物贸易进出口总额的49.5%，占比较上年略有下降；其中对亚洲市场的出口额为16163.8亿美元，出口额比2022年降低了3.4%，占中国货物贸易出口额的47.8%；对亚洲市场的进口额为13208.2亿美元，进口额比2022年降低了11.1%，占中国货物贸易进口额的51.7%。中国在欧洲市场的货物贸易进出口总额为12106.0亿美元，比2022年降低了1.0%，占货物贸易进出口总额的20.4%；其中对欧洲市场的出口额为7122.7亿美元，出口额同比降低了3.3%，占中国货物贸易出口额的21.1%；对欧洲市场的进口额为4983.3亿美元，比2022年提升了2.4%，占中国货物贸易进口额的19.5%。中国在北美市场的货物贸易进出口总额为7539.1亿美元，比2022年降低了11%，占中国货物贸易进出口总额的12.7%；其中对北美市场的出口额为5454.5亿美元，出口额同比降低了13.2%，占中国货物贸易出口额的16.1%；对北美市场的进口额为2084.5亿美元，进口额比2022年降低了4.7%，占中国货物贸易进口额的8.2%。

从对外货物贸易的伙伴分布情况来看，东盟保持了第一大贸易伙伴的地位，对东盟的货物贸易进出口总额为9117.2亿美元，比2022年下降了4.9%。其中，对东盟的出口额为5236.7亿美元，同比下降了5.0%；对东盟的进口额为3880.4亿美元，比2022年下降了4.8%。欧盟依然是中国的第二大贸易伙伴，货物贸易进出口总额为7829.9亿美元，比2022年降低了7.1%。其中，对欧盟的出口额为5012.3亿美元，比2022年降低了10.2%；对欧盟的进口额为2817.5亿美元，比2022年降低了0.9%。美国是中国的第三大贸易伙伴，对美国的货物贸易进出口总额为6644.5亿美元，比2022年降低了11.6%。其中，对美国的出口额为5002.9亿美元，同比降低了13.1%；对美国的进口额为1641.6亿美元，比2022年降低了6.8%。中国的第四大贸易伙伴为日本，中国对日本的货物贸易进出口总额为3180.0亿美元，比2022年降低了10.7%。其中，对日本的出口额为1575.2亿美元，同比降低了8.4%；对日本的进口额为1604.8亿美元，比2022年降低了12.9%。中国的第五大贸易伙伴为韩国，中国对韩国的货物贸易进出口总额为3107.4亿美元，比2022年降低了13.5%。其中，对韩国的出口额为1489.9亿美元，同比降低了7.2%；对韩国的进口额为1617.5亿美元（见表1），比2022年降低了18.7%。

表1　2023年中国对外货物贸易的主要国家（地区）分布情况

单位：亿美元

国家（地区）	货物贸易进出口总额	出口额	进口额
总值	59368.3	33800.2	25568.0
亚洲	29371.9	16163.8	13208.2
日本	3180.0	1575.2	1604.8
韩国	3107.4	1489.9	1617.5
中国香港	2882.3	2745.5	1367.1
中国台湾	2678.4	684.9	1993.5
东盟*	9117.2	5236.7	3880.4
新加坡	1083.9	769.6	314.3
非洲	2820.9	1727.8	1093.1
欧洲	12106.0	7122.7	4983.3
欧盟**	7829.9	5012.3	2817.5
德国	2067.8	1005.7	1062.1
法国	789.4	416.3	373.1
意大利	717.6	445.2	272.3
荷兰	1170.9	1001.9	169.0
英国	979.8	779.2	200.6
俄罗斯	2401.1	1109.7	1291.4
拉丁美洲	4890.5	2450.7	2439.8
北美洲	7539.1	5454.5	2084.5
加拿大	889.9	450.8	439.1
美国	6644.5	5002.9	1641.6
大洋洲	2624.1	880.8	1743.3
澳大利亚	2292.0	738.1	1553.9
国别和地区不详	15.8	0.0	15.8

注：东盟即东南亚国家联盟，包括文莱、印度尼西亚、马来西亚、菲律宾、新加坡、泰国、越南、老挝、缅甸、柬埔寨。欧盟即欧洲联盟，包括比利时、丹麦、德国、法国、爱尔兰、意大利、卢森堡、荷兰、希腊、葡萄牙、西班牙、奥地利、芬兰、瑞典、塞浦路斯、匈牙利、马耳他、波兰、爱沙尼亚、拉脱维亚、立陶宛、斯洛文尼亚、捷克、斯洛伐克、罗马尼亚、保加利亚、克罗地亚。数据因四舍五入，存在误差，下同。

资料来源：海关总署统计进出口商品国别（地区）总值表。

此外，2023年，中国与共建"一带一路"国家的货物贸易进出口总额达到19.5万亿元，同比增加了2.8%，占货物贸易进出口总额的46.6%，占比较

2022年提高了1.2个百分点。另外，2023年，中国与《区域全面经济伙伴关系协定》（RCEP）其余14个成员国的贸易额达到了12.6万亿元，相比协定生效前的2021年增加了5.3%。具体而言，2023年中国对RCEP其他14个成员国出口的商品总额达到了6.41万亿元，占中国货物贸易出口额的27%。特别是机械设备、锂电池、汽车零部件和平板显示器模组的出口额显著增加。在进口方面，2023年中国自RCEP其他成员国进口的商品总额达到6.19万亿元，占中国货物贸易进口额的34.4%，[①] 其中能源产品的进口额增幅较大。

3. 2023年中国企业货物贸易商品结构分析

从出口商品结构来看，2023年机电产品依然是主要的出口产品，出口额为19786.6亿美元，同比降低了2.4%，占中国货物贸易出口额的58.5%。汽车（包括底盘）、汽车零配件、锂离子蓄电池、船舶等产品的出口额增长幅度较大。具体而言，汽车（包括底盘）出口额为1016.1亿美元，比2022年增长了69.0%，其中电动载人汽车的出口额为418.1亿美元，较2022年增长了73.4%。汽车零配件的出口额为876.6亿美元，同比增长了9.0%。船舶的出口额为275.8亿美元，同比增长了28.6%，其中集装箱的出口额增长了125%，散货船的出口额增长了21.7%。飞机及其他航空器的出口额增长了67.8%。太阳能电池的出口额降低了5.7%，但出口数量增长了38.5%（见表2）。海关总署新闻发言人在国务院新闻办公室发布会上表示，电动汽车、光伏产品和锂电池成为中国出口“新三样”。

表2　2023年中国主要商品出口情况统计

商品名称	计量单位	数量	金额（亿美元）	数量同比增长(%)	金额同比增长(%)
机电产品	—	—	19786.6	—	-2.4
高新技术产品	—	—	8425.4	—	-10.8
服装及衣着附件	—	—	1591.4	—	-7.8
文化产品	—	—	1448.1	—	-8.5

① 国务院新闻办公室。

续表

商品名称	计量单位	数量	金额（亿美元）	数量同比增长(%)	金额同比增长(%)
纺织纱线、织物及其制品	—	—	1346.0	—	-8.3
塑料制品	—	—	1008.1	—	-3.9
农产品	—	—	989.3	—	0.9
钢材	万吨	9026	845.6	36.2	-8.3
食品	—	—	765.2	—	0.6
家具及其零件	—	—	642.0	—	-5.2
基本有机化学品	—	—	575.1	—	-25.8
鞋靴	万双	891424	493.4	-2.5	-12.6
成品油	万吨	6269	483.3	16.7	0.4
汽车(包括底盘)	万辆	522	1016.1	57.4	69.0
电动载人汽车	辆	1773204	418.1	67.1	73.4
汽车零配件	—	—	876.6	—	9.0
船舶	艘	4940	275.8	23.2	28.6
散货船	艘	334	70.9	13.2	21.7
太阳能电池	万个	563674	436.8	38.5	-5.7
锂离子蓄电池	万个	362143	650.1	-3.8	27.8
玩具	—	—	405.7	—	-12.2
箱包及类似容器	万吨	331	357.3	13.5	3.9
医药材及药品	吨	1434659	233.0	-11.4	-35.3
未锻轧铝及铝材	吨	5675255	191.6	-13.9	-26.1

资料来源：海关总署统计出口主要商品量值表。

从进口商品结构来看，2023 年能源依然是中国进口的最大品类，原油、成品油、天然气、煤及褐煤的进口量达 120607 万吨，进口额为 4827.3 亿美元，占中国货物贸易进口额的 18.9%。电子元器件是中国进口的第二大品类，集成电路、自动数据处理设备及其零部件、二极管及类似半导体器件、液晶平板显示模组进口额为 4353.5 亿美元，占中国货物贸易进口额的

17.0%，其中集成电路进口额为3493.8亿美元，占货物贸易进口额的13.7%。铁（铜）矿砂及其精矿、钢材、未锻轧铜及铜材也是中国进口的重要产品，2023年铁（铜）矿石及钢（铜）材总计进口121975万吨，进口额达2544.4亿美元，占货物贸易进口额的10.0%。此外，2023年中国进口汽车（包括底盘）80万辆，进口额达470.5亿美元。进口粮食16196万吨，进口额达823.0亿美元，占货物贸易进口额的3.2%，其中大豆的进口量为9941万吨，占粮食进口总量的61.4%，进口额达597.6亿美元，占粮食进口额的72.6%。2023年高新技术产品进口额为6804.7亿美元，占货物贸易进口额的26.6%（见表3）。

表3　2023年中国主要商品进口情况统计

商品名称	计量单位	数量	金额（亿美元）	数量同比增长(%)	金额同比增长(%)
原油	万吨	56399	3374.9	11.0	-7.7
成品油	万吨	4769	279.3	80.3	42.3
天然气	万吨	11997	643.4	9.9	-8.1
煤及褐煤	万吨	47442	529.7	22.8	61.8
集成电路	亿个	4796	3493.8	-10.8	15.4
自动数据处理设备及其零部件	—	—	504.7	—	-10.7
二极管及类似半导体器件	亿个	4530	235.7	-23.8	-18.2
液晶平板显示模组	万个	133566	119.3	-11.8	-21.0
铁矿砂及其精矿	万吨	117906	1339.7	6.6	4.9
铜矿砂及其精矿	万吨	2754	601.1	9.1	7.3
钢材	万吨	765	126.8	-27.6	-25.8
未锻轧铜及铜材	吨	5500864	476.8	-6.3	-12.1
汽车(包括底盘)	万辆	80	470.5	-8.9	-11.6
汽车零配件	—	—	274.6	—	-12.1
粮食	万吨	16196	823.0	11.7	1.0
大豆	万吨	9941	597.6	11.4	-0.5
肉类(包括杂碎)	万吨	738	275.3	-0.3	-13.2

续表

商品名称	计量单位	数量	金额（亿美元）	数量同比增长（%）	金额同比增长（%）
食用植物油	万吨	981	104.4	51.4	16.3
高新技术产品	—	—	6804.7	—	-10.3
医药材及药品	吨	385050	517.8	23.6	7.8
医疗仪器及器械	—	—	137.8	—	-4.1
初级形状的塑料	万吨	2960	452.7	-3.2	-19.4
天然及合成橡胶（包括胶乳）	万吨	795	116.9	8.0	-9.7
纸浆	万吨	3666	237.3	25.7	6.2

资料来源：海关总署统计进口主要商品量值表。

4. 2023年中国企业货物贸易区域分布分析

从各省（区、市）的角度看，西部省（区、市）对外货物贸易增长迅速，但传统对外货物贸易领先的省（区、市）面临较大的稳外贸压力。2023年，广东省仍然保持了在出口贸易领域的领先地位，货物贸易出口额为8353.7亿美元，但相比2022年降低了4.7%；货物贸易出口额排第2位的是江苏省，出口额为5043.3亿美元，相较于2022年降低了6.9%；2023年货物贸易出口额排第3~5位的依次是浙江省、山东省和上海市，同比分别下降了2.6%、3.8%、4.1%，货物贸易出口额分别为4850.9亿美元、2995.9亿美元、1980.0亿美元。西藏自治区、新疆维吾尔自治区和贵州省等省（区、市）出口增长幅度较大。其中，西藏自治区的货物贸易出口额同比增长63.4%，达到5.5亿美元；新疆维吾尔自治区的货物贸易出口额同比增长37.2%，达到395.7亿美元；贵州省的货物贸易出口额同比增长19.4%，达到77.2亿美元（见图4）。

从各省（区、市）的进口情况来看，2023年广东省的货物贸易进口额排在全国首位，为5027.7亿美元，同比减少了6.7%。上海市的货物贸易进口额排在全国第2位，为3762.0亿美元，同比减少了4.3%。2023年货物贸易进口额排第3~5位的省依次是江苏省、山东省和浙江省，货物贸易进

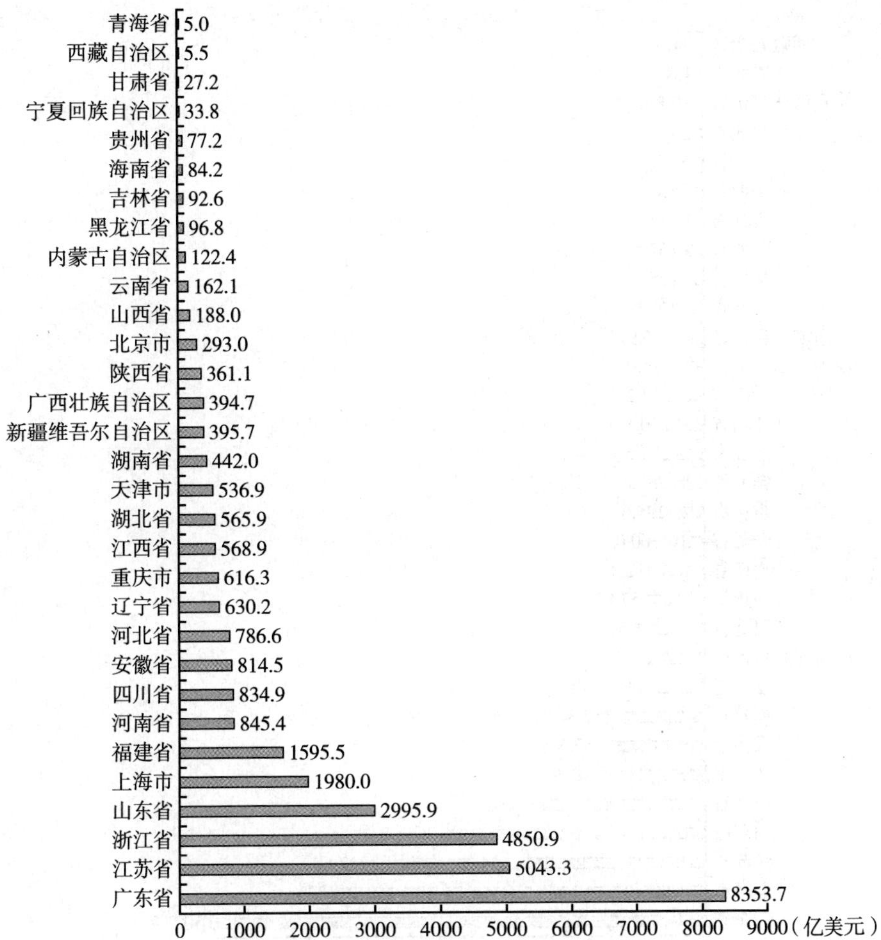

图4　2023年中国31个省（区、市）的货物贸易出口额

资料来源：海关总署统计进出口商品境内目的地/货源地总值表。

口额分别为3232.6亿美元、2651.8亿美元和1762.2亿美元，同比分别减少了6.9%、1.4%和4.9%。西藏自治区和青海省的货物贸易进口额增幅较大，同比分别增长了207.3%和144.9%，货物贸易进口额分别为0.6亿美元和1.8亿美元（见图5）。

5. 2023年中国跨境电商发展分析

2023年，中国跨境电商货物贸易进出口总额为2.38万亿元，同比增长

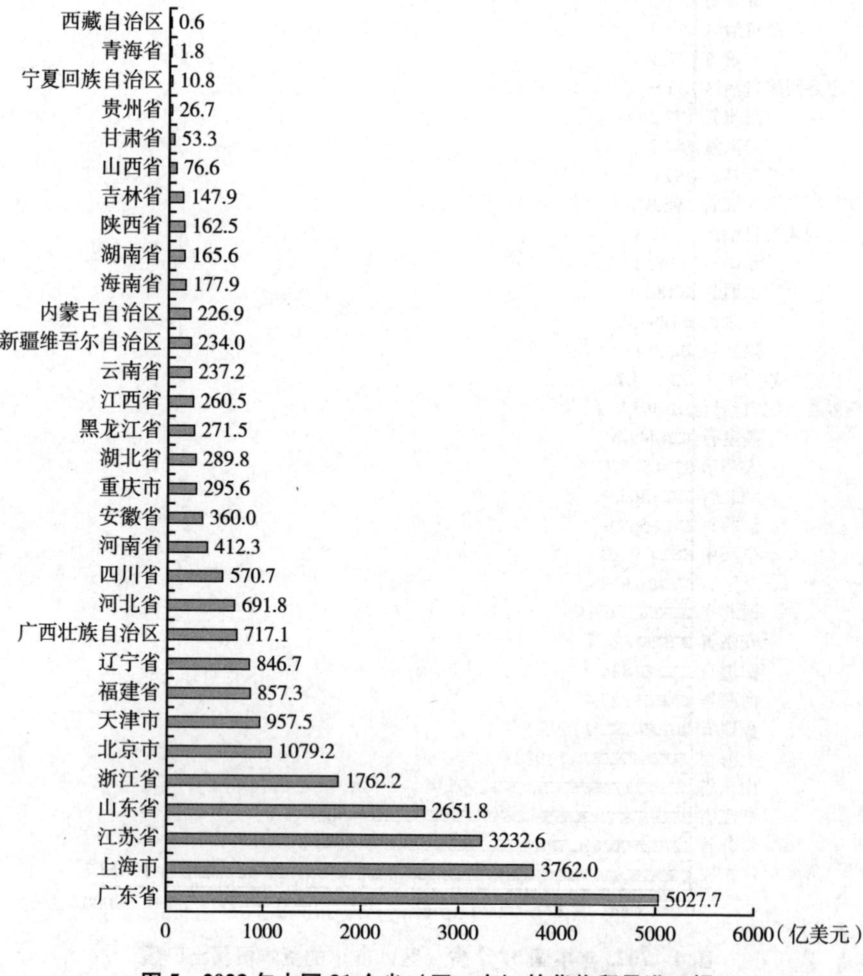

图 5　2023 年中国 31 个省（区、市）的货物贸易进口额

资料来源：海关总署统计进出口商品境内目的地/货源地总值表。

15.5%，占 2023 年货物贸易进出口总额的 6.0%。出口方面，2023 年跨境电商货物贸易出口额为 1.83 万亿元，较 2022 年增长了 19.6%，占 2023 年中国货物贸易出口额的 8.0%。其中，2023 年中国跨境电商主要的货物出口目的市场是美国、英国、德国、俄罗斯和法国，跨境电商出口商品主要为服饰、箱包及珠宝、配饰、家居家纺及厨房用具等。2023 年，中国跨境电商货物贸易进口额为5483亿元，较2022年增长了3.9%，占2023年中国货物贸易进口额的3.0%。其中，2023年中国跨境电商主要的货物进口来源市场是美国、日本、澳大利亚和法国，跨境电商进口商品主要为美容、化妆及洗护产品、食品生鲜、医药保健品及医疗器具等。2023年，通过跨境电商进出口的消费品贸易额占中国跨境电商货物贸易进出口总额的97%。

从国内区域分布来看，2023年中国跨境电商出口商品主要源自广东省、浙江省、福建省等，跨境电商进口商品的消费市场主要为广东省、江苏省和浙江省，跨境电商行业的集聚效应仍然较为明显。2023年，河北省跨境电商货物贸易进出口总额增长明显，达到375.6亿元，较2022年增长了31.9%，显示出在跨境电商领域积极的发展态势。①

当前，中国的跨境电子商务行业已经进入了深化本土供应链建设的新时期。“跨境电商+产业带”模式成为接下来的发展重点。2023年4月，《国务院办公厅关于推动外贸稳规模优结构的意见》指出，要积极发展“跨境电商+产业带”模式。“跨境电商+产业带”模式不仅有助于推动具有地方特色的产品走向国际市场，还促进了产业的现代化改造和本土品牌的培育与发展。这种模式是数字经济与实体经济融合的典型，也是推动新质生产力发展的内在需求。近年来，在政府和电商平台的联合推动下，中国已经培育出一定规模的跨境电商产业带，这不仅加快了传统工贸的品牌化和出口品类的高端化，还助力了更多中小企业进入国际市场。然而，虽然“跨境电商+产业带”模式展现出巨大的潜力，但也存在一些挑战需要应对。比如，产业带企业在技术研究与开发上的投入不够，跨境电商在知识产权保护和打击假冒伪劣产品方面存在难题，产业链的协同效应不强，制造业和跨境电商领域缺少专业技能人才。为了应对这些挑战，需要采取包括激励创新研发、加强知识产权保护、增强产业生态的协同作用、完善人才供需机制等措施，进一步推动中国跨境电

① 张大卫、吕村、喻新安主编《中国跨境电商发展报告（2024）》，社会科学文献出版社，2024。

商的高质量发展。

6. 2023年中国内外贸一体化发展情况

推进内外贸一体化发展的目的是协助企业在国内外市场之间灵活转换，实现“两条腿”走路。从国内市场来看，2023 年最终消费支出对经济增长的贡献率达到 82.5%，显示了内需市场的强劲动力。同时，2023 年中国在推动内外贸一体化的调控机制和促进内外贸制度衔接方面进行了积极的探索和创新，内外贸规则和制度的衔接得到加强，国际标准的转化率达到 80%以上，为企业在内外贸一体化道路上的发展奠定了坚实的基础。在 2023 年的前 10 个月，规模以上的工业企业中实行内外贸一体化经营的企业数量比上年同期增长了 4.7%，这反映出企业对于实现内外贸一体化发展的强烈需求和意愿。

2023 年，内外贸标准认证一致性得到进一步提升。截至 2023 年底，中国在多个关键行业，包括机械制造、化学工业、信息技术以及消费品制造等领域，成功采纳了 2509 项具有广泛适用性的国际先进标准。在家用电器和纺织服装等主要消费品领域，关键技术参数与国际标准之间的一致性已经达到 95%。此外，国家市场监督管理总局已加入 21 个认可认证国际组织，并与其他国家或地区签署了 15 项多边互认协议以及 128 项双边合作安排，中国与国际互认体系覆盖了全球经济总量占比超过 95%的地区。

2023 年，商务部等 14 部门发布了内外贸一体化试点地区名单，在北京、上海、江苏、浙江、福建、湖南、广东、重庆和新疆启动了内外贸一体化的试点项目，并已初步取得积极成果。这些地区通过精心设计试点计划和具体的执行措施，构建了跨部门的协作框架，加强了相互间的协调与合作。试点地区致力于探索体制和机制上的创新，以及发展模式上的革新，积累了一系列具有地方特色的成功经验。其中，江苏省选定了 175 家贸易型、生产型和平台型企业作为内外贸一体化的试点单位，并加强了对它们的跟踪服务和培育。浙江省也积极推进，累计培育了 6 批共 827 家在内外贸一体化方面表现突出的企业，以及 84 个示范性产业基地，在推动内外贸一体化发展方面发挥了显著的带动作用。[①]

2023 年，中国促进内外贸一体化发展的工作体系不断健全。国务院办公厅印发了《关于加速推动内外贸一体化发展的若干措施》，目的是服务于构建新发展格局，培育强大的国内市场，并增强国内外市场及资源的联动效应。在国内市场上，中国着重强调了加强知识产权保护、完善内外贸信用体系、提高物流效率、加强内外贸人才支持等措施，目的是让更多高质量的商品和服务能够更顺畅地进入国内市场，增加供给量，提高供给品质，满足国内市场的需求。在国际市场上，中国提出了更好的规则和标准对接、双向市场渠道对接、企业与产业融合发展等策略，以帮助企业降低在不同市场间转换的成本，同时发挥展会等平台的作用，为企业提供搭桥铺路的服务。

总体来看，2023 年中国内外贸一体化发展在政策支持、市场机制、企业参与等多个层面都取得了积极进展，为构建新发展格局、推动高质量发展提供了有力支撑。通过不断优化内外贸一体化的政策环境和市场环境，中国正朝着更加开放、协调、高效的内外贸发展模式迈进。

7. 2023年中国中间品贸易情况

作为产业链中不可或缺的一环，中间品贸易在促进国内外经济稳定增长方面发挥着关键作用。2023 年，中国的中间品贸易额达到了 25. 53 万亿元，占中国进出口贸易总额的 61. 1%。[②] 在全球经济逐步复苏和国内经济结构不断优化的背景下，中国的中间品贸易呈现强劲的增长态势。

出口方面，中国已经连续 12 年位居全球中间品出口国榜首。2023 年，中国中间品的出口额达到了 11. 24 万亿元，占总出口的 47. 3%。其中，机电产品作为中间品出口的主体，出口额为 6. 37 万亿元，年增长率为 1. 9%。[③] 在国际市场上，中国对日本和墨西哥的汽车零部件、对美国和德国的锂电池、对越南和印度尼西亚的平板显示器模组的出口均取得了大幅的增长。同

① 国务院新闻办公室。

② 国务院新闻办公室。

③ 国务院新闻办公室。

时，中国向东盟和非洲地区出口的纺织品和塑料制品总额超过了 1 万亿元，为这些地区的产业发展提供了关键的支撑。充分利用产业链的完整性和工业门类的多样性，中国高质量的中间品出口不仅为企业开拓了更多的国际市场机会，也推动了国内产业的转型升级，增强了中国企业在国际市场上的竞争力。

进口方面，2023 年中国中间品的进口额达到了 14.29 万亿元，占总进口的 79.4%。机电产品进口额为 4.41 万亿元，能源产品进口额为 3.2 万亿元，金属矿砂进口额为 1.67 万亿元。① 通过增加中间品的进口量，中国不仅能够吸引更多高质量的外国投资和关键技术，还能推动原本依赖外部供应的高技术产品向国内生产转型，从而为中国产业的升级和转型提供坚实的支撑。

总体来看，2023 年中国中间品贸易的强劲表现不仅反映了国内产业的深厚基础和国际市场的广泛需求，也显示了中国在全球供应链中的重要地位。通过不断优化贸易结构，提升贸易便利化水平，加强国际合作，中国中间品贸易在促进国内外经济稳定增长和产业转型升级方面发挥了重要作用。未来，随着全球经济的进一步复苏和中国国内经济的持续优化，中国中间品贸易有望继续保持增长势头，为中国乃至全球经济的发展做出更大的贡献。

（二）2023年中国服务贸易情况

2023 年，中国服务贸易规模创历史新高，其中旅行服务和知识密集型服务贸易增长较快，服务贸易结构进一步优化。

1. 2023年中国服务贸易整体情况

2023 年，中国服务贸易的进出口总额达到了 65754 亿元，较 2022 年实现了近 10.0%的增长，服务贸易规模创历史新高。2023 年，服务贸易出口额达到了 26857 亿元，较上年有所下降，降幅为 5.8%；而服务贸易进口额

① 国务院新闻办公室。

达到了38898亿元，与2022年相比增长了24.4%；服务贸易逆差为12041亿元（见表4）。

表4　2022~2023年中国服务贸易情况

单位：亿元，%

年份	进出口总额	进口额	出口额	贸易顺差
2022	59802	31280	28522	-2758
2023	65754	38898	26857	-12041

资料来源：商务部。

2. 2023年中国服务贸易结构持续优化

从中国服务贸易的行业结构来看，2023年旅行服务贸易增长速度最快，旅行服务贸易进出口总额同比增长了73.6%，达到14856.2亿元。其中，旅行服务出口额和进口额分别增长了59.2%和74.7%，成为服务贸易中增长最为显著的领域。此外，2023年中国的知识密集型服务贸易也实现了快速增长，进出口总额攀升至27193.7亿元，与上年相比增长了8.5%。在出口方面，知识密集型服务的出口额为15435.2亿元，年增长率为9%，知识密集型服务出口中保险服务领域的增长最为迅猛，增幅高达67%。进口方面，知识密集型服务的进口额为11758.5亿元，增长了7.8%，知识密集型服务进口中个人、文化和娱乐服务领域的增长最为显著，增幅达到61.7%。此外，知识密集型服务贸易顺差为3676.7亿元，与上年相比，顺差扩大了423.5亿元。①

3. 2023中国服务外包产业结构优化

2023年，中国服务外包产业规模实现了快速增长，产业结构得到了进一步优化。具体而言，2023年中国签订的服务外包合同金额达到了28666亿元，与上年相比增长了17.6%，合同的执行额为19591亿元，年增长率达到了18.6%，保持了较高的增速。其中，2023年中国承接的离岸服务外包

① 商务部。

合同金额达到了14871亿元，较上年增长了12.9%，合同的执行额为10398亿元，年增长率为16.2%。

从业务结构来看，中国在离岸业务流程外包（BPO）领域的合同执行金额为1722亿元，信息技术外包（ITO）领域的合同执行金额为4154亿元，知识流程外包（KPO）领域的合同执行金额为4522亿元，与2022年相比，分别实现了17.8%、13.1%和18.4%的增长。特别地，在新能源技术研究开发、检验检测以及交通工具的维修保养服务等离岸外包服务领域，增长尤为迅猛，同比分别上升了140.0%、44.5%和42.3%。

从区域分布来看，全国37个服务外包示范城市签订了价值13160亿元的离岸服务外包合同，并执行了9089亿元的合同，两项指标相较于2022年分别增长了11.3%和13.4%，在2023年中国离岸服务外包的总合同额和总执行额中所占比重分别为88.5%和87.4%。长三角地区在离岸服务外包合同的签订和执行方面表现突出，合同金额达到7921亿元，执行金额为5605亿元，与上年相比，增长率分别为31.1%和23.7%，在当年中国离岸服务外包的总合同额和总执行额中的占比分别为53.3%和53.9%。

从国别分布来看，从美国、中国香港和欧盟承接的离岸服务外包执行额分别为2132亿元、1934亿元和1431亿元，同比增长率分别为13.6%、13.0%和16.2%，这三个国家（地区）的合计执行额占到了离岸服务外包总执行额的52.9%。同时，与RCEP成员国的离岸服务外包业务也实现了显著的增长，执行额达到2592亿元，同比增长了24.1%，占总执行额的24.9%。其中，柬埔寨、越南和印度尼西亚的离岸服务外包执行额增长尤为明显，年增长率分别为78.1%、56.0%和47.3%。

从企业性质来看，2023年中国民营企业在离岸服务外包领域完成的合同执行额为3920亿元，占到了中国离岸服务外包总执行额的37.7%，与上年相比实现了37.8%的显著增长。此外，外资企业离岸服务外包的执行额达到了4303亿元，占总执行额的41.4%，年增长率为10.8%。

在就业吸纳方面，2023年服务外包行业新增了89万名从业人员，拥有大学及更高学历的新增从业人员占比达到了73.0%。2023年，服务外包产业累计吸纳了1587万名从业人员，其中拥有大学及更高学历的人员数量为1031万人，占从业人员总数的65.0%。①

二　中国对外投资的总体分析与评价

（一）2023年世界对外直接投资概况

根据联合国贸易和发展组织（UNCTAD）发布的《2024年世界投资报告》，2023年受到经济增长前景乏力、贸易和地缘紧张、工业政策调整和供应链重塑等因素影响，全球对外直接投资表现普遍疲软。

从FDI流入量来看，2023年FDI流入量为1.332万亿美元，比2022年减少了1.8%。其中，发达经济体的FDI流入量为0.464万亿美元，同比增长了8.9%，这主要是由于欧洲的FDI流入量增幅较大，达到0.016万亿美元（欧洲2022年的FDI流入量为负值）。2023年，北美的FDI流入量同比减少了4.7%，为0.361万亿美元。其中，美国2023年的FDI流入量减少了6.3%，流入额为0.311万亿美元，这主要是由于跨境并购急剧减少，降至810亿美元（为过去10年平均水平的一半）。然而，加拿大的FDI流入量同比增长了8.7%，达到0.050万亿美元。其他发达国家如澳大利亚、日本和韩国等的FDI流入量在2023年都大幅下降。

2023年，发展中经济体的FDI流入量同比降低了6.8%，为0.867万亿美元。其中，亚洲的FDI流入量为0.621万亿美元，同比下降了8.4%，但亚洲仍然是发展中经济体中最大的FDI目的地，占2023年全球FDI流入量的46.6%。其中，中国内地的FDI流入量为0.163万亿美元，保持了全球第二大FDI流入国的地位。2023年非洲的FDI流入量为0.053万亿美元，同比下降了1.9%；拉丁美洲和加勒比海地区的FDI流入量为0.193万亿美元，同比下降了1.5%（见表5和表6）。然而，2023年流向最不发达国家（LDCs）的投资额有所增加，在全球FDI中的份额从2%增长到2.4%。

---

① 商务部。

表 5　2022~2023 年世界各地区及主要经济体的 FDI 流入情况

单位：十亿美元

区域	FDI 流入量	
	2022 年	2023 年
世界	1356	1332
发达经济体	426	464
欧洲	-106	16
北美	379	361
发展中经济体	930	867
非洲	54	53
亚洲	678	621
拉丁美洲和加勒比海地区	196	193

资料来源：UNCTAD，World Investment Report 2024。

表 6　2023 年 FDI 流入量排前 10 位的国家和地区

单位：十亿美元

排名	国家和地区	FDI 流入量	排名	国家和地区	FDI 流入量
1	美国	311	6	加拿大	50
2	中国内地	163	7	法国	42
3	新加坡	160	8	德国	37
4	中国香港	113	9	墨西哥	36
5	巴西	66	10	西班牙	36

资料来源：UNCTAD，World Investment Report 2024。

从 FDI 的流出量来看，2023 年，发达经济体的 FDI 流出量增加了 3.5%，达到 1.059 万亿美元。这主要是由于欧洲的 FDI 流出量增长了 51.2%，达到 0.328 万亿美元。其中，法国的 FDI 流出量增加了 35.8%，达到 0.072 万亿美元，居全球第 8 位；然而德国、瑞典和西班牙作为 FDI 投资的重要来源国，其 FDI 流出量都有所下降。美国和日本仍是较大的 FDI 来源国，2023 年美国的 FDI 流出量增长了 10.4%，达到 0.404 万亿美元；日本的 FDI 流出量增长了 13.6%，达到 0.184 万亿美元。2023 年发达经济体的跨境并购（M&A）交易额下降了 53%，部分原因是金融条件收紧。其中，北美的跨国并购项目数量减少了18%，欧洲的数量几乎持平，但其他发达经济体的数量有所增加。

2023年，发展中经济体的FDI流出量为0.491万亿美元，比2022年减少了11.1%。其中，亚洲的FDI流出量减少了6.6%，但该地区仍然是全球重要的FDI来源地，在全球FDI流出量排前20位的经济体中，亚洲的国家和地区几乎占了一半（共9个）。其中，中国内地的FDI流出量为0.148万亿美元，保持了全球第3位的排名（见表7和表8）。2023年，发展中经济体的跨国企业宣布的绿地投资项目数量增加了23%，交易额增加了35%，这在很大程度上是由中国的跨国企业活动恢复所驱动的。

表7　2022~2023年世界各地区及主要经济体的FDI流出情况

单位：十亿美元

区域	FDI流出量	
	2022年	2023年
世界	1575	1551
发达经济体	1023	1059
欧洲	217	328
北美	449	494
发展中经济体	552	491
非洲	9	0.06
亚洲	471	440
拉丁美洲和加勒比海地区	69	50

资料来源：UNCTAD，World Investment Report 2024。

表8　2023年FDI流出量排前10位的国家和地区

单位：十亿美元

排名	国家和地区	FDI流出量	排名	国家和地区	FDI流出量
1	美国	404	6	德国	101
2	日本	184	7	加拿大	90
3	中国内地	148	8	法国	72
4	瑞士	105	9	新加坡	63
5	中国香港	104	10	瑞典	47

资料来源：UNCTAD，World Investment Report 2024。

（二）2023年中国企业对外直接投资总体分析

1. 2023年中国企业对外直接投资平稳发展

据商务部统计数据，2023 年中国对外直接投资总额为 1478. 5 亿美元，比 2022 年增长了 0. 9%，其中非金融类投资总额为 1301. 3 亿美元，比 2022 年增长了 11. 4%，占对外直接投资总额的 88%（见表 9）。

表 9　2023 年中国对外直接投资情况

单位：亿美元，%

类别	FDI		
	金额	同比	占比
金融类	177. 2	-40. 2	12
非金融类	1301. 3	11. 4	88
合计	1478. 5	0. 9	100

资料来源：商务部。

从共建“一带一路”国家的投资来看，2023 年，中国企业在共建“一带一路”国家的非金融类投资达 318. 0 亿美元，比 2022 年增长了 22. 6%，占对外直接投资非金融类投资总额的 24. 4%，占比较上年略有上升。①

2. 2023年中国企业跨国并购分析

2023 年，中国企业的跨国并购交易金额为 398. 3 亿美元，比 2022 年增加了 20. 3%，大额交易较 2022 年明显增多。2023 年中国企业完成的海外并购交易中，有 21 笔交易金额超过 5 亿美元，比 2022 年增加了 13 笔。在共建“一带一路”国家中，中国企业宣布的并购总额达到了 173. 4 亿美元，年增长率为 32. 4%，这一增速超过了整体并购市场的增速。这些在共建“一带一路”国家的并购占中国企业海外并购总额的比重提升了 4 个百分点，达到了 44%。②

① 商务部。

② 安永《2023 年中国海外投资概览》。

从跨国并购的行业分布来看，中国企业在 TMT（科技、媒体和通信业），先进制造和运输，医疗与生命科学，房地产、酒店与建造，采矿与金属等行业的跨国并购交易金额排在前 5 位，并购交易额分别为 88.7 亿美元、76.4 亿美元、45.5 亿美元、44.8 亿美元和 43.8 亿美元，同比增长率分别为 14%、10%、10%、7%和 31%（见图 6）。所有行业中，除了金融服务领域之外，其他各行业的并购交易金额普遍呈现增长趋势，其中油气和消费品行业的增长尤为显著。就并购交易数量而言，TMT、先进制造和运输、金融服务、消费品、医疗与生命科学行业排前 5 位，并购交易数量分别为 129 宗、67 宗、55 宗、48 宗和 40 宗，同比增长率分别为-7%、-11%、8%、-26%和-38%（见图 7）。所有行业中，仅有金融服务业、电力与公用事业的并购交易数量呈现正增长。

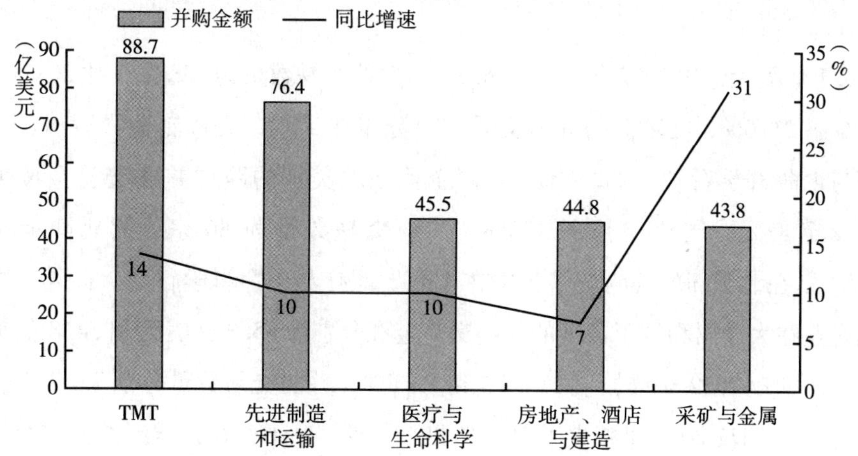

图 6　2023 年中国企业在不同行业的跨国并购交易金额及同比增速

资料来源：安永《2023 年中国海外投资概览》。

从跨国并购交易的区域分布情况来看，2023 年亚洲依然是中国企业最青睐的投资地区，并购交易金额为 117.0 亿美元，比上年减少了 10.2%；并购交易数量为 167 宗，比 2022 年减少了 11.6%，主要集中于 TMT 行业（占亚洲并购交易数量的近 1/3）。2023 年，中国企业在欧洲的并购交易金额为

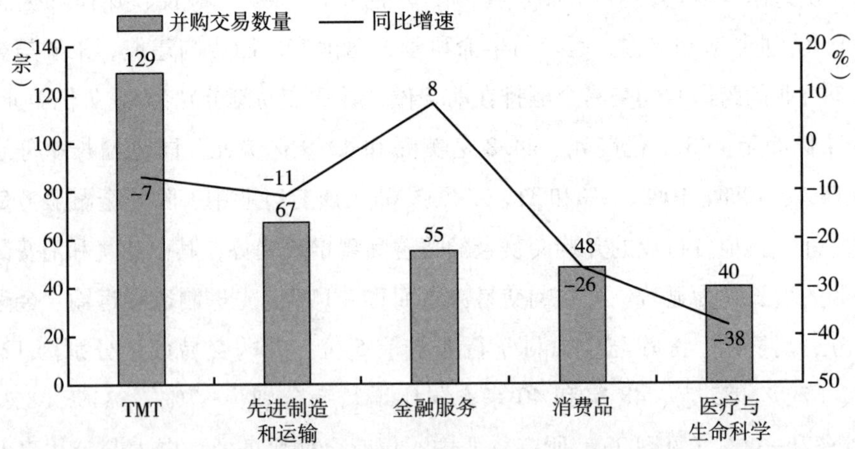

图 7　2023 年中国企业在不同行业的跨国并购交易数量及同比增速

资料来源：安永《2023 年中国海外投资概览》。

104.7 亿美元，比 2022 年减少了 6.7%，并购交易数量为 138 宗，比 2022 年减少了 21.6%，在欧洲的并购交易主要分布在 TMT、先进制造和运输、医疗与生命科学行业。2023 年，中国企业在北美洲的跨国并购交易金额为 99.2 亿美元，同比增长了 133%，并购交易数量为 86 宗，同比降低了 2.3%；在北美洲的并购交易集中在 TMT、医疗与生命科学行业。此外，中国企业在大洋洲和拉丁美洲的并购交易金额分别为 35.3 亿美元和 34.8 亿美元，分别较 2022 年增加了 115.2%和 82.2%，并购交易数量分别为 37 宗和 19 宗，分别较 2022 年减少了 19.6%和 42.4%。其中，在大洋洲的并购交易主要分布在澳大利亚的消费品和采矿与金属行业；在拉丁美洲的并购交易主要分布在秘鲁的电力行业。2023 年，中国企业在非洲的并购交易共 10 宗，较 2022 年减少了 28.6%，并购交易金额为 7.3 亿美元，比 2022 年减少了 30.1%，在非洲的并购交易主要分布在埃及（见图 8）。

从开展跨国并购交易的国别分布来看，2023 年中国企业在加拿大的并购交易金额最多，为 57.5 亿美元，同比增加了 7088%（2022 年在加拿大的并购交易金额仅为 0.8 亿美元）。在美国的并购交易金额为 41.7 亿美

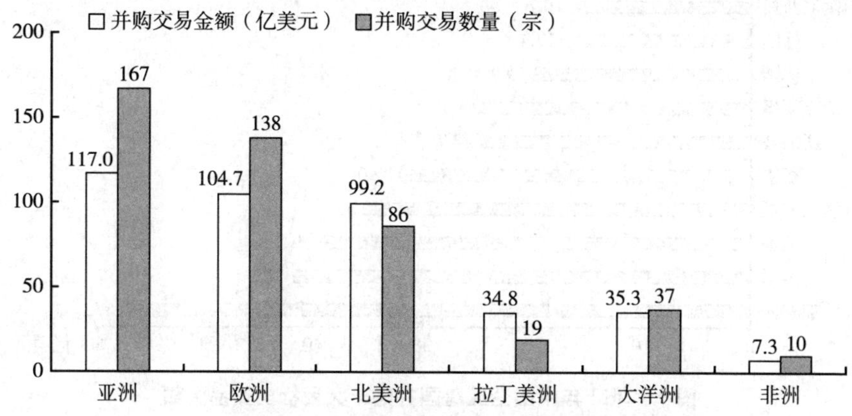

图 8　2023 年中国企业跨国并购交易的区域分布情况

资料来源：安永《2023 年中国海外投资概览》。

元，同比减少了 0.1%，排在第 2 位。并购交易金额排在第 3 位的是英国，并购交易金额为 39.3 亿美元，同比增加了 172%；与澳大利亚的并购交易金额同比增长了 120%，达到 35.3 亿美元，排第 4 位；与秘鲁的并购交易金额达到 32.0 亿美元，排第 5 位；与新加坡的并购交易金额同比减少了 57%，达到 24.7 亿美元，排第 6 位；与哈萨克斯坦、德国、韩国和印度尼西亚的并购交易金额均实现了正增长，同比增长率分别为 1653%、295%、44%和 112%，并购交易金额分别为 23.1 亿美元、19.9 亿美元、17.4 亿美元和 16.7 亿美元，分别排第 7 位、第 8 位、第 9 位和第 10 位。从并购交易数量来看，2023 年中国企业在美国开展的并购交易数量最多，共 73 宗，同比减少了 6%。与新加坡、德国开展的并购交易数量分别增加了 29%、28%，分别为 58 宗、37 宗，分别排第 2 位、第 3 位；与澳大利亚、日本、英国、韩国开展的并购交易数量分别减少了 26%、33%、45%和 32%，分别为 32 宗、27 宗、24 宗和 19 宗，分别排第 4 位、第 5 位、第 6 位和第 7 位；与加拿大、越南、印度尼西亚、意大利开展的并购交易数量分别增加了 30%、160%、18%和 44%，交易数量均为 13 宗，并列第 8 位（见图 9 和图 10）。

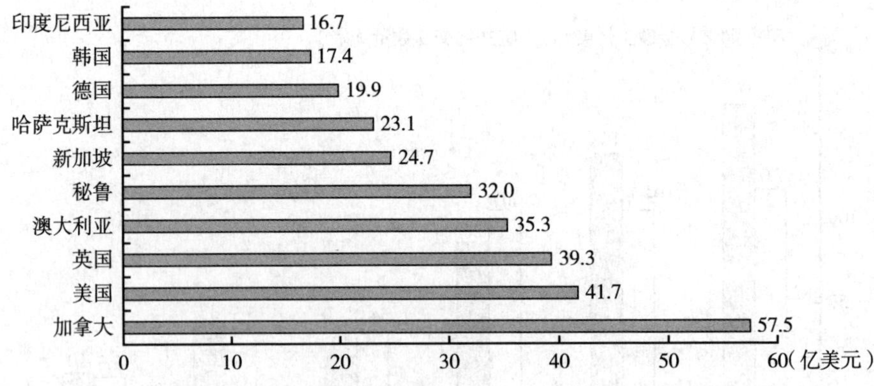

图 9　2023 年中国企业跨国并购十大目标国交易金额

资料来源：安永《2023 年中国海外投资概览》。

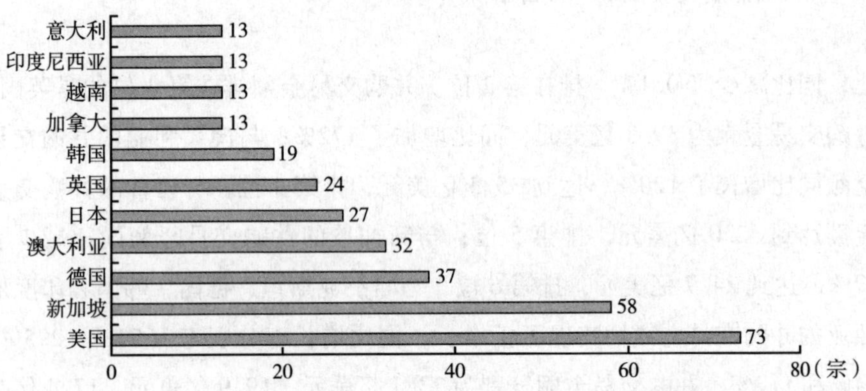

图 10　2023 年中国企业跨国并购十大目标国交易数量

资料来源：安永《2023 年中国海外投资概览》。

三　中国对外承包工程的总体分析与评价

（一）2023年全球对外承包工程情况

根据美国《工程新闻记录》（*ENR*）发布的榜单，2023 年“全球最大 250 家国际承包商”中，中国共有 81 家企业上榜（不含港澳台），上榜数量排 1 位；土耳其以 40 家企业的上榜数量，排第 2 位；美国以 39 家企业上榜排第3位；意大利和韩国各自有12家企业上榜，共同排第4位。观察近年来的趋势，中国上榜企业数量稳步上升，从2017年的69家增加到了2023年的81家。同时，这些企业的业务规模也保持了稳定的增长，其在全球业务中的占比从2017年的23.7%提升到了2023年的27.5%。无论是在上榜企业的数量上还是业务规模上，中国都持续领先其他国家，显示出其在适应外部环境变化方面的强大能力，并彰显了其行业的发展韧性。

相较于2022年，2023年中国81家上榜企业中，有35家企业的排名有所提升，34家企业的排名有所下降，5家企业的排名保持不变，还有7家是首次进入榜单。具体来看，一些企业的排名提升显著，例如东方电气的排名从第101位跃升至第74位，中钢设备从第152位升至第78位，特变电工从第109位攀升至第79位，中航国际工程从第143位提升至第104位，西电国际从第189位上升到第158位，四川路桥从第212位上升至第174位，中国建材从第222位提升至第189位。此外，龙信建设、江西建工、湖南建工、湖南路桥、中甘国际、江苏中南、南通二建、中亿丰建设等企业也实现了排名的显著提升。而海油工程作为新上榜企业，成功跻身榜单前100位，排第68位。

此外，2023年“全球最大250家国际承包商”中排第1位的是法国公司VINCI，第2位是西班牙公司ACS，第3位是中国交通建设集团有限公司。另外，还有3家中国企业进入榜单前10位，分别是中国建筑股份有限公司（排第6位）、中国电力建设集团有限公司（排第8位）和中国铁建股份有限公司（排第9位）（见表10）。

表10　2023年全球前10位国际承包商

排名	企业	排名	企业
1	法国 VINCI	6	中国建筑股份有限公司
2	西班牙 ACS	7	瑞典 SKANSKA AB
3	中国交通建设集团有限公司	8	中国电力建设集团有限公司
4	法国 BOUYGUES	9	中国铁建股份有限公司
5	奥地利 STRABAG SE	10	西班牙 FERROVIAL

资料来源：美国《工程新闻纪录》“全球最大250家国际承包商”榜单。

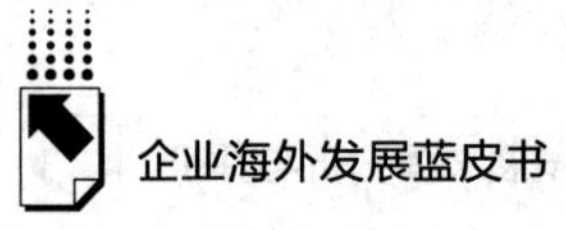

（二）2023年中国对外承包工程情况

对外承包工程是中国对外经济合作的重要内容，随着"一带一路"倡议的推进，中国的对外承包工程进入了新发展阶段。2023 年，中国的对外承包工程业务保持了稳定增长，实现的营业额为 11338. 8 亿元，与上年相比增长了 8. 8%，折算成美元为 1609. 1 亿美元，同比增长了 3. 8%。2023 年，中国新签订的对外承包工程合同金额达到 18639. 2 亿元，比上年增长了 9. 5%，折算成美元为 2645. 1 亿美元，同比增长了 4. 5%。①

2023 年，中国企业在共建"一带一路"国家对外承包工程合同完成额为 9305. 2 亿元，同比增长了 9. 8%，折合 1320. 5 亿美元，同比增长了 4. 8%，占 2023 年对外承包工程合同完成总额的 82. 1%；新签的对外承包工程项目合同额为 16007. 3 亿元，同比增长了 10. 7%，折合 2271. 6 亿美元，比 2022 年增长了 5. 7%，占 2023 年中国对外承包工程新签合同总额的 85. 9%。此外，2023 年中国在共建"一带一路"国家的节能环保项目承包实现了 28. 3%的营业额增长，新签署了 23 份涉及绿色经济、数字经济以及蓝色经济等新兴领域的投资合作协议备忘录，"一带一路"的贸易合作质量不断提升。②

（三）2023年中国对外承包工程企业情况

按照年度完成营业额，2023 年中国排前 10 位的对外承包工程企业分别是中国交通建设集团有限公司、中国建筑股份有限公司、中国电力建设集团有限公司、中国铁建股份有限公司、中国能源建设股份有限公司、中国中铁股份有限公司、中国港湾工程有限责任公司、中国电建集团国际工程有限公司、中国化学工程集团有限公司和中国路桥工程有限责任公司（见表 11）。

① 商务部。

② 商务部。

表 11　2023 年中国排前 10 位对外承包工程企业

排名	企业	排名	企业
1	中国交通建设集团有限公司	6	中国中铁股份有限公司
2	中国建筑股份有限公司	7	中国港湾工程有限责任公司
3	中国电力建设集团有限公司	8	中国电建集团国际工程有限公司
4	中国铁建股份有限公司	9	中国化学工程集团有限公司
5	中国能源建设股份有限公司	10	中国路桥工程有限责任公司

资料来源：中国对外承包工程商会。

从对外承包工程的行业领域来看，交通工程领域年度完成营业额排前 5 位的企业分别是中国交通建设集团有限公司、中国铁建股份有限公司、中国港湾工程有限责任公司、中国中铁股份有限公司和中国路桥工程有限责任公司。电力工程领域排前 5 位的企业分别是中国电力建设集团有限公司、中国能源建设股份有限公司、中国电建集团国际工程有限公司、中国葛洲坝集团股份有限公司和山东电力建设第三工程有限公司。房建工程领域排前 5 位的企业分别是中国建筑股份有限公司、中国交通建设集团有限公司、中国铁建股份有限公司、中建国际建设有限公司和中国中铁股份有限公司。

从对外承包工程的区域市场来看，亚洲地区对外承包工程年度完成营业额排前 5 位的企业分别是中国建筑股份有限公司、中国交通建设集团有限公司、中国电力建设集团有限公司、中国能源建设股份有限公司和中国港湾工程有限责任公司。非洲地区排前 5 位的企业分别是中国交通建设集团有限公司、中国铁建股份有限公司、中国电力建设集团有限公司、中国建筑股份有限公司和中国中铁股份有限公司。欧洲地区排前 5 位的企业分别是中国化学工程集团有限公司、中国化学工程第七建设有限公司、中国铁建股份有限公司、中国交通建设集团有限公司和中国路桥工程有限责任公司。拉美地区排前 5 位的企业分别是中国交通建设集团有限公司、中国港湾工程有限责任公司、中国电力建设集团有限公司、中国铁建股份有限公司和中国电建集团国际工程有限公司。

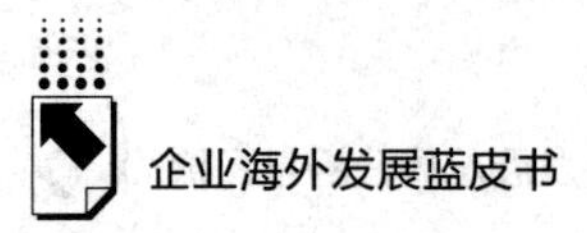

四 展望与建议

（一）展望

1. 对外贸易

2024 年，中国对外货物贸易复苏的势头显著，尤其是在 2023 年对外货物贸易出现一定程度的下降后，2024 年 2 月基本开始触底反弹，随后几个月持续保持正增长。货物贸易顺差也呈现持续增长的态势。从货物贸易规模来看，2024 年 1~5 月，中国的对外贸易表现强劲，货物贸易进出口总额为 17.5 万亿元，同比上升了 6.3%。具体来说，货物贸易出口额为 9.95 万亿元，同比上升了 6.1%；货物贸易进口额为 7.55 万亿元，同比上升了 6.4%，货物贸易顺差达到了 2.4 万亿元。①

从货物贸易方式来看，2024 年 1~5 月，中国一般贸易的进出口总额达到 11.4 万亿元，同比上升了 5.6%，占中国货物贸易进出口总额的 65.1%。具体而言，一般贸易的出口额同比上升了 7.9%，而进口额同比上升了 2.7%。1~5 月加工贸易的进出口总额为 3.02 万亿元，同比上升了 1.6%，占货物贸易进出口总额的 17.3%。尽管加工贸易的出口有所减少，但进口却实现了 9.1%的增长。此外，通过保税物流方式进行的贸易进出口总额为 2.42 万亿元，同比上升了 16.5%，其中出口增加了 12.5%，进口增加了 19.2%。

从货物贸易企业来看，2024 年 1~5 月，民营企业在进出口贸易中的表现尤为突出。民营企业货物贸易进出口总额为 9.58 万亿元，同比增长 11.5%，占货物贸易进出口总额的 54.7%，占比较上年同期提升 2.6%，表明民营企业在贸易中的地位持续提升。其中，民营企业出口 6.45 万亿元，同比增长 10.2%，占货物贸易出口额的 64.8%。民营企业进口 3.13 万亿元，同比增长 14.2%，占货物贸易进口额的 41.5%。②

① 海关总署。

② 海关总署。

从货物贸易区域来看，沿海经济发达的省份依旧在贸易额排名中保持领先，与此同时，西部和东北地区的贸易增长速度尤为显著。其中，2024 年 1~5 月，广东省的货物贸易出口额占据了全国货物贸易出口额的近 1/4，这得益于珠三角地区的制造业基础和港口资源，其出口产品包括电子设备、机械装备和纺织品等，展现出了显著的增长趋势。紧随其后的是浙江省和江苏省，货物贸易出口额分别排全国的第 2 位和第 3 位，增长率均为 3.9%。山东省以 7.9%的增速排第 4 位，上海和北京的货物贸易出口额分别排第 5 位和第 7 位。[①] 四川省和重庆市的货物出口表现也较好，这主要得益于“一带一路”倡议的推进。

从货物贸易产品结构来看，2024 年上半年，机电产品和高新技术产品的进出口额均实现了迅速增长。机电产品的出口额达到了 11223 亿元，与上年同期相比增长了 10.5%，占货物贸易出口额的 31.2%；进口额为 8743 亿元，同比上升了 8.2%，占货物贸易进口额的 27.3%。同时，高新技术产品的出口额为 9871 亿元，同比上升了 11.6%，占货物贸易出口额的 27.4%；进口额为 8193 亿元，同比上升了 9.5%，占货物贸易进口额的 25.6%。农产品进出口基本平稳，出口 2280 亿元，同比增长了 3.2%，进口 2576 亿元，同比增长了 4.1%。能源化工产品进出口有所下降，出口 3456 亿元，同比下降了 2.1%；进口 4987 亿元，同比下降了 3.5%。

从货物贸易伙伴来看，2024 年上半年，中国与美国、欧盟、日本等主要贸易伙伴的货物进出口均呈现较快增长。其中，对美国的货物贸易进出口总额达到 1.5 万亿元，同比增长了 8.7%；对欧盟的货物贸易进出口总额为 1.3 万亿元，同比增长了 9.1%；对日本的货物贸易进出口总额为 7200 亿元，同比增长了 6.5%。此外，2024 年上半年，中国与共建“一带一路”国家的货物贸易进出口总额为 1.8 万亿元，占中国货物贸易进出口总额的 26.5%，同比增长了 10.2%。其中，对俄罗斯、越南、马来西亚等国家的货

① 《中国 2024 下半年出口形势分析及预测，CMF 专题报告发布》，“中国宏观经济论坛（CMF）”百家号，2024 年 7 月 5 日，https：//baijiahao.baidu.com/s？id=1803703473812074035&wfr=spider&for=pc。

物出口增长较快。

从服务贸易情况来看，2024 年 1~5 月，中国服务贸易的增长势头不减，服务贸易进出口总额达到 30219.6 亿元，较上年同期增长了 16%。其中，服务贸易出口额为 12195.6 亿元，同比增长了 11.0%；而服务贸易进口额为 18024 亿元，同比增长了 19.6%，服务贸易逆差为 5828.4 亿元。2024 年 1~5 月，知识密集型服务贸易继续表现出强劲的增长态势，进出口总额达到 11898.9 亿元，同比增长了 6%。出口方面，知识密集型服务的出口额为 6753.1 亿元，小幅增长了 2.8%，其中知识产权使用费和个人文化及娱乐服务领域增速显著，分别增长了 17.8% 和 15.5%。进口方面，知识密集型服务的进口额为 5145.8 亿元，同比增长了 10.4%，其中个人文化及娱乐服务和其他商业服务的增长尤为突出，增幅分别为 49.4% 和 17.2%。①

2. 对外直接投资

2024 年的 1~5 月，中国在全行业的对外直接投资总额达到了 4978.5 亿元，较 2023 年同期增长了 13.2%，折合 700.9 亿美元，同比增长率为 9.8%。在此期间，中国的投资者主要向全球 151 个国家和地区的 4829 家海外企业进行了非金融领域的直接投资，累计投资金额为 4276 亿元，较 2023 年同期增长了 19.9%，折合 602 亿美元，同比增长率为 16.3%。其中，中国企业在共建“一带一路”国家的非金融类投资总额为 909.9 亿元，较 2023 年同期增长了 16.3%，折合 128.1 亿美元，同比增长率为 12.7%。② 对外投资的支持政策方面，2024 年 7 月，商务部、中国人民银行、国家金融监督管理总局和国家外汇局联合印发了《关于加强商务和金融协同　更大力度支持跨境贸易和投资高质量发展的意见》，表示将深化对外投资合作，完善多元化的投融资服务，以更大合力促进投资的高质量发展。

3. 对外承包工程

2024 年，中国的对外承包工程依然呈现了较好的发展态势，1~5 月中

① 海关总署。

② 海关总署。

国在对外承包工程领域实现了4175.9亿元的营业额，与上年相比增长了12.3%，换算成美元为587.9亿美元，年增长率为8.8%。同时，新签合同额为6200.9亿元，同比增长25.6%，换算成美元为873亿美元，年增长率达到21.7%。其中，中国企业在共建“一带一路”国家完成承包工程营业额3410.2亿元，较2023年同期增长了12.9%，折合480.1亿美元，同比增长率为9.5%。中国企业在共建“一带一路”国家新签承包工程合同额为4951.5亿元，较2023年同期增长了24.1%，折合697.1亿美元，同比增长率为20.2%。[①] 总体来看，中国企业凭借在基础设施建设、能源开发、交通网络构建等领域的专业技术和丰富的经验，在全球范围内承接了众多重大工程项目。这些项目不仅促进了中国与世界各国的经济合作，也为中国企业带来了新的市场机遇和挑战。

（二）建议

1. 培育外贸新动能，巩固外贸向好势头

为了推动对外贸易的持续增长和创新，2024年需要着力培育和发展中间产品贸易、服务贸易、数字贸易和跨境电商等外贸新动能、新业态。中间产品贸易方面，我国已经取得了显著的进步，这不仅体现了制造业的不断升级和技术水平的提升，也表明了我国在全球产业链中的重要地位。然而，与欧美或日韩在贸易高速发展时期的中间产品进出口比例相比，我国仍有进一步增长的潜力。中间产品贸易的发展水平受到产业链分工水平的影响，因此，推动这一领域的扩展，实质上是推动中国制造业的全面升级和技术水平的全面提升。未来还需要吸引更多的全球先进制造业企业来华投资，促进更多中间产品在中国加工和生产，同时鼓励国内企业积极“走出去”，带动其他国家更好地融入全球产业链和供应链。

服务贸易方面，需要建立高水平的服务业开放制度体系。这涉及优化负面清单管理模式，实行开放性政策，强化监管体系与风险预防措施，以及提

① 海关总署。

高在开放条件下的管理效能。2024 年，应持续推进试点示范工程，以示范城市为引领，推动科技、电信、文化旅游、金融等重点行业的开放，培育服务贸易领域的新业态和新模式。

数字贸易方面，加强顶层设计至关重要。这涉及构建和优化数字贸易的统计监测机制，研究并改进数据权利确认、交易流程等基础性制度和标准规范，加强数字贸易平台的发展，推动整个贸易流程的数字化改造。此外，还需增强云计算、大数据、人工智能、区块链等数字技术的自主研发实力，拓展与共建“一带一路”国家等多边和区域性数字贸易交流与协作，共同把握数字贸易的增长机会。

跨境电商作为外贸领域的新兴模式，以其迅猛的增长速度、巨大的市场潜力和显著的驱动力，正逐渐塑造国际贸易的新动向。随着跨境电商规模的持续扩大，中国在平台管理和供应链协同方面呈现新的增长势头。这要求加速建设数字基础设施，积极采用区块链、大数据、人工智能等前沿信息技术，构建线上一体化服务系统。同时，要改进国际供应链的管理体系，打造全球性的海外仓储网络，扩大市场覆盖面，同时在防范外部环境风险的基础上，促进与贸易伙伴在知识产权方面的协作与对话。此外，“跨境电商+产业带”是推动跨境电商创新发展的重要抓手，各地方应该积极打造跨境电商特色产业带，在带动跨境电商企业发展的同时助力产业带数字化转型升级。

2. 对外投资新兴产业，打造“投资中国”品牌

在全球范围内，新一轮的科技革命和产业变革方兴未艾，这场变革以数字化、网络化、智能化为核心特征，对经济社会发展产生了深远的影响。随着人工智能、大数据、云计算、物联网、5G 通信等前沿技术的快速发展，第四次工业革命的浪潮已经席卷全球，为各国带来了前所未有的发展机遇。中国企业应充分认识这一变革的重要性，增加在这些领域的投资，探索对外直接投资新的增长点和投资机会。

此外，2024 年《政府工作报告》提出要加强外商投资服务保障，打造“投资中国”品牌。因此，吸引和利用外资，增加 FDI 流入也是重要的发展方向。吸引外资的关键在于营造更加开放、公平、透明的商业环境，这需要

我国通过精心组织和实施一系列重点投资促进活动，向全球投资者展示中国的投资潜力和机遇，从而增强“投资中国”的吸引力。同时，应充分利用各地的区位优势、资源条件和产业特色，鼓励地方政府开展具有地方特色的招商引资活动，形成全国范围内的招商引资合力。这不仅能够促进区域经济的均衡发展，还能为外资企业提供更多元的投资选择。

3. 对外承包工程发挥优势，抓住政策与技术机遇

中国对外承包工程的发展具有一定的优势。一方面，随着“一带一路”倡议的深入推进，中国企业在共建“一带一路”国家的影响力和竞争力持续增强。这些国家对于基础设施建设的需求巨大，为中国企业提供了广阔的市场空间。另一方面，中国企业在技术创新和项目管理方面的能力不断提升，能够承接更多高技术、高附加值的工程项目，如智能交通系统、绿色建筑等。此外，中国企业在国际工程承包市场中的品牌形象和信誉度也在不断提升，有助于赢得更多国际客户的信任和支持。

2024 年，中国对外承包工程迎来了新的机遇。国内方面，商务部于 2024 年 5 月发布了《对外承包工程项目备案和立项管理办法》，简化了对外承包工程项目的备案和立项流程，强化了风险管理，为企业提供了更加明确和便利的运营环境，有利于中国对外承包工程的高质量发展。国际方面，全球碳减排和新一轮技术革新为对外承包工程带来了新的发展机遇。中国新能源产品竞争优势地位稳固，产品、技术迭代加速，多项核心技术全球领先，有利于企业在对外承包项目过程中积极探索新的业务模式和市场机会。

参考文献

《“跨境电商+产业带”高质量发展报告》，商务部国际贸易经济合作研究院网站，2024 年 5 月 6 日，https：//www. caitec. org. cn/n6/sy_ xsyj_ yjbg/json/6650. html。

“World Investment Report 2024,” https：//unctad. org/publication/world－investment－report－2024.

分报告

B.2
入围2023年"世界500强"中国企业评价分析

卿 琛　杨道广*

摘　要：　本报告分别从地域分布、行业分布、所有制结构分布三个维度对入围2023年"世界500强"的中国企业进行定量分析，并结合典型企业的典型案例进行定性分析与总结。总体而言，2023年中国入围企业数量较上年减少3家，在营业收入方面呈现一定幅度的增长。从地域分布看，入围企业大部分依旧来自东部地区，西部地区入围企业数量有所突破；从行业分布看，排前3位的行业分别是制造业、综合类和金融业；从所有制结构分布来看，国有企业仍占较大比重，仍然是中国经济发展的中坚力量，但民营企业在"世界500强"中的最高排名愈加靠前，说明民营企业国际竞争力不断增强。结合典型企业的具体分析，本报告认为，中国"世界500强"企业

* 卿琛，管理学博士，国家电网有限公司研究员，主要研究方向为电力与能源价格分析；杨道广，对外经济贸易大学国际商学院教授、博士生导师，主要研究方向为内部控制与公司财务、审计与公司治理。

已有较好的规模基础，目标在于持续注重发展质量，在创新、品牌以及国际化方面持续突破，坚持创新驱动，推进转型升级，加快发展新质生产力，注重高质量发展，从做“大”开始逐渐转向做“强”。中国“世界500强”企业未来应立足中国式现代化全局谋划自身发展，全力应对来自国际国内的各种困难与挑战，积极投身现代化产业体系建设，坚持高质量发展方向，着力提高核心竞争力，努力实现质的有效提升和量的合理增长，在中国式现代化建设中发挥更大作用。

关键词： 中国企业　世界500强　高质量发展

一　入围2023年“世界500强”的中国企业排行榜

（一）入围“世界500强”企业总体分析

根据2023年《财富》发布的“世界500强”榜单，中国共有142家企业上榜（包括港澳台地区），继续位居世界各国之首（见表1）。其中，中国内地和香港入围企业数量为135家，比2022年减少1家，比美国入围企业数量少1家。2023年美国入围企业数量为136家，中美两国入围企业数量合计占“世界500强”的55.6%。入围企业数量排第3~10位的国家依次为日本、德国、法国、韩国、英国、加拿大、瑞士、荷兰，入围企业合计163家，占比32.6%。“世界10强”企业中，中国企业、美国企业分别有3家、5家，国家电网、中国石油、中国石化分别排第3位、第5位、第6位；沃尔玛连续10年位居榜首，亚马逊、埃克森美孚、苹果公司、联合健康集团分别排第4位、第7位、第8位、第10位；沙特阿美、壳牌公司分别排第2位、第9位。“世界50强”企业中，中国企业有15家，美国企业有21家，差距较上年扩大2家。“世界100强”企业中，美国企业有35家，中国企业有31家，2022年中国企业有35家、美国企业有34家。

表1 2021~2023年"世界500强"入围企业数量排前10位的国家

单位：家

排名	国家	入围企业数量		
		2021年	2022年	2023年
1	中国	143	145	142
2	美国	122	124	136
3	日本	53	47	41
4	德国	27	28	30
5	法国	26	25	24
6	韩国	15	16	18
7	英国	22	18	15
8	加拿大	12	12	14
9	瑞士	13	14	11
10	荷兰	11	11	10

资料来源：2021年、2022年、2023年财富网公布的入围企业榜单。

受全球经济增速疲软影响，2023年"世界500强"企业净利润合计为2.9万亿美元，同比下降6.5%。2023年"世界500强"榜单中，中国入围企业的利润总和为5600亿美元，入围企业平均利润呈现下降趋势，中国入围企业平均净利润（39.6亿美元）低于"世界500强"企业平均水平（58.0亿美元），仅相当于美国入围企业平均净利润（80.0亿美元）的49.5%，但差距同比缩小32%，英国入围企业平均净利润（91.4亿美元）超过美国，位居平均净利润榜首。2021~2023年部分国家入围企业平均净利润变化情况见表2。在利润率榜上，美国邮政凭借高达71%的净利润率高居榜首。受益于海运价格持续高位运行，首次上榜的德国航运公司赫伯罗特居利润率榜第2位，利润率高达49.3%。台积电公司则以43.9%的利润率居第3位。

表 2　2021~2023 年部分国家“世界 500 强”企业平均净利润

单位：亿美元

排名	国家	平均净利润		
		2021 年	2022 年	2023 年
1	英国	22.5	69.6	91.4
2	美国	51.2	100.5	80.0
3	瑞士	45.9	67.3	62.6
4	加拿大	33.4	47.5	59.0
5	荷兰	-13.4*	41.4	47.9
6	中国	35.4	41.3	39.6
7	德国	16.2	43.9	34.4
8	日本	32.0	35.6	32.0
9	法国	13.2	48.5	31.5
10	韩国	26.9	42.9	30.2
世界平均水平		33.0	62.0	58.0

注：* 2021 年荷兰入围企业平均净利润为-13.4 亿美元主要是新冠疫情导致荷兰皇家壳牌石油公司 2021 年亏损 217 亿美元。

资料来源：2021 年、2022 年、2023 年财富网公布的入围企业榜单。

从我国入围“世界 500 强”的企业看，2023 年，入围“世界 500 强”的中国企业共 142 家，营业收入合计 117430.92 亿美元，入围企业数量、营业收入规模均位居全球第一。2023 年，中国入围企业数量为 142 家，其中 7 家为中国台湾地区企业，中国企业入围数量比上年减少 2.07%，入围中国企业营业收入增长 17.18%。

受全球经济下行影响，2023 年所有入围企业的净利润总和同比减少 6.5%，约为 2.9 万亿美元。随着全球经济水涨船高，“世界 500 强”门槛逐年升高，营业收入要求从 286 亿美元跃升至 309 亿美元。中国入围企业数量连续 19 年保持强劲增势，再创历史新高，中国入围企业数量连续 5 年超过美国，领跑全球。中国企业在全球范围内实现跨越式发展的背后，是中国经济取得的历史性发展。虽然中国入围企业数量优势继续扩大，但是中国公司盈利能力与“世界 500 强”企业平均水平的差距较大。2023 年，美国、中国的“世界 100 强”企业营业收入占比分别为 38.85%、

29.55%，合计超过65%。中国的"世界100强"企业营业收入规模与美国相比仍有差距。中国入围企业平均净利润及其增速远低于美国和世界平均水平，但中国入围企业平均净利润与世界平均水平的差距比上年缩小了2.3亿美元。

从入围企业分布看，中国（含港澳台地区）入围企业数量为142家（其中内地129家、香港6家、台湾7家），入围企业数量比2022年度减少3家，首次入围的企业共7家，其中5家企业位于东部地区，另外2家位于西部地区。中国入围企业排名较2022年度有升有降，升少于降，142家入围企业中，有7家新入围，38家名次提升，4家名次不变，93家名次下降，换言之，2023年和2024年均上榜的企业中，67%的企业在排行榜中的位次下降了。从入围企业盈利状况看，中国企业盈利状况持续向好，142家入围企业中有135家实现盈利。具体情况如附表所示。

（二）地域分布

表3按我国地域划分对2023年入围企业进行了分类统计，具体包括企业数量、企业数量占比、营业收入、营业收入占比和平均营业收入。[①]

表3　2023年中国"世界500强"企业区域分布

地区	企业数量（家）	企业数量占比（%）	营业收入（亿美元）	营业收入占比（%）	平均营业收入（亿美元）
东部	107	75.35	98151.07	83.58	917.30
中部	8	5.63	3956.66	3.37	494.58
西部	12	8.45	5334.15	4.54	444.51

① 内资企业中东部、中部、西部和东北部地区的区域划分依据是中国国家统计局编撰的《中国统计年鉴》，东部地区包括北京、天津、河北、山东、上海、江苏、浙江、福建、海南、广东，共计10个省份；中部地区包括山西、河南、安徽、江西、湖北和湖南，共计6个省份；西部地区包括：新疆、宁夏、内蒙古、青海、西藏、陕西、甘肃、重庆、四川、贵州、云南和广西，共计12个省份；东北地区包括黑龙江、辽宁和吉林，共计3个省份。港澳台法人独资企业则是根据企业所在地分为香港地区企业和台湾地区企业，澳门地区没有入围企业。

续表

地区	企业数量（家）	企业数量占比（%）	营业收入（亿美元）	营业收入占比（%）	平均营业收入（亿美元）
东北	2	1.41	1377.20	1.17	688.61
台湾	7	4.93	4943.58	4.21	706.22
香港	6	4.23	3668.26	3.12	611.38
合计	142	100.00	117430.92	100.00	826.98

资料来源：2023 中文财富网公布的入围企业榜单数据。

从区域分布整体情况来看，东部地区在企业数量和营业收入上仍然占据主导地位，和上年相比，西部地区的企业数量有所增加。东部地区率先发展，中西部地区紧随其后，区域数量结构呈梯次协调发展态势。东部地区企业共计 107 家，较上年减少 1 家，但数量占比略微上升，从 2022 年的 74.48%上升至 75.35%；中部地区企业数量为 8 家；西部地区企业数量有所上升，由 2022 年的 10 家增长至 2023 年 12 家，占比上升至 8.45%；东北部地区企业数量不变，仍为 2 家；台湾地区企业数量较上年减少 3 家，香港地区减少 1 家，澳门地区依然没有企业上榜。

具体而言，数量分布方面，2023 年，东部地区和东北地区入围企业数量合计 109 家，营业收入规模占比为 84.75%，较 2022 年增长 0.64%。中西部地区入围企业数量合计 20 家，营业收入规模占比从 2010 年的 2.8%上升至 7.91%，营业收入占比较 2022 年仅提高了 0.31 个百分点。东部地区入围企业数量增长最快，从 2009 年的 33 家增加至 2023 的 107 家。同时，东部地区企业营业收入占比优势大，一直保持在 80%以上，行业分布多元，金融、外贸、互联网等产业竞争优势明显。东部地区经济发展区位优势突出，入围企业数量多、营业收入占比大、行业分布多元，优势明显，反映出东部地区长期以来是我国经济发展的领头羊。中部地区入围企业发展趋势稳定，至 2023 年共有 8 家企业入围。2013 年，西部地区实现“世界 500 强”入围企业零的突破，2023 年增长至 12 家企业入围。中西部地区入围企业主要分布在采矿业、制造业和建筑业等行业。其中，制造业和采矿业的企业数量居

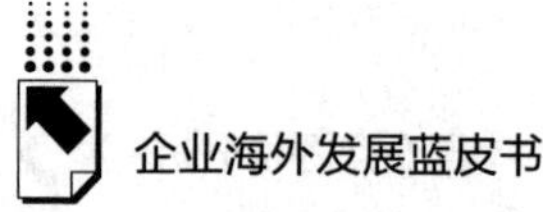

前两位，分别为 7 家和 5 家，建筑业企业 4 家，总体上反映出中西部地区的资源禀赋和区位特点。

营业收入方面，2023 年东部地区入围企业的营业收入为 98150.07 亿美元，比 2022 年的 95130 亿美元增加了 3.17%。中部地区营业收入则较 2022 年有所下降，从 2022 年的 4778 亿美元降至 2023 年的 3956.66 亿美元，降低了 17.19%。西部地区的营业收入从上年的 4245 亿美元增长至 5334.15 亿美元，增长了 25.66%。2023 年中部地区营业收入占比有所下降，而东部地区和西部地区的营业收入占比有显著上升。这说明东部地区、西部地区企业的经营状况较上年有所改善；东北地区、台湾地区营业收入及占比比较稳定，略有减少；香港地区的营业收入较上年有所增长。平均营业收入方面，所有地区平均营业收入均呈增长趋势，其中，东部地区和台湾地区平均营业收入居前 2 位，分别是 917.30 亿美元和 706.22 亿美元，其次是东北地区，为 688.61 亿美元，香港地区由于独特的经济和区位优势，2023 年平均营业收入排第 4 位，为 611.38 亿美元。

（三）行业分布

2023 年我国入围“世界 500 强”的企业主要分布于 11 个行业。入围企业行业分布的具体情况如表 4 所示。

表 4　2023 年入围的企业数量和营业收入行业分布

行业	企业数量（家）	企业数量占比(%)	营业收入（亿美元）	营业收入占比(%)	平均营业收入（亿美元）
制造业	43	30.28	27437.16	23.36	638.07
综合类	24	16.90	17398.98	14.82	724.96
金融业	18	12.68	18043.77	15.37	1002.43
建筑业	15	10.56	11746.97	10.00	783.13
采矿业	13	9.15	16324.77	13.90	1255.75
电力、热力、燃气及水生产和供应业	9	6.34	10414.57	8.87	1157.17

续表

行业	企业数量（家）	企业数量占比（%）	营业收入（亿美元）	营业收入占比（%）	平均营业收入（亿美元）
交通运输、仓储和邮政业	8	5.63	6906.45	5.88	863.31
批发和零售业	5	3.52	4425.60	3.77	885.12
信息传输、软件和信息技术服务业	4	2.82	3619.69	3.08	904.92
医疗业	2	1.41	698.69	0.59	349.35
农、林、牧、渔业	1	0.70	414.26	0.35	414.26
合计	142	100.00	117430.92	100.00	826.98

注：因四舍五入存在误差。

资料来源：2023 中文财富网公布的入围企业榜单数据。

伴随中国经济发展与产业变迁，中国入围企业所在的行业日趋多元。按照行业细分类，2001 年中国入围企业仅分布在电信、公共设施、金属产品、炼油、商业储蓄银行、零售等 6 个行业；2023 年上升至 11 个行业，几乎是 2001 年的 2 倍。入围行业数量的显著增加，表明中国逐步形成较为全面的大国产业体系，一批大型企业和企业集团已经达到或接近世界先进水平。同时，涉及人民群众生活生产的行业领域逐渐增多，表明我国的经济发展拉动模式从以国家拉动的大工业重工业为主的模式逐步过渡到以满足人民日益增长的美好生活需要为目标的模式，不断提高资源配置效率和优化产业结构，促进产业体系更好地适应经济结构转型、动能转换，在国内外市场中的产业竞争力不断增强。具体情况如图 1 所示。

具体而言，制造业入围企业有 43 家，较上年减少了 1 家，占比 30.28%；营业收入共计 27437.16 亿美元，占比 23.36%，平均营业收入为 638.07 亿美元，低于全国各行业 826.98 亿美元的平均水平。

综合类入围企业的数量达到 24 家，占比 16.90%，仅次于制造业入围企业数量。在全面深化改革的背景下，许多企业亟须进行多元化转型升级，如企业同时涉及实业投资、金融投资、服务租赁和地产等多个方面。2023 年综合类入围企业营业收入为 17398.98 亿美元，营业收入占比 14.82%，平均

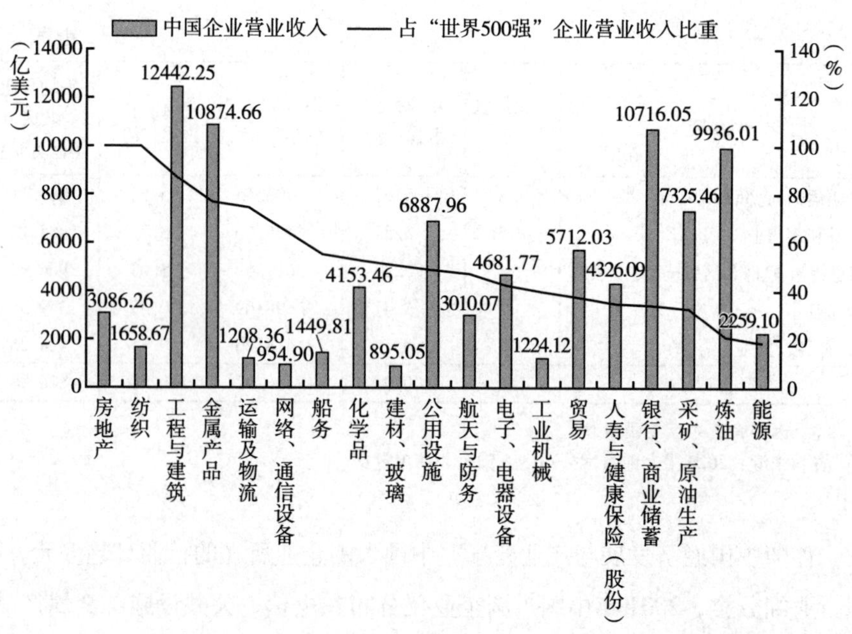

图1　2023年中国细分行业入围企业营业收入占本行业“世界500强”企业营业收入比重

资料来源：2023中文财富网公布的入围企业榜单数据。

营业收入为724.96亿美元，略低于全国各行业平均营业收入水平。

金融业入围企业数量达到18家，占比12.68%，比2022年减少了5家，入围数量居行业第3位。金融业入围企业营业收入达18043.77亿美元，占比15.37%。入围企业平均营业收入为1002.43亿美元，远高于全国各行业平均水平。2010年以来，中国金融业入围企业营业收入占比从6.5%上升至15.37%；净利润占比从34%升至40%；金融业入围企业最高排名从第87位上升至第28位，表明10多年以来中国金融企业的竞争力不断增强。随国家倡导金融服务实体企业发展，引导资金“脱虚向实”，中国金融业入围企业利润占比在2014年达到高点后逐年下降，2023年占比基本降至10年前的水平；营业收入占比从2016年的20.7%降至2023年的15.37%，为2014年来的最低水平。2015年之后，针对中国经济“脱实向虚”现象，国家出台相关金融政策，推动降低企业经营成本和资金获取难度，提高企业生产率。金融支持实体经济实现高质量发展，推动经济“脱虚向实”的效果不断凸显，金融与实体经济良性循环体系逐步形成。

建筑业入围企业数量共有15家，占比10.56%。建筑业入围企业的营业收入合计11746.97亿美元，占比10.00%。建筑业入围企业平均营业收入较上年有所下降，为783.13亿美元。中国建筑业企业自2015年度入围以来，数量不断增多，从1家上升至15家；营业收入占比略微上升，上升了0.61%。2023年新上榜1家建筑业企业，为陕西建工控股集团有限公司，排名为第432位。榜单上的房地产企业均来自中国。

采矿业入围企业数量达到13家，占比9.15%，入围企业数量居行业第5位。采矿业入围企业营业收入达16324.77亿美元，占比13.90%。入围企业平均营业收入为1255.75亿美元，远高于全国其余行业平均水平，是平均营业收入最高的行业。

电力、热力、燃气及水生产和供应业入围企业数量达到9家，较上年增长1家，占比6.34%，营业收入达10414.57亿美元，占比8.87%。入围企业平均营业收入为1157.17亿美元，是我国入围企业平均营业收入第2高的行业。整体来看，美国入围能源企业的平均效益水平明显高于中国及“世界500强”企业平均水平。2023年，中国入围能源（炼油、采矿与原油生产等）企业在收入增长率明显降低的情况下，利润增长保持一定的良好势头，销售利润率有所回升。2023年新入围1家能源行业黑马，为宁德时代新能源科技股份有限公司，排名为第292位。宁德时代为私营企业，总部位于福建宁德，其2023年的营业收入为488.49亿美元，利润为45.7亿美元。

交通运输、仓储和邮政业，批发和零售业入围企业数量共有13家，其中，交通运输、仓储和邮政业入围企业数量占比5.63%，营业收入达6906.45亿美元，占比5.88%；批发和零售业入围企业数量为5家，占比3.52%，营业收入合计4425.60亿美元，营业收入占入围企业营业收入的3.77%，入围企业平均营业收入为885.12亿美元。

信息传输、软件和信息技术服务业入围企业数量为 4 家，占比 2.82%，营业收入达 3619.69 亿美元，占比 3.08%。入围企业平均营业收入为 904.92 亿美元，高于全国各行业平均水平。互联网入围企业有 5 家，占全球互联网企业入围总数的一半以上，入围企业分别为京东、阿里巴巴、腾讯、小米集团和美团。除美团首次入围外，其他 4 家互联网企业排名较上年分别下降 6 位、13 位、26 位、94 位，平均排名为第 219 位，平均排名下降 106 位，平均营业收入增长率为 10.7%，平均收入利润率为 5.9%，平均资产负债率为 51.4%。从营业收入增长率看，仅美团、京东的营业收入较上年有所增长，分别增长 17.7%、5.4%，其他互联网企业营业收入较上年均有不同程度的下降。利润增长率最高的是阿里巴巴，为 9.5%；收入利润率最高的是腾讯，为 33.9%。

（四）所有制结构分布

自 2001 年起，入围国有企业数量保持上升趋势，民营企业自 2008 年起迅速崛起。2023 年入围的 96 家国有企业中，中央企业有 57 家（华润集团、招商局集团、太平保险，航天科技、光大集团退榜），地方国有企业有 37 家（广州工控、广新集团、陕西建工首次入围，山钢集团、云投集团、潍柴动力退榜），总体上表现出国民共进的良好发展趋势。

具体入围企业的所有制结构呈现如下特征。在入围数量方面，2023 年共有 37 家民营企业入围，占入围企业总数量的 26.06%；国有企业共有 96 家企业入围，占入围企业总数量的 67.60%；港澳台法人独资企业有 9 家，占入围企业总数量的 6.34%。在营业收入方面，国有企业以 88798.63 亿美元领先民营企业和港澳台法人独资企业，占总营业收入的 75.62%，比上年提高了 1.63 个百分点。在平均营业收入方面，民营企业为 620.98 亿美元，国有企业为 924.99 亿美元（见表 5），两者之间仍然呈现显著差距，且差距较上年扩大。

表5 2023年入围企业数量和营业收入所有制分布

所有制	企业数量（家）	企业数量占比（%）	营业收入（亿美元）	营业收入占比（%）	平均营业收入（亿美元）
国有企业	96	67.60	88798.63	75.62	924.99
民营企业	37	26.06	22976.24	19.57	620.98
港澳台法人独资	9	6.34	5656.05	4.82	628.45
合计	142	100.00	117430.92	100.00	826.98

资料来源：2023中文财富网公布的入围企业榜单数据。

2023年，57家中央企业入围“世界500强”。较上年减少2家，为上年排第210位的中国光大集团股份公司和排第322位的中国航天科技。据了解，此次中国航天科技没有参评，此前也有不参评的情况。除此之外，2023年入围中央企业与上年一致。就入围中央企业内部排名来看，与上年相比变化不大。比如，2023年入围中央企业中的前5位仍然是国家电网、中国石油、中国石化、中国建筑、中国工商银行。第6~10位中，中国海油取代了中国铁建，成为入围中央企业中的第6位，其余几位仍为中国建设银行、中国农业银行、中国中化、中国铁路。

受国际政治环境、行业周期等因素影响，也有部分中央企业的整体排名出现了明显变化。比如，中国海油从上年的第65位上升到第42位。中国远洋海运从第127位上升到第115位。东风汽车、鞍钢集团、中煤集团、航天科工、中国航油等企业的整体名次则有较大幅度的下滑。

民营企业中，2023年度，我国有37家内地民营企业入围，其中新入围企业有4家。其中居榜单前100位的有3家，第101~200位有8家，第201~300位有9家，第301~400位有7家，第401~500位有10家。排前3名的分别是中国平安、京东和阿里巴巴，分别排第33位、第52位和第68位，排名较上年都有所下降。宁德时代新能源科技股份有限公司（第292位）、美团（第467位）、通威集团有限公司（第476位）、立讯精密工业股份有限公司（第479位）2023年新入围。

二　2023年典型入围中国企业研究

（一）基于地域维度的典型企业研究

1. 东部地区——腾讯控股有限公司

腾讯成立于 1998 年，总部位于中国深圳。腾讯在 2023 年实现了 824.40 亿美元的营业收入，同比增长 7.72%。尽管面临全球经济挑战，腾讯仍能保持稳定的收入增长。腾讯在 2023 年的净利润为 219.89 亿美元，同比增长 36%。然而，按照国际财务报告准则，腾讯的股东权益为 160.65 亿美元，同比下降了 38.79%，这主要是由于投资收益减少以及所得税开支增加。腾讯在 2023 年的营收成本为 440.52 亿美元，与上年基本持平。2019~2023 年腾讯营业收入和在“世界 500 强”中的排名情况如图 2 所示。

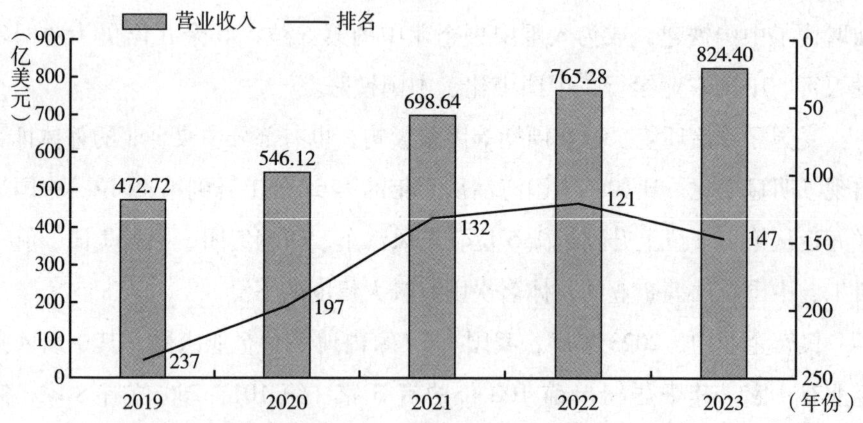

图 2　2019~2023 年腾讯控股有限公司营业收入及在“世界 500 强”中的排名

资料来源：企业财务报告。

2. 中部地区——东风汽车集团有限公司

在全球绿色转型背景下，新能源汽车行业成为朝阳行业。东风汽车集团有限公司（简称“东风集团”）始建于1969年，是中国汽车行业骨干企业之一。东风集团汽车经营规模超过400万辆，居中国汽车行业第2位；销售收入超过6000亿元，居“世界500强”第188位、中国企业500强第15位、中国制造业500强第3位。东风集团2023年收入为684.16亿美元，较上年同期的861亿美元降低176.84亿美元，降幅为20.5%。新能源汽车销量大幅增长得益于我国明确将新能源汽车车辆购置税减免政策延续至2027年底，同时新能源行业的发展也为新能源汽车提供了更加完善的产业链和更加先进的技术支持。2019～2023年东风集团营业收入及在“世界500强”中的排名如图3所示。

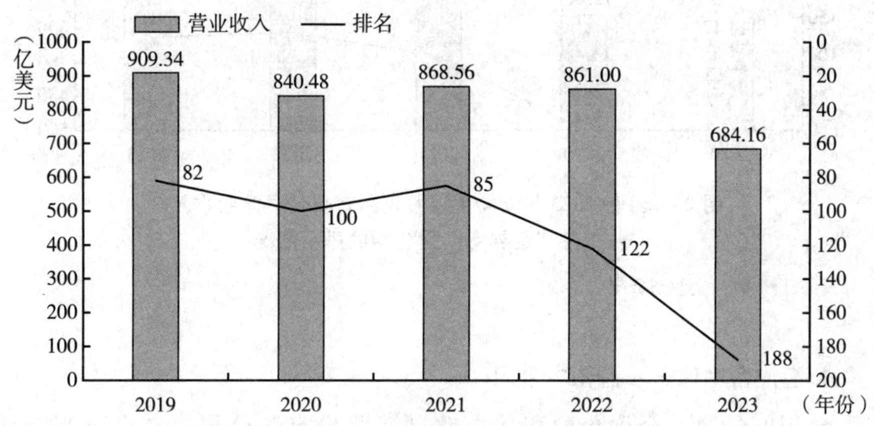

图3　2019～2023年东风汽车集团有限公司营业收入、在“世界500强”中的排名情况

资料来源：企业财务报告。

3. 西部地区——新希望控股集团有限公司

新希望控股集团有限公司（简称“新希望”）是一家1982年创立民营企业集团。主营业务有饲料产业、生猪畜牧与屠宰业务、白羽肉禽业务和食品深加工业务等。新希望经过多年不断的发展，饲料产能位居世界第一，禽肉加工处理能力位居中国第一，是中国最大的肉、蛋、奶综合供应商之一。旗下主要上市公司有新希望六和股份有限公司、新希望乳业股份有限公司等，分公司超过600家。2023年新希望实现营业收入414.26亿美元，比上年增加5.8%。但是利润有所下降，2023年利润为7.8百万美元，较2022年的利润335.8百万美元减少了97.7%。2019~2023年新希望营业收入及在“世界500强”中的排名如图4所示。

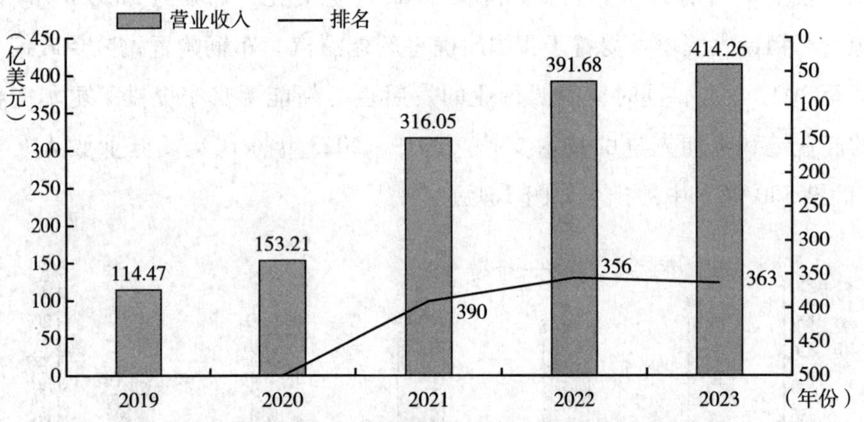

图4　2019~2023年新希望控股集团有限公司营业收入、在“世界500强”中的排名情况

资料来源：企业财务报告。

4. 港澳台地区——台积电公司

台积电公司，全称台湾积体电路制造股份有限公司，在全球半导体制造市场中占据领先地位，尤其是在先进制程领域。台积电公司2023年全年营业收入为760.22亿美元。尽管全年营业收入有所下降，但台积电公司在部分月份（如10月）的收入仍创历史新高，显示出其市场地位和技术实力的稳定性。以2023年12月为例，台积电公司合并营业收入约为1763亿元新台币，较上月减少14.4%，较上年同期减少8.4%。这反映了半导体行业周期性波动对台积电公司营业收入的影响。台积电公司2023年全年营业利润约为298.32亿美元，同比下降约20.5%。2019~2023年台积电公司营业收入及在“世界500强”中的排名如图5所示。

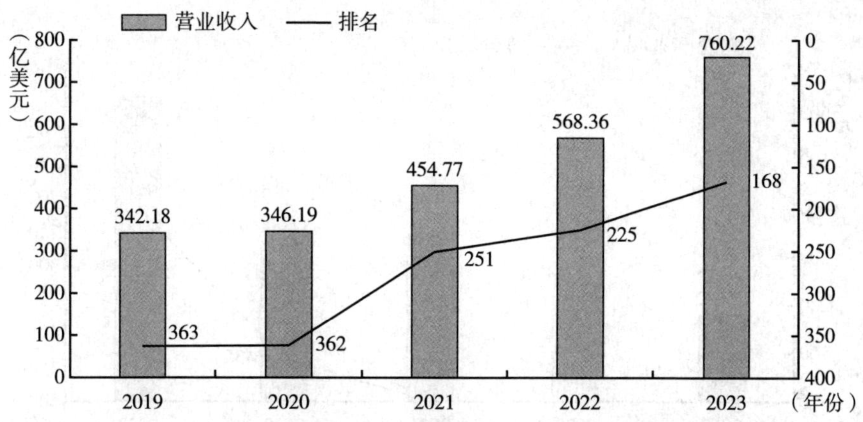

图 5　2019~2023 年台积电公司营业收入、在“世界 500 强”中的排名情况

资料来源：企业财务报告。

（二）基于行业维度的典型企业研究

1. 制造业——比亚迪股份有限公司

比亚迪品牌诞生于深圳，于 1995 年成立，业务横跨汽车、轨道交通、新能源和电子四大产业。2003 年成长为全球第二大充电电池生产商，同年组建比亚迪汽车，比亚迪汽车遵循自主研发、自主生产、自主品牌的发展路线，产品的设计既汲取国际先进理念，又符合中国文化的审美观念。比亚迪实现营业收入 630. 41 亿美元，同比增长 92. 2%；实现归母净利润 41. 86 亿美元，同比增长 80. 72%，经营性现金流净额为 1697 亿元，均创历史新高。比亚迪 2023 年毛利率达到 20. 21%，同比提高 3. 17 个百分点。2019 ~ 2023 年比亚迪营业收入及在“世界 500 强”中的排名如 6 所示。

2. 综合类——中粮集团有限公司

中粮集团有限公司（简称“中粮集团”）以农粮为核心主业，聚焦粮、油、糖、棉、肉、乳等品类，同时涉及食品、金融、地产领域。2023 年中粮集团营业收入达到 1102. 22 亿美元，保持了较高水平。中粮集团 2023 年的利润总额为 212 亿元，连续 4 年保持在 200 亿元以上的高水平，显示出其

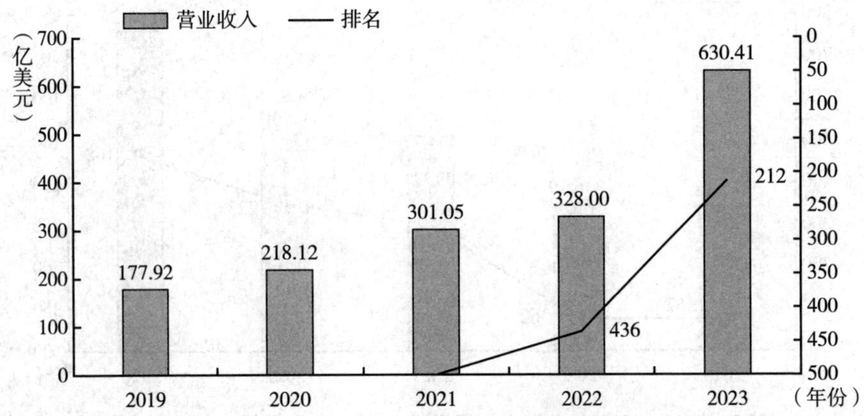

图6　2019~2023年比亚迪股份有限公司营业收入、在“世界500强”中的排名情况

资料来源：企业财务报告。

稳定的盈利能力。截至2023年底，中粮集团的资产总额达到7307亿元，显示出其庞大的资产规模。中粮集团2023年的利润率为3.06%，虽然较往年略有下降，但仍保持在相对稳定的水平。2019~2023年中粮集团营业收入及在“世界500强”中的排名情况如图7所示。

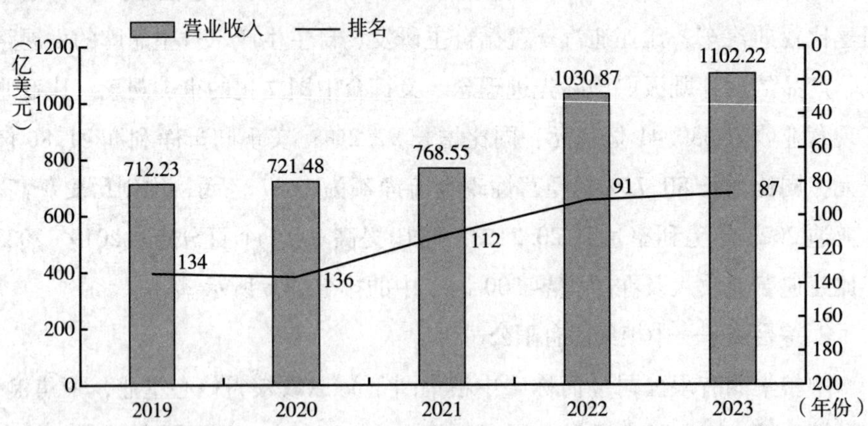

图7　2019~2023年中粮集团有限公司营业收入、在“世界500强”中的排名情况

资料来源：企业财务报告。

3. 金融业——中国中信集团有限公司

中国中信集团有限公司（简称“中信集团”）业务集中在金融、实业和其他服务业领域。面对市场环境的变化和客户需求的升级，中信集团在2023年可能继续深化战略转型和结构调整。中信集团将加大对战略性新兴产业和民生领域的投入力度，推动产业升级和创新发展，同时优化业务结构和资源配置，提高整体竞争力和盈利能力。营业收入达1007.69亿美元，归属于普通股股东的净利润为575.94亿元（同比增长5.4%，按可比口径），分红总额为149.7亿元，分红率达26%（连续5年超过25%）。2019~2023年中信集团营业收入及在“世界500强”中的排名情况如图8所示。

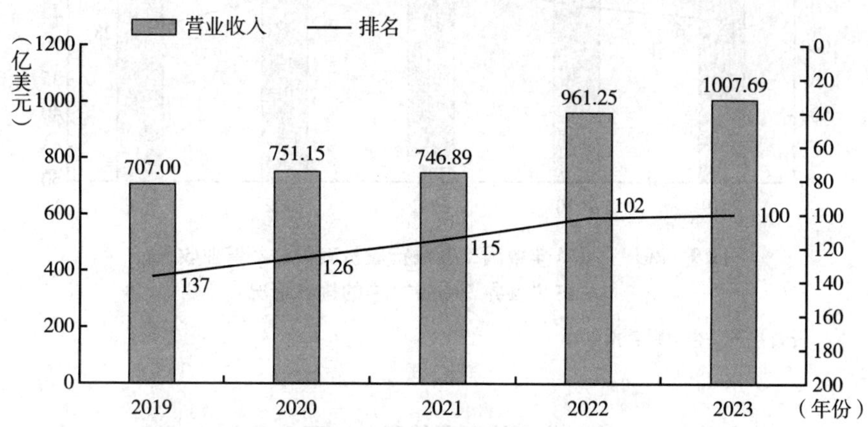

图8　2019~2023年中国中信集团有限公司营业收入、在“世界500强”中的排名情况

资料来源：企业财务报告。

（三）基于所有制结构典型企业研究

1. 国有企业——中国工商银行股份有限公司

中国工商银行股份有限公司（简称“中国工商银行”）是在中国人民银行专门行使中央银行职能的同时，从中国人民银行中分离出来的专业银行。它是香港中资金融股的六行三保之一。中国工商银行2023年实现营业收入2147.66亿美元，在国有六大行中名列前茅，但较2022年的2090亿美元上升 2.76%。自 2019 年盈利迈入 3000 亿元大关后，中国工商银行的盈利增速便开始放缓，2019～2022 年分别实现归母净利润 3122.24 亿元、3159.06 亿元、3483.38 亿元和 3611.32 亿元，利润增长率分别为 4.9%、1.2%、10.3%和 3.7%。2019～2023 年中国工商银行营业收入及在“世界 500 强”中的排名如图 9 所示。

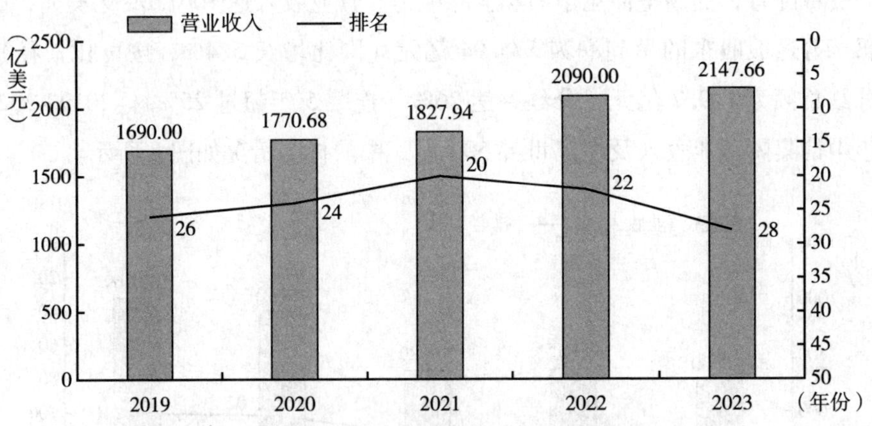

图 9　2019～2023 年中国工商银行股份有限公司营业收入、在“世界 500 强”中的排名情况

资料来源：企业财务报告。

2. 民营企业——宁德时代新能源科技股份有限公司

宁德时代新能源科技股份有限公司（简称“宁德时代”）成立于 2011 年，2018 在深圳证券交易所创业板挂牌上市。宁德时代专注于新能源汽车动力电池系统、储能系统的研发、生产和销售，致力于为全球新能源应用提供一流解决方案。宁德时代在 2023 年实现营业收入 488.49 亿美元，同比增长 46.99%，公司营业收入首次突破 400 亿美元大关。主营业务板块由动力电池系统、储能电池系统、电池材料及回收、电池矿产资源四大板块构成。2023 年动力电池系统营业收入为 2852 亿元，占营业收入比重为 71.15%，毛利率为 22.27%，是公司的主要收入来源，其营业收入和毛利率均保持稳定增长。2023 年储能电池系统营业收入为 599 亿元，占营业收入比重为

14.94%，毛利率为23.79%。储能电池业务板块的快速增长为公司带来了新的增长点。2023年电池材料及回收营业收入为336亿元，占营业收入比重为8.38%，毛利率为11.38%。公司在电池材料及回收领域的布局有助于降低生产成本，提高资源利用效率。2023年电池矿产资源营业收入为77亿元，占营业收入比重为1.93%，毛利率为19.86%。电池矿产资源的开发为公司提供了稳定的原材料供应，增强了公司的供应链稳定性。宁德时代在境内和境外市场均实现了营业收入的显著增长。2023年，公司境内业务营业收入为2699.25亿元，同比增速为7.25%；境外业务营业收入达到1309.92亿元，同比增长70.29%，占营业收入的32.67%。2019~2023年宁德时代营业收入及在“世界500强”中的排名情况如图10所示。

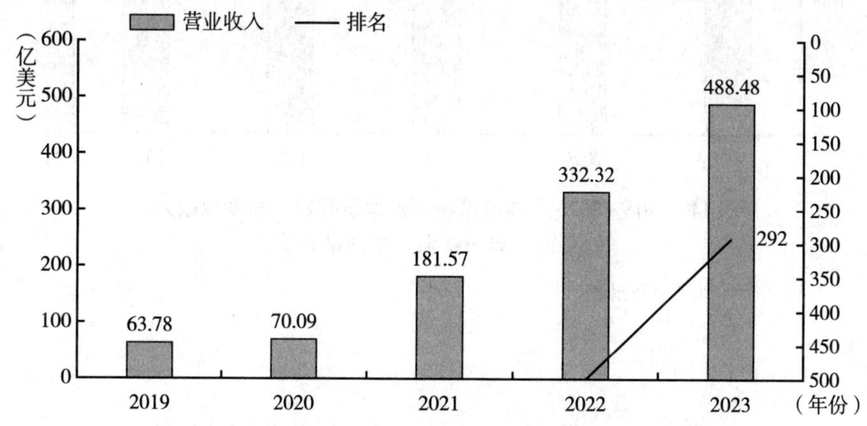

图10　2019~2023年宁德时代新能源科技股份有限公司营业收入、在“世界500强”中的排名情况

资料来源：企业财务报告。

3. 港澳台法人独资企业——鸿海精密工业股份有限公司

鸿海精密工业股份有限公司（简称“鸿海”）是全球3C（电脑、通信、消费类电子）代工领域规模最大、成长最快的国际集团。鸿海在2023年实现了营业收入2225.35亿美元（折合6.16万亿元新台币），较2022年有所减少，但仍保持了较大的营业收入规模。2023年净利润为1420.98亿元新台币（约合人民币318亿元），与2022年相比略有增长，创下了历年第3高的纪录。从产品类别来看，鸿海2023年的业务结构继续保持多元化。其中，消费智能产品约占比54%，云端网络产品约占比22%，电脑终端产品约占比18%，元件和其他产品约占比6%。鸿海2023年的毛利率为6.3%，较上年有所增长；净利率为2.31%，同样实现了微增。2019~2023年鸿海营业收入及在“世界500强”中的排名情况如图11所示。

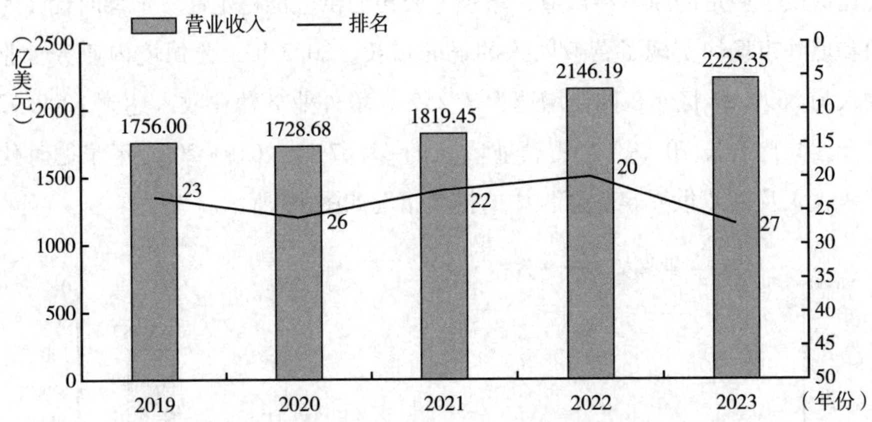

图11　2019~2023年鸿海精密工业股份有限公司营业收入、在“世界500强”中的排名情况

资料来源：企业财务报告。

三　入围“世界500强”的中国企业的动态变化分析

（一）入围“世界500强”的企业总体变动分析

图12呈现了2017~2023年入围“世界500强”的中国企业的情况，包括年份、入围数量和营业收入的总体变动情况。

2023年入围“世界500强”的中国企业数量为142家，较上年减少了3家。中国入围企业数量连续4年超过美国，其中大陆（含香港）入围企业连续3年超过美国。142家入围企业中，有7家新入围，38家名次提升，4家名

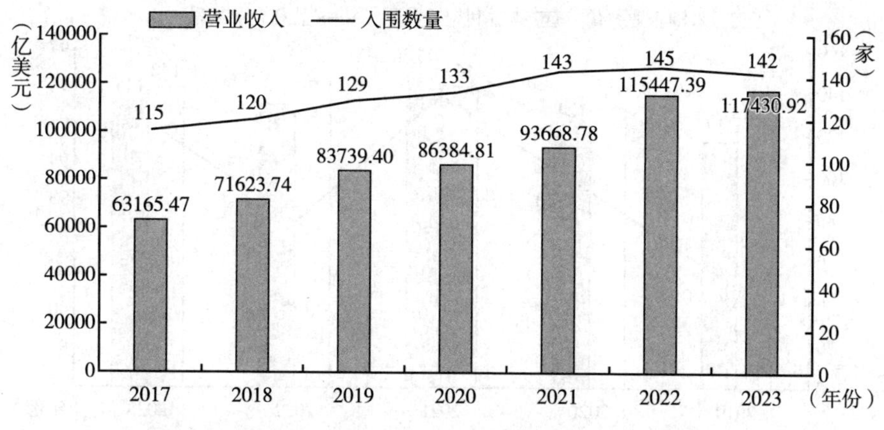

图 12　2017~2023 年入围“世界 500 强”的中国企业情况

资料来源：2023 中文财富网公布的入围企业榜单数据。

次不变，93 家名次下降。其中，排名上升幅度较大的 3 家企业（升幅超过 70 位）中，为比亚迪股份有限公司、山西焦煤集团有限责任公司和台湾中油股份有限公司，分别上升了 224 位、72 位和 94 位。其中，比亚迪股份有限公司为汽车制造类行业，2023 年利润达到 24.7 亿美元。台湾中油股份有限公司虽排名上升，但年利润为-62.99 亿元。排名下降幅度较大的企业（降幅超过 100 位）有 3 家，2 家制造业企业和 1 家采矿业，分别为仁宝电脑、安徽海螺集团有限责任公司和北京建龙重工集团有限公司，分别下降了 103 位、111 位和 102 位。

如图 13 所示，2023 年中国 142 家入围企业中有 135 家实现盈利，占比 95.07%。其中，46 家国务院国资委管理的中央企业中有 43 家实现盈利，盈利企业数量保持稳定，中国企业整体盈利状况不断向好，向企业高质量发展转型势头明显。

从 2023 年新入围的企业来看，有 3 家是国有独资企业，有 4 家是民营企业。从行业上来看，有 3 家为综合类企业，2 家为制造业企业，以实业为主，说明我国实体经济发展有所进步；另外，受益于全球能源转型，国家大力发展新能源产业，给予产业优惠政策，宁德时代作为储能企业的领头羊，营业收入大幅增长，强势入围。2023 年新入围企业情况如表 6 所示。

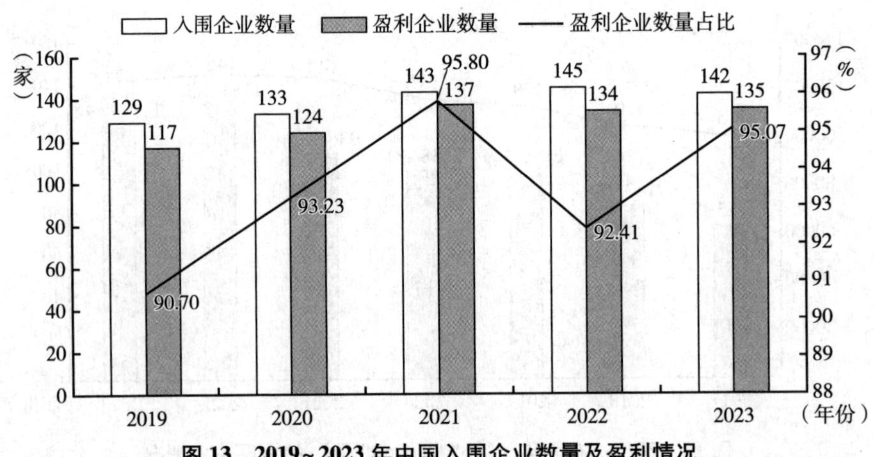

图 13　2019~2023 年中国入围企业数量及盈利情况

资料来源：2023 中文财富网公布的入围企业榜单数据。

表 6　2023 年新入围企业情况

单位：亿美元

排名	公司名称	企业性质	所在地	行业	营业收入
292	宁德时代新能源科技股份有限公司	民营企业	宁德	电力、热力、燃气及水生产和供应业	488.49
414	广州工业投资控股集团有限公司	国有独资	广州	综合类	365.89
427	广东省广新控股集团有限公司	国有独资	广州	综合类	353.68
432	陕西建工控股集团有限公司	国有独资	西安	建筑业	347.35
467	美团	民营企业	北京	综合类	326.99
476	通威集团有限公司	民营企业	成都	制造业	319.44
479	立讯精密工业股份有限公司	民营企业	东莞	制造业	318.17

资料来源：2023 中文财富网公布的入围企业榜单数据。

从退榜企业的情况来看，有 5 家金融业企业退出“世界 500 强”，这与经济形势下滑及我国金融行业体制机制改革有关。有 4 家制造业企业退出“世界 500 强”，其中，中国航天科技集团有限公司是主动退出“世界 500 强”榜单。从地域分布来看，退榜企业中有 3 家为港澳台法人独资企业，港澳台地区受全球经济发展水平影响更大，更易受到大环境动荡冲击。2023 年退榜企业具体情况如表 7 所示。

表 7　2023 年退榜企业情况

单位：亿美元

2022 年排名	公司名称	企业性质	所在地	行业	2022 年营业收入
210	中国光大集团股份公司	国有控股	北京	金融业	611.94
288	友邦保险控股有限公司	港澳台法人独资	香港	金融业	475.25
322	中国航天科技集团有限公司	国有独资	北京	制造业	434.20
332	山东钢铁集团有限公司	国有控股	济南	制造业	413.19
376	国泰金融控股股份有限公司	港澳台法人独资	台北	金融业	375.34
440	富邦金融控股股份有限公司	港澳台法人独资	台北	金融业	322.23
447	云南省投资控股集团有限公司	国有控股	昆明	金融业	318.84
452	潍柴动力股份有限公司	港澳台与境内合资	潍坊	制造业	315.56
459	海亮集团有限公司	私营企业	杭州	综合类	310.49
487	珠海格力电器股份有限公司	私营企业	珠海	制造业	294.02

资料来源：2022 年、2023 年中文财富网公布的入围企业榜单数据。

（二）地域分布变动分析

图 14 呈现了 2018~2023 年入围“世界 500 强”中国企业的区域变动情况。具体包含东部地区、中部地区、西部地区、东北地区、香港地区和台湾地区企业数量分布情况。

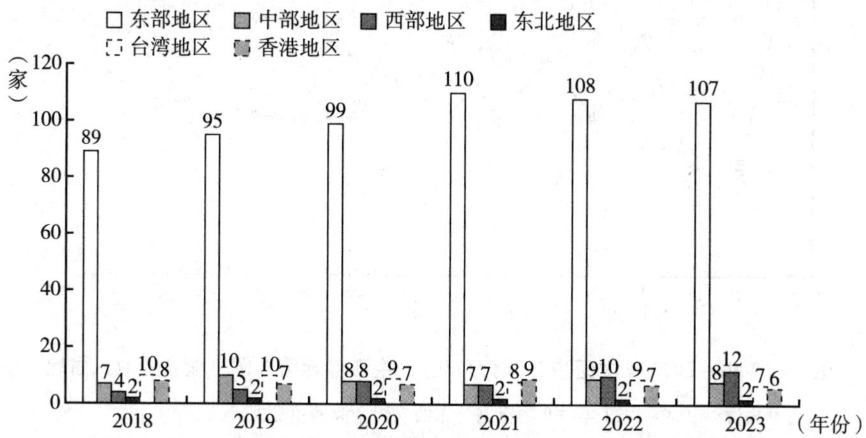

图 14　2018~2023 年入围“世界 500 强”的中国企业的区域变动情况

资料来源：2017~2023 中文财富网公布的入围企业榜单数据。

根据2018~2023年入围企业情况可知，入围企业主要分布于东部沿海地区，中西部省份上榜数量明显偏少，区域经济发展不均衡现象仍然明显，这与国家政策的扶持、地理位置优势以及各地区前期经济发展的积累有关。尤其是优势民营企业主要集中于长三角地区的江苏、浙江，珠三角地区的广东等地。2023年东部地区入围企业数量达到107家，较上年减少1家，西部地区入围12家，比上年增加了2家，台湾地区和香港地区分别减少2家和1家，中部地区入围企业数量减少1家，东北地区入围企业数量不变，为2家。中国入围“世界500强”的企业的地域分布并非一成不变，而是随着企业发展战略、市场环境、政策支持等因素的变化而不断变化。例如，广东近年来在电子商务和科技创新方面快速发展，企业数量有所增加；而一些传统制造业城市则可能由于产业结构调整和转型升级等原因，入围企业数量有所减少。

从东部地区与中西部地区的对比情况来看，2023年，中西部地区入围企业数量合计20家，营业收入占比从2010年的2.8%上升至7.91%，提高了5.11个百分点。具体情况如图15所示。

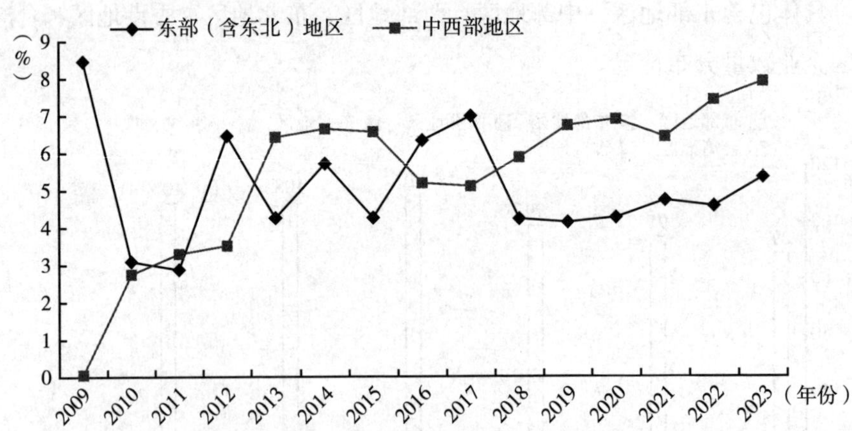

图15　2009~2023年中国东部（含东北）、中西部地区入围企业营业收入占比

资料来源：2009~2023年中文财富网公布的入围企业榜单数据。

（三）行业分布变动分析

图 16 呈现了部分行业入围“世界 500 强”的企业的营业收入占比变化趋势。金融行业“世界 500 强”企业的营业收入占比逐年降低，而能源行业逐渐上升。原因在于全球经济环境变化、局部冲突和金融行业内部变革以及其他因素。在经济下行期，金融行业可能面临更大的挑战，如信贷收紧、资产质量下降等，从而影响其业绩表现和入围企业数量。与之相比，能源行业的入围企业数量和营业收入占比呈现逐年增加的趋势，原因在于随着全球经济的不断发展和人口的增长，能源需求持续上升。无论是工业生产、交通运输还是居民生活，都离不开能源的支持。这种持续增长的能源需求为能源行业提供了广阔的发展空间，推动了能源企业规模的扩大和实力的增强。

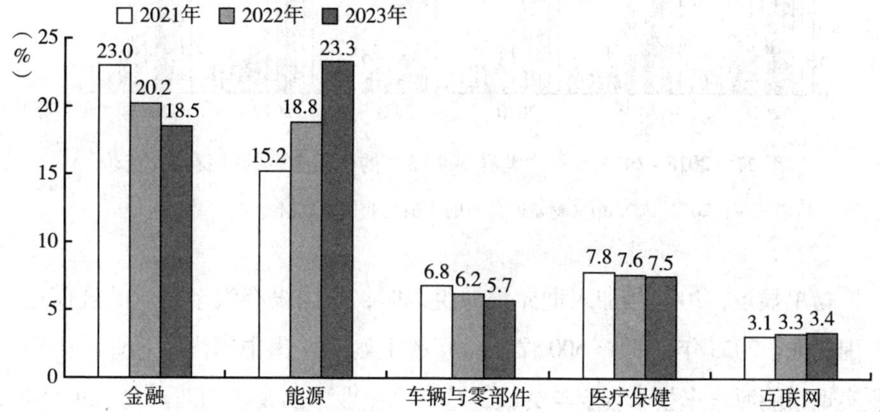

图 16　2021~2023 年部分行业入围“世界 500 强”的企业营业收入占比

资料来源：2021~2023 年中文财富网公布的入围企业榜单数据。

图 17 列示了 2018~2023 入围“世界 500 强”的中国企业的行业结构变动情况。“世界 500 强”榜单是洞察全球产业结构性变化的独特窗口，2018~2023 年，“世界 500 强”入围企业数量增加较多的行业有制造业，建筑业，采矿业，电力、热力、燃气及水生产和供应业，交通运输、仓储和邮

政业，批发和零售业，医疗业；数量较稳定的行业有综合类，信息传输、软件和信息技术服务业，农、林、牧、渔业；数量减少较多的行业为金融业。2018~2023 年，中国入围企业所在行业整体呈现多样化趋势，制造业、金融业和综合类等领域已经具备一定的行业优势。

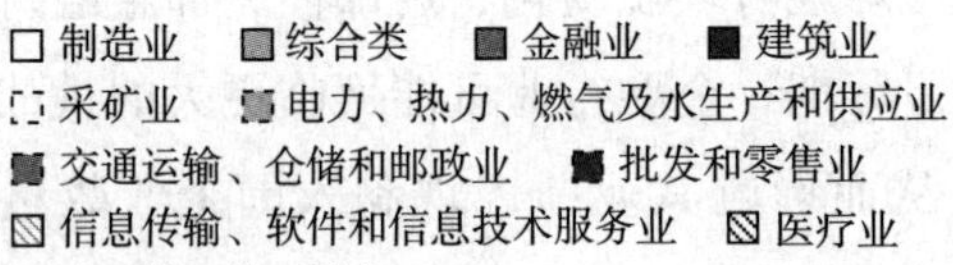

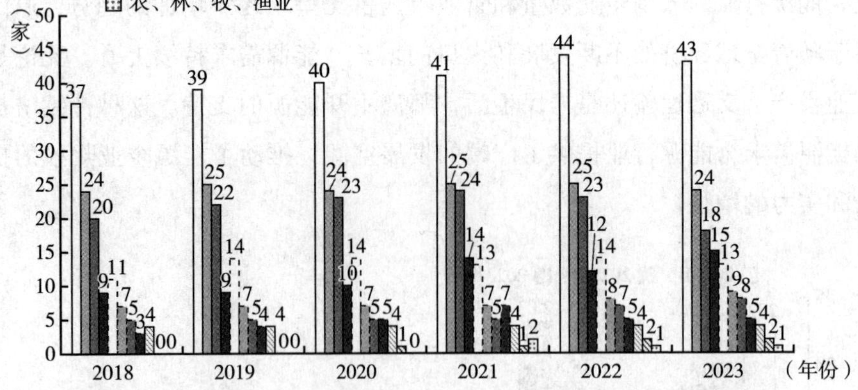

图 17　2018~2023 入围“世界 500 强”的中国企业的行业结构变动

资料来源：2018~2023 中文财富网公布的入围企业榜单数据。

榜单显示，2001 年加入世界贸易组织时，中国没有汽车企业的规模达到入围标准，2023 年“世界 500 强”排行榜上则有 9 家中国汽车企业。中国企业实现新能源汽车技术创新与突破，这 9 家企业中出现了两匹黑马。2023 年，比亚迪以其新能源技术优势，营业收入达到 630. 41 亿美元，从 2021 年的第 436 位跃升到 2023 年的第 212 位，是排名提升最多的中国公司。而宁德时代以 488. 49 亿美元的营业收入第一次进入“世界 500 强”排行榜，排名为第 292 位。

2003 年盈利排前 10 位的企业中有 5 家金融业企业、2 家采矿业企业，2 家信息传输、软件和信息技术服务业企业和 1 家综合类企业。2013 年盈利水平较高的企业主要属于金融业和采矿业。2023 年盈利排前 10 位的企业中有5家金融业企业，2家采矿业企业，2家信息传输、软件和信息技术服务业企业，1家制造业企业（见表8）。

表8　2003年、2013年、2023年入围“世界500强”中国企业中盈利排前10位的企业

排名	2003年	所在行业	2013年	所在行业	2023年	所在行业
1	中国石油	采矿业	工商银行	金融业	工商银行	金融业
2	中国移动	信息传输、软件和信息技术服务业	建设银行	金融业	建设银行	金融业
3	中国银行	金融业	农业银行	金融业	农业银行	金融业
4	中国电信	信息传输、软件和信息技术服务业	中国银行	金融业	中国银行	金融业
5	工商银行	金融业	中国石油	采矿业	台积电公司	制造业
6	建设银行	金融业	国家电网	电力、热力、燃气及水生产和供应业	腾讯	信息传输、软件和信息技术服务业
7	中国石化	采矿业	中国移动	信息传输、软件和信息技术服务业	中国石油	采矿业
8	国泰人寿	金融业	交通银行	金融业	招商银行	金融业
9	农业银行	金融业	中国石化	采矿业	中国海油	采矿业
10	中粮集团	综合类	中国海油	采矿业	中国移动	信息传输、软件和信息技术服务业

资料来源：2023中文财富网公布的入围企业榜单数据。

（四）所有制结构分布变动分析

表9列示了2017~2023年入围企业的所有制结构变动情况，具体包括国有企业、民营企业、港澳台法人独资/合资企业的数量和占比。在入围企

业数量方面，2023年国有企业入围数量比2022年减少1家，民营企业入围数量增加3家，港澳台法人独资/合资企业的入围数量较2022年下降了5家，港澳台法人独资/合资企业的入围企业数量占比从2022年的9.66%下降至6.34%，民营企业的入围企业数量占比从2022年的23.45%上升至26.06%、国有企业的入围企业数量占比保持稳定，由2022年的66.90%小幅上升至67.60%。

表9 2017~2023年入围“世界500强”的中国企业所有制结构变动

单位：家，%

年份	国有企业		民营企业		港澳台法人独资/合资企业	
	数量	占比	数量	占比	数量	占比
2017	81	70.43	24	20.87	10	8.70
2018	84	70.00	23	19.17	13	10.83
2019	89	68.99	27	20.93	13	10.08
2020	92	69.17	29	21.8	12	9.02
2021	95	66.43	36	25.17	12	8.39
2022	97	66.90	34	23.45	14	9.66
2023	96	67.60	37	26.06	9	6.34

资料来源：2023中文财富网公布的入围企业榜单数据。

图18呈现了1996~2023年国有企业、民营企业入围企业最高排名情况。入围“世界500强”的国有企业数量整体增加趋势，入围企业最高排名稳定在第3位。国有企业往往承担着国家战略任务，如保障能源安全、推动产业升级等，这些战略定位使得国有企业在全球竞争中具有独特优势。入围“世界500强”的民营企业数量波动增加，增幅较大，同时入围企业最高排名也由第499位上升至2023年的第33位，民营企业的国际影响力日益增强，特别是在科技、互联网、医药等新兴领域。民营企业不再局限于传统行业，而是积极向高科技、高附加值领域拓展，形成了多元化、国际化的产业布局。

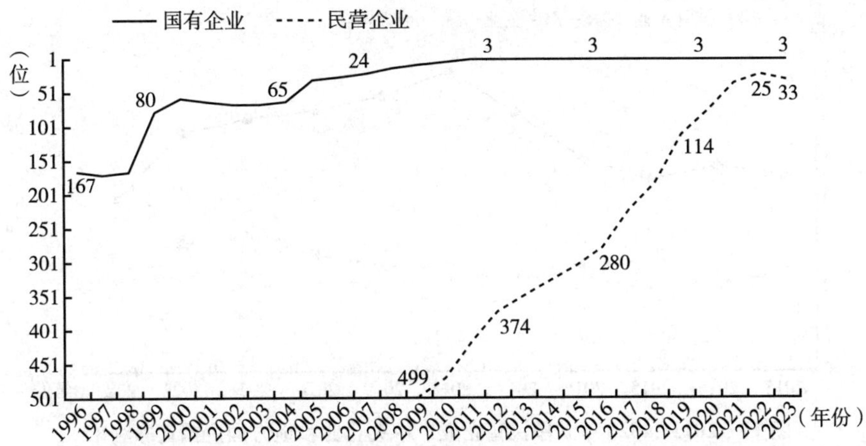

图 18　1996~2023 年国有企业、民营企业入围企业最高排名

资料来源：2023 中文财富网公布的入围企业榜单数据。

图 19 呈现了入围民营企业、中央企业和地方国企的销售净利率的变动情况。2013~2023 年，中国入围中央企业销售净利率从 2.2%增长至 5.0%，地方国企销售净利率从 2.9%下降至 2.0%；2013~2023 年民营企业销售净利率呈倒 U 形变化，其中 2018 年销售净利率高达 7%左右。国有企业尤其是中央企业是国民经济的顶梁柱，承担了拉动就业、科技创新、行业扶持与转型等综合功能，创造收益不是国有企业的主要目标。因此，多数年份国有企业销售净利率显著低于民营企业。2013~2023 年，中央企业坚持把科技创新摆在突出位置，加强考核、资本金投入等政策支持，加快锻造国家战略科技力量。2013 年以来，中央企业研发投入不断加大，累计投入研发经费 6.2 万亿元，超过全国的 1/3，2022 年研发投入首次突破 1 万亿元，尤其在航天、深海、能源、交通等领域取得了一批标志性成果，在关键材料、核心元器件等领域实现重大突破。

我国民营企业销售净利率水平在 2016~2018 年显著增长，但 2018 年以来销售净利率有所滑落，经营盈利水平恢复仍然需要时间。民营企业为灵活的市场经营主体，创造利润是民营企业的首要目标，多数年份民营企业销售净利率高于中央国企和地方国企。为了促进民营经济尽快恢复，国家多次颁

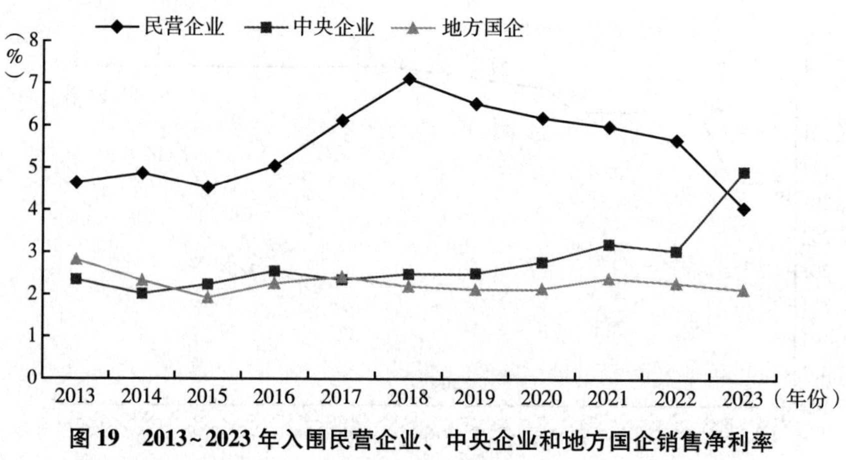

图 19　2013~2023 年入围民营企业、中央企业和地方国企销售净利率

资料来源：2023 中文财富网公布的入围企业榜单数据。

布优化营商环境、降低融资成本和激励技术创新等政策。尤其是科技创新方面，我国民营企业研发投入占全国企业研发投入的比例约为 60%，发明专利申请数占比约为 50%，新产品销售收入占比约为 65%。民营企业在国家的倡导下，正着力发展新质生产力，以技术赋能经营生产，为后续迸发新的增长动能不断蓄力。

四　研究展望与建议

（一）展望

1. 总体趋势

2023 年“世界 500 强”榜单营收走向与世界经济增长趋势高度一致。首先，尽管全球入围企业的营业收入总和显著增长，达到约 41 万亿美元，较上年上涨 8.4%，显示出全球经济在总量上仍具备一定的增长动能，但这种增长并未能有效转化为净利润的同步提升，净利润总和同比减少 6.5%，约为 2.9 万亿美元，反映出全球经济在复苏过程中仍面临诸多挑战与不确定性。2023 年“世界 500 强”榜单所反映出的世界经济走向，既展现了全球经济在总量上的增长动能，也揭示了其面临的不确定性与挑战。

2. 地域趋势

从地域分布来看，中国与美国继续占据主导地位，两国入围企业数量合计超过总数的一半，体现了这两个经济体在全球经济中的重要影响力。然而，值得注意的是，中国大陆（包括香港）入围企业数量近 15 年来首次出现下滑，而美国入围企业数量则有所增加，这一变化可能预示着全球经济格局正在发生微妙调整，美国企业的竞争力有所回升。中国在入围企业数量上继续领先，但考虑到中国的人口和经济规模，这一优势并不是绝对的。中国入围企业的营业收入虽然有所提升，但与美国相比仍有差距。美国入围企业的利润总和高达 10882. 7 亿美元，几乎是中国入围企业利润总和（5618. 6 亿美元）的两倍。2023 年，中国入围“世界 500 强”的企业分布在中国的 22 个省份及地区，其中，台湾地区 7 家，香港地区 6 家，港澳台地区入围企业数量较上年有所减少。在中国内地，入围企业依然主要分布于东部沿海地区，中西部省份入围企业数量相对偏少，说明我国仍然存在区域发展不平衡现象。

3. 行业趋势

2023 年，从行业分布分析，1996~2023 年，中国入围企业覆盖的行业从 4 个迅速增长至 11 个，行业发展呈现全面崛起态势。同时，上榜的互联网企业数量增加，尤其是中美两国各占一半，反映了数字经济在全球范围内的蓬勃发展态势。然而，前 6 家互联网公司在榜单上的名次普遍下滑，也暗示了互联网行业竞争的加剧以及盈利能力的分化。此外，榜单还显示，在全球经济下行的背景下，部分传统行业企业如商业银行、保险公司、航天与防务等企业排名出现下滑，而新能源、化工等新兴产业则表现出较强的增长潜力。这种行业间的差异变化，进一步印证了全球经济转型与产业升级的必然趋势。

4. 所有制趋势

2023 年入围“世界 500 强”的中国企业中，国有企业，尤其是中央直属的国企资历雄厚，且具有先发性优势，在榜单中名列前茅；部分民营企业后来居上，在消费、金融、通信技术与技术设备、互联网服务等行业展现出了蓬勃的发展活力，催生了许多在全球范围内颇具竞争力和市场影响力的新经济组织。中国企业进入“世界500强”的历程表明，国有企业与民营企业发展统一于中国特色社会主义的建设进程，共同为中国式现代化贡献了蓬勃生机和旺盛活力。国有经济是我国国民经济的主导力量，民营经济是社会主义市场经济的重要组成部分，是我国社会主义基本经济制度的重要内容，形成了我国公有制为主体、多种所有制经济共同发展的国民共进格局。国有企业在入围“世界500强”的中国企业中占有重要地位，如国家电网、中国石化、中国石油等，这些企业在能源、电力、化工等关键领域具有强大的竞争力和影响力。近年来中国入围“世界500强”的民营企业数量不断增加，如京东、阿里巴巴、华为、腾讯等，这些企业在互联网、科技、零售等领域取得了显著的成就。

（二）建议

当前，全球格局正处于前所未有的深刻调整期，新一轮科技革命与产业变革浪潮汹涌澎湃，既孕育着前所未有的战略机遇，也伴随着错综复杂的风险与挑战。在此背景下，建设一批掌握关键核心技术、在全球市场中具备显著竞争优势、拥有国际知名品牌及广泛影响力的世界一流企业，已成为我国企业发展的核心目标。

一是进一步提升质量与效益，提高行业竞争力。在利润榜上，美国企业占据优势地位，尤其是科技企业和石油企业。例如，苹果公司、微软、谷歌母公司Alphabet等科技企业的利润均位居前列。而中国企业在利润榜上的表现相对较弱，但仍有部分企业如中国工商银行和中国建设银行等金融机构表现出色。企业应当明确核心业务和竞争优势，确保核心业务的市场领先地位和盈利能力。在保持核心业务竞争力的同时，积极探索和拓展新的业务领域，实现收入来源的多元化，降低单一业务风险。同时积极开拓国内外市场，特别是新兴市场和高附加值市场，通过市场份额的提升来增加销售收入。

二是着力发展新质生产力，技术赋能产业转型升级。美国企业在研发方面的投入普遍较高，这为其在高科技领域的领先地位提供了有力的支持。相比之下，中国企业研发投入虽然也在增加，但整体水平与美国相比仍有差距。

中国入围企业多集中在传统产业，如能源、材料、工程建设、工业制造、汽车等领域，而美国企业在高技术产业，如计算机、互联网服务、半导体、计算机软件、信息技术等领域表现更为突出。这反映了中美两国在产业结构上的差异。因此应该鼓励企业增加研发经费，建立稳定的研发投入增长机制，推动企业在核心技术、关键领域进行自主创新，形成自主知识产权和核心竞争力。同时加强企业与高校、科研机构的合作，促进科技成果的转化和应用。

三是持续推动绿色低碳转型，强化企业社会责任承担。通过政策引导和市场机制，淘汰高能耗、高污染、低效益的落后产能，推动传统产业朝高端化、智能化、绿色化方向发展；不断调整企业产品结构，突出绿色低碳要求，大力开展绿色低碳技术攻关，积极发展循环经济，加快发展绿色金融，促进绿色产业资金融通；培育绿色低碳产业，提供共享出行、循环利用等绿色产品服务；传播绿色低碳理念，助推简约适度、环境友好的生活方式形成风尚；通过加快绿色转型，提升自身的品牌形象和市场竞争力，为社会的可持续发展做出积极贡献。

参考文献

国家企业信用信息公示系统网站，http：//www. gsxt. gov. cn/index. html。

商务部对外投资和经济合作司网站，http：//hzs. mofcom. gov. cn/。

附表　2023 年入围“世界 500 强”中国企业情况

单位：亿美元

排名	公司名称	企业性质	所在地	行业	营业收入
3	国家电网有限公司	国有独资	北京	电力、热力、燃气及水生产和供应业	5300. 09
5	中国石油天然气集团有限公司	国有独资	北京	采矿业	4830. 19

续表

排名	公司名称	企业性质	所在地	行业	营业收入
6	中国石油化工集团有限公司	国有独资	北京	采矿业	4711.54
13	中国建筑集团有限公司	国有独资	北京	建筑业	3058.85
27	鸿海精密工业股份有限公司	港澳台法人独资	新北	制造业	2225.35
28	中国工商银行股份有限公司	国有独资	北京	金融业	2147.66
29	中国建设银行股份有限公司	国有独资	北京	金融业	2027.53
32	中国农业银行股份有限公司	国有独资	北京	金融业	1870.61
33	中国平安保险(集团)股份有限公司	民营企业	深圳	金融业	1815.66
38	中国中化控股有限责任公司	国有独资	北京	综合类	1738.34
39	中国铁路工程集团有限公司	国有独资	北京	交通运输、仓储和邮政业	1716.69
42	中国海洋石油集团有限公司	国有独资	北京	采矿业	1647.62
43	中国铁道建筑集团有限公司	国有独资	北京	交通运输、仓储和邮政业	1630.37
44	中国宝武钢铁集团有限公司	国有独资	上海	制造业	1616.98
49	中国银行股份有限公司	国有独资	北京	金融业	1569.24
52	京东集团股份有限公司	民营企业	北京	批发和零售业	1555.33
54	中国人寿保险(集团)公司	国有独资	北京	金融业	1514.87
62	中国移动通信集团有限公司	国有独资	北京	信息传输、软件和信息技术服务业	1395.97
63	中国交通建设集团有限公司	国有独资	北京	建筑业	1382.70

续表

排名	公司名称	企业性质	所在地	行业	营业收入
65	中国五矿集团有限公司	国有独资	北京	综合类	1335.41
68	阿里巴巴集团控股有限公司	民营企业	杭州	批发和零售业	1268.13
69	厦门建发集团有限公司	国有独资	厦门	综合类	1259.71
72	山东能源集团有限公司	国有独资	济南	综合类	1240.89
74	中国华润有限公司	国有独资	香港	建筑业	1216.43
76	国家能源投资集团有限责任公司	国有独资	北京	综合类	1215.84
83	中国南方电网有限责任公司	国有独资	广州	电力、热力、燃气及水生产和供应业	1136.74
84	上海汽车集团股份有限公司	国有控股	上海	制造业	1106.12
86	中国邮政集团有限公司	国有独资	北京	交通运输、仓储和邮政业	1102.71
87	中粮集团有限公司	国有独资	北京	综合类	1102.22
95	厦门国贸控股集团有限公司	国有独资	厦门	综合类	1030.90
100	中国中信集团有限公司	国有独资	北京	金融业	1007.69
105	中国电力建设集团有限公司	国有独资	北京	电力、热力、燃气及水生产和供应业	990.20
111	华为投资控股有限公司	民营企业	深圳	制造业	954.90
113	中国医药集团有限公司	国有独资	北京	制造业	940.75
115	中国远洋海运集团有限公司	国有独资	上海	交通运输、仓储和邮政业	931.81
120	中国人民保险集团股份有限公司	国有独资	北京	金融业	915.35
123	恒力集团有限公司	民营企业	苏州	制造业	909.44

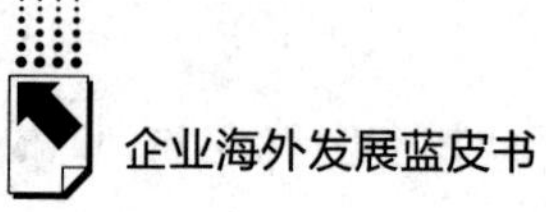

续表

排名	公司名称	企业性质	所在地	行业	营业收入
124	正威国际集团有限公司	民营企业	深圳	制造业	904.98
131	中国第一汽车集团有限公司	国有独资	长春	制造业	876.79
132	中国电信集团有限公司	国有独资	北京	信息传输、软件和信息技术服务业	871.66
136	浙江荣盛控股集团有限公司	民营企业	杭州	制造业	861.66
138	物产中大集团股份有限公司	国有控股	杭州	综合类	857.10
142	厦门象屿集团有限公司	国有独资	厦门	综合类	836.39
146	中国兵器工业集团有限公司	国有独资	北京	制造业	826.89
147	腾讯控股有限公司	民营企业	深圳	信息传输、软件和信息技术服务业	824.40
150	中国航空工业集团有限公司	国有独资	北京	制造业	816.71
157	太平洋建设集团有限公司	民营企业	乌鲁木齐	建筑业	794.78
161	交通银行股份有限公司	国有控股	上海	金融业	782.13
163	晋能控股集团有限公司	国有控股	大同	采矿业	777.61
165	广州汽车工业集团有限公司	国有控股	广州	制造业	773.45
166	中国铝业集团有限公司	国有独资	北京	采矿业	769.46
168	台湾积体电路制造股份有限公司	港澳台法人独资	新竹	制造业	760.22
169	陕西煤业化工集团有限责任公司	国有独资	西安	采矿业	758.71
171	江西铜业集团有限公司	国有控股	贵溪	制造业	749.27

续表

排名	公司名称	企业性质	所在地	行业	营业收入
172	山东魏桥创业集团有限公司	民营企业	滨州	制造业	749.23
173	万科企业股份有限公司	民营企业	深圳	建筑业	749.01
175	招商局集团有限公司	国有独资	香港	综合类	732.83
179	招商银行股份有限公司	国有独资	深圳	金融业	723.17
188	东风汽车集团有限公司	国有独资	武汉	制造业	684.16
191	中国保利集团有限公司	国有独资	北京	综合类	676.96
192	中国太平洋保险（集团）股份有限公司	国有控股	上海	金融业	676.96
193	北京汽车集团有限公司	国有独资	北京	制造业	672.82
205	绿地控股集团股份有限公司	国有独资	上海	建筑业	648.02
206	碧桂园控股有限公司	民营企业	佛山	建筑业	639.79
209	中国华能集团有限公司	国有独资	北京	电力、热力、燃气及水生产和供应业	632.84
212	比亚迪股份有限公司	民营企业	深圳	制造业	630.41
217	联想集团有限公司	民营企业	香港	综合	619.47
222	盛虹控股集团有限公司	民营企业	苏州	批发和零售业	612.51
223	兴业银行股份有限公司	国有控股	福州	金融业	609.62
225	浙江吉利控股集团有限公司	民营企业	杭州	制造业	603.96
229	河钢集团有限公司	国有独资	石家庄	制造业	595.63
244	浙江恒逸集团有限公司	民营企业	杭州	批发和零售业	573.32
247	中国建材集团有限公司	国有独资	北京	建筑业	565.14

续表

排名	公司名称	企业性质	所在地	行业	营业收入
252	中国电子科技集团有限公司	国有独资	北京	制造业	558.48
256	中国能源建设集团有限公司	国有独资	北京	电力、热力、燃气及水生产和供应业	548.90
257	青山控股集团有限公司	民营企业	温州	制造业	547.11
260	上海浦东发展银行股份有限公司	国有控股	上海	金融业	540.28
262	国家电力投资集团有限公司	国有独资	北京	电力、热力、燃气及水生产和供应业	540.22
267	中国联合网络通信股份有限公司	国有独资	北京	信息传输、软件和信息技术服务业	527.66
269	陕西延长石油(集团)有限责任公司	国有控股	西安	采矿业	522.24
272	中国船舶集团有限公司	国有独资	上海	综合类	517.99
278	美的集团股份有限公司	民营企业	佛山	制造业	513.93
279	中国机械工业集团有限公司	国有独资	北京	综合类	511.26
283	鞍钢集团有限公司	国有独资	鞍山	制造业	500.41
289	金川集团股份有限公司	国有独资	金昌	制造业	494.67
292	**宁德时代新能源科技股份有限公司**	**民营企业**	**宁德**	**电力、热力、燃气及水生产和供应业**	**488.49**
310	浙江省交通投资集团有限公司	国有控股	杭州	交通运输、仓储和邮政业	466.17
313	苏商建设集团有限公司	民营企业	上海	建筑业	461.38
320	敬业集团有限公司	民营企业	石家庄	综合类	457.05
323	中国华电集团有限公司	国有独资	北京	电力、热力、燃气及水生产和供应业	451.13
329	中国民生银行股份有限公司	民营企业	北京	金融业	445.82

续表

排名	公司名称	企业性质	所在地	行业	营业收入
333	和硕	港澳台法人独资	台北	制造业	442.73
341	中国兵器装备集团公司	国有独资	北京	制造业	434.29
345	广达电脑公司	港澳台法人独资	桃园	制造业	429.97
348	江苏沙钢集团有限公司	民营企业	张家港	制造业	427.84
351	上海建工集团股份有限公司	国有独资	上海	建筑业	425.22
356	中国中煤能源集团有限公司	国有独资	北京	采矿业	419.97
359	山西焦煤集团有限责任公司	国有独资	太原	采矿业	416.62
360	小米集团	民营企业	北京	批发和零售业	416.31
363	新希望控股集团有限公司	民营企业	成都	农、林、牧、渔业	414.26
368	中国电子信息产业集团有限公司	国有独资	深圳	综合类	403.26
373	紫金矿业集团股份有限公司	国有控股	龙岩	采矿业	401.87
377	顺丰控股股份有限公司	民营企业	深圳	交通运输、仓储和邮政业	397.65
378	台湾中油股份有限公司	港澳台法人独资	高雄	采矿业	394.27
380	广州市建筑集团有限公司	国有控股	广州	建筑业	392.58
381	中国核工业集团有限公司	国有独资	北京	制造业	390.54
385	中国太平保险集团有限责任公司	国有独资	香港	金融业	387.06
389	蜀道投资集团有限责任公司	国有独资	成都	建筑业	380.19

续表

排名	公司名称	企业性质	所在地	行业	营业收入
391	深圳市投资控股有限公司	国有独资	深圳	金融业	378.88
395	怡和集团	港澳台法人独资	香港	综合类	377.24
396	中国大唐集团有限公司	国有独资	北京	制造业	376.06
400	中国航天科工集团有限公司	国有独资	北京	制造业	373.71
402	龙湖集团控股有限公司	民营企业	北京	建筑业	372.49
410	首钢集团有限公司	国有独资	北京	综合类	368.53
411	杭州钢铁集团有限公司	国有控股	杭州	综合类	368.18
412	新疆中泰(集团)有限责任公司	国有独资	乌鲁木齐	综合类	367.62
414	**广州工业投资控股集团有限公司**	**国有独资**	**广州**	**综合类**	**365.89**
419	海尔智家股份有限公司	民营企业	青岛	制造业	362.01
420	仁宝电脑	港澳台法人独资	台北	制造业	360.40
426	广州医药集团有限公司	国有控股	广州	医疗行业	353.83
427	**广东省广新控股集团有限公司**	**国有独资**	**广州**	**综合类**	**353.68**
431	泰康保险集团股份有限公司	民营企业	北京	制造业	348.37
432	**陕西建工控股集团有限公司**	**国有独资**	**西安**	**建筑业**	**347.35**
434	中国中车集团有限公司	国有独资	北京	制造业	346.97
436	铜陵有色金属集团控股有限公司	国有控股	铜陵	采矿业	345.90
438	上海医药集团股份有限公司	国有控股	上海	医疗行业	344.86

续表

排名	公司名称	企业性质	所在地	行业	营业收入
440	山东高速集团有限公司	国有控股	济南	交通运输、仓储和邮政业	344.55
451	上海德龙钢铁集团有限公司	民营企业	上海	制造业	335.34
453	长江和记实业有限公司	港澳台法人独资	香港	综合类	335.23
463	纬创集团	港澳台法人独资	台北	制造业	330.64
464	安徽海螺集团有限责任公司	国有控股	芜湖	制造业	329.91
465	北京建龙重工集团有限公司	民营企业	北京	采矿业	328.78
466	湖南钢铁集团有限公司	国有控股	长沙	制造业	327.23
467	**美团**	**民营企业**	**北京**	**综合类**	**326.99**
468	潞安化工集团有限公司	国有控股	长治	电力、热力、燃气及水生产和供应业	325.96
476	**通威集团有限公司**	**民营企业**	**成都**	**制造业**	**319.44**
478	新华人寿保险股份有限公司	民营企业	北京	金融业	318.61
479	**立讯精密工业股份有限公司**	**民营企业**	**东莞**	**制造业**	**318.17**
483	中国航空油料集团有限公司	国有独资	北京	交通运输、仓储和邮政业	316.50
493	成都兴城投资集团有限公司	国有独资	成都	建筑业	313.04
495	广西投资集团有限公司	国有独资	南宁	金融业	312.63
500	新疆广汇实业投资(集团)有限责任公司	民营企业	乌鲁木齐	制造业	309.22

注：黑体的为新入围企业。

B.3

入围2023年“最具价值全球品牌100强”中国企业评价分析

葛 超 杨道广*

摘 要： 本报告分别从地域分布、行业分布、所有制结构分布等维度对2023年入围“最具价值全球品牌100强”的中国企业进行定量分析，并选取典型企业进行定性分析与总结。总体而言，2023年中国入围企业在数量方面与2022年持平，在总体品牌价值方面较2022年出现了一定幅度的下降。从地域分布来看，入围的中国企业中大部分依旧来自东部地区，西部地区与香港地区各有1家入围，中部地区、东北地区、台湾地区及澳门地区均无企业入围；从行业分布来看，数量最多的行业是信息传输、软件和信息技术服务业、批发和零售业，其次是制造业和金融业（并列第二），入围企业较均匀地分布在这四大行业；从所有制结构来看，民营企业仍然占较大比重，其次是国有企业，港澳台法人独资品牌数量最少，仅有1家。结合典型企业的具体案例，本报告认为：在后疫情时代，全球经济增长速度趋缓，中国市场进入渐进式回暖阶段，专注品牌高质量发展是不变的主旋律，不可复制的品牌创新力至关重要；品牌要始终和消费者站在一起，不断满足人们对美好生活的向往，构建起穿越周期、行稳致远的核心能力；同时，品牌扩张到多个品类或多个市场能够增强风险抵御能力，中国品牌需要抓住新用户、新场景、新渠道、新人群、新区域，打造或加入共享的生态体系。

* 葛超，管理学博士，深圳职业技术大学经济学院讲师，主要研究方向为财务报表分析；杨道广，管理学博士，对外经济贸易大学国际商学院教授、博士生导师，主要研究方向为内部控制与公司财务、审计与公司治理。

关键词： 品牌价值　所有制结构　高质量发展

一　“最具价值全球品牌100强”中国企业品牌分布情况

（一）入围中国企业整体情况

表 1 列示了 2023 年入围“最具价值全球品牌 100 强”的中国企业相关信息，包括全球品牌排名、企业名称、企业性质、所在地、行业及品牌价值。2023 年，入围“最具价值全球品牌 100 强”的中国企业共 14 家，入围企业品牌价值合计 6198.31 亿美元。

表 1　2023 年“最具价值全球品牌 100 强”的中国企业情况

单位：亿美元

排名	企业名称	企业性质	所在地	行业	品牌价值
7	腾讯	民营企业	深圳市	信息传输、软件和信息技术服务业	1410.20
14	阿里巴巴	民营企业	杭州市	批发和零售业	918.98
18	茅台	国有企业	遵义市	制造业	875.24
41	抖音	民营企业	北京市	信息传输、软件和信息技术服务业	443.49
55	美团	民营企业	北京市	批发和零售业	320.29
58	华为	民营企业	深圳市	信息传输、软件和信息技术服务业	308.47
59	海尔	民营企业	青岛市	制造业	304.85
64	京东	民营企业	北京市	批发和零售业	266.01
69	中国工商银行	国有企业	北京市	金融业	254.19
70	希音	民营企业	广州市	批发和零售业	242.50
73	中国移动	国有独资	北京市	信息传输、软件和信息技术服务业	232.31
81	农夫山泉	民营企业	杭州市	制造业	217.64

续表

排名	企业名称	企业性质	所在地	行业	品牌价值
85	平安银行	民营企业	深圳市	金融业	211.83
90	友邦保险	港台港澳法人独资	香港	金融业	192.31

资料来源：根据国家企业信用信息公示系统和凯度网整理。

与2022年相比，入围企业数量总体保持不变，但是入围企业有所变化。首先，快手与小米2023年未能入榜，取而代之的是农夫山泉和希音。入围的中国企业在单位品牌价值与总体品牌价值上有两大变化。首先，入围企业平均品牌价值为442.74亿美元，较上年减少155.85亿美元；其次，入围企业总体品牌价值减少2181.95亿美元，同比减少26.04%。总体来看，全球经济增长速度趋缓，中国市场进入渐进式回暖阶段，中国尖端企业总体品牌价值有所下降。

（二）入围中国企业地域分布

表2对2023年入围“最具价值全球品牌100强”的中国企业进行了分类统计，具体包括数量、数量占比、品牌价值、品牌价值占比和平均品牌价值。①

表2　2023年“最具价值全球品牌100强”中国企业地域分布

地区	数量(家)	数量占比（%）	品牌价值（亿美元）	品牌价值占比（%）	平均品牌价值（亿美元）
东部地区	12	85.72	5130.76	82.78	427.56
中部地区	0	0	0	0	0
西部地区	1	7.14	875.24	14.12	875.24

① 东部地区、中部地区、西部地区和东北地区的地域划分依据是中国国家统计局编撰的《中国统计年鉴》，东部地区包括广东、海南、福建、浙江、江苏、上海、山东、河北、天津、北京，共计10个省份；中部地区包括湖南、湖北、江西、安徽、河南和山西，共计6个省份；西部地区包括：新疆、宁夏、内蒙古、青海、西藏、陕西、甘肃、重庆、四川、贵州、云南和广西，共计12个省份；东北地区包括吉林、辽宁和黑龙江，共计3个省份。

续表

地区	数量(家)	数量占比(%)	品牌价值(亿美元)	品牌价值占比(%)	平均品牌价值(亿美元)
东北地区	0	0	0	0	0
香港地区	1	7.14	192.31	3.10	192.31
澳门地区	0	0	0	0	0
台湾地区	0	0	0	0	0
总计	14	100	6198.31	100	442.74

资料来源：根据国家企业信用信息公示系统和凯度网整理。

从入围企业的地域分布来看，中国东部地区在企业数量上优势明显，西部地区、香港地区入围企业数量较少，而其他地区无企业入围。

在数量方面：各地区入围企业数量与上年持平。东部地区入围企业数量最多，共有 12 家企业入围，占据入围企业总数的 85.72%（入围企业名单见表 3）；西部地区仅有茅台 1 家企业入围，数量占比为 7.14%；香港地区也仅有友邦保险 1 家企业入围，数量占比为 7.14%。中部地区、东北地区、台湾地区和澳门地区均无企业入围。

表 3　2023 年东部地区入围“最具价值全球品牌 100 强”的企业情况

单位：亿美元

排名	企业名称	企业性质	所在地	行业	品牌价值
7	腾讯	民营企业	深圳市	信息传输、软件和信息技术服务业	1410.20
14	阿里巴巴	民营企业	杭州市	批发和零售业	918.98
41	抖音	民营企业	北京市	信息传输、软件和信息技术服务业	443.49
55	美团	民营企业	北京市	批发和零售业	320.29
58	华为	民营企业	深圳市	信息传输、软件和信息技术服务业	308.47
59	海尔	民营企业	青岛市	制造业	304.85
64	京东	民营企业	北京市	批发和零售业	266.01

续表

排名	企业名称	企业性质	所在地	行业	品牌价值
69	中国工商银行	国有企业	北京市	金融业	254.19
70	希音	民营企业	广州市	批发和零售业	242.50
73	中国移动	国有独资	北京市	信息传输、软件和信息技术服务业	232.31
81	农夫山泉	民营企业	杭州市	制造业	217.64
85	平安银行	民营企业	深圳市	金融业	211.83

资料来源：根据国家企业信用信息公示系统和凯度网整理。

在品牌价值方面：东部地区入围企业的品牌价值从2022年的7119.13亿美元大幅减少至5130.76亿美元，品牌价值占比略有下降，从2022年的84.95%减少至82.78%；西部地区品牌价值从2022年的1033.8亿美元减少至875.24亿美元，但品牌价值占比有所上涨，由2022年的12.34%增长至14.12%。香港地区品牌价值从2022年的227.33亿美元减少至192.31亿美元，但品牌价值的占比从2.71%增长至3.10%。中部地区、东北地区、澳门地区和台湾地区与上年一样，没有企业入围，占比均为0.00%。

在平均品牌价值方面：东部地区企业的平均品牌价值大幅减少，由2022年的593.26亿美元减少至427.56亿美元。西部地区平均品牌价值也大幅减少，由2022年的1033.80亿美元减少至875.24亿美元。香港地区平均品牌价值由227.33亿美元减少至192.31亿美元。2023年，内需不足，全球经济增长速度趋缓，品牌价值与平均品牌价值数量有所下降。此外，东部地区农夫山泉和跨境电商巨头希音逆势而上首次入围，这主要得益于其强大的品牌影响力、市场地位、财务表现、产品线与渠道优势、全球化战略、数字化供应链系统以及持续的创新和可持续发展能力。中部地区、东北地区、澳门地区和台湾地区仍然没有企业入围，因而没有变化。

总体而言，2023年东部地区入围企业数量和品牌价值仍保持较明显的优势，但是相较于2022年品牌价值略有下降，品牌价值占比持续走低；西部地区、香港地区入围数量与上年持平，但两地品牌价值均下降，品牌价值占比小幅增长；而中部地区、东北地区、澳门地区、台湾地区企业竞争乏力，需要尽快进行改革与品牌升级。

（三）入围中国企业行业分布

信息传输、软件和信息技术服务业利用有线、无线的电磁系统或者光电系统等技术手段，对信息进行传输、处理和利用，提供相关信息服务。随着人工智能、大数据、云计算等新兴技术的不断发展，该行业具有巨大的发展潜力，同时行业竞争将更加激烈。腾讯、抖音、华为和中国移动都属于信息传输、软件和信息技术服务业，2022年上榜的快手也属于该行业。2023年该行业整体的品牌价值为2394.47亿美元，在四大行业中平均品牌价值排第一（见表4）。

表4　2023年入围企业的行业分布情况

行业	数量（家）	数量占比（%）	品牌价值（亿美元）	品牌价值占比（%）	平均品牌价值（亿美元）
信息传输、软件和信息技术服务业	4	28.57	2394.47	38.63	598.62
批发和零售业	4	28.57	1747.78	28.20	436.94
金融业	3	21.43	658.33	10.62	219.44
制造业	3	21.43	1397.73	22.55	465.91
合计	14	100.00	6198.31	100.00	442.74

资料来源：根据国家企业信用信息公示系统和凯度网整理。

批发和零售业是向消费者提供各类产品的行业，是社会化大生产过程中的重要环节，对经济运行速度、质量和效益具有重要影响。随着新技术、高科技的发展，传统的线下批发和零售逐渐向线上转移。该行业是我国市场化程度最高、竞争最为激烈的行业之一。2023年该行业的入围企业包括阿里巴巴、美团、京东和希音，它们销售的产品涉及衣食住行等各个方面。2023年，批发和零售业品牌价值为1747.78亿美元，占比28.20%，仅次于信息传输、软件和信息技术服务业，位居第二。

制造业是产业链、供应链体系的重要构成，外部与农业、服务业等产业领域关联互动，内部涵盖了从原材料、中间产品到最终产品生产与流通的一系列环节。我国是传统制造业大国，制造业企业数量较多，被誉为“世界工厂”。但长期以来，制造业企业效益不强，附加值低。随着产业转型升级，越来越多的制造业企业开始转型升级。2023年入围的制造业企业有3家，即茅台、海尔和农夫山泉。得益于农夫山泉的新入围，2023年制造业品牌价值较上年有所增长，合计1397.73亿美元，金额占比从2022年的16.53%提升至2023年的22.55%，同时农夫山泉的入围，拉低了制造业平均品牌价值，平均品牌价值为465.91亿美元，制造业不再是平均品牌价值最高的行业。制造业是2023年唯一一个品牌价值保持上涨的行业，其余行业品牌价值均有不同程度的减少。

金融业是指经营金融商品的特殊行业，包括银行业、保险业、信托业、证券业和租赁业。金融业具有指标性、垄断性、高风险性、效益依赖性和高负债经营性等特点。我国金融业企业还是以四大国有银行为主，同时有平安银行、广发证券等其他民营金融企业。2023年，中国工商银行、中国平安和友邦保险入围。行业品牌价值达658.33亿美元，占比为10.62%。平均品牌价值为219.44亿美元，远低于其他三个行业平均品牌价值，位列第四。近年来，全球经济面临重大挑战，包括新冠疫情、地缘政治动荡、信贷问题和通货膨胀等，银行业转型具有必要性和迫切性。商业银行应不断积极拥抱金融科技，推动数字化转型，推动整体行业规模不断扩大。

总体来看，入围的中国企业行业分布呈现三大特点：首先，传统优势企业较新兴科技产业稳定。传统的制造业企业较2022年入围企业数量增加1家，品牌价值较2022年减少184.12亿美元；新兴行业的信息传输、软件和信息技术服务业企业企业较2022年入围企业数量减少1家，品牌价值较2022年减少1997.83亿美元。其次，传统制造业企业发展前景向好。2023年入围的制造业企业有3家，较上年新增1家，为2023年新入围的农夫山泉。近年来，国家在振兴装备制造业，发展高端制造业、战略性新兴产业等方面密集出台了诸多政策和配套措施，“十四五”规划更是将提高制造业创新能力、推进两化融合、主攻智能制造上升为国家战略。可以预见，在需求及政策双重利好的推动下，制造业发展形势一片大好。最后，金融业企业大而不强。金融业企业入围数量与2022年持平，品牌价值较2022年减少196.53亿美元。2023年，中国经济逐步恢复常态化运行，服务业和消费快速增长，新产业新动能领域继续快速成长，成为拉动经济增长的重要支撑。2023年，全球经济弱复苏，金融业积极调整业务，寻找盈利增长点，持续提升资本充足水平，部分经济体金融业资产质量面临下行压力；中国经济持续恢复，财政货币政策合理把握节奏和力度，金融业稳健经营和高质量服务实体经济能力持续提升。中国金融业将持续加大对实体经济的支持力度，重视风险管理，夯实资本基础，持续做优做强。

（四）入围中国企业所有制结构分布

表5按所有制结构对入围企业进行了分类统计。在数量方面：各类型入围企业数量与上年持平。2023年共有10家民营企业入围，占入围企业数量的71.43%；共有3家国有企业入围，占入围企业数量的21.43%；而港澳台法人独资企业有1家入围，占比7.14%。在品牌价值方面：民营企业品牌价值合计4644.26亿美元，金额占比74.93%；国有企业品牌价值合计1361.74亿美元，占比为21.97%。在平均品牌价值方面：民营企业为464.43亿美元，国有企业为453.91亿美元，港澳台法人独资企业为192.31亿美元。与2022年相比，民营企业、国有企业和港澳台法人独资企业的平均品牌价值均有不同程度的下降。

表 5　2023 年入围企业的所有制结构分布情况

类型	数量（家）	数量占比（%）	品牌价值（亿美元）	品牌价值占比（%）	平均品牌价值（亿美元）
民营企业	10	71.43	4644.26	74.93	464.43
国有企业	3	21.43	1361.74	21.97	453.91
港澳台法人独资企业	1	7.14	192.31	3.1	192.31
合计	14	100.00	6198.31	100.00	442.74

资料来源：根据国家企业信用信息公示系统和凯度网整理。

总之，在数量上民营企业最多，国有企业次之，港澳台法人独资企业最少；在品牌价值上也是如此。说明我国民营企业表现优异，实力较强；国有企业和港澳台法人独资企业中高质量企业数量仍然相对较少。

二　2023年典型入围中国企业研究

（一）不同地区典型企业研究

1. 东部地区典型企业——京东

京东是一家中国自营式电商企业。公司成立于 1998 年 6 月 18 日，总部位于北京亦庄经济技术开发区。2014 年 5 月，京东在美国纳斯达克证券交易所正式挂牌上市，是中国第一个成功赴美上市的综合型电商平台。

业绩表现方面，如图 1 所示，2023 年京东实现营业收入 10846.62 亿元，同比增长 3.67%，实现净利润 232.57 亿元，同比增长 139.99%。

品牌价值表现方面，2023 年京东排“最具价值全球品牌 100 强”排行榜第 64 位，较上年下降 4 个位次。

2. 西部地区典型企业——茅台

贵州茅台酒股份有限公司（简称“茅台”）成立于 1999 年 11 月 20 日，由中国贵州茅台酒厂（集团）有限责任公司作为主发起人，联合另外七家单位共同发起设立，目前控股股东为茅台集团。茅台是 2023 年唯一入

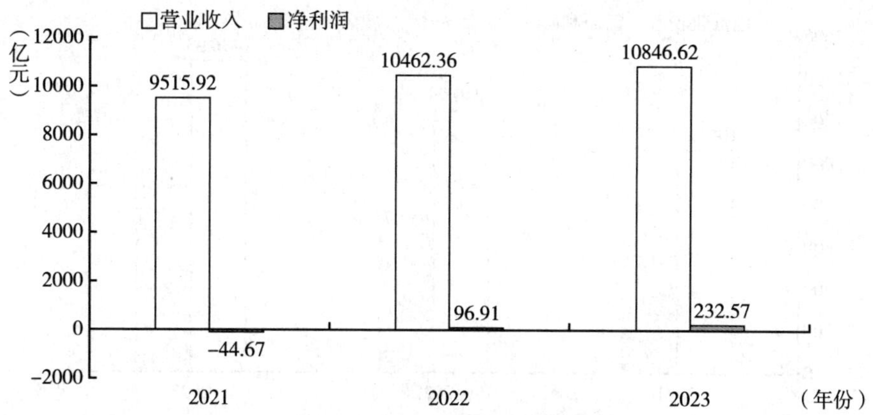

图 1　2021~2023 年京东营业收入及净利润

资料来源：根据国家企业信用信息公示系统整理。

围的西部地区企业，且连续 8 年入围。

业绩表现方面，如图 2 所示，2023 年茅台营业收入为 1476. 93 亿元，同比增长 19. 01%；净利润为 775. 21 亿元，同比增长 18. 58%。从产品结构上看，茅台酒占酒类收入的 85. 98%，较上年提高 17. 39 个百分点；茅台酒毛利率高达 94. 12%，较上年降低 0. 07 个百分点。从区域结构上看，茅台的酒类产品主要在国内销售，国内营业收入为 1428. 68 亿元，较上年增加 19. 52%，占比 97. 05%；国外营业收入为 43. 50 亿元，较上年增加 2. 61%，占比 2. 95%。从销售模式上，茅台批发代理收入为 799. 86 亿元，较上年增加 7. 52%；直销收入为 672. 32 亿元，较上年增加 36. 16%。

品牌价值表现方面，2023 年茅台品牌价值达 875. 24 亿美元，位居“最具价值全球品牌 100 强”排行榜第 18 位，较 2022 年降低了 4 位。此外，茅台是“BrandZ 最具价值全球品牌排行榜”全球最具价值的酒类品牌。

3. 港澳台地区典型企业——友邦保险

友邦保险于 2010 年在香港联合交易所上市，总部位于香港。友邦保险是专注于亚太地区市场的独立上市人寿保险集团。

业务布局方面，友邦保险提供一系列的产品及服务，涵盖寿险、意外及医疗保险和储蓄计划，以满足个人客户在长期储蓄及保障方面的需

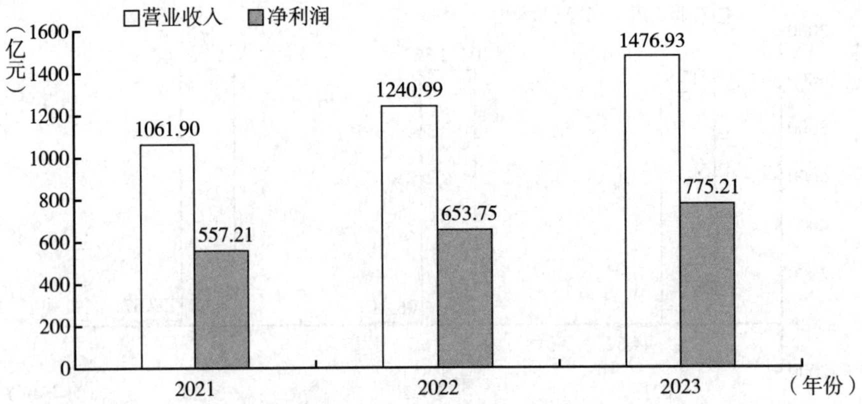

图 2　2021～2023 年茅台营业收入及净利润

资料来源：根据国家企业信用信息公示系统整理。

要。此外，友邦保险亦为企业客户提供雇员福利、信贷保险和退休保障服务。

业绩表现方面，如图 3 所示，2023 年友邦保险实现营业收入 200.97 亿美元，相较于 2022 年增加 5.16%；2023 年实现净利润 37.81 亿美元，较 2022 年增加 1081.56%。

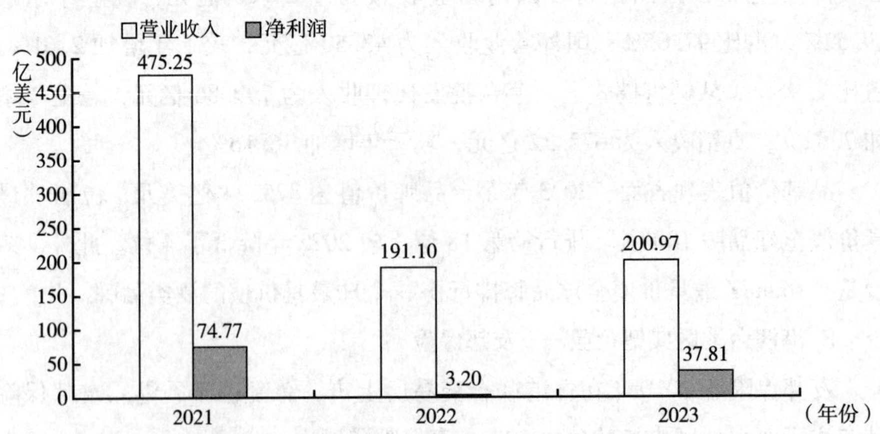

图 3　2021～2023 年友邦保险营业收入及净利润

资料来源：根据国家企业信用信息公示系统整理。

在品牌建设层面，友邦保险不断强化“健康及财富管理伙伴”的品牌定位，讲好“友邦人寿故事”，通过多层次、多渠道、多形式的对内对外沟通，塑造友邦保险社交化、年轻化的品牌形象。在品牌价值表现方面，友邦保险2023年品牌价值为192.31亿美元，在“最具价值全球品牌100强”榜单中排第90位，较上年提高了4个位次。

（二）不同行业典型企业研究

1. 金融业典型企业——平安银行

平安银行是一家总部设在深圳的全国性股份制商业银行，其前身深圳发展银行是中国内地首家公开上市的全国性股份制银行。

业绩表现方面，如图4所示，平安银行2023年实现营业收入1646.99亿元。其中，非利息净收入占营业收入的28.36%，较2022年提高0.7个百分点。2023年，实现净利润464.55亿元，同比增长2.1%，持续保持正增长。不良贷款率为1.06%，总体保持稳定；资本充足率为13.43%，较上年末提升0.42个百分点。

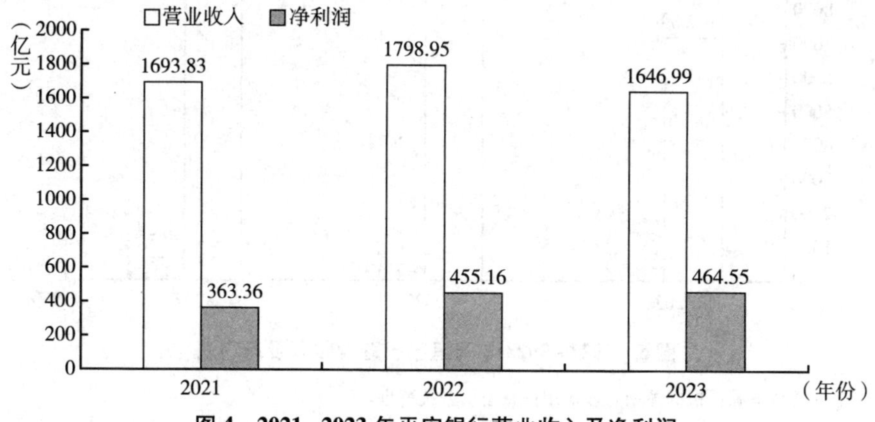

图4 2021~2023年平安银行营业收入及净利润

资料来源：根据国家企业信用信息公示系统整理。

品牌价值表现方面，2023年平安银行的品牌价值为211.83亿美元，居“最具价值全球品牌100强”排行榜第85位。

2. 批发和零售业典型企业——阿里巴巴

阿里巴巴于 1999 年在中国杭州创立。阿里巴巴是全球企业间（B2B）电子商务的著名品牌，是全球国际贸易领域内最大、最活跃的网上交易市场和商人社区。

业务布局方面，阿里巴巴是中国较早进入电商领域的企业，目前已经发展为业务遍及全球的大型跨国电商企业。阿里巴巴通过构建互联网平台，突破时空限制将供应商与消费者联系起来。现在阿里巴巴旗下拥有阿里巴巴国际交易市场、淘宝、天猫、聚划算、考拉海购、盒马、银泰百货等多元化的电商交易平台，涵盖的领域包括吃、喝、住、行、旅游、教育、医疗、汽车等，涉及民生的各个方面，已经成为全球最主要的电商企业之一，业务交易涉及全球 200 多个国家和地区。

业绩表现方面，如图 5 所示，2023 年阿里巴巴营业收入达 8686.87 亿元，同比增长 1.83%；净利润达到 655.73 亿元，同比增长 39.28%。

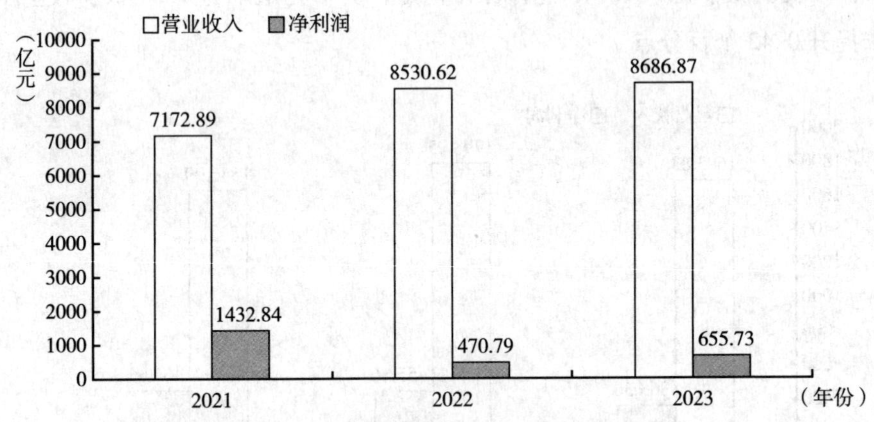

图 5　2021~2023 年阿里巴巴营业收入及净利润

资料来源：根据国家企业信用信息公示系统整理。

品牌价值表现方面，2023 年阿里巴巴品牌价值达 918.98 亿美元，居“最具价值全球品牌 100 强”排行榜第 14 位。与 2022 年相比，阿里巴巴品牌价值减少 780.68 亿美元，下降了 5 个位次。

3. 信息传输、软件和信息技术服务业典型企业——腾讯

腾讯是一家世界领先的互联网科技公司，成立于 1998 年 11 月，并在 2004 年于香港联合交易所主板公开上市。

业务布局方面，腾讯的业务涵盖社交和通信服务（如 QQ、微信）、社交网络平台（如 QQ 空间）、门户网站（如腾讯网）、网络视频服务（如腾讯视频）等多个领域。腾讯还提供云计算、广告、金融科技等一系列企业服务。腾讯一直秉承“科技向善”的宗旨，致力于用创新的产品和服务提升全球各地人们的生活品质。

业绩表现方面，如图 6 所示，2023 年腾讯营业收入为 6090. 15 亿元，同比增长 9. 82%；2023 年年度盈利为 1180. 48 亿元，较上年减少 37. 44%。

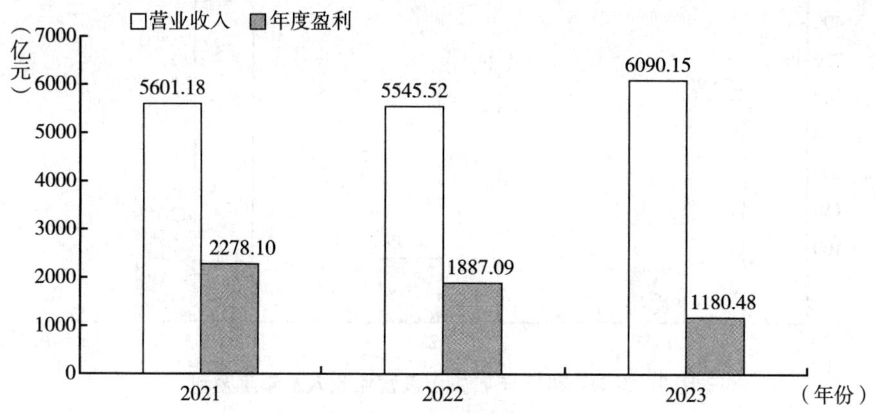

图 6　2021~2023 年腾讯营业收入及年度盈利

资料来源：根据国家企业信用信息公示系统整理。

品牌价值表现方面，2023 年腾讯的品牌价值为 1410. 20 亿美元，居“最具价值全球品牌 100 强”榜单第 7 位，是中国唯一进入“最具价值全球品牌 100 强”前 10 位的企业，且连续多年上榜，居中国企业之首。

4. 制造业典型企业——农夫山泉

农夫山泉原名浙江千岛湖养生堂饮用水有限公司，是一家总部位于中国浙江省杭州市的知名饮料公司，成立于 1996 年，专注于研发、推广天然水

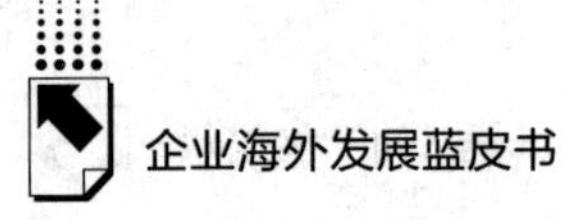

果蔬汁饮料、特殊用途饮料和茶饮料等各类软饮料。

业务布局方面，农夫山泉由养生堂有限公司控股，生产和经营天然饮用水、果蔬汁饮料、功能饮料、茶饮料等四大系列几十种产品，在浙江千岛湖、吉林长白山、湖北丹江口、广东万绿湖、新疆天山玛纳斯等地拥有十二大水源基地。

业绩表现方面，如图 7 所示，2023 年农夫山泉年实现营业收入 426.67 亿元，同比增长 28.36%。其中，包装饮用水的营业收入占营业收入的 47.5%，饮料产品的营业收入占营业收入的 49.5%。2023 年年度盈利为 120.79 亿元，同比增长 42.19%。

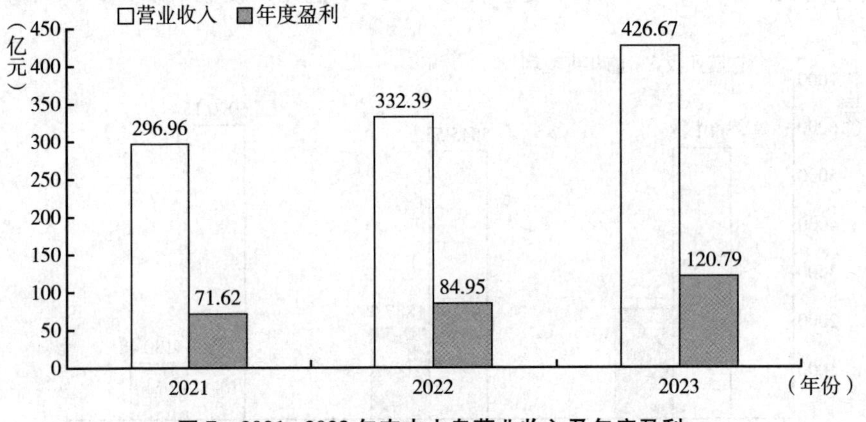

图 7　2021~2023 年农夫山泉营业收入及年度盈利

资料来源：根据国家企业信用信息公示系统整理。

品牌价值表现方面，2023 年农夫山泉品牌价值为 217.64 亿美元，居“最具价值全球品牌 100 强”第 81 位。农夫山泉为 2023 年新入围企业，也是第一次入围“最具价值全球品牌 100 强”。

（三）不同所有制结构典型企业研究

1. 国有企业典型企业——中国工商银行

中国工商银行股份有限公司（ICBC）成立于 1984 年，总部位于北京复兴门内大街 55 号，是国家四大国有商业银行之一，属于中央管理的大型国有银行和国家副部级单位。

业务布局方面，主要经营公司金融业务、个人金融业务和资金业务。公司金融业务部门向公司客户、政府机构和金融机构提供金融产品和服务，包括贷款、贸易融资、存款、对公理财及托管等。个人金融业务部门向个人客户提供金融产品和服务，包括个人贷款、存款、银行卡业务及个人理财等。资金业务部门包括货币市场业务、证券投资业务、自营及代客外汇买卖和衍生金融工具业务等。

业绩表现方面，如图8所示，2023中国工商银行实现营业收入8430.70亿元，比上年减少8.16%；净利润达到3651.16亿元，比上年增长0.83%。

品牌价值表现方面，2023年中国工商银行的品牌价值达254.19亿美元，较上年降低98.96亿美元。2023年中国工商银行居“最具价值全球品牌100强”排行榜第69位。

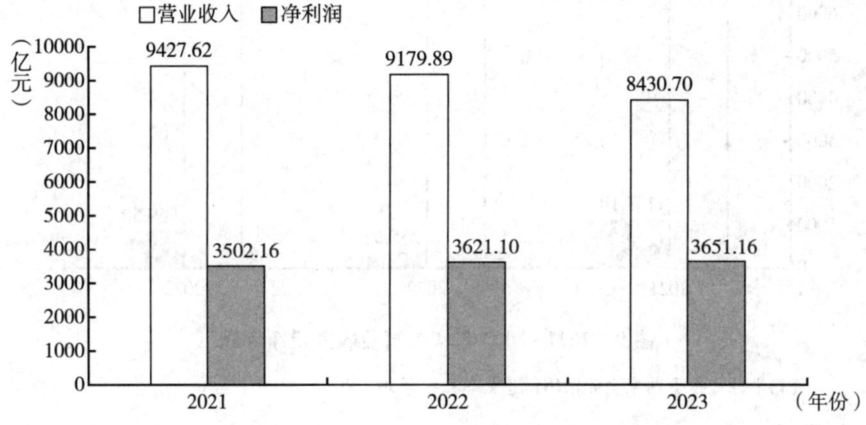

图8 2021~2023年中国工商银行营业收入及合并净利润

资料来源：根据国家企业信用信息公示系统整理。

2.民营企业典型企业——华为

华为技术有限公司是一家中国民营通信科技企业，于1987年创立，总部位于广东省深圳市龙岗区。

业务布局方面，华为是全球领先的信息与通信技术（ICT）解决方案供应商，专注于ICT领域，坚持稳健经营、持续创新、开放合作的原则。公司在电信运营商、企业、终端和云计算等领域构筑了端到端的解决方案优势，为运营商客户、企业客户和消费者提供有竞争力的ICT解决方案、产品和服务。华为致力于实现未来信息社会，构建更美好的全连接世界。华为的业务范围广泛，包括终端业务、企业业务等。华为终端有限公司业务是华为三大核心业务之一，产品全面覆盖手机、个人电脑和平板电脑、可穿戴设备、移动宽带终端、家庭终端和终端云等。

业绩表现方面，如图9所示，2023年华为营业收入达到7041.74亿元，同比增长9.63%。净利润为869.50亿元，较上年增加513.88亿元，涨幅较大，增长144.50%。

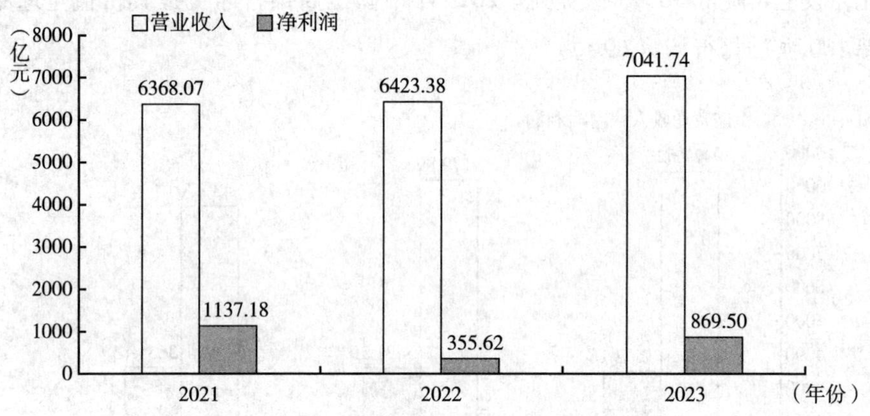

图9　2021~2023年华为营业收入及净利润

资料来源：根据国家企业信用信息公示系统整理。

品牌价值表现方面，2023年华为品牌价值达308.47亿美元，居“最具价值全球品牌100强”排行榜第58位，较上年上升9个位次。

3.港澳台法人独资企业典型企业——友邦保险

友邦保险总部位于香港，是典型的港澳台法人独资企业。

业务布局方面，友邦保险提供的产品和服务主要包括寿险、意外及医疗保险、储蓄计划及面向企业客户的雇员福利、信贷保险及退休保障服务。通过八个业务分部（中国香港、泰国、新加坡、马来西亚、中国内地、韩国、其他市场和集团企业中心分部）运营。其他市场部门包括澳大利亚、印度尼西亚、新西兰、菲律宾、斯里兰卡、中国台湾地区、越南及印度。

业绩表现方面，如图 10 所示，2023 年友邦保险总保费收入达 175.14 亿美元，同比减少 52.04%；股东应占纯利为 37.64 亿美元，同比增长了惊人的 1234.75%，这表明友邦保险在报告期内实现了巨大的盈利增长。

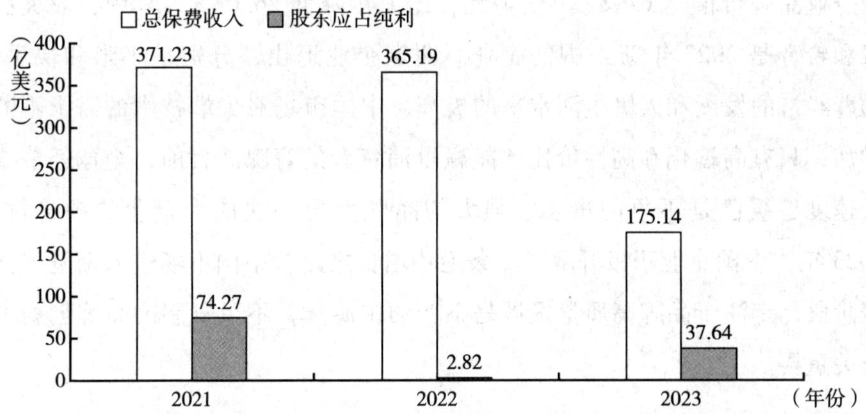

图 10　2021~2023 年友邦保险总保费收入及股东应占纯利

资料来源：根据国家企业信用信息公示系统整理。

三　2023年入围中国企业变化分析

（一）2019~2023年总体变化分析

2019~2021 年，入围“最具价值全球品牌 100 强”的中国企业数量和品牌价值连年上升，呈现欣欣向荣的趋势。这主要得益于我国良好的政策引领与经济高质量发展，自党的十九大提出中国经济由高速增长阶段转向高质量发展阶段以来，政府出台了一系列政策措施，推动企业转型升级，提升发展质量。随着中国经济的持续增长和居民收入水平的提高，内需市场不断扩大，为企业提供了广阔的发展空间。2021 年以来，疫情防控措施的实施和消费者行为的改变，对市场需求造成明显的影响。疫情加剧了资本市场的波动和风险，影响了企业的股权融资和债券发行等融资渠道，企业融资难度加大。中国尖端企业发展困难，中国入围企业数量和品牌价值连年下降。

图 11 显示，2023 年入围中国企业共 14 家，在数量上与上年持平。入围企业品牌价值达 6198. 31 亿美元，比上年降低 26. 03%。其中，农夫山泉和希音是 2023 年新入围的企业。两家企业退出，分别是小米和快手。随着经济的发展和人民生活水平的提高，中国市场对尖端技术的需求不断增加，只有高端化和高性价比才能赢得消费者的青睐。目前，全球经济增长速度趋缓已是不争的事实，强大的品牌力再一次成为企业的护身符。2023 年，中国企业积极开辟了一条逆势增长之路。中国市场进入渐进式回暖阶段，专注于品牌高质量发展是不变的主旋律，不可复制的品牌创新力至关重要。

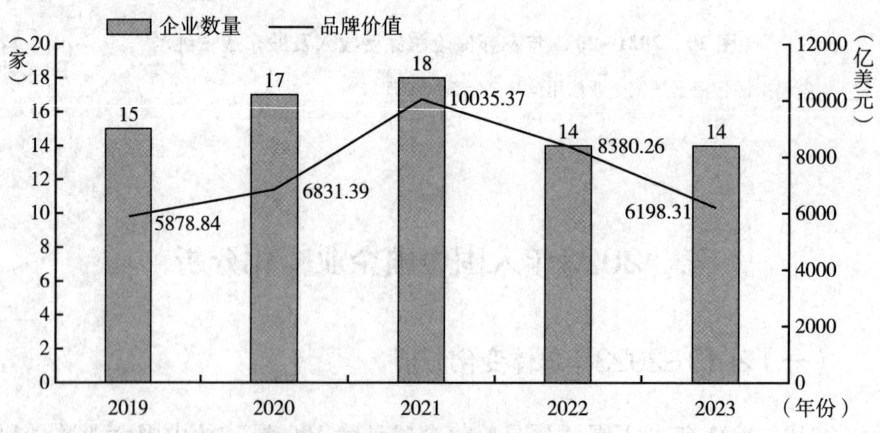

图 11　2019~2023 年入围中国企业数量与品牌价值

资料来源：根据凯度网整理。

（二）地域分布变动分析

图 12 表明我国尖端品牌具有明显的区域集聚特点，具体分析如下。

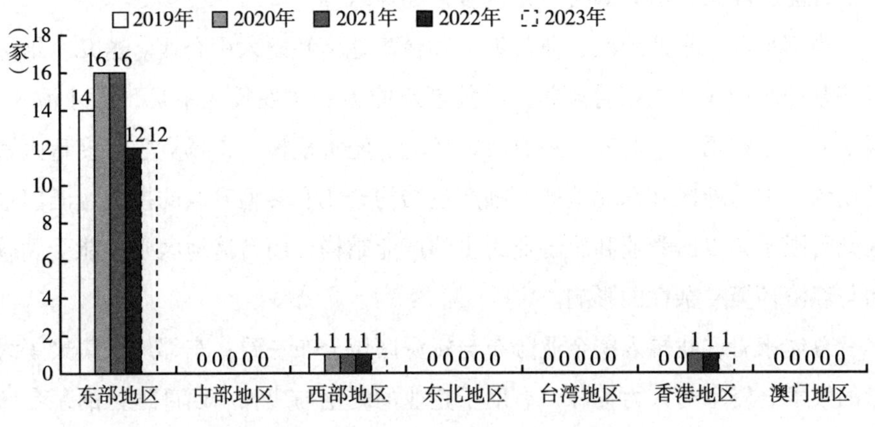

图 12 2019~2023 年中国入围企业地域分布

资料来源：根据凯度网整理。

中国入围企业主要集中于东部发达地区。第一，东部地区具有地理优势，如丰富的港口和交通资源便于国际贸易和国内物流发展。第二，政府为这些地区提供了包括税收优惠、资金支持和土地使用等在内的一系列优惠政策。第三，东部地区人口密度高，技术水平和教育水平相对较高，为尖端企业提供了丰富的人才资源。第四，东部地区经济发展水平高，市场需求旺盛，产业链完善，为尖端企业提供了良好的市场环境和产业生态。第五，东部地区的基础设施完善，公共服务设施健全，进一步吸引了尖端企业的集聚。

茅台是西部地区六年内唯一入围的企业，原因主要如下。茅台镇位于贵州省仁怀市，地处赤水河畔，这一地理位置为茅台酒的生产提供了独特的气候、水质和土壤条件；此外，贵州省和遵义市政府高度重视茅台镇和茅台集团的发展，出台了一系列政策措施支持其产业升级和品牌建设。

香港地区友邦保险在 2021~2023 年连续 3 年成功入围。友邦保险起源于上海，并在二战前就在中国香港和新加坡等地设立了分公司，拥有超过百年的经营历史。这种经营历史为其在港澳台地区积累了深厚的品牌影响力和较高的市场认可度。此外，友邦保险专注于亚太地区市场，其业务覆盖范围广泛，能够深入了解并满足该地区客户的需求。

中部地区、东北地区、澳门地区和台湾地区缺乏入围企业。这几个地区经济基础与产业结构相对薄弱，科技创新能力和研发投入不足，人才流失，吸引人才存在困难。此外，还有政策环境、经济规模、市场竞争等多重因素的制约，中部地区和东北地区面临产业结构老化和转型升级的挑战，澳门地区则受限于其以博彩业和旅游业为主的产业结构，而台湾地区则可能受到政治与经济环境复杂性的影响。

总体来看，我国入围企业分布与资源区域分布一致。东部地区集聚了大量的技术、资本与人力资源，有助于企业的诞生与成长。西部地区的茅台镇依靠独特的水、粮食等天然资源禀赋成为茅台所在地。香港是世界金融中心城市之一，拥有丰富的金融专业人才与资本，为发展金融保险服务提供了有利条件。

（三）行业结构变动分析

图 13 显示，2019~2023 年来中国入围企业行业分布呈现以新兴产业为主导、兼顾传统产业的特点。2019 年，我国入围企业在行业分布上呈现较均匀的状态；2020~2022 年我国入围企业在行业分布上逐渐倾向新兴产业；2023 年我国入围企业在行业分布上再次呈现较均匀的状态。

入围 2023 年“最具价值全球品牌 100 强”的中国企业中，作为新兴产业的信息传输、软件和信息技术服务业较 2022 年减少了 1 家企业，而传统制造业较 2022 年增加了 1 家企业。原因在于，2023 年，各地区各部门坚决贯彻落实党中央决策部署，国民经济持续回升向好，居民收入保持平稳增长，消费支出加快恢复，服务性消费支出增长较快，消费结构优化推动消费市场稳中向好。新兴的信息传输、软件和信息技术服务业市场竞争大，缺乏强大的品牌影响力，难以做大做强。传统的制造业市场预期稳中向好，我国

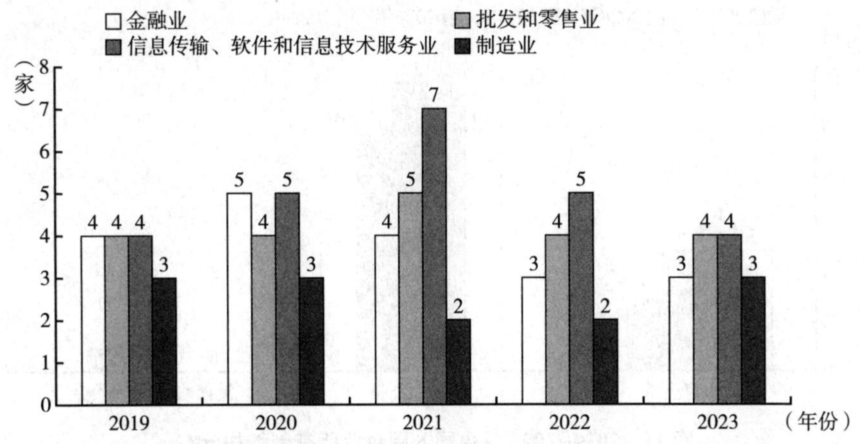

图 13　2019~2023 年中国入围企业行业分布

资料来源：根据凯度网整理。

进一步推进制造强国建设进程，在推进我国制造业发展方面取得了积极成效，产业技术创新能力进一步增强，产业结构调整进一步优化，国际化发展水平不断提高，我国制造业发展进入了中高速增长的新常态。

（四）所有制结构变动分析

2019~2023 年，入围企业一直保持民营企业占比最高、国有企业次之、港澳台法人独资企业最少的分布状态。图 14 为 2019~2023 年入围企业的所有制结构分布情况。根据国家企业信用信息公示系统提供的资料，本报告将企业所有制类型划分为三类：国有企业、民营企业和港澳台法人独资企业。

民营企业通常具有更高的市场敏锐度和灵活性，能够迅速捕捉市场机会并做出调整。这种特点使得民营企业在技术创新、产品开发等方面更具优势，从而更容易打造出尖端品牌。此外，民营企业往往更加注重技术创新和研发投入，以技术领先作为市场竞争的核心。这种创新驱动的策略有助于民营企业在特定领域形成技术壁垒，进而树立尖端品牌形象。民营企业的激励机制通常更加灵活和高效，能够吸引和留住优秀人才。这些人才

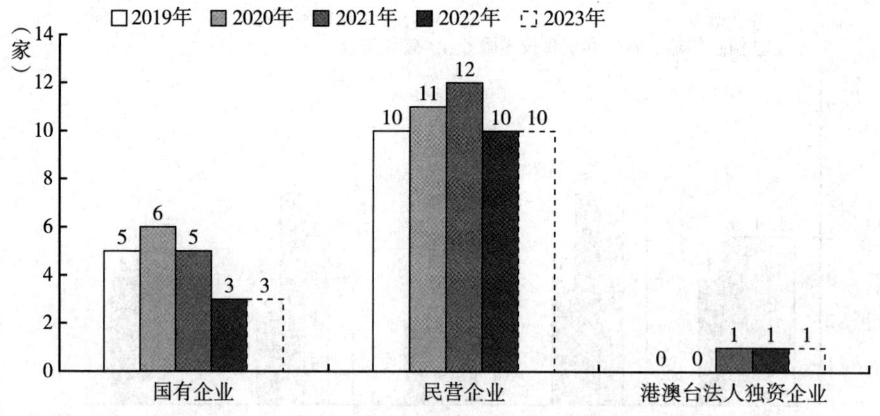

图 14　2019~2023 年中国入围企业所有制结构分布

资料来源：根据凯度网整理。

在技术创新、品牌建设等方面发挥着关键作用，推动了民营企业尖端品牌的发展。

国有企业通常具有较大的规模和丰富的资源，这为其在尖端品牌建设中提供了有力支持。然而，由于体制和机制等方面的原因，国有企业在市场敏锐度和灵活性方面可能相对较弱。另外，国有企业在战略定位上可能更加注重国家安全和战略利益，因此在尖端品牌建设中可能更加侧重于特定领域或行业。这种战略定位使得国有企业在某些领域具有优势，但在其他领域则可能相对较弱。

港澳台法人独资企业在进入内地市场时可能面临一定的市场准入限制。这些限制可能包括政策、法规、文化等方面的因素。港澳台法人独资企业在尖端品牌建设中难以占据主导地位。

2023 年入围“最具价值全球品牌 100 强”的中国企业，所有制结构分布与上年保持一致。依旧是民营企业占主导，国有企业次之，港澳台法人独资企业最少。民营企业凭借其市场敏锐度、创新驱动力和高效激励机制等优势，在尖端品牌建设中占据主导地位；国有企业则凭借其规模和资源优势在某些领域具有优势；港澳台法人独资企业则由于市场准入限制和本地化挑战等因素，尖端品牌相对较少。

四　展望与建议

虽然中国经济整体呈现稳定恢复和高质量发展的态势，但不可否认的是，严峻的经济环境仍然是制约中国品牌高质量发展的重要因素。2023年，全球范围内通胀压力持续存在，多国央行采取紧缩货币政策以对抗通胀，这导致全球经济增长放缓，贸易环境恶化。中国品牌拓展国际市场面临更大的成本和价格压力，影响了其市场竞争力和盈利能力。地缘政治冲突频发，如俄乌冲突等，不仅导致能源、粮食等大宗商品价格波动，还加剧了全球供应链的不稳定性。中国品牌在全球采购、生产和销售过程中，容易受到供应链中断、物流成本上升等问题的困扰，进而影响其产品质量和交货期。国内失业率上升、居民生存成本上涨等因素也直接或间接导致国内消费品市场需求出现萎缩。具体展望和建议概述如下。

（一）展望

1. 总体趋势

2023年入围的中国企业数量与上年保持一致，品牌价值较上年出现了下降，入围品牌的平均价值较上年有所减少。反映了我国企业在坚定品牌建设的同时，也面临内需下降与外贸订单不足以及西方技术封锁等系统性风险。首先，国内市场竞争激烈，随着国内居民收入水平的提高和消费观念的转变，消费者对于产品品质、品牌文化和服务体验的要求越来越高。其次，在市场竞争加剧的背景下，行业整合与洗牌加速进行。一些缺乏核心竞争力和市场适应能力的品牌将被市场淘汰，而具有创新能力和市场洞察力的品牌则会获得更多发展机会。然而，这种整合与洗牌过程往往伴随着资源重组和利益调整，给品牌发展带来一定的不确定性和风险。

2. 地域趋势

2023年中国企业分布不均的局面依然存在，入围企业中绝大多数企业来自东部发达沿海省份。现代企业发展需要大量的技术、人力、资本等，高科技新兴企业更多地涌现在东部一线城市是大趋势。中部地区、西部地区和东北地区需要结合自身资源禀赋，充分发挥自身资源优势，强化品牌建设。港澳台地区需要结合自身产业结构和优势积极拓展与内地的沟通发展，努力实现品牌做大做强。

3. 行业趋势

2023 年入围的中国企业集中分布于四大行业，信息传输、软件和信息技术服务业，批发和零售业，金融业和制造业。信息传输、软件和信息技术服务业，批发和零售业是大数据、云计算等高新技术与传统的购物等结合在一起的产业，如 2023 年新入围的希音，就是一家快时尚电商平台，通过整合供应链资源、优化物流体系、提供多元化商家合作模式以及不断创新盈利模式，成功吸引了全球消费者的关注，跻身“最具价值全球品牌 100 强”第 70 位。传统行业品牌依然稳健发展。

4. 所有制结构趋势

2023 年入围企业仍保持着民营企业数量多、国有企业和港澳台法人独资企业数量少的状况。在中国，国有企业在多个领域，包括尖端科技、制造业、能源等，都扮演着重要角色。这些企业往往拥有较强的研发实力、资金支持和政策扶持。近年来，随着中国市场经济的不断发展，民营企业在品牌建设方面也取得了显著成就。许多民营企业在技术创新、市场开拓、品牌建设等方面展现出强大的活力，涌现出一批具有国际影响力的尖端品牌。这些企业往往更加灵活、高效，能够更快地适应市场变化，满足消费者需求。港澳台法人独资企业连续 3 年仅 1 家企业入围，可能是部分港澳台法人独资企业过于注重产品的生产和销售，而忽视了品牌建设和品牌管理的重要性。

（二）建议

1. 加强国际合作与风险应对

在全球经济日益紧密相连的今天，中国品牌面临来自全球各地的机遇与挑战。为了有效应对全球经济的不确定性，加强国际合作与风险应对成为企业不可或缺的战略选择。首先，拓展国际市场，减少对单一市场的依赖，降低全球经济不确定性对企业的影响。企业需要对全球市场进行深入洞察，了解不同地区的经济环境、消费者需求、文化背景以及政策法规等，为进入新市场提供决策依据。其次，优化供应链管理，提高供应链的韧性和抗风险能力，以应对全球供应链的不确定性。企业可以加强与供应商、分销商等合作伙伴的协同合作，形成紧密的供应链网络。

2. 提升品牌竞争力和市场适应性

在当今这个全球化、信息化和快速变化的时代，企业所处的市场环境日益复杂且竞争激烈。无论是传统行业还是新兴领域，都面临来自国内外众多竞争对手的挑战。在这样的背景下，提升品牌竞争力和市场适应性成为企业持续发展的关键所在。提升品牌竞争力，意味着企业需要在消费者心中树立起独特的品牌形象，让品牌成为消费者选择产品或服务时的首选。在竞争激烈的市场环境中，市场适应性强的企业往往能够迅速抓住市场机遇，规避市场风险，实现稳健发展。企业需要具备敏锐的市场洞察力，能够及时发现市场趋势和消费者需求的变化，保持市场策略的灵活性，不断加强技术创新、产品创新和管理创新等方面的能力，以更加高效、优质的方式满足消费者需求，提升市场竞争力。

3. 加大技术创新和转型升级力度

在快速发展的全球经济中，技术创新和转型升级已成为企业持续增长与竞争力提升的核心驱动力。面对日益激烈的市场竞争和快速变化的市场需求，企业必须通过加大技术创新力度和推动转型升级，以适应并引领行业发展的潮流。技术创新是企业发展的根本动力，它不仅能够提升产品性能、降低成本，还能开拓新的市场领域，为企业带来持续的竞争优势。转型升级是企业适应市场变化、实现可持续发展的关键路径。通过转型升级，企业可以优化产业结构、提升产品附加值、增强市场竞争力，探索新的业务模式和服务模式，以满足消费者日益多样化的需求。

参考文献

凯度网，https：//www. kantar. com/。

国家企业信用信息公示系统网站，http：//www. gsxt. gov. cn/index. html。

商务部对外投资和经济合作司网站，http：//hzs. mofcom. gov. cn/。

中国企业改革与发展研究会：《中国企业可持续发展报告指南 6. 0》，2024 年 6 月。

《工业和信息化部等七部门关于推动未来产业创新发展的实施意见》，中国政府网，https：//www. gov. cn/zhengce/zhengceku/202401/content_ 6929021. htm？ s_ trans = 1927466135_ &s_ channel = 4。

B.4
2023年中国上市公司海外投资分析

李文心　陈 帅*

摘　要：　本报告以2023年中国上市公司为分析对象，分别从投资规模、地区分布、行业分布与模式分布，以及投资企业的地域分布、行业分布与所有制结构分布等维度对上市公司海外投资具体情况予以量化分析。数据表明：2023年中国上市公司海外投资持续升温，投资总量呈现增长态势；投资地区以地缘优势（东南亚）和互补优势（欧洲）明显的地区为主；投资行业主要聚焦于金属、装备制造和化工行业并呈多元化发展态势；投资模式以独立投资、增资与合资经营为主；投资企业地域分布非均衡化，呈现"东多西少"的特点；投资企业主要来源于制造业；投资企业类型以民营企业居多。结合典型企业案例分析，本报告认为，为促进海外投资高质量发展，中国企业"出海"必须依托"一带一路"和RCEP发展，持续关注既有成熟市场，构建以国民经济重点行业为侧重、投资布局多元化均衡发展、以民营企业引领作用为重点的区域经济合作新格局，同时，对接国际高标准经贸规则，实现海外投资稳中求进。

关键词：　上市公司　海外投资　"一带一路"

* 李文心，对外经济贸易大学国际商学院博士研究生，主要研究方向为会计信息与资本市场；陈帅，管理学博士，南京审计大学内部审计学院讲师，主要研究方向为会计信息与资本市场、审计与公司治理。

一　2023年中国上市公司海外投资总体概况

（一）2023年中国上市公司海外投资规模

2023 年，中国经济恢复，企业“出海”也迎来新浪潮，此年一度被国内多家媒体称为“出海元年”。为深入贯彻党的二十大提出的建设开放型世界经济、高质量共建“一带一路”，2023 年 4 月 25 日，《国务院关于推动外贸稳规模优结构的意见》印发，全面恢复国内线下进出口活动、优化外贸发展环境、加大财政金融支持力度等，以鼓励企业“出海”，实现进出口促稳提质。据澎湃新闻报道，中国境外投资企业数量和规模猛增，“甚至超过了境外投资产业不受限制、强化监管前的 2016 年”。

图 1 列示了 2018～2023 年中国上市公司海外投资规模。如图 1 所示，继 2022 年有所升温后，2023 年海外投资规模持续攀升，已达 3190 亿元，同比增长 45.80%。具体来看，单笔海外投资项目投资规模超过 1 亿元的有 188 项，单笔海外投资项目投资金额超过 10 亿元的有 42 项。虽没有单笔投资规模超过 100 亿元的海外投资项目，但相比上年，单笔海外投资规模超过 1 亿元和 10 亿元的投资项目数量均有不同程度的增加。表明了后疫情时代，

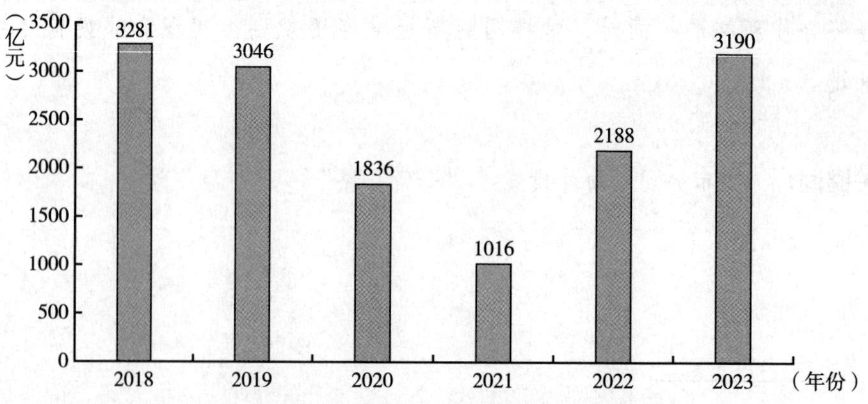

图 1　2018～2023 年中国上市公司海外投资规模

资料来源：中投大数据投资数据库。

我国加大对外开放力度，企业“出海”的积极性和乐观性显著提升，海外投资规模和项目数量整体态势持续向好。

图2列示了2023年1~12月中国上市公司海外投资规模。2023年1~12月中国上市公司海外投资规模在1月达到最小值，为45.48亿元，占本年度海外投资规模的1.43%；在6月达到最大值，为1150.24亿元，占本年度海外投资规模的36.06%；此外，12月和8月投资规模也相对较大，分别为501.65亿元、337.13亿元，分别占全年的15.73%、10.57%。分析可知，海外投资规模波动出现顶点，可能是中国于6月新增人民币贷款30500亿元，新增信贷规模得到扩大，为海外投资提供了巨大的资金支持。此外，除6月出现峰值外，中国下半年海外投资规模相对上半年有所增加。总体而言，中国上市公司海外投资月度分布情况取决于政策导向、监管环境以及融资力度等因素，呈现脉冲式增长、非均衡分布的特点。

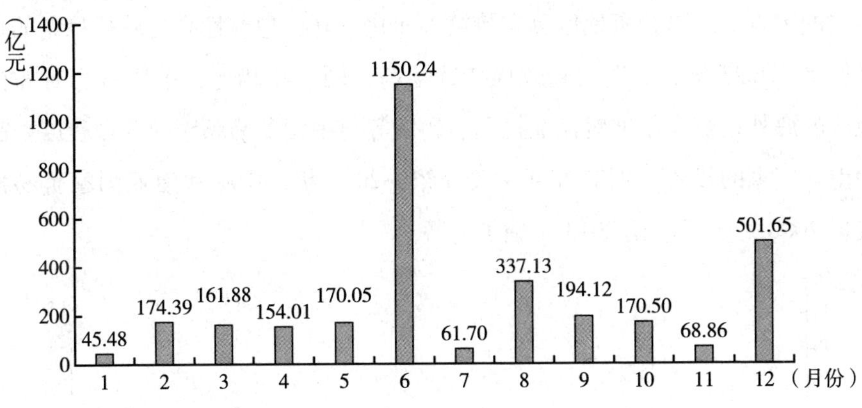

图2　2023年1~12月中国上市公司海外投资规模

资料来源：中投大数据投资数据库。

（二）2023年中国上市公司海外投资的地区分布

后疫情时代，中国海外投资地点除了考虑投资目标地区资源禀赋、与中国经济结构是否互补、地缘政治和区域合作是否密切外，政治稳定性、贸易自由化与开放程度成为更重要的考虑因素。疫情使世界经济遭受重创，中国上市公司更倾向于投资政治环境稳定、贸易政策和市场准入条件相对中国而言更为宽松的目标国家或地区。

如图 3 所示，2023 年中国上市公司海外投资主要聚焦于欧洲、东南亚、南亚、中北美等地区，西亚、南美和大洋洲等地区投资规模占比相对较低。其中，上年投资规模占比排第 2 位的欧洲地区赶超东南亚地区，同上年相比，南亚地区投资规模占比有所增加，而非洲地区投资规模占比出现了明显下滑。如上所述，后疫情时代，2023 年中国上市公司海外投资地区呈现以下特点。一是仍以地缘政治相近、经济互补为主要原则。中国海外投资地区以欧洲和东南亚为主。东盟与中国地缘相近、人文相亲，具有承接中国产业转移的良好条件；欧洲是全球经济的重要中心之一，拥有巨大的市场规模和消费潜力。伴随绿色低碳发展观念的深化，2023 年，中国企业显著提升了在欧洲关于新能源领域的投资，这是中企产业链布局的需求，也是欧洲产业发展的重点。二是投资地区分布持续多元化，开放包容性高与政局稳定的地区偏多。2023 年，非洲大陆政局持续动荡，同上年相比，中国减少对非洲地区的海外投资，新增对孟加拉国、印度等与中国贸易频繁、开放程度更高的南亚国家的投资。据商务部有关介绍，2023 年，中国和南亚国家贸易额接近 2000 亿美元，比 2013 年翻了一番。

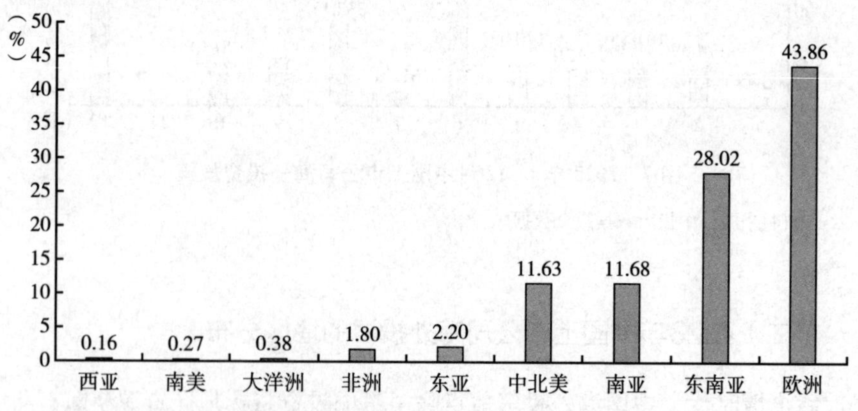

图 3　2023 年中国上市公司海外投资的地区分布

资料来源：中投大数据投资数据库。

（三）2023年中国上市公司海外投资的行业分布

2023 年，中国上市公司的海外投资行业配置进一步优化，投资领域向多元化发展。具体来说，中国上市企业依然在重点行业领域持续深耕，比如金属、装备制造、化工等行业。同时，海外投资表现出明显的多元化态势，例如，在 2023 年，信息技术及服务等新兴行业、旅游酒店餐饮等传统行业投资有所增加，同时涵盖轻工制造、非金属、家居家具等行业。

图 4 列示了 2023 年中国上市公司海外投资行业分布情况。2023 年，中国上市公司海外投资以金属行业、装备制造行业和化工行业为主，投资规模分别占比 40. 49%、27. 21%和 16. 30%。而对能源电力行业、医疗医药行业等投资规模较小。其中，与上年相比，能源电力行业投资规模有所减小，但绿色能源投资，如太阳能发电等占比高达 54. 19%。此外，信息技术及服务行业的海外投资较上年显著增加。同时，受疫情波动影响较大的传统行业，如旅游酒店餐饮行业的投资也有所升温。

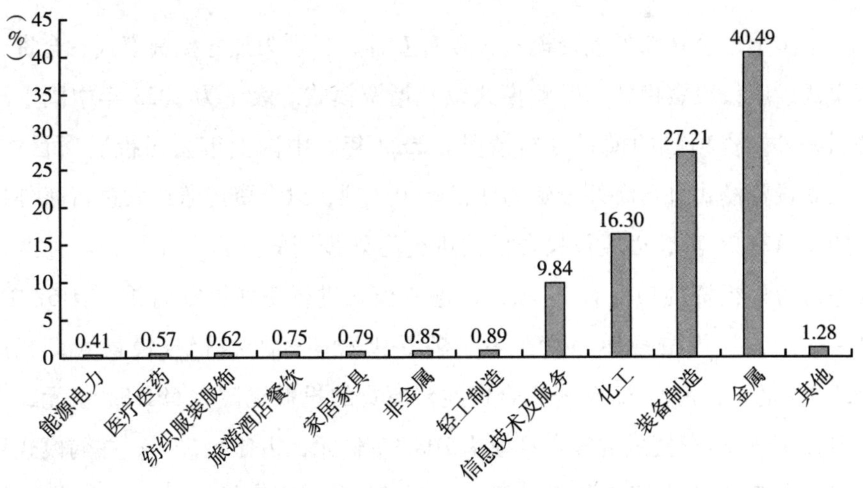

图 4　2023 年中国上市公司海外投资行业分布

资料来源：中投大数据投资数据库。

整体来看，2023 年，中国海外投资行业分布出现上述布局特点的原因有以下几点。一是当前，国家发展改革委多次强调高质量发展制造业，加快传统制造业转型升级。制造业为立国之本、强国之基，因此，制造业“出海”已成为中国经济发展的一个必然趋势。特别是装备制造业作为我国传统优势产业之一，在技术创新和产业升级方面具有关键作用，政府也在积极推动装备制造业的国际化，鼓励企业“走出去”，参与国际竞争和合作，提升中国品牌的全球影响力。二是随着经济逐渐常态化发展，中国旅游酒店餐饮、轻工制造等传统行业上市企业海外发展积极性提高，投资结构优化，行业分布多元化。此外，数字经济迅猛发展，而绿色低碳发展一直是共建“一带一路”的重要理念。在此背景下，我国信息技术及服务业企业加快海外投资步伐。同时，新能源（如光伏发电）、新材料等绿色低碳产业在各行业投资项目中均有不同程度的体现，证明在海外投资方面，中国主动承担大国责任、助推全球 ESG 等绿色低碳理念国际化发展，实现从全球环境治理的参与者到引领者的重大角色跃迁。

（四）2023年中国上市公司海外投资的模式分布

中国上市公司海外投资模式大致有五种，分别为独立投资模式、合资经营模式、股权投资模式、并购模式以及增资模式。表 1 为 2023 年中国上市公司海外投资项目的模式分布情况。2023 年，中国上市公司投资项目中，以独立投资模式进行海外投资的项目有 193 项，以合资经营模式进行海外投资的项目有 28 项，以股权投资模式进行海外投资的项目有 4 项，以并购模式进行海外投资的项目有 17 项，以增资模式进行海外投资的项目有 67 项。进一步地，从投资规模角度来看，独立投资模式的投资规模最大，高达 2325.85 亿元，占比 72.91%；合资经营模式的投资规模为 591.27 亿元，占比 18.53%；增资模式的投资规模为 208.97 亿元，占比 6.55%；并购模式和股权投资模式的投资规模分别为 60.13 亿元、3.87 亿元，占比仅分别为 1.89%、0.12%。从海外投资模式来看，相较于上年，2023 年中国上市公司仍然维持以独立投资、合资经营和增资为主的投资布局。

表 1　2023 年中国上市公司海外投资项目的模式分布

投资模式	项目数量（项）	项目数量占比（%）	投资规模（万元）	投资规模占比（%）
独立投资	193	62.46	23258519	72.91
合资经营	28	9.06	5912681	18.53
股权投资	4	1.30	38739	0.12
并购	17	5.50	601327	1.89
增资	67	21.68	2089685	6.55

资料来源：中投大数据投资数据库。

二　2023年中国上市公司海外投资企业的特征分析

（一）2023年中国上市公司海外投资企业的地域分布分析

与 2022 年基本一致，2023 年中国进行海外投资的上市公司主要分布在经济发达、内需增长速度快、公司数量较多的东部地区，而中部地区、西部地区以及东北地区的上市公司海外投资相对较少，整体呈现“东部多，西部少”的地域分布特征。表 2 为 2023 年中国上市公司海外投资企业的区域分布情况。

表 2　2023 年中国上市公司海外投资企业的区域分布

单位：万元，%

指标	东部地区	中部地区	西部地区	东北地区
投资规模	30362878	533991	947429	56653
投资规模占比	95.18	1.67	2.97	0.18

资料来源：中投大数据投资数据库。

如表 2 所示，中国东部地区上市公司海外投资规模为 3036.29 亿元，占比高达 95.18%；中国西部地区上市公司海外投资规模为 94.74 亿元，占比 2.97%；中国中部地区上市公司海外投资规模为 53.40 亿元，占比为 1.67%；中国东北地区上市公司海外投资规模为 5.67 亿元，仅占比 0.18%。值得注意的是，尽管中国东北地区上市公司海外投资规模占比较低，但同往年相比，已有明显上升趋势。2023 年，中国各地加大对外开放力度，迫切寻求经济发展，形成以东部地区为中心、各地并驱前行的海外投资局面。

（二）2023年中国上市公司海外投资企业的行业分布分析

图 5 为 2023 年中国上市公司海外投资企业的行业分布情况，具体列示了中国各行业海外投资企业数量占比情况，以及各行业海外投资投资规模占比情况。据中国 2012 年度中国证监会行业分类标准，2023 年我国进行海外投资的上市公司有 87.69% 为制造业企业，2.69% 的企业属于科学研究和技术服务业，2.31% 的企业来自信息技术及服务业，1.54% 的企业来

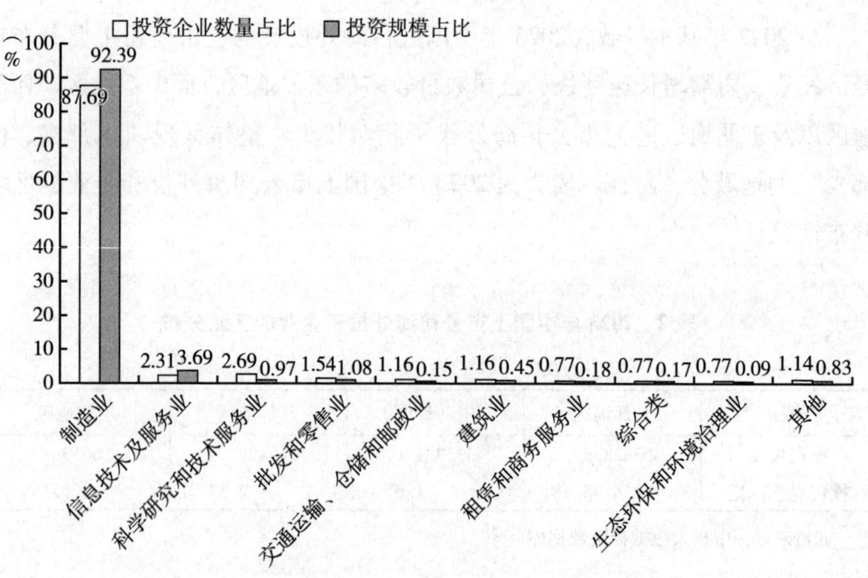

图 5　2023 年中国上市公司海外投资企业的行业分布

资料来源：中投大数据投资数据库。

自批发和零售业，1.16%的企业来自交通运输、仓储和邮政业，1.16%的企业来自建筑业。进一步地，从投资规模的角度看，制造业的上市公司海外投资规模最大，占比高达92.39%；其次分别为信息技术及服务业、批发和零售业、科学研究和技术服务业，投资规模占比分别为3.69%、1.08%、0.97%。与上年相比，制造业投资企业数量和投资规模占比均有明显提升。

结合中国背景可知，随着疫情防控的平稳转段，市场需求逐步回暖，带动了制造业这一国民经济支柱行业的生产及投资活动。制造业企业“出海”、恢复并谋求先进层级生产发展的意愿更为迫切。同时，数字经济发展，信息技术及服务业上市公司提速发展，积极迈向海外，寻求更多的发展契机。总体而言，2023年，中国持续主张建设开放包容、互联互通、共同发展的世界，各行各业的企业积极“出海”，但在海外投资规模和投资企业数量方面，存在显著差异，延续了行业分布多元化、发展不均衡的特点。

（三）2023年中国上市公司海外投资企业的所有制结构分布分析

图6列示了2023年中国上市公司海外投资企业的所有制结构分布情况，本报告将公司划分为国有企业、民营企业、外资企业以及其他类型企业。在所有上市公司海外投资企业中，民营企业占主导地位，占所有上市公司海外投资企业的76.92%，国有企业占比10.39%，而外资企业和其他类型企业数量相对较少，分别占比10.00%与2.69%。进一步地，从海外投资规模来看，民营企业在投资规模上占据显著优势，占比高达85.19%，而国有企业的投资占比仅为7.93%。此外，外资企业和其他类型企业的海外投资所占份额相对较小，分别为4.12%和2.76%。与上年相比，鉴于民营企业的数量优势以及本身固有的灵活性和创新性等特点，2023年，中国海外投资在投资企业数量和投资规模方面仍以民营企业为主导。

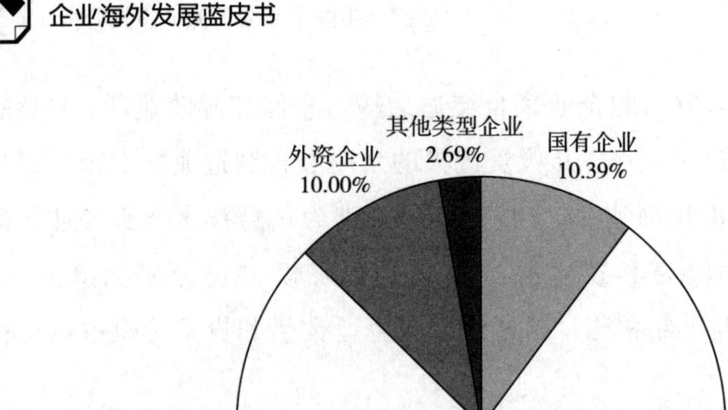

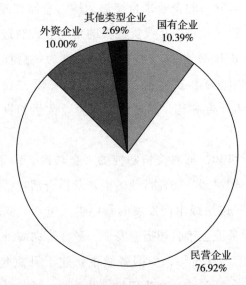

图 6　2023 年中国上市公司海外投资企业的所有制结构分布

资料来源：中投大数据投资数据库。

三　2023年中国上市公司海外投资典型企业研究

（一）基于地域维度的典型企业研究

1. 东部地区——福莱特

福莱特玻璃集团股份有限公司（简称“福莱特”）于 1998 年 6 月成立，集玻璃研发、制造、加工和销售于一体，是一家在玻璃制造领域具有重要影响力的企业，也是全球最大的光伏玻璃生产商之一。福莱特主要产品涵盖太阳能光伏玻璃、优质浮法玻璃、家居玻璃、工程玻璃等四大领域，注重可持续发展，致力于降低生产过程中的能耗和排放，推动绿色低碳制造。2023 年福莱特的海外投资金额为 21.15 亿元，该项目基于独立投资模式，主要投资于印度尼西亚 2 座日熔化量 1600 吨光伏组件盖板玻璃项目。

从2021~2023年福莱特财务情况来看，如图7所示，福莱特业绩表现呈现明显增长趋势，营业收入由2021年的87.13亿元攀升至2023年的215.24亿元，净利润由2021年的21.20亿元上升至2023年的27.63亿元。

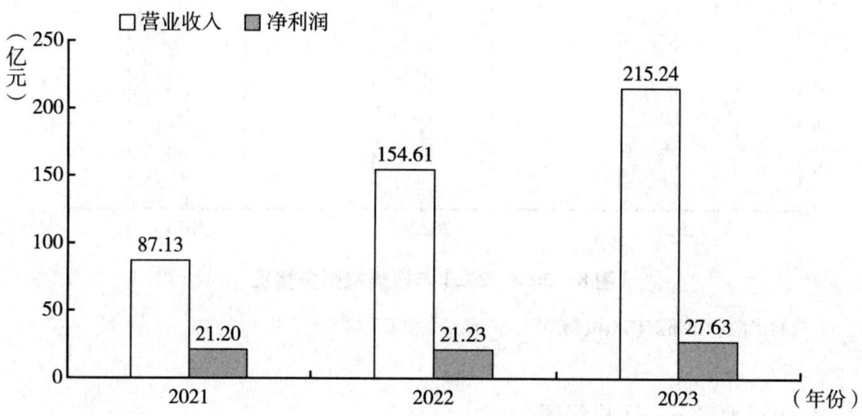

图7　2021~2023年福莱特财务情况

资料来源：福莱特玻璃集团股份有限公司2021~2023年报。

2. 中部地区——郑煤机

郑州煤矿机械集团股份有限公司（简称“郑煤机”）始建于1958年，是中国专业生产液压支架的大型骨干企业。公司主要从事煤炭综合采掘机械装备及其零部件、汽车零部件的生产、销售与服务。其主导产品包括煤矿综采液压支架、刮板输送机、掘进机等，在国内煤炭综采装备制造领域具有重要地位。郑煤机2019~2020年连续入选中国机械工业百强企业和《财富》中国500强企业。2023年郑煤机的海外投资金额为11.84亿元，该项目采用增资模式，主要投资于德国SEG Automotive Germany GmbH项目。

从2021~2023年郑煤机财务情况来看，如图8所示，郑煤机业绩表现不断向好，营业收入由2021年的292.75亿元上升至2023年的363.96亿元，净利润由2021年的206.99亿元迅速上升至2023年的346.91亿元。

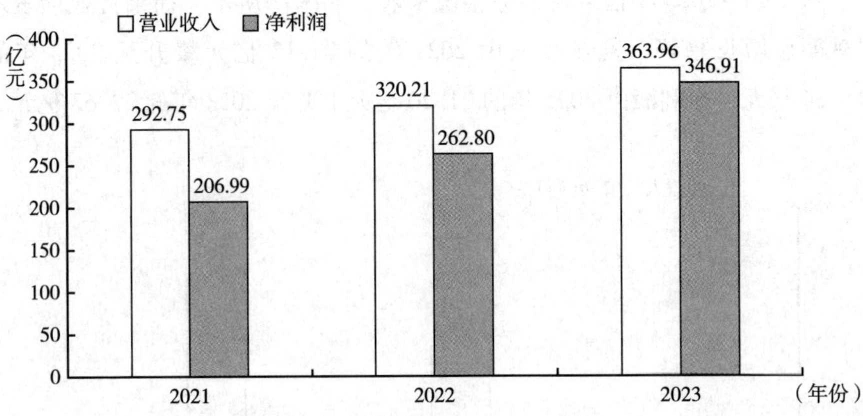

图 8　2021~2023 年郑煤机财务情况

资料来源：郑州煤矿机械集团股份有限公司 2021~2023 年报。

3. 西部地区——运机集团

四川省自贡运输机械集团股份有限公司（简称“运机集团”）创立于 2003 年 9 月，致力于中国散料输送机械设计、制造和安装，是国家火炬计划重点高新技术企业，也是该领域领军企业之一。运机集团主营通用带式输送机、管状带式输送机、曲线带式输送机等装置的设计制造及系统 EPC。目前，凭借对市场需求的精准预测，运机集团履行绿色发展模式，成为国内散料输送机械设计制造的引领者之一。2023 年运机集团的海外投资金额为 5.35 亿元，该项目采用独立投资模式，主要投资于运机集团国际控股有限公司项目。

从 2021~2023 年运机集团财务情况来看，如图 9 所示，运机集团业绩表现呈现明显增长趋势，营业收入由 2021 年的 7.88 亿元逐步上升至 2023 年的 10.53 亿元，净利润由 2021 年的 0.85 亿元上升至 2023 年的 1.02 亿元。

（二）基于行业维度的典型企业研究

1. 制造业——爱柯迪

爱柯迪股份有限公司（简称“爱柯迪”）2003 年成立于国际港口城市

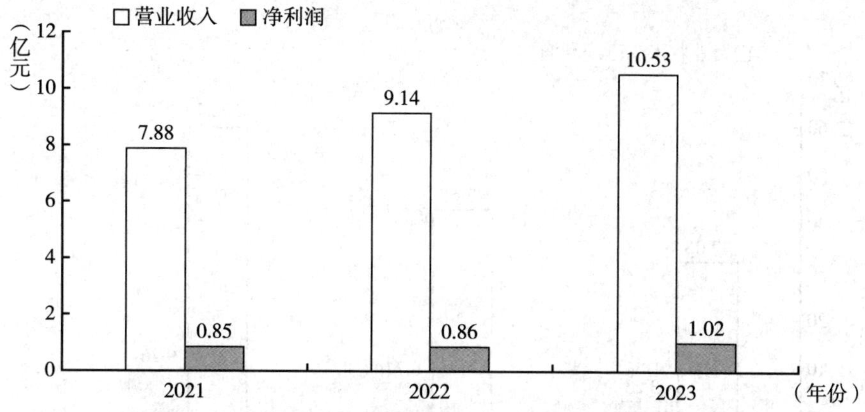

图 9 2021~2023 年运机集团财务情况

资料来源：四川省自贡运输机械集团股份有限公司 2021~2023 年年报。

宁波，致力于开发车铝合金精密压铸件。随着国际对 ESG 等绿色发展理念越来越重视，爱柯迪积极响应绿色低碳发展理念，聚焦新能源、电动化、自动驾驶以及汽车轻量化等绿色方向。秉持满足客户一切需求的公司文化，积极研发智能化、数字化、自动化等新制造，不断靠近国际研发前沿，致力于追求卓越的管理技术、制造技术。2023 年爱柯迪的海外投资金额为 24.77 亿元，其项目基于独立投资模式，投资于墨西哥新能源汽车结构件及三电系统零部件生产基地项目和爱柯迪新能源技术有限责任公司项目。

从 2021~2023 年爱柯迪财务情况来看，如图 10 所示，爱柯迪财务表现呈现大幅增长趋势，营业收入由 2021 年的 32.06 亿元逐步上升至 2023 年的 59.57 亿元，净利润由 2021 年的 3.23 亿元上升至 2023 年的 9.26 亿元。

2. 信息技术及服务业——中控技术

中控技术股份有限公司（简称“中控技术”）成立于 1999 年，是流程工业智能制造整体解决方案供应商，其核心产品集散控制系统（DCS）连续 12 年维持国内市场占有率第一名。中控技术遵循“让工业更智能，让生活更轻松”的愿景和使命，坚持自主创新，聚焦流程工业自动化、数字化、智能化需求。2023 年中控技术的海外投资金额为 8.72 亿元，采用增资和独立投资模式，分别投资于日本 Supcon Japan Co.，Ltd. 项目和马来西亚

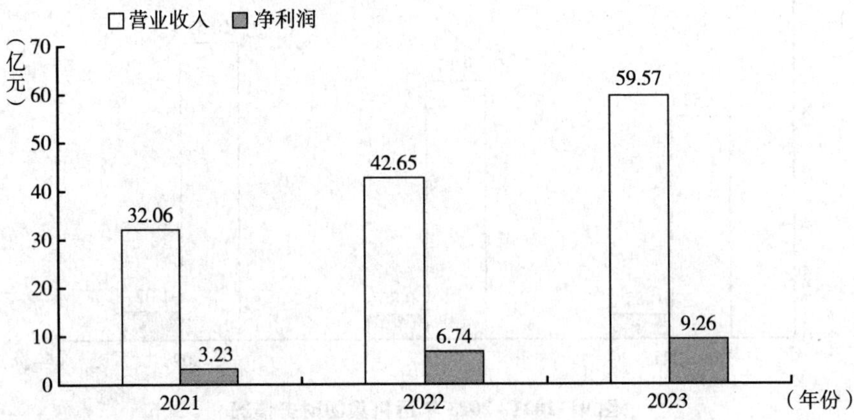

图 10　2021~2023 年爱柯迪财务情况

资料来源：爱柯迪股份有限公司 2021~2023 年年报。

Supcon Manufacturing（Malaysia）Sdn. Bhd. 项目。

从 2021~2023 年中控技术财务情况来看，如图 11 所示，中控技术财务表现呈现大幅增长趋势，营业收入由 2021 年的 45.19 亿元迅速上升至 2023 年的 86.20 亿元，净利润由 2021 年的 5.89 亿元上升至 2023 年的 11.23 亿元。

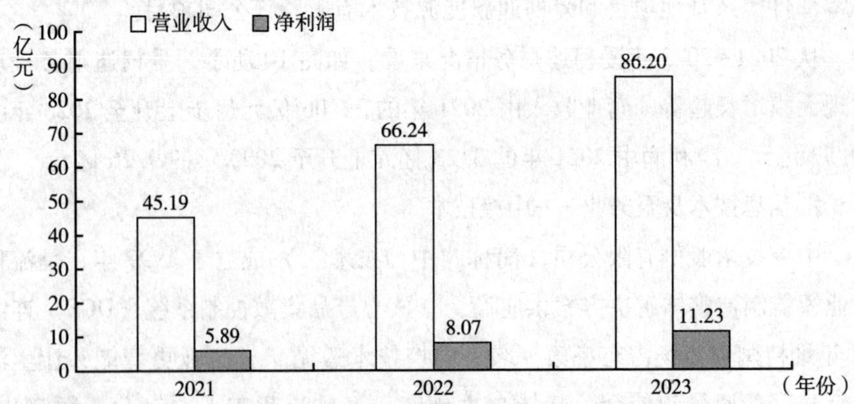

图 11　2021~2023 年中控技术财务情况

资料来源：中控技术股份有限公司 2021~2023 年年报。

（三）基于所有制结构维度的典型企业研究

1. 国有企业——安徽合力

安徽合力股份有限公司（简称“安徽合力”）始建于1958年，是我国目前规模最大、产业链条最完整、综合实力和经济效益最好的工业车辆研发、制造与出口基地。公司主要经营叉车、装载机、工程机械、矿山起重运输机械、铸锻件、热处理件制造及产品销售。安徽合力拥有国家级企业技术中心，是国家创新型企业、国家火炬计划重点高新技术企业。2023年安徽合力的海外投资金额大约为3588万元，该项目采用合资经营模式，主要投资于澳大利亚合力物料搬运澳洲有限公司项目。

从2021~2023年安徽合力财务情况来看，如图12所示，安徽合力业绩表现呈现明显增长趋势，营业收入由2021年的154.17亿元逐步上升至2023年的174.71亿元，净利润由2021年的7.85亿元上升至2023年的14.16亿元。

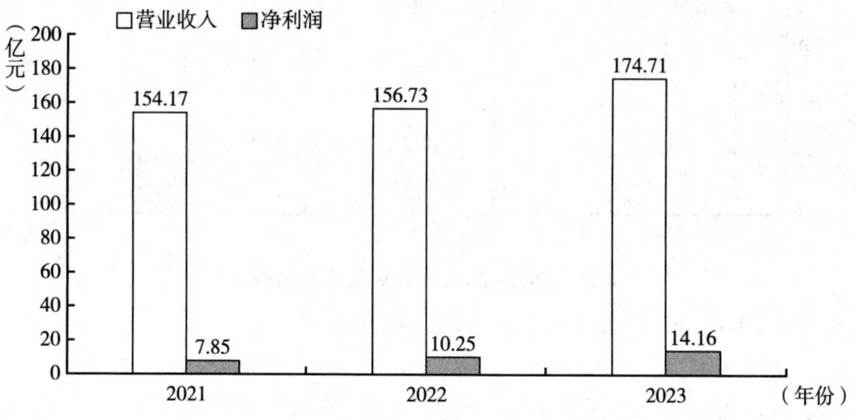

图12　2021~2023年安徽合力财务情况

资料来源：安徽合力股份有限公司2021~2023年报。

2. 民营企业——赛轮集团

赛轮集团股份有限公司（简称“赛轮集团”）成立于2002年，是一家集轮胎研发、生产、销售和服务于一体的现代化企业。

赛轮集团产品涵盖全钢子午线轮胎、半钢子午线轮胎、非公路轮胎等，广泛应用于轿车、轻型载重汽车、大型客车等领域。秉承“做一条好轮胎”的使命，赛轮集团在轮胎设计、新材料应用、智能制造等方面取得了众多成果，致力于为全球用户提供更优质的产品和服务。2023 年赛轮集团的海外投资金额大约为 24.36 亿元，采用独立投资和增资模式，分别投资于墨西哥与柬埔寨。

从 2021~2023 年赛轮集团财务情况来看，如图 13 所示，赛轮集团依托主营业务和积极的海外投资布局，业绩表现亮眼，营业收入由 2021 年的 179.98 亿元逐步上升至 2023 年的 259.78 亿元，净利润由 2021 年的 13.42 亿元上升至 2023 年的 32.02 亿元。

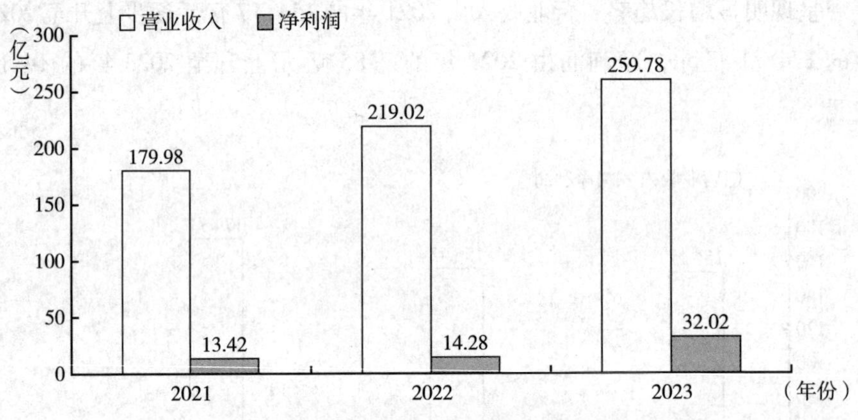

图 13　2021~2023 年赛轮集团财务情况

资料来源：赛轮集团股份有限公司 2021~2023 年报。

3. 外资企业——沪电股份

沪士电子股份有限公司（简称“沪电股份”）成立于 1992 年，是一家专业生产印制电路板（PCB）的企业。沪电股份产品广泛应用于通信设备、汽车、工业设备和医疗设备等多个领域。沪电股份秉持“成长、长青、共利”的经营理念，专注于执行既定的“聚焦 PCB 主业、精益求精”的稳定成长战略，现已发展成为印制电路板行业的重要品牌之一。2023 年沪电股份的海外投资金额为 9. 52 亿元，该项目采用增资模式，主要投资于泰国的沪士电子（泰国）有限公司项目。

从 2021～2023 年沪电股份财务情况来看，如图 14 所示，沪电股份营业收入由 2021 年的 74. 19 亿元上升至 2023 年的 89. 38 亿元，净利润由 2021 年的 10. 64 亿元上升至 2023 年的 14. 90 亿元。

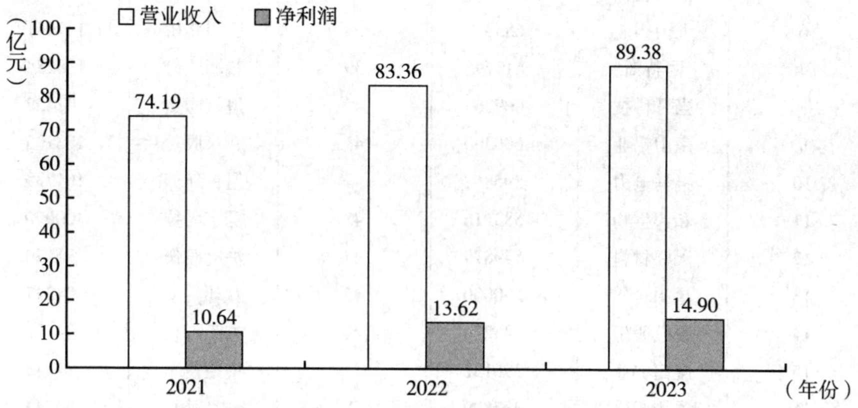

图 14　2021～2023 年沪电股份财务情况

资料来源：沪士电子股份有限公司 2021～2023 年报。

四　2023年中国上市公司海外投资100强排行榜及变动分析

（一）2023年中国上市公司海外投资100强排行榜

根据中投大数据投资数据库，2023 年入围中国海外投资 100 强榜单的“出海”企业的海外投资总规模达到 3005. 28 亿元，与 2022 年相比，增加了 38. 97%。表 3 与图 15 分别列示了 2023 年入围企业的海外投资规模以及海外投资所在地与中国签订共建“一带一路”合作文件情况。

表 3　2023 年中国上市公司海外投资 100 强排行榜

单位：万元

排名	企业名称	投资规模	排名	企业名称	投资规模
1	华友钴业	10136143	33	生益科技	140000
2	永利股份	3570044	34	安洁科技	139770
3	杉杉股份	982105	35	乐歌股份	137868
4	寒锐钴业	932931	36	深南电路	127418
5	福昕软件	720000	37	郑煤机	118375
6	天山铝业	655852	38	四川路桥	117041
7	阿特斯	613795	39	新朋股份	108284
8	当升科技	609363	40	厦门国贸	107432
9	南山铝业	606300	41	新泉股份	103705
10	神马电力	596862	42	厦钨新能	101739
11	和邦生物	583216	43	赞宇科技	100000
12	天赐材料	549879	44	沪电股份	95170
13	星源材质	500000	45	双环传动	94347
14	聚胶股份	485270	46	方正科技	94300
15	厦门钨业	396132	47	中控技术	87183
16	通用股份	337899	48	中信博	86743
17	昆仑万维	287049	49	兆龙互连	86736
18	中大力德	253742	50	新宙邦	85653
19	爱柯迪	247717	51	甬金股份	85594
20	赛轮轮胎	243550	52	豫园商城	82800
21	福莱特	211546	53	鑫铂股份	82524
22	京东方 A	202064	54	宝通科技	76787
23	龙蟠科技	200000	55	海南矿业	75993
24	旭升股份	189885	56	中石科技	73654
25	景兴纸业	181408	57	* ST 炼石	72392
26	中矿资源	170718	58	生益电子	71692
27	三花智控	158600	59	博杰股份	71475
28	锦江酒店	157903	60	比音勒芬	71368
29	青岛双星	143751	61	永福股份	71284
30	联化科技	143562	62	铭利达	71253
31	森麒麟	141190	63	景旺电子	70000
32	创新新材	140526	64	南亚新材	70000

续表

排名	企业名称	投资规模	排名	企业名称	投资规模
65	腾远钴业	65865	83	捷昌驱动	45526
66	伊戈尔	62929	84	百龙创园	45200
67	岱美股份	62698	85	精锻科技	45000
68	今天国际	62400	86	密尔克卫	43051
69	扬杰科技	61978	87	环旭电子	41551
70	德昌股份	61478	88	大族激光	41405
71	科达洁能	59983	89	光库科技	41335
72	澳弘电子	59604	90	中宠股份	41300
73	盟科药业	57077	91	森泰股份	40000
74	江苏金租	55000	92	建霖家居	40000
75	运机集团	53535	93	瑞玛工业	39036
76	黑牡丹	52002	94	日上集团	37317
77	东方集团	50676	95	松霖科技	36590
78	四会富仕	50000	96	盈趣科技	36567
79	满坤科技	49783	97	永艺股份	36409
80	科达利	47883	98	嵘泰股份	36368
81	东山精密	47808	99	耐普矿机	36277
82	胜蓝股份	45740	100	金鹰股份	35870

资料来源：中投大数据投资数据库。

如图 15 所示，在入围榜单的海外投资企业中，共有 66 家上市公司的海外投资所在地与我国签订了共建“一带一路”合作文件，投资规模达到 2272.39 亿元；而有 34 家上市公司的海外投资所在地未与我国签订共建“一带一路”合作文件，投资规模为 732.89 亿元。由此可知，从海外投资规模来看，入围榜单的上市公司海外投资规模占我国海外投资规模的 94.21%，是推动我国海外投资发展的主力军。从海外投资区域来看，企业大多热衷于凭借“一带一路”倡议“走出去”，充分体现出多边合作机制的积极示范成效。

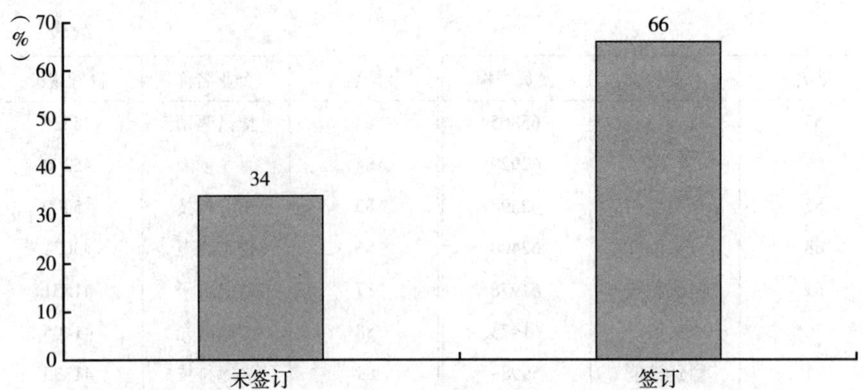

图 15　2023 年中国上市公司海外投资所在地签订共建“一带一路”合作文件情况

资料来源：中国一带一路网。

（二）变动分析

1. 入围门槛变动分析

如前文所述，2023 年中国上市公司海外投资规模整体大幅上涨。在此基础上，由表 3 可知，入围中国上市公司海外投资 100 强的门槛，由 2022 年 0. 92 亿元骤升至 2023 年 3. 59 亿元，主要有以下原因。一是经济复苏与政策环境优化共振。我国经济逐步恢复，市场需求稳步回升，为企业海外发展提供了良好的宏观环境。同时，国家层面出台了《国务院办公厅关于推动外贸稳规模优结构的意见》《关于加快内外贸一体化发展的若干措施》等一系列政策措施，为我国企业国际化发展提供坚实的政策支持，极大地提高了企业“出海”的积极性，激发投资规模呈现上涨态势。二是某些行业的特定需求。海外投资 100 强上市公司主要来自装备制造、化工等大型制造业。制造业通常需要大规模的生产设施和先进的技术设备，且产业链较长，涉及原材料采购、生产加工、物流配送等多个环节，这些都需要大量的资金投入，最终引起入围门槛急剧攀升。

2. 入围企业的地域分布变动分析

2023 年，入围中国上市公司海外投资 100 强排行榜的企业，尽管在地域分布方面有细微变动，但依旧保持“东多西少”的特征。即东部地区入围企业数量明显领先，相比之下，西部地区和东北地区入围企业数量不仅较少，其海外投资规模也与东部地区存在一定的差异。表4列示了2023年中国上市公司海外投资100强的地域分布情况，以及从地域角度划分的投资规模情况。

表4 2022~2023年中国上市公司海外投资100强的地域分布

单位：家，万元

分布地区	2022年入围企业数量	2023年入围企业数量	入围企业数量变动情况	2023年入围企业投资规模
东部	86	89	3	28783139
中部	10	6	-4	392824
西部	4	4	0	826184
东北	0	1	1	50676

资料来源：中投大数据投资数据库。

如表4所示，2023年中国上市公司海外投资100强中，有89家来自东部地区，相较于2022年增加了3家，这些公司的投资规模达到了2878.31亿元，主要集中于浙江、广东、江苏、上海和福建等沿海省份；有6家来自中部地区，相较于2022年减少了4家，这些企业的投资规模达到了39.28亿元；有4家来自西部地区，与2022年相比没有增减变化，这些企业的投资规模达到了82.62亿元；有1家来自东北地区，与2022年相比，增加了1家，投资规模为5.07亿元。某种程度上来说，这种“东多西少”的地域分布格局，一是与我国东部地区发达、中西部地区相对欠发达的经济格局相吻合，二是与我国东部沿海地区交通便利、地理位置优越、与海外市场的联系更加紧密相关。

3. 入围企业的行业结构变动分析

2023年，我国政府主张提升贸易便利化水平，加强应对国外不合理贸易限制，并提出加快重点领域内外贸融合发展、加大财政金融支持力度、优化发展环境等措施，这些政策和建议意味着我国各行业“出海”迎来新的机遇。表5列示了2022~2023年中国上市公司海外投资100强的行业分布、数量变动以及对应的投资规模情况。

表5　2022~2023年中国上市公司海外投资100强的投资行业分布

单位：家，万元

所属行业	2022年入围企业数量	2023年入围企业数量	入围企业数量变动情况	2023年投资规模
采矿业	6	1	−5	75993
制造业	79	85	6	27823767
电力、热力生产和供应业	2	0	−2	0
土木工程建筑业	1	1	0	117041
批发和零售业	0	3	3	330758
交通运输、仓储和邮政业	3	1	−2	43051
住宿业	0	1	1	157903
信息技术及服务业	2	4	2	1156632
商务服务业	1	1	0	55000
研究和试验发展业	3	2	−1	242002
生态保护和环境治理业	2	0	−2	0
综合类	1	1	0	50676

资料来源：中投大数据投资数据库。

如表5所示，从入围企业数量来看，2023年，我国上市公司海外投资100强企业中，85家属于制造业，3家属于批发和零售业，4家属于信息技术及服务业，2家属于研究和试验发展业，而其他行业入围企业数量相对较少，如采矿业，土木工程建筑业，交通运输、仓储和邮政业，住宿业等。从行业结构变动来看，采矿业的变动最大，由2022年的6家变为2023年的1家，减少了5家；制造业也有所变动，由2022年的79家变为2023年的85家，增加了6家。从海外投资规模来看，不同行业企业的投资规模存在明显差异。比如，制造业企业投资规模最大，投资规模为2782.38亿元，而综合类行业投资规模仅为5.07亿元。经分析可知，绿色低碳发展观念盛行，推动新能源等绿色产业发展，使采矿业上市公司海外投资实力减弱。同时，尽管生态保护和环境治理业入围企业数量减少，但从投资领域来看，入围企业在光伏发电等新能源领域以及新能源汽车行业等装备制造业的投资较有成效。另外，当前全面恢复线下活动，加之数字经济发展，带动了住宿业、批发和零售业、信息技术及服务业海外投资积极性。总体而言，中国上市公司海外投资 100 强的行业分布，呈现以国民经济支柱行业——制造业为主、其他行业多元化布局且投资规模不均衡发展的格局。

4. 入围企业的所有制结构变动分析

表 6 为 2022~2023 年中国上市公司海外投资 100 强的所有制结构分布情况。如表 6 所示，从入围企业数量来看，2023 年中国上市公司海外投资 100 强中，民营企业占据主导地位，有 73 家，同上年相比没有变动，投资规模为 2567.27 亿元；国有企业有 15 家，较上年增加 4 家，投资规模为 241.72 亿元；外资企业有 9 家，较上年减少了 4 家，同民营企业和国有企业相比，外资企业的投资规模较为有限，为 109.77 亿元；其他企业有 3 家，与上年相比没有变化，投资规模为 86.52 亿元。

表 6　2022~2023 年中国上市公司海外投资 100 强的所有制结构分布

单位：家，万元

类型	2022 年入围企业数量	2023 年入围企业数量	入围企业数量变动情况	2023 年入围企业投资规模
国有企业	11	15	4	2417172
民营企业	73	73	0	25672714
外资企业	13	9	-4	1097736
其他企业	3	3	0	865201

资料来源：中投大数据投资数据库。

整体而言，2023 年，中国上市公司海外投资 100 强仍以民营企业为主导。出现这种局面的原因，大体是 2023 年出台的《中共中央　国务院关于促进民营经济发展壮大的意见》明确鼓励民营企业拓展海外业务，这让民营企业“走出去”成为一条转型发展的有效路径，也是我国实现产业结构调整、全球产业布局的必然趋势。并且，民营企业自身具有较高的灵活性和创新能力，能够快速响应市场变化并把握投资机会。此外，作为国有经济的核心载体，国有企业可以获得财力保障和国家支持，相比其他类型企业，能够更高效便捷地从事海外投资活动，助推我国企业全球竞争力的提升。

五　展望与建议

（一）展望

2023年，中国经济复苏的步伐明显加快。在全球经济活动持续放缓、全球贸易持续下滑的大背景下，中国高水平对外开放逆势上行，在海外投资领域交出亮眼的答卷，但也存在些许不足与变动，集中表现在三个方面。一是对外开放稳步提升，投资结构持续优化。2023年，中国海外投资规模整体稳中有增、发展质量优中有升。同时，投资行业、地区和模式分布结构不断优化，并呈现多元化发展趋势。二是以国民经济发展为导向，紧跟新时代发展需求。综观2023年海外投资布局，无论是海外投资项目所属行业，还是上市公司所属行业，均以决定国民经济命脉的制造业为主。此外，中国海外投资在绿色能源和信息技术及服务等数字化领域也有卓越表现。三是国际化水平参差不齐，投资布局多而不强。尽管中国整体海外投资规模持续增长，但主要的海外投资活动集中在传统关键行业以及特定行业的领军企业。中国海外投资布局整体向多元化发展，但新兴行业投资规模偏小、推进力度欠缺，展现出投资力量“多而不强”的特点。

基于2023年中国上市公司海外投资总体概况，不难发现，中国企业“出海”面临许多挑战，但也存在新的发展机会。一是“一带一路”与RCEP持续发展。RCEP与开放共享的“一带一路”倡议相辅相成、相互促进，将充分释放区域共同发展的协同效应，为我国企业“出海”提供更多便利。二是政策支持。中国出台了《扎实推进高水平对外开放更大力度吸引和利用外资行动方案》《商务部等9部门关于拓展跨境电商出口推进海外仓建设的意见》等一系列政策支持企业“出海”，为企业提供了良好的外部环境，降低了企业“出海”的成本和风险。三是市场需求呈现逐步扩大的态势。伴随全球经济的稳健发展以及新兴市场的蓬勃崛起，对形形色色的产品和服务的需求持续攀升。通过深入挖掘和把握这些机遇，中国企业得以积极拓展海外业务，进一步融入全球经济的大循环，实现更为显著的经济效益。

（二）建议

1. 聚焦东南亚和欧洲市场，协同“一带一路”与 RCEP 高质量发展

2023 年，中国海外投资地点集中在经济互补优势和地缘优势明显的欧洲地区和东南亚地区。并且，依托“一带一路”等区域经济合作框架，实现了投资领域的广泛覆盖、多元化发展和深入拓展。因此，一方面，中国企业“出海”应持续优先考虑东南亚和欧洲地区。特别是，持续发展欧洲地区新能源等新兴先进产业，侧重技术交流与品牌国际化；依托“两国双园”共建经贸创新发展示范园区，使东南亚地区成为中国企业集群式“走出去”的重要平台。另一方面，中国企业充分利用“一带一路”与 RCEP 高质量发展平台，驱动更高水平的对外开放，拓展与其他国家和地区的合作。

2. 以国民经济重点行业为导向，投资布局多元化均衡发展

从海外投资带动能力来看，2023 年，中国“出海”企业更多来源于制造业。此外，绿色低碳项目、信息技术及服务业等领域的海外投资近年来不断增多。因此，一方面，中国海外投资应持续推动与国民经济息息相关的制造业，通过在不同国家和地区布局生产基地和供应链，优化资源配置，支撑国内产业链整体发展质量的提升；另一方面，推动数字技术与实体经济深度融合、建设光伏产业对话交流机制、绿色低碳专家网络等，推动国际化重点领域的发展，落实绿色低碳发展理念和数字化转型，实现海外投资多元化均衡发展。

3. 大力凸显民营企业引领优势，鼓舞其他类型企业积极“出海”

2023 年，中国民营上市公司在海外投资方面表现突出，无论是从参与企业的数量来看还是从投资规模来看，民营企业都是我国海外投资的主导力量。因此，应积极落实以《中共中央　国务院关于促进民营经济发展壮大

的意见》为代表的相关政策，优化民营经济发展环境，为民营企业“走出去”提供支持。同时，也应鼓励其他所有制形式的企业参与国际市场竞争。例如，完善国有企业的治理结构和激励机制，加强国际合作与交流，通过政府间的协商和协议，为国有企业在海外市场争取更有利的政策条件和资源。并且，确保政策的稳定性和透明度，提供一站式的咨询和协助服务，助推企业积极“出海”。

4. 对接国际高标准经贸规则，实现海外投资稳中求进

当前，中国海外投资领域主要集中于传统行业，尽管投资布局整体向多元化发展，但投资“多而不强”。追根溯源，是中国海外投资不够精准、产业链对接不够准确，难以精准对接国外先进技术，造成企业对“出海”成果的担忧。因此，在全球化的大潮中，企业“出海”应对接国际高标准经贸规则，优化供应链整合以提高整个产业链的效率和协同性，适应全球经济和行业不断发展的趋势。具体来说，企业需要进行市场研究、了解目标市场的相关法律法规、积极参与国际交流和合作等。同时，还需要建立符合国际标准的管理体系和运营流程。通过这些措施，企业能够更好地适应国际市场，实现全球化发展。

参考文献

《中国对外投资合作发展报告 2023》，商务部网站，2024 年 7 月 11 日，https：//www.mofcom.gov.cn/bnjg/art/2024/art_51f65b0b2ea94460af21b420ed12ca95.html。

专 题 篇

B.5
北京“两区”平台推动北京对外贸易高质量发展研究

赵文卓 刘思义*

摘 要： 本报告在介绍北京“两区”建设总体概况的基础上，分别从国家政策支撑、区域产业协同以及与“三平台”联动三个维度，系统梳理北京“两区”建设推动北京对外贸易高质量发展的契合性。基于此，从扩大产业开放、优化营商环境、推动数字贸易以及完善风险防控四个方面阐明北京“两区”建设推动对外贸易高质量发展的影响机制。统计显示，北京“两区”建设后，服务贸易、货物贸易以及数字贸易进出口总额整体呈上升趋势；同时，2023年北京服务贸易与货物贸易比例为3∶10，高于全国平均水平，与全球服务贸易与货物贸易的比例基本持平，说明北京服务贸易的发展有利于中国服务贸易与货物贸易结构优化。区分贸易进出口结构发现，无

* 赵文卓，管理学博士，河南大学商学院讲师，主要研究方向为会计信息与资本市场；刘思义，管理学博士，对外经济贸易大学国际商学院副教授、博士生导师，主要研究方向为审计与内部控制。

论是服务贸易还是货物贸易，北京均存在贸易逆差，但服务贸易逆差呈收窄态势，货物贸易逆差呈扩大态势。结合上述分析，本报告认为，北京应依托数字经济赋能缩小贸易逆差、推进数字贸易试验区建设以发展数字贸易，并把握试点机遇，以“北京经验”助力全国服务业扩大开放。

关键词： “两区”平台　服务贸易　数字贸易　货物贸易　北京

一　北京“两区”平台与对外贸易高质量发展的契合性

（一）北京“两区”平台基本概况

2015年，北京成为全国首个服务业扩大开放综合试点城市，2020年9月国务院发布《关于深化北京市新一轮服务业扩大开放综合试点建设国家服务业扩大开放综合示范区工作方案》，北京市服务业扩大开放正式由“试点”升级为“示范区”。2020年9月24日，中国（北京）自由贸易试验区正式揭牌成立。习近平总书记在2020年中国国际服务贸易交易会上指出，“支持北京打造国家服务业扩大开放综合示范区”，“设立以科技创新、服务业开放、数字经济为主要特征的自由贸易试验区”（以下简称“两区”），由此北京“两区”平台建设正式启动。2023年11月18日，国务院批复《支持北京深化国家服务业扩大开放综合示范区建设工作方案》，“两区”平台建设进入迭代升级的2.0阶段。

从战略定位来看，根据《国家服务业扩大开放综合示范区方案》，作为“两区”之一的国家服务业扩大开放综合示范区（简称“北京综合示范区”）是全国唯一的国家服务业扩大开放综合示范区，侧重产业开放，实施范围为16410.54平方公里，覆盖北京全市域，开放领域覆盖科技、金融、互联网信息、文化旅游等服务业多个重点部门。2023年2.0版工作方案获批后，北京示范区建设聚焦投资、贸易、金融、生物医药、知识产权、数据跨境流动等重点领域。根据《中国（北京）自由贸易试验区总体方案》，作为“两区”之一的中国（北京）自由贸易试验区（简称“北京自贸试验区”）侧重于园区开放，创新政策在区内实施，重点打造近130平方公里的“3+1”自贸片区，即北京自贸试验区的科技创新、国际商务服务及高端产业3个片区和河北自贸试验区的大兴国际机场片区（北京区域）。2023年，北京作为中国6个自贸试验区（港）之一，率先试点对接国际高标准推进制度型开放。截至2024年6月，北京已落地50多项全国突破性政策，形成40多项全国推广的创新经验案例，率先探索了以服务业为主导的产业开放模式，积极服务和融入新发展格局。

（二）北京“两区”平台推动对外贸易的优势

北京综合示范区属于产业开放模式，主要聚焦服务业开放发展，北京自贸试验区则聚焦特定区域，开展更大力度的改革开放试点。借助“两区”平台所特有的“产业+园区”协同开放模式，形成优势互补、统筹管理、协同推进的良性互动发展格局。北京综合示范区与北京自贸试验区优势叠加所形成的“两区”政策联动机制，助力北京推动贸易方式创新和转型，打造高水平开放平台。同时，北京作为我国政治中心、文化中心和科技创新中心，使得“两区”平台凭借独特的区位优势，在发展对外贸易方面具有得天独厚的条件。具体表现在以下几个方面。

一是金融资源丰富。北京作为国家金融管理中心，金融资产规模将近220万亿元，约占全国金融资产的50%。2023年，北京证券交易所上市公司数量为239家，年内新增77家；总市值增至4496.4亿元；全年股票交易总成交金额为7272.2亿元，比上年增长2.7倍。[①] 同时，北京还积极推进数字金融改革，释放数字化发展的放大、叠加、倍增效应，助力金融业更好服务首都高质量发展。例如，在科技金融方面，北京市相关部门建立银企对接系

① 《北京市2023年国民经济和社会发展统计公报》。

统，利用大数据、云计算、人工智能等技术，有效提高北京科技企业的融资可获得性。

二是科研实力雄厚。北京拥有 90 多所大学、1000 多所科研院所，34 所高校、162 个学科入选国家“双一流”建设名单，丰富的教育资源为北京高质量发展提供了强大的智力支持。根据《北京人才发展报告（2023）》，截至 2022 年底，北京人才资源总量达到 796.8 万人，人才密度高达 70.4%，居国内城市第一位，人才集聚效应凸显。从北京市统计局 2024 年 3 月所做的一项调研结果来看，有 57.7%的企业认为优质人才是其选择在北京发展的重要原因，并有 21.3%的企业表示已享受北京“两区”人才要素保障政策。[①] 同时，北京集聚全国半数以上的两院院士、三成以上的国家“杰青”人才、高被引科学家数量居全球城市首位。作为推动创新要素跨境流动和全球配置的重要载体，2023 年北京外资研发中心总数已达到 107 家。

三是技术创新成果突出。《国际科技创新中心指数 2023》报告显示，北京在综合创新能力方面已连续两年保持全球前三，对北京高质量发展已形成明显的创新扩散和赋能效应。例如，2021 年 1 月，北京发布我国首个自主可控、区块链软硬件技术体系“长安链”打造的冷链溯源技术，其在疫情防控中发挥重大作用，也让京津冀三地的海关形成数据打通的“单一窗口”，跨境贸易便利化水平大幅提升。根据《数说北京科技创新 2023》，北京市 2022 年研发经费投入强度达 6.83%，稳居全国第一位；每万人口高价值发明专利拥有量达 112 件，PCT 申请量进入万件梯队。截至 2023 年底，北京独角兽企业数量为 114 家，始终保持全国第一，主要集中在人工智能、半导体、电子商务、软件服务、企业服务等行业，包括字节跳动、京东科技、天眼查等。北京市统计局 2024 年的调研结果显示，有 46.6%的企业选择在北京投资经营是缘于北京良好的创新氛围，并有 36.1%的企业表示已享受政府创新政策支持。

① 该项调研是北京市统计局为能深入了解北京“两区”建设推进情况、政策落实效果及企业诉求，于 2024 年 3 月选取 305 家规模以上企业开展问卷调研，其中有 8 成企业位于北京“两区”重点园区（组团）。

四是文化产业全国领先。北京拥有丰富的世界文化遗产和众多文化景点，这为北京文化产业的发展打下了坚实基础。同时，作为全国文化中心，北京集聚了大量国家文化出口重点企业、国家文化和科技融合示范基地，文化产业并购规模和独角兽企业数量也位居全国前列，使得北京文化产业在国际市场上具有较强的竞争力。商务部公布的数据显示，北京有67家企业入选2023~2024年度国家文化出口重点企业，28个项目（含16个中央直属）入选2023~2024年度国家文化出口重点项目，数量全国领先。此外，通过数字技术赋能，文化产品和服务能够突破时空限制，实现更大范围内的及时传输，文化贸易规模也进一步扩大。截至2024年上半年，北京规模以上文化产业利润总额同比增长13.5%，文化产业快速增长，盈利能力高于全国平均水平5.42个百分点。立足“两区”建设的总体要求，国家对外文化贸易基地（北京）的成立更是助力北京成为全球文化交往和文化贸易的平台与枢纽。

（三）北京“两区”平台推动对外贸易的战略契机

1. 国家政策支撑

现如今，我国货物贸易稳居全球第一位、服务贸易稳居全球第二位，贸易大国地位不断巩固，但我国对外贸易仍存在大而不强的问题，发展质量与效益亟须进一步提升，对高质量发展的支撑作用有待进一步增强。党的二十大报告明确要求“加快建设贸易强国”。对此，北京商务局指出，北京将以“两区”建设为牵引稳步扩大制度型开放，加快培育外贸新动能。北京市“十四五”规划提出，要加大先行先试力度，形成一批有影响力的“北京规则”“北京标准”。制度创新作为“两区”建设的主线，北京现已成功落地50多项全国突破性政策，成为制度型开放的试验良田。北京城市副中心2024年“两区”建设工作进一步指出，在对外贸易领域，要支持和DEPA成员方在无纸贸易方面试点开展合作等，继续深耕重点领域扩大开放，构建高标准开放制度体系。

2. 区域产业协同

党的十九大报告指出，要以疏解北京非首都功能为“牛鼻子”推动京津冀协同发展。“两区”平台的建立为北京积极推进京津冀三地产业协同、推动产业链强链补链、构建优势互补的高端产业走廊提供了机会。北京市“两区”工作领导小组办公室表示，北京以“两区”建设为载体，与津冀携手打造高水平开放平台，从联动机制、任务体系、创新路径等方面全方位布局，服务京津冀协同发展。现如今，京津冀三地协同开放在开放载体、政务服务以及制度创新领域实现了“三个更通”。例如，京冀依托大兴国际机场，携手打造全国首个跨省级行政区划的临空经济示范区、自贸试验区、综合保税区，通过发挥区域比较优势，共同推进临空产业、生物医药、品质消费等产业布局。在培育创新生态、提升区域协同创新能力方面，《北京市人民代表大会常务委员会关于推进京津冀协同创新共同体建设的决定》进一步指出，要将北京科技创新优势与天津先进制造研发优势相结合，共同打造区域发展高地；将北京科技创新优势与河北环京地缘优势相结合，建立紧密的分工协作和产业配套格局。北京海关公布的数据显示，2024 年上半年，京津冀区域进出口 2.54 万亿元，同比增长 4.6%，占同期全国进出口总值的 12%；其中，北京地区占京津冀区域外贸总值的 72%，上拉京津冀区域外贸增速 2.6 个百分点。

3. 与“三平台”联动

北京市“十四五”规划提出，要打造全球最具影响力的服务贸易展会，办好中关村论坛，举办高水平金融街论坛。其中，中国国际服务贸易交易会、中关村论坛与金融街论坛共同构成北京服务首都功能的对外开放“三平台”。从“三平台”的职能来看，“三平台”通过中国国际服务贸易交易会提供国际交流机会，中关村论坛促进技术创新，金融街论坛完善金融服务，从而为北京“两区”平台建设提供国际化的交流与合作机会。例如，“两区”建设在金融领域的要求涉及金融市场开放、投融资便利化等多方面，金融街在吸引外资机构落地、金融开放业务创新与先行先试等领域取得突出成绩。“两区”“三平台”作为北京完成“十四五”规划目标任务的重要抓手，中共北京市第十三次代表大会也指出，未来五年北京将高标准推进“两区”“三平台”建设，积极开展国际高水平自由贸易协定规则对接先行先试。因此，“两区”的制度创新和营商环境的优化结合“三平台”所提供的国际交流与合作机会，为北京对外贸易高质量发展提供了保障。

二　北京“两区”平台推动北京对外贸易高质量发展的影响机制

经过“十三五”时期的发展，我国于2020年成为对外贸易第一大国，贸易规模跃至全球首位，同时贸易新业态新模式迅速发展，创新能力不断提升。然而，当今经济全球化遭遇逆流，全球产业链供应链的区域化、本土化趋势更加明显，对外贸易面临前所未有的挑战。党的二十大报告明确要求“加快建设贸易强国”。《“十四五”对外贸易高质量发展规划》指出，优化货物贸易结构、创新发展服务贸易、提升贸易数字化水平是实现外贸高质量发展的重点任务。在此背景下，北京凭借自身的区位优势，积极搭建“两区”平台，试图依托制度创新、用好区位优势、扩大产业开放、推动数字贸易、健全风险防控等机制，助力北京对外贸易高质量发展。具体内容如下。

（一）扩大产业开放，促进对外贸易互利共赢

国务院总理李强2024年3月5日在《政府工作报告》中介绍2024年政府工作任务时提出，“扩大高水平对外开放，促进互利共赢”。2022年3月31日发布的《中国（北京）自由贸易试验区条例》也将“构建京津冀协同发展的高水平对外开放平台”作为主要目标之一。从实践效果来看，北京“两区”建设启动以来，大量“全国首个”“全市首创”政策落地实施，吸引了更多优质外资企业来京发展。2024年前4个月，北京“两区”招商引资累计新增储备项目3098个，累计落地项目1936个，涉及资金8409亿元。2024年第一季度，北京自贸试验区实际利用外资占全市比重为28.5%，较上年底提升9.2个百分点，规模以上工业企业营收增速高于全市平均水平2.7个百分点，以试图通过高水平开放促进北京高质量发展。北京“两区”在扩大产业开放方面出台的部分相关政策如表1所示。

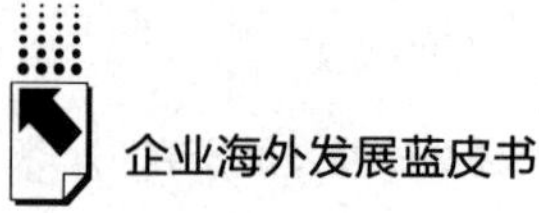

表1　北京"两区"在扩大产业开放方面出台的部分相关政策

领域	具体内容
围绕重点领域塑造双向开放新格局	1. 拓展金融服务业开放市场,包括推行 QDLP 试点以及 QFLP 试点; 2. 扩大互联网信息服务开放规模,包括鼓励国际知名开源软件代码库和开发工具服务商在京落地; 3. 塑造文化旅游开放新优势,包括在自贸试验区国际商务服务片区内,允许符合条件的外资企业开展面向全球的文化艺术品展示、缩短外资旅行社受理时限,以 2022 年冬奥会为契机,加大国际顶尖体育赛事引进力度; 4. 深化专业服务领域开放改革,包括允许北京市实施对金融等服务领域国际执业资格的认可、在自贸试验区内开展外国专利代理机构设立常驻代表机构试点工作、探索会计师事务所在自贸试验区设立分所试点; 5. 强化教育与医疗服务国际交互,包括加大国际教育供给,完善国际学校布局,允许外商投资营利性非学历语言类培训机构、简化港澳医师转内地医师资格认证手续
商务领域打造开放平台、拓展开放网络	1. 以服贸会为龙头,打造国际经贸交流平台; 2. 以三大综保区为承载,构建支撑产业发展的开放平台; 3. 以"双枢纽"机场为依托,做强口岸功能平台; 4. 健全完善对外开放服务网络,包括境外服务中心、国家级国际营销公共服务平台建设; 5. 构建对外投资专业服务体系,包括政策性保险机构提供保险服务、自贸试验区内银行业金融机构提供融资服务
优化服务业开放发展的要素供给	1. 推进资金跨境流动便利,包括在北京市特定区域内开展本外币一体化试点、探索开展本外币合一跨境资金池试点; 2. 规范数据跨境安全有序流动,包括探索建立数据保护能力认证等数据安全管理机制; 3. 为国际人才工作生活提供便利,包括对境外高端人才给予入出境便利、优化外国人工作许可和居留许可证件审批流程、完善国际人才全流程服务体系、推动国际人才社区建设; 4. 完善土地支持和技术保障,包括开展创新要素跨境便利流动试点,支持离岸创新创业

资料来源:根据《深化北京市新一轮服务业扩大开放综合试点建设国家服务业扩大开放综合示范区工作方案》《商务领域"两区"建设工作方案》《北京市全面深化服务贸易创新发展试点实施方案》等整理。

(二)依托制度创新,优化对外贸易营商环境

制度创新是北京"两区"建设的主线。北京"两区"建设三年多来,

北京对标国际高标准经贸规则，逐步通过“点上突破”“线上延展”“系统集成”，稳步扩大制度型开放。例如，推进外国企业和外国人“一件事”改革，瞄准办成一件事，系统梳理行政管理部门的办事链条，通过政府部门“搭手”实现企业和个人在办事中的“交圈”，着力打造市场化、法治化、便利化、国际化一流营商环境。2023 年底，国务院批复《支持北京深化国家服务业扩大开放综合示范区建设工作方案》，“两区”建设进入迭代升级的 2.0 阶段。2024 年以来，北京市以全面实施示范区 2.0 方案为主线，以进一步提升要素协同效益为目标，推动首都开放发展。其中，北京“两区”在优化贸易营商环境方面出台的部分相关政策如表 2 所示。

表 2　北京“两区”在优化贸易营商环境方面出台的部分相关政策

领域	具体内容
完善公共服务政策环境	1. 推进政府职能转变，包括探索涉企经营许可事项实行审批改备案、告知承诺制，打造外商投资一站式服务体系，推进公平竞争审查全覆盖； 2. 建设创新成果转化运用体系，包括搭建检验检测公共服务平台、开辟创新药发明专利保密审查绿色通道、研究探索在重点前沿科技领域建立专利池市场化运营机制、打造综合性知识产权运营服务枢纽平台、优化技术出口中涉及的知识产权对外转让审查制度等； 3. 创新人才全流程服务管理模式，包括便利引进人才签证办理，允许在京外商投资企业内部调动专家的随行家属享有与该专家相同的停居留期限，持有效签证或居留许可拟在京工作的外籍高端人才可在境内直接办理工作许可，推动在京成立国际人才合作组织等； 4. 构建公平透明的政府采购营商环境
优化贸易投资制度安排	1. 探索与服务贸易创新发展相适应的规则体系，包括梳理调整与外商投资准入等负面清单不相适应的地方性法规，开展国家级服务业标准化试点，引入服务贸易代理、境外公司主动申报税款缴纳等新模式，以提升服务贸易跨境资金结算便利化水平； 2. 持续降低贸易成本和壁垒，包括支持北京建立贸易监管便利化工作联席会议机制，探索通过国际贸易“单一窗口”与主要贸易伙伴国开展互联互通和信息共享，支持拓展与欧美等地客货运航线，支持开展民营企业低轨卫星出口业务试点； 3. 优化跨境贸易监管服务模式，包括支持在北京天竺综合保税区建立罕见病药品保障先行区、推进北京双枢纽空港综合服务平台建设、简化进出口货物通关流程、开设“CCC 免办管理系统”便捷通道、建立北京市生物医药企业进口研发用物品“白名单”制度；

续表

领域	具体内容
优化贸易投资制度安排	4. 提升资金跨境流动便利度,包括探索优化资本项目下负面清单管理模式、探索优化合格境内有限合伙人(QDLP)与合格境外有限合伙人(QFLP)试点企业余额管理模式、推进外债登记管理方式改革、推进跨境融资便利化试点、扩大跨国公司本外币一体化资金池业务试点、创新发展新型离岸国际贸易; 5. 形成与国际接轨的制度创新体系,包括促进投资贸易自由化便利化、推动产业链供应链协同发展; 6. 支持企业"走出去",包括支持"一带一路"联合实验室建设、支持在京建设数字丝绸之路经济合作试验区、支持在京成立绿色丝绸之路建设专业组织、完善企业"走出去"综合服务

资料来源：根据《支持北京深化国家服务业扩大开放综合示范区建设工作方案》《北京市深化服务业扩大开放提升贸易便利化水平实施方案》《深化北京市新一轮服务业扩大开放综合试点建设国家服务业扩大开放综合示范区工作方案》等整理。

（三）推动数字贸易，塑造对外贸易发展新优势

数字贸易正在重塑全球产业链、供应链、价值链，为全球贸易发展提供了新的动力源泉。近年来，北京地区数字贸易出口额连年增长，且持续高于全市服务贸易出口增速，成为缩小服务贸易逆差的重要动力，然而 2021 年 2 月民革北京市委调查发现，北京目前仍无针对数字贸易的战略规划和政策集成，缺少应对新形势的顶层设计，同时面临数字赋能产业不足、应对国际局势变化准备不足等问题。为促进数字贸易高质量发展，2021 年 10 月 14 日北京市商务局等部门发布的《北京市关于促进数字贸易高质量发展的若干措施》指出，到 2025 年，培育一批具有全球数字技术影响力、数字资源配置力和数字规则话语权的数字贸易龙头企业；基本建成与国际高标准经贸规则相衔接的数字贸易发展体系，打造具有国内示范作用和全球辐射效应的数字贸易示范区。2022 年 3 月 31 日发布的《中国（北京）自由贸易试验区条例》指出，为促进数字经济发展，北京自贸试验区将在风险可控的前提下，开展数字领域的国际合作，促进数据跨境传输、数字产品安全检测与认证、数据服务市场安全有序开放等领域互惠互利、合作共赢，推动数字贸易

港建设；同时积极对标国际先进水平，推动数字贸易规则、标准体系和统计调查制度建设，加强区块链等数字技术的应用，发展数字贸易新业态、新场景。《深化北京市新一轮服务业扩大开放综合试点建设国家服务业扩大开放综合示范区工作方案》将“推进数字经济和数字贸易发展”作为主要任务之一。商务部于2024年4月28日发布的《数字商务三年行动计划（2024—2026年）》提出要加速数字贸易发展。其中，北京“两区”在推动数字贸易方面出台的部分相关政策如表3所示。

表3　北京“两区”在推动数字贸易方面出台的部分相关政策

领域	具体内容
搭建数字贸易服务平台	1. 打造数字贸易公共服务平台,包括搭载“走出去”综合服务平台,提供数字贸易企业“走出去”基础服务及专业化服务,搭建数字贸易企业与海外市场资源的双向对接渠道,建设国际公共采购“一站式”交易服务平台; 2. 建设数据流通专项服务平台,包括依托北京国际大数据交易所搭建数据交易平台,创新数据交易的规则、技术实现路径与商业模式; 3. 构建数字贸易会展交易平台,包括办好中国国际服务贸易交易会,搭建面向全球的线上线下数字贸易交流和展示平台;用好2022年北京冬奥会、中关村论坛、金融街论坛、全球数字经济大会等国际性活动
探索推动跨境数据流动	1. 建设贸易数字化示范区等数字贸易园区; 2. 强化信息基础设施建设和安全保护,包括立足数字贸易试验区、各类数字贸易园区等特定区域,建设专用通道等通信基础设施,实现5G在特定区域覆盖; 3. 推动数据跨境流动制度创新,包括分步骤研究重点领域的数据分级分类标准和重要数据目录、建立数据跨境流动安全评估机制、建立健全数据出境安全评估有关制度; 4. 积极参与国际规则对接,包括建好国际信息产业和数字贸易港
夯实数字贸易产业基础	1. 提升数字贸易核心产业竞争力,包括培育大数据、云计算、物联网、移动互联网、高端软件研发、卫星互联网、工业互联网、区块链、人工智能等领域的全球标杆企业; 2. 提升服务外包价值链地位,包括宣传新业态新模式,促进外包产业链上下游企业供需对接、鼓励传统服务外包企业向“一站式解决方案提供商”转型,提升外包企业数字化服务能力; 3. 破解跨境电商发展瓶颈,包括优化跨境电商销售医药产品清单,稳步开展北京市跨境电商销售医药产品试点工作,在自贸试验区按程序申请增设海关特殊监管区或保税物流中心(B型),拓展“网购保税+线下自提”业务

续表

领域	具体内容
提升数字贸易便利度	1. 推动数字贸易进一步扩大开放，包括积极争取增值电信业务有序开放，允许外商以跨境交付的方式在内地提供与金融信息和服务有关的软件服务； 2. 推动跨境贸易收支便利化，包括允许出口商在境外电商平台销售款项以人民币跨境结算； 3. 推动行政审批便利化，包括发挥知识产权保护中心作用，打造全市统一的数字政务服务平台； 4. 推动人员跨境往来便利化，包括简化外国人来华工作许可和工作类居留许可审批流程，为数字贸易重点企业的“高精尖缺”外籍工作人员来华办理普通签证、长期签证或多次往返签证提供便利
加大数字贸易企业支持力度	1. 加强专项资金支持，包括用好政策资金，支持数字贸易企业发展，对数字贸易领域的数字基础设施建设等予以资金支持； 2. 加大数字贸易金融支持，包括将符合条件的企业纳入鼓励政策范围，加大出口信用保险支持力度，对具有发展潜力的数字贸易企业给予多元化融资支持； 3. 强化数字贸易人才支撑，包括引导数字贸易相关专业与学科建设，建立数字贸易企业协会和数字贸易专家智库团队； 4. 完善数字贸易知识产权指导，包括强化与数字贸易有关的知识产权保护
完善数字贸易保障体系	1. 建立数字贸易品牌企业名录库，包括发布数字贸易品牌企业名录，总结推广数字贸易企业典型案例和发展经验，建立数字贸易品牌企业服务机制； 2. 建立数字贸易联席会议制度； 3. 建立数字贸易统计监测体系，包括建立健全数字贸易统计制度与监测体系，建设数字贸易统计监测支撑服务平台

资料来源：根据《中国（北京）自由贸易试验区条例》《深化北京市新一轮服务业扩大开放综合试点建设国家服务业扩大开放综合示范区工作方案》《北京市关于促进数字贸易高质量发展的若干措施》等整理。

（四）强化权益保护，健全对外贸易风险防控

在我国对外贸易规模日益扩大的背景下，全球传统安全与非传统安全问题频发，国际安全体系和秩序受到极大的冲击。因此，加强海外利益保护和风险预警防范是我国高水平对外开放的必要保障，也是落实总体国家安全观的必然要求。《中华人民共和国国民经济和社会发展第十四个五年规划和2035年远景目标纲要》提出，构建海外利益保护和风险预警防范体系。为更好实现北京企业对外贸易高质量发展，《中国（北京）自由贸易试验区条

例》指出，北京自贸试验区将完善自贸试验区公证、调解、仲裁、行政裁决、行政复议、诉讼等有机衔接、相互协调的多元化纠纷解决机制，支持国际商事争端预防与解决组织为自贸试验区内的市场主体提供商事法律服务。其中，北京“两区”在完善风险防控方面出台的部分相关政策如表 4 所示。

表 4　北京“两区”在完善风险防控方面出台的部分相关政策

领域	具体内容
强化权益保护机制	1. 打造一流国际商事纠纷解决优选地,包括打造面向全球的国际商事仲裁中心,完善域外法查明平台并明确涉外纠纷法律适用规则指引,支持国内外商事仲裁机构,商事调解组织等在京发展,支持国际商事争端预防与解决组织做大做强,推进仲裁机构体制机制改革,支持仲裁机构人才队伍国际化建设,建立完善涉外律师人才库; 2. 完善争议解决机制,包括探索制定临时仲裁庭仲裁涉外纠纷的规则,鼓励外籍及港澳台调解员参与涉外纠纷解决,强化诉讼与仲裁、调解、公证、行政复议、行政裁决等非诉讼方式有机衔接; 3. 优化知识产权保护体系,包括探索建立分级分类的数据知识产权保护模式,推动标准必要专利国际知识产权规则研究与完善,优化知识产权司法资源配置,加强对遗传资源的专利保护,完善海外知识产权重大事件快速响应和纠纷信息通报研判机制
健全风险防控体系	1. 建设风险防控协同监管体系,如将探索建立外商投资信息共享机制,依托信息技术创新风险研判和防控手段,增强风险处置能力; 2. 加强重点领域风险防范,包括文化、金融、生物安全、健康医疗安全等; 3. 建立数据安全监管体系,建立健全数据安全风险评估、报告、信息共享、监测预警、应急处置机制,如设立国家金融科技风险监控中心,构建京津冀金融风险监测预警平台; 4. 加强离岸贸易风险防范,包括实施综合监测管理,提升跨部门联合监测能力,拓宽离岸贸易监管方式,防范虚假或构造交易、骗取融资等异常行为,做好风险防范

资料来源：根据《支持北京深化国家服务业扩大开放综合示范区建设工作方案》《北京市促进离岸贸易创新发展的若干措施》等整理。

三　北京“两区”平台推动北京对外贸易高质量发展的效果分析

党的二十大报告中明确要求“推动货物贸易优化升级，创新服务贸易发展机制，发展数字贸易，加快建设贸易强国”。现如今，北京“两区”平台通过政策创新、制度创新、模式创新，已成为北京高质量发展的动力引擎。从2024年3月北京市统计局对305家规模以上企业的问卷调研结果来看，北京“两区”政策受惠面广，有近8成（77%）调研企业反映享受过北京“两区”相关政策，且有9成以上企业对北京“两区”政策给予了高度评价。对此，本节将从服务贸易、货物贸易、数字贸易三个维度，对北京“两区”平台推动北京对外贸易高质量发展的效果展开分析。

（一）服务贸易高质量发展的效果分析

《“十四五”服务贸易发展规划》指出，“十四五”时期，我国服务贸易发展的主要目标是进一步扩大服务贸易规模，服务贸易占我国对外贸易总额的比重进一步提升、服务出口增速高于全球平均增速。北京商务局与《北京统计年鉴（2023）》公布的数据显示，从年度趋势变化来看，北京服务贸易进出口总额基本呈波动性上升趋势，由2017年的96712亿元增长至2023年的10819亿元（见图1），2023年北京服务贸易占全国对外贸易的比重达到16.46%。其中，在北京“两区”平台建立前，北京服务贸易进出口总额增速放缓，并于2020年呈现明显下降趋势，同比下降21.07%；北京“两区”平台建立后，2021~2023年，北京服务贸易进出口总额呈明显上升趋势，年均增长率为10.03%。根据世界贸易组织发布的统计数据，2023年全球服务贸易与货物贸易的比值为0.32，同期我国服务贸易与货物贸易的比值为0.16，而北京2023年服务贸易与货物贸易的比值为0.30，说明北京服务贸易的发展有利于我国服务贸易与货物贸易结构的优化。进一步区分服务贸易进出口结构发现，截至2023年底，北京服务贸易进口额所占比重为61.11%，出口额所占比重为38.89%，仍存在2405亿元的服务贸易逆差，但相较于“两区”平台建立前，北京服务贸易逆差整体呈缩小态势。这说明在我国服务贸易长期处于逆差状态的背景下，“两区”平台的建立助力北京服务贸易进出口总额保持在全国前列，同时全球化、高端化、集合化、融合化的发展特征日益显现，“北京服务”的国际影响力日益提升。

《“十四五”服务贸易发展规划》指出，要实现服务贸易高质量发展，需提升传统服务贸易综合竞争力，培育服务贸易新模式新业态。以传统服务

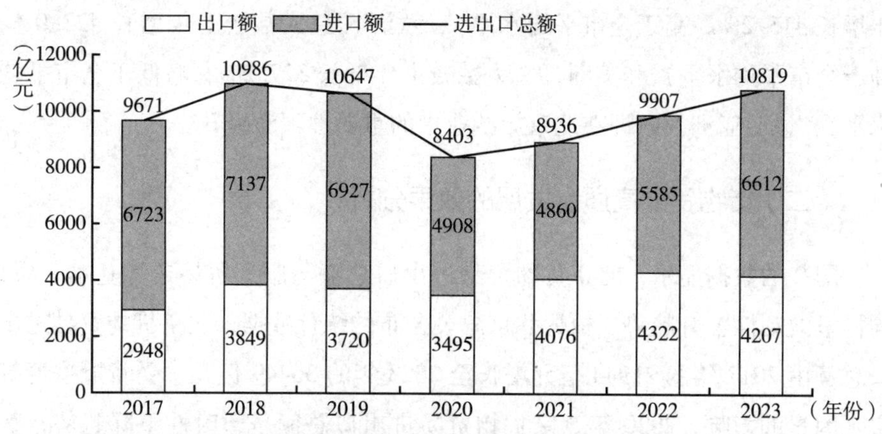

图1　2017~2023年北京市服务贸易进出口总额

资料来源：北京商务局、历年《北京统计年鉴》。

贸易中的文化旅游为例，现如今政策上已“将外商投资设立演出场所、娱乐场所、互联网上网服务场所的审批权下放至区级，将外商投资设立文艺表演团体（中方控股）的审批权限下放至通州区”纳入北京市服务业扩大开放综合示范区建设中。境外投资者（外国及港澳台地区）在北京市自由贸易试验区投资设立的演出经纪机构从事营业性演出活动审批实行告知承诺制。《2023年北京市文化和旅游统计公报》等披露的数据显示，一方面，北京入境旅游市场逐步回暖，北京2023年接待入境游客116.8万人次，较上年增长384.8%，恢复到2019年的31.0%；国际旅游收入为118.5亿元，较上年增长304.0%，恢复至2019年的31.9%。另一方面，北京出境旅游市场快速复苏，2023年北京旅行社组织出境旅游总人数为36.26万人次，恢复至2019年的74.8%，前往地出境旅游总人数为41.42万人次。这说明北京“两区”平台的建立，助力北京文化旅游领域尽快恢复至疫情前的水平。此外，北京文化和旅游局公布的北京入境旅游者情况数据显示，2020年北京入境旅游人数排前3名的地区是亚洲、美洲和欧洲，2021年排前3名的地区为亚洲、欧洲和美洲。《2023年北京市文化和旅游统计公报》数据显示，截至2023年，北京入境旅游人数排前3名的地区依旧为亚洲（总人数较上

年增长 415.2%，高于全市平均水平）、欧洲（总人数较上年增长 423.0%，高于全市平均水平）和美洲（总人数较上年增长 327.2%，略低于全市平均水平），说明亚洲及欧洲在北京旅游业中的重要性不断提升。

（二）货物贸易高质量发展的效果分析

图 2 的数据显示，北京货物贸易进出口总额与服务贸易走势基本一致，同样呈波动性上升趋势。根据北京海关公布的统计数据，北京货物贸易进出口总额由 2017 年的 21944 亿元增长至 2023 年的 36449 亿元。受新冠疫情等宏观因素的影响，2020 年北京货物贸易进出口总额呈暂时性下降趋势，货物贸易进出口总额为 23313 亿元，比上年下降 18.74%。“两区”平台建立后，2021~2023 年，北京货物贸易进出口总额整体显著上升后趋于稳定态势。其中，2021 年北京货物贸易进出口总额为 30411 亿元，同比增长 30.45%，2023 年北京货物贸易进出口总额为 36449 亿元，较 2022 年增长 0.25%。《北京市 2023 年国民经济和社会发展统计公报》的数据显示，2023 年北京自贸试验区企业货物贸易进出口总额为 4624.3 亿元，同比增长 2.7%，进出口增速高于地区整体，占北京同期货物贸易进出口总额的比重达到 12.7%。区分进出口结构发现，2023 年北京货物贸易进口额为 30454 亿元，与上年基本持平；出口额为 5994.89 亿元，同比增长 1.89%，说明现阶段区别于全国货物贸易处于顺差状态，北京货物贸易则处于逆差状态。

据北京海关统计数据，2024 年上半年北京货物贸易进出口总额为 1.83 万亿元，创历史同期新高，较上年同期增长 3.6%，占全国进出口总额的 8.7%。进一步区分进出口结构发现，北京货物贸易进口额为 1.53 万亿元，同比增长 3.5%；出口额为 2985.8 亿元，同比增长 4.3%，其中新一代信息技术、医药健康、航空航天、汽车产业等新兴产业合计占北京出口额的 27.8%，较上年同期提高 7 个百分点，上拉出口整体增速 8.2 个百分点，现已成为拉动北京出口增长的“主力军”。区分企业产权性质发现，2024 年上半年北京国有企业、外资企业、民营企业进出口总额均呈现增长态势，其中国有企业占主导，占比高达 73.6%，民营企业占比为 10.9%，较上年同期提

图 2　2017~2023 年北京市货物贸易进出口总额

说明：因四舍五入，存在误差。
资料来源：北京海关。

高 0.7 个百分点。进一步区分贸易伙伴结构发现，2024 年上半年北京的主要进出口贸易伙伴结构呈现多元化态势。图 3 显示，欧盟已成为北京最大的贸易伙伴，美国、俄罗斯、瑞士、巴西作为北京的重要贸易伙伴，其进出口贸易规模占同期北京进出口规模的比重分别居第 2 位至第 5 位。

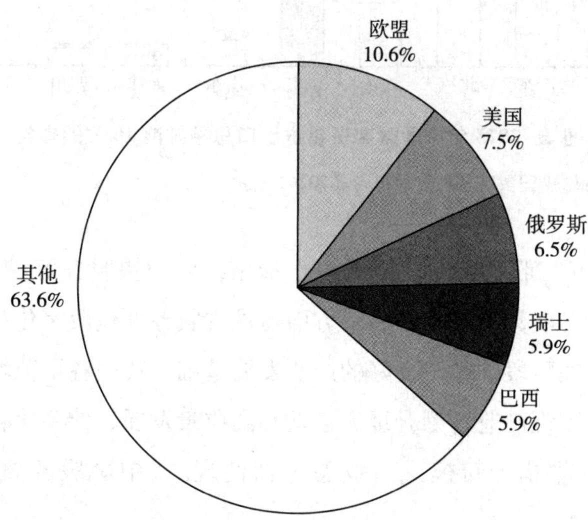

图 3　2024 年上半年北京地区主要进出口贸易伙伴结构

资料来源：北京海关。

（三）数字贸易高质量发展的效果分析

当前，数字贸易已成为与货物贸易、服务贸易并列支撑我国贸易强国建设的“三大支柱”之一。

根据《中国数字贸易发展报告（2024）》，北京 2023 年数字贸易进出口总额为 4895.34 亿元，占全国数字贸易进出口总额的 18.95%，居全国前 3 位（见图 4）。[①] 从进出口结构看，2023 年北京数字贸易出口额已达到 2831.36 亿元，占北京市服务贸易出口总额的 57.84%；数字贸易进口额达到 2063.98 亿元，占北京市服务贸易进口总额的 42.16%，呈现明显的顺差态势。

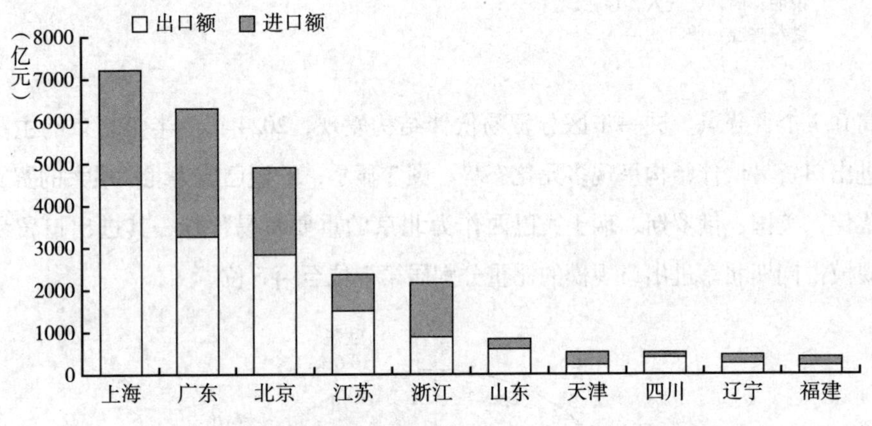

图 4　2023 年中国数字贸易进出口总额排前 10 位的省份

资料来源：《中国数字贸易发展报告（2024）》。

《“十四五”服务贸易发展规划》指出，要加快服务贸易数字化进程，一方面要大力发展数字贸易，另一方面要推进服务外包数字化高端化。实践中，步入新发展阶段，基于良好的产业发展基础，我国各示范城市在服务外包相关领域，围绕产业转型升级、创新和高质量发展、数字化转型等方面出台了多项政策举措，新模式新业态不断涌现。《中国服务贸易发展报告

① 《中国数字贸易发展报告（2024）》显示，上海、广东、北京分别居第 1 位、第 2 位、第 3 位，进出口总额分别为 7215.12 亿元、6295.52 亿元、4895.34 亿元。

2022》显示，排前10位的示范城市离岸服务外包执行额占全国的五成以上。其中，2022年北京离岸服务外包执行额居全国前3位，达到85.9亿美元，仅次于上海、杭州。

四 展望与建议

（一）展望

2023年中央经济工作会议提出“要加快培育外贸新动能，巩固外贸外资基本盘”，要求“拓展中间品贸易、服务贸易、数字贸易、跨境电商出口”。作为首个国家服务业扩大开放综合试点和示范区，北京承担着为全国服务业改革开放探索新路径的重要任务。现如今，北京通过将“两区”建设作为构建新发展格局中国家赋予北京的重大机遇，探索出了一批从无到有的规则体系，落地了一批突破性制度创新任务，形成了持续迭代的政策供给新局面。从现有数据看，北京“两区”建设对北京对外贸易具有正面带动作用，其所拥有的先行先试自主权使北京在对外贸易方面的比较优势得以充分发挥。

2024年是实现“十四五”规划目标任务的关键年。根据《2024年北京市政府工作报告》，北京2024年将全面提升“两区”建设水平，通过稳步扩大制度型开放，加速落实示范区2.0版工作方案。同时，北京“两区”建设还将围绕金融、知识产权等重点领域和关键要素，以及朝阳、海淀等重点区域，加强领域和区域政策的系统集成，为北京的多元主体开放提供更高的服务质量。

（二）建议

1. 依托数字经济赋能，缩小对外贸易逆差

北京“两区”建设通过制度创新优势，积极探索与对外贸易高质量发展相适应的体制机制，并取得显著成效。然而，北京无论是在服务贸易还是在货物贸易方面均处于逆差状态。鉴于数字经济可通过降低贸易门槛、促进

贸易融合、拓展贸易范围、创新商业模式助力对外贸易发展，为缩小贸易逆差，北京要用足、用好数字经济赋能，特别是要积极拓展数字服务贸易，加速推进服务业数字化进程，打破传统服务行业面临的贸易壁垒，提升服务品质与服务效率。

2. 积极推进数字贸易试验区建设，大力发展数字贸易

在 2024 年北京两会上，"新质生产力"首次被写入《北京市政府工作报告》。鉴于数字贸易是新质生产力在贸易领域的集中体现，为推动北京对外贸易高质量发展，北京"两区"建设应充分发挥自身在数字贸易产业规划、数据跨境流动等方面先行先试的政策优势，着力用好"两区"政策，积极推进数字贸易港与数字贸易试验区建设，促进北京数字贸易发展。

3. 把握试点机遇，以"北京经验"助力全国服务业扩大开放

北京综合示范区建设三年来，聚焦金融业态创新、关键核心技术研发等前沿问题，持续释放示范区建设的溢出效应，切实发挥了对全国服务业开放的引领作用。基于示范区 2.0 版工作方案赋予的新任务，未来北京应突出科技创新、服务业开放、数字经济，推出一批先行先试政策，以首善标准探索形成"北京模式"，为全国其他试点省份乃至全国提供可复制推广的经验。

参考文献

《"十四五"服务贸易发展规划》，中国政府网，2021 年 10 月 13 日，https：//www.gov.cn/zhengce/zhengceku/2021-10/27/content_ 5645150. htm。

《中国服务贸易发展报告 2022》，https：//images. mofcom. gov. cn/fms/202309/20230919162325485. pdf。

国务院发展研究中心对外经济研究部、中国信息通信研究院：《数字贸易发展与合作报告 2023》，2023 年 9 月。

《北京市 2023 年国民经济和社会发展统计公报》，北京市统计局、国家统计局北京调查总队网站，2024 年 3 月 21 日，https：//tjj. beijing. gov. cn/zxfbu/202403/t20240319_3594001. html。

《北京提升服务业开放水平创新力度》，《人民日报》2023 年 11 月 25 日，第 4 版。

B.6

北京“两区”平台推动北京对外投资高质量发展研究

周 晨　刘思义*

摘　要：　北京“两区”平台为制度创新、产业协同与国际交流注入强劲动力，也为推动北京对外投资高质量发展带来了重要机遇。为此，本报告对北京“两区”平台如何推动北京对外投资高质量发展进行了研究。本报告首先总结了北京“两区”平台的战略定位及其与北京对外投资的战略契合；其次探讨了北京“两区”平台推动北京对外投资高质量发展的机制，包括推动内外市场协同、实现政策信息互动、发挥技术外溢效应、优化金融服务模式、加速数据资源集聚；再次着重分析了北京“两区”平台推动北京对外投资高质量发展的成效，包括北京对外非金融类直接投资成效、北京对外承包工程成效、北京设立境外企业成效，以及北京对外投资的区域、领域、主体情况的分析；最后基于以上分析，提出了北京“两区”平台推动北京对外投资高质量发展的建议。本报告旨在为北京“两区”平台推动北京对外投资高质量发展提供借鉴。

关键词：　北京“两区”平台　对外投资　高质量发展　北京企业

* 周晨，管理学博士，山东管理学院教授，对外经济贸易大学国际商学院博士后，主要研究方向为企业财务战略；刘思义，管理学博士，对外经济贸易大学国际商学院副教授、博士生导师，主要研究方向为审计与内部控制。

一　北京“两区”平台推动北京对外投资高质量发展的战略优势

（一）北京“两区”平台的战略定位

习近平总书记在2020年中国国际服务贸易交易会上宣布支持北京建设“两区”平台，明确其在推动国家制度型开放、探索创新政策、促进对外经济高质量发展等方面的重要定位使命。北京“两区”平台的定位之一是通过政策制度创新，构建高水平开放型经济新体制。《支持北京深化国家服务业扩大开放综合示范区建设工作方案》《中国（北京）自由贸易试验区总体方案》等“两区”建设方案中实施了56项体制机制创新，形成了40项创新经验案例，并推广至全国。这些创新政策不仅促进贸易、投资的自由化和便利化，还通过优化营商环境，进一步提升了外资企业的满意度和获得感。北京“两区”平台内推行实施的外汇管理措施，便利了跨境资金流动，并推动扩大跨国公司本外币一体化资金池试点范围，充分发挥人民币国际投贷基金作用，开展人民币境外直接投资等业务。北京“两区”平台的另一重要定位是推动科技创新与数字经济的发展。北京“两区”平台以科技创新为主要特征，推出诸如“数据二十条”等促进数据跨境流动和保护的政策。通过这些措施，北京在数字经济领域取得显著进展，成为全球数字经济的重要节点。北京“两区”平台在数据交易领域的创新实践，不仅推动了数据的自由流动，还在数据安全和隐私保护方面形成了一系列可推广的经验。

（二）北京“两区”平台与北京对外投资的战略契合

北京“两区”平台与北京对外投资高质量发展在多个方面高度契合，这种契合体现在制度创新、产业协同、创新驱动和国际化进程等方面。

1. 制度创新的契合

“两区”平台的建设为北京对外投资提供强有力的制度体系支持。北京在“两区”平台建设过程中出台的一系列政策文件，明确支持企业“走出去”，为北京企业在国际市场上的投资和运营提供制度保障。如《北京市外经贸发展资金支持北京市对外投资合作实施方案》进一步明确为北京企业在境外投资提供资金支持，覆盖境外风险管理、贷款贴息、直接补助等多种形式，帮助企业降低境外投资风险，增强国际市场竞争力。此外，通过北京“两区”平台实施的制度创新，如自由贸易试验区内的投资便利化措施、税收优惠政策等，极大地提升了企业对外投资的积极性。

2. 产业协同的契合

北京“两区”平台与北京的优势产业高度契合，形成良好的产业协同效应。北京的高科技产业、金融服务业和现代服务业基础良好、资源丰富，同时在国际市场上具有较强的竞争力和影响力。通过北京“两区”平台，以上优势产业更好地参与国际市场竞争，并实现全球资源的优化配置。具体而言，在“两区”平台的支持下，北京企业可以更为便捷高效地获取国际技术转移与市场资源配置，进而推动自身技术水平提升与市场份额扩大。例如，金融服务业可以通过“两区”平台的国际化政策，畅通资金结算流程，进而吸引更多的国际金融机构进驻，提升北京作为国际金融中心的地位。此外，北京的信息技术服务业在“两区”平台的推动下，通过对外投资建设境外产业园区积极融入并拓展国际市场，不断提升对外投资的质量和水平。

3. 创新驱动的契合

创新驱动是北京“两区”平台的重要特征，也是北京对外投资高质量发展的核心动力。通过北京“两区”平台，北京企业在政策制度与产业技术等方面进行诸多创新性实践积累，从而为对外投资高质量发展提供良好的创新环境与支持体系。尤其在数字经济、人工智能、生物医药等领域，北京企业借助“两区”平台得到了进一步提升，并在国际市场上初步形成了独特的竞争优势与声誉地位。具体而言，北京“两区”平台在推进高新技术企业资质三地五认、共建知识产权协同保护合作机制等方面进行了大量积累，进一步为北京企业提升国际竞争力提供有力支持。此外，北京

"两区"平台与北京对外投资在创新驱动方面的契合还体现在企业商业模式、管理理念、服务体系等方面的创新。总之，北京"两区"平台在创新驱动方面的举措，为北京对外投资高质量发展提供了强大的动力和保障。

4. 国际化进程的契合

北京"两区"平台建设为北京企业推进国际化进程提供了强大支撑。具体而言，北京"两区"平台不断提升北京市国际化水平，从而吸引更多跨国企业投资兴业，形成国际化发展的良性循环。一方面，北京"两区"平台在跨国投资合作、跨国并购以及技术转移等方面的创新实践，为北京市参与境内外双向投资平台搭建、国际资本和技术流动创造了积极条件，进一步提升了北京企业的国际化水平。另一方面，北京"两区"平台与北京对外投资在国际化进程中的契合还体现在国际化人才引进与国际交流合作方面，通过"两区"平台，北京企业能够积极引进国际化高端技术人才，从而为北京企业"走出去"提供国际化的智力支持和技术保障。

二　北京"两区"平台推动北京对外投资高质量发展的机制分析

（一）推动内外市场协同，优化对外投资网络布局

北京"两区"平台通过推动内外市场协同、优化对外投资网络布局提升北京企业在国际市场上的竞争力。首先，通过创新招商引资模式，形成了内外市场协同的良好局面。北京市商务局等发布的《北京市外经贸发展资金支持北京市对外投资合作实施方案》为企业提供了详细的支持政策，其内容包括境外投资项目的直接补助、贷款贴息等，这些政策不仅激发了北京企业对外投资的积极性，同时促进了内外市场的有效联动。其次，北京市通过推进重大项目和平台建设，形成了高效的对外投资网络布局。据统计，2023 年北京市新设外资企业数量增长显著，其所属行业多集中在科学研究

和技术服务业、租赁和商务服务业等关键领域。这种布局不仅优化了北京的对外投资网络，也提升了整体投资的质量和效益。最后，通过搭建国际化服务平台和创新服务模式，北京市在推动内外市场协同方面取得了重要进展。例如，北京"两区"平台 CBD 区域通过设立"RCEP 经贸规则一点通"系统，为外贸企业提供一站式的关税信息查询服务，有效降低了企业的运营成本，提升了对外投资的竞争力。北京"两区"平台在境内外市场协同方面的具体措施如表 1 所示。

表 1　北京"两区"平台在境内外市场协同方面的具体措施

领域	具体内容
国际市场拓展	1. 完善企业"走出去"综合服务； 2. 推动对外投资电子证照应用推广； 3. 优化京企"走出去"综合服务平台，设立投资促进站点，加快培育世界一流的境外投资专业机构
国际品牌建设	1. 支持"一带一路"联合实验室建设，打造国家对外科技合作创新高级别平台； 2. 支持建设数字丝绸之路经济合作试验区； 3. 支持成立绿色丝绸之路建设专业组织，鼓励北京进出口环境产品和服务，开展与环境产品和服务相关的双边及多边合作项目； 4. 继续实施"一带一路"卫生健康国际合作项目和世界卫生组织合作中心品牌项目
京津冀区域市场协同	1. 建立合作机制，联合开展制度创新，推进制度创新成果共享互用； 2. 创新跨区域产业合作； 3. 加强技术市场融通合作、人才跨区域自由流动、数据信息共享共用、政企服务合作； 4. 共同参与"一带一路"建设

资料来源：根据《支持北京深化国家服务业扩大开放综合示范区建设工作方案》《中国（北京）自由贸易试验区总体方案》等整理。

（二）实现政策信息互动，有效防控对外投资风险

北京"两区"平台通过实现政策信息互动、有效防控对外投资风险确保对外投资的安全性和有效性。具体而言，在有效的政策互动下，"两区"平台合作框架下形成的一系列合作协定、争端解决办法等，为现阶段的海外直接投资提供较为稳定的政策保障。同时，在企业后续投资时，

原先既成的协定与惯例将有效缩短后续投资的政策协商周期，对北京企业在东道国的后续 OFDI 产生重要影响。进一步，“两区”平台建设释放出了双方友好合作的信号，为双方政府在投资领域的合作提供更多契机，进而促进北京企业在东道国的 OFDI。此外，在北京“两区”平台的促进下，北京企业在海外积极建设中德科教产业园、中巴产业园、中白产业园等海外园区，借此北京企业可以进一步增加对东道国的关注，对适合在东道国投资的产业以及东道国的投资政策、投资风险等有更为全面的了解，进而做出投资选择。海外园区在一定程度上对国内企业的对外投资选择起到了导向作用，其作为一个信息传递的平台有效地拉动中国企业在东道国的 OFDI。北京“两区”平台在实现政策信息互动方面的具体措施如表 2 所示。

表 2　北京“两区”平台在实现政策信息互动方面的具体措施

领域	具体内容
数字经济国际规则互动	1. 加强与《数字经济伙伴关系协定》(DEPA)成员方在数字身份、数字包容性、网络安全、金融科技、物流等方面的合作和交流； 2. 建设国际信息产业和数字贸易港,加强数字领域国际合作,推动相关国际规则制定； 3. 在数据跨境传输、数字产品安全检测与认证、数据服务市场安全有序开放等方面实现互惠互利、合作共赢
知识产权信息交流	1. 与国家知识产权保护信息平台实现数据共享和业务协同； 2. 完善海外知识产权重大事件快速响应和纠纷信息通报研判机制,加强知识产权风险预警和纠纷应对指导服务
绿色金融标准	1. 支持绿色金融评级机构发展； 2. 参与制定和应用国际领先的绿色金融标准
争议及纠纷解决	1. 打造一流国际商事纠纷解决优选地； 2. 完善争议解决机制
ESG 评价标准制定	1. 探索环境、社会和治理(ESG)评价标准制定工作； 2. 支持企业自愿遵循环境领域与国际通行标准和指南相一致的企业社会责任原则

资料来源：根据《支持北京深化国家服务业扩大开放综合示范区建设工作方案》《中国（北京）自由贸易试验区总体方案》等整理。

（三）发挥技术外溢效应，提升对外投资效率水平

技术外溢效应是提升对外投资效率水平的重要机制之一。北京市通过“两区”平台，积极促进技术的跨境流动，发挥外溢效应，实现了对外投资效率的显著提升。首先，通过支持高新技术企业的对外投资，推动技术外溢和合作。例如，《北京市 2023 年国民经济和社会发展统计公报》指出，北京通过“两区”平台建设，在高新技术领域的对外投资取得了显著成效，推动了北京技术、北京产品“走出去”。其次，通过设立科技创新中心和产业园区，促进技术交流和合作。例如，北京中德产业园内的博世工业 4.0 创新中心，通过智能制造技术的研发和应用，帮助企业实现了生产线的智能化升级，提升了整体投资的技术水平。这种技术外溢不仅提升了北京企业的国际竞争力，也推动了对外投资的效率提升。最后，通过支持企业在境外设立研发中心、实验室及科技企业孵化器，进一步发挥了技术外溢效应。《北京市外经贸发展资金支持北京市对外投资合作实施方案》中明确指出，对在境外设立研发中心的项目提供资金支持，激励企业将先进技术带到境外，提升对外投资的技术含量和效率。

（四）优化金融服务模式，促进投资资金跨境流动

优化金融服务模式是推动对外投资高质量发展的重要保障。北京市通过“两区”平台，积极探索和创新金融服务模式，促进了投资资金的跨境流动。通过建立健全的贷款贴息和直接补助机制，为企业提供了强有力的资金支持。例如，北京成立了国内首个可支持企业数据跨境流通的数据托管服务平台，为企业提供了高效、安全的数据流通服务，进一步促进了投资资金的跨境流动。北京“两区”平台在金融服务方面的具体措施如表 3 所示。

表3　北京"两区"平台在金融服务方面的具体措施

领域	具体内容
资金跨境流动便利度	1. 扩大跨国公司本外币一体化资金池业务试点,探索优化额度管理,提升资金池效能; 2. 探索扩大以境外机构境内结算账户(人民币NRA账户)发放境外人民币贷款和开展境内证券投资业务的适用范围; 3. 允许银行向境外机构发放贸易融资贷款,以境外机构境内外汇账户(外汇NRA账户)、离岸账户(OSA账户)等接收; 4. 实施便利的外汇管理措施,便利跨境资金流动; 5. 发挥人民币国际投贷基金作用,开展人民币境外直接投资等业务
金融服务模式	1. 积极推进北交所对外开放工作; 2. 支持北京区域性股权市场发挥认股权综合服务功能,面向私募基金等探索开发认股权相关产品等
金融管理手段	1. 允许真实合规、与外国投资者投资相关的所有资金依法依规自由汇入、汇出且无迟延; 2. 推动北京大数据平台与金融城域网、金融综合服务网数据共享和业务联动,扩大政府部门与金融机构数据共享、系统互联互通覆盖面; 3. 实施便利的外汇管理措施,便利跨境资金流动;
金融开放创新	1. 鼓励符合条件的中资银行开展跨境金融服务; 2. 推动重点行业跨境人民币业务和外汇业务便利化,探索赋予中关村科创企业更多跨境金融选择权,在宏观审慎框架下自主决定跨境融资方式、金额和时机等,创新企业外债管理方式,逐步实现中关村国家自主创新示范区非金融企业外债项下完全可兑换; 3. 便利符合条件的私募和资产管理机构开展境外投资

资料来源：根据《支持北京深化国家服务业扩大开放综合示范区建设工作方案》《中国（北京）自由贸易试验区总体方案》等整理。

（五）加速数据资源集聚，促进数据跨境合规流出

企业数据资源集聚及其跨境流出是北京企业对外投资高质量发展的重要组成部分。为确保企业数据加速集聚以及对外数据合规流出，北京"两区"平台采取了一系列制度措施。首先，通过设立北京国际大数据交

易所，有效搭建了数据流通生态服务体系，进一步实现数据资源加速集聚和高效流动。其次，针对企业数据跨境流动过程的安全性和合规性问题，北京“两区”平台通过建立健全数据托管服务平台等形式，为“走出去”企业提供了安全可靠的数据流通服务，从而有效确保了北京企业对外投资过程中跨境数据流动的安全合规。最后，基于创新驱动发展战略定位，北京“两区”平台建设过程中注重激励企业在数据资源跨境流动过程中的创新突破，并在《支持北京深化国家服务业扩大开放综合示范区建设工作方案》《中国（北京）自由贸易试验区总体方案》等政策文件中，突出强调加大对数据跨境流动相关项目的支持力度，以激励其在数据跨境流动中采用新技术实现业务突破。北京“两区”平台在激活数据资源方面的具体措施如表 4 所示。

表 4　北京“两区”平台在激活数据资源方面的具体措施

领域	具体内容
数据跨境服务中心与技术服务平台	1. 探索提供安全治理、监测审计、体系认证等全链条第三方服务； 2. 支持设立跨国机构数据流通服务窗口，以合规服务方式优先实现集团内数据安全合规跨境传输； 3. 探索制定自动驾驶、生物基因等行业数据分类分级指南和重要数据目录，以重点领域企业数据出境需求为牵引，明确重要数据识别认定标准，做好数据安全保护支撑
数据资源交易标准	1. 推进建立数据确权、数据资产、数据服务等交易标准，以及数据交易流通的定价、结算、质量认证等服务体系，规范交易行为； 2. 高标准建设北京国际大数据交易所，建立健全数据交易规则、技术实现路径和商业模式，提供面向全球的数据价值发现、数据资产交易服务
数据安全监管体系	建立健全数据安全风险评估、报告、信息共享、监测预警、应急处置机制
数据出境合规机制	开展数据出境安全评估、个人信息出境标准合同备案、个人信息保护认证工作，探索形成既能便利数据流动又能保障安全的机制

资料来源：根据《支持北京深化国家服务业扩大开放综合示范区建设工作方案》《中国（北京）自由贸易试验区总体方案》等整理。

三　北京“两区”平台推动北京对外投资高质量发展的成效分析

（一）北京“两区”平台推动北京对外投资的总体分析

1. 北京“两区”平台推动北京对外非金融类直接投资流量的成效

图 1 显示，自 2020 年北京“两区”平台成立以来，北京对外非金融类直接投资流量总额呈上升趋势。由 2018～2020 年的 207.21 亿美元增长至 2021～2023 年的 211.80 亿美元。

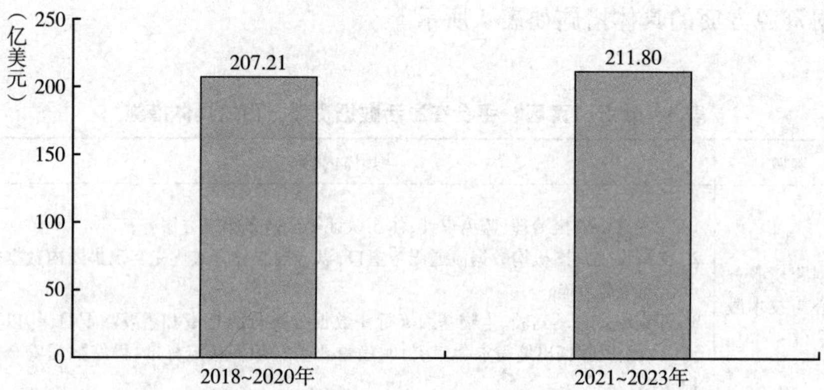

图 1　北京“两区”平台成立前后北京对外非金融类直接投资流量

资料来源：《2022 年度中国对外直接投资统计公报》《北京市 2023 年国民经济和社会发展统计公报》。

进一步根据图 2，从年度趋势变化来看，北京“两区”平台推动北京对外非金融类直接投资流量呈现波动性上升趋势。由 2020 年的 59.85 亿美元增长至 2023 年的 81.33 亿美元。其中，2023 年北京市对外非金融类直接投资流量迅速恢复，达到 81.33 亿美元，同比增长 35.6%。总体来看，“两区”平台建设以来，北京累计对外投资超过 200 亿美元、存量超过 1000 亿美元，在全国居前 3 位。同时，对外投资覆盖面不断扩大，遍布全球 6 个大洲 139 个国家和地区；对外投资领域不断拓展，涉及国民经济统计体系的18 个行业，主要集聚在商务服务、制造业、信息服务、科技研发等领域。

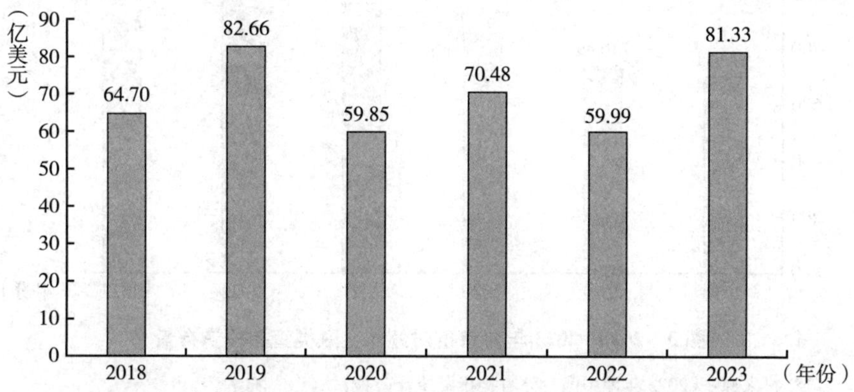

图 2　2018~2023 年北京市对外非金融类直接投资流量

资料来源：《2022 年度中国对外直接投资统计公报》《北京市 2023 年国民经济和社会发展统计公报》。

2. 北京“两区”平台推动北京对外非金融类直接投资存量的成效

《2022 年度中国对外直接投资统计公报》与《北京市 2023 年国民经济和社会发展统计公报》显示，2023 年北京对外投资存量为 1096. 71 亿美元，较上年增长 8%，较 2020 年增长 28. 6%（见图 3）。上述结果表明，尤其自 2020 年北京“两区”平台成立以来，北京对外非金融类直接投资存量增长迅速。在 2024 北京国际投资贸易洽谈会开幕式上，北京市发展改革委二级巡视员段艳红表示，为落实高质量共建“一带一路”八项行动，北京市立足“四个中心”首都城市战略功能定位，积极鼓励引导企业更高质量“走出去”，深度参与全球产业分工合作，不断提升开放型经济水平。

3. 北京“两区”平台推动北京对外承包工程的成效

自北京“两区”平台成立以来，北京企业充分发挥在基础设施、技术研发、咨询设计、投资建设和运营管理等全产业链条的优势，参与了肯尼亚蒙内铁路、马尔代夫国际机场、中来工业园、非洲万家通、莫斯科地铁等一批重大工程项目承包，积极推进交通、环保、能源等领域的互联互通。自

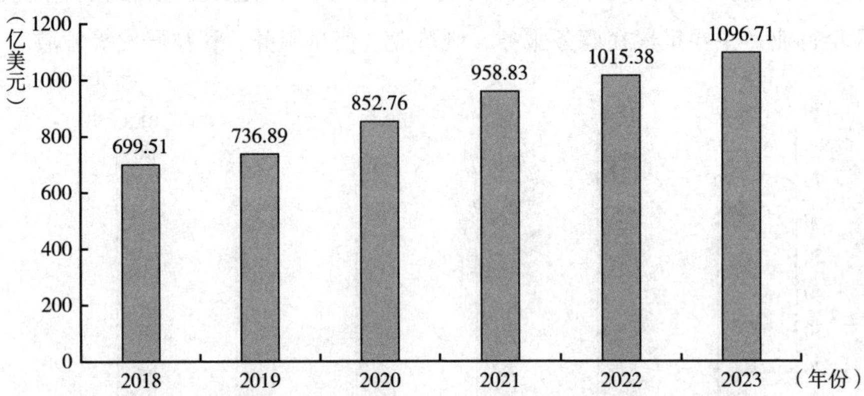

图 3　2018~2023 年北京市对外非金融类直接投资存量

资料来源：《2022 年度中国对外直接投资统计公报》。

2020 年北京“两区”平台成立以来，北京对外承包工程金额整体呈现明显增长趋势。由 2018~2020 年的 118. 65 亿美元增长至 2021~2023 年的 142. 36 亿美元，增幅达到 20%。如图 4 所示，从年度趋势变化来看，自 2021 年开始，对外承包工程呈现复苏趋势，由 2020 年的 36. 48 亿美元增长至 2023 年的 52. 30 亿美元，增幅达到 43. 4%。

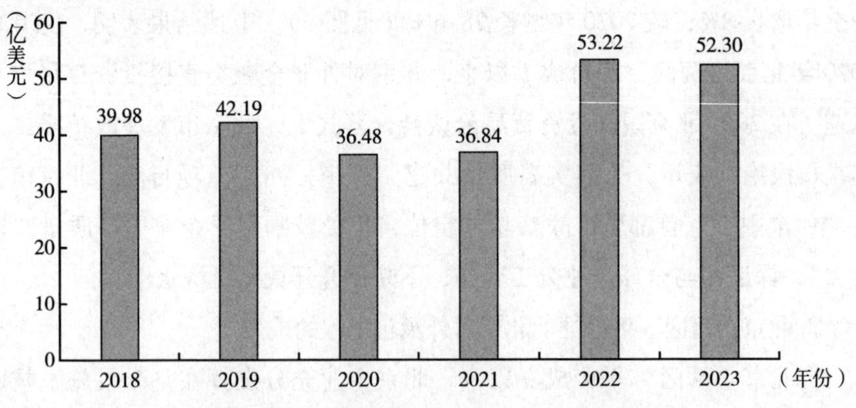

图 4　2018~2023 年北京市对外承包工程金额

资料来源：《北京统计年鉴（2023）》《北京市 2023 年国民经济和社会发展统计公报》。

4. 北京“两区”平台推动北京设立境外企业的成效

图5数据显示，自北京“两区”平台成立以来，北京设立的境外企业数量呈现显著上升趋势。其中，2023年北京设立的境外企业数量达到5891家，相较于2020年的3400家，增幅达到73.3%。具体而言，北京“两区”平台为出海企业搭建起更加精准专业的服务平台。例如，昌平区大力推进“生命谷”建设，生命健康产业即将达到千亿元规模，为接轨海外市场、加强开放合作，2024年5月新设生命健康产业出海服务中心，助力生命健康相关企业和产品“走出去”。2024年7月，在北京市大兴区成立了全国首家数字生态出海创新服务基地，这是集国际科技创新成果展示、企业服务中心、孵化空间于一体的综合服务平台。综上，北京“两区”平台通过协同政策制度创新、高效科技创新进一步为北京企业“走出去”设立境外企业搭建了精准的服务平台。

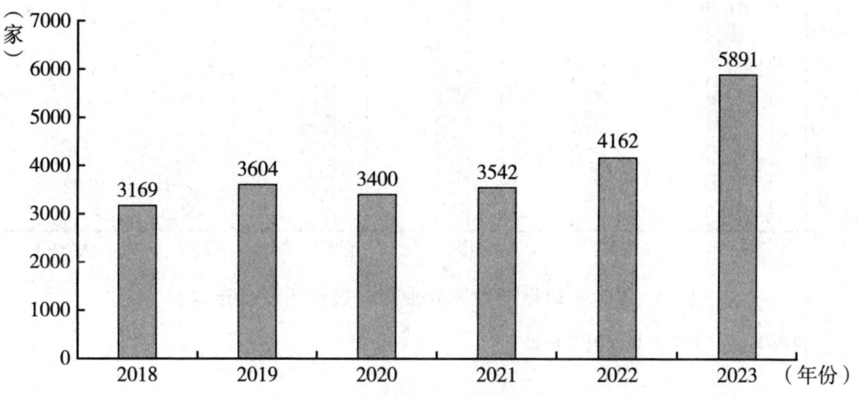

图5　2018~2023年北京市设立境外企业数量

资料来源：2018~2022年度《中国对外直接投资统计公报》、北京市统计局网站。

（二）北京“两区”平台推动北京对外投资的分类分析

1. 北京“两区”平台推动北京对外投资的区域分析

北京“两区”平台成立以来，进一步推动北京企业“走出去”，在全球范围内投资建设了马尔代夫国际机场、肯尼亚蒙内铁路、中来工业园、非洲万家通、莫斯科地铁等一系列重大工程项目，形成了一批造福当地的绿色标志性工程。根据图 6，在“两区”平台形成之前的 2018~2020 年，北京企业在东亚、东南亚、美洲、欧洲、非洲、大洋洲的对外投资金额分别为 46.08 亿美元、14.86 亿美元、91.41 亿美元、92.22 亿美元、46.21 亿美元和 9.22 亿美元，而在 2021~2023 年，分别为 61.79 亿美元、45.13 亿美元、86.31 亿美元、84.22 亿美元、20.37 亿美元和 2.18 亿美元。其中，在东亚和东南亚增速显著，增幅分别为 34.1%和 203.7%，而在其他区域内的投资均出现不同程度的下降，其中降幅最大的为在大洋洲的投资，达到 76.4%。

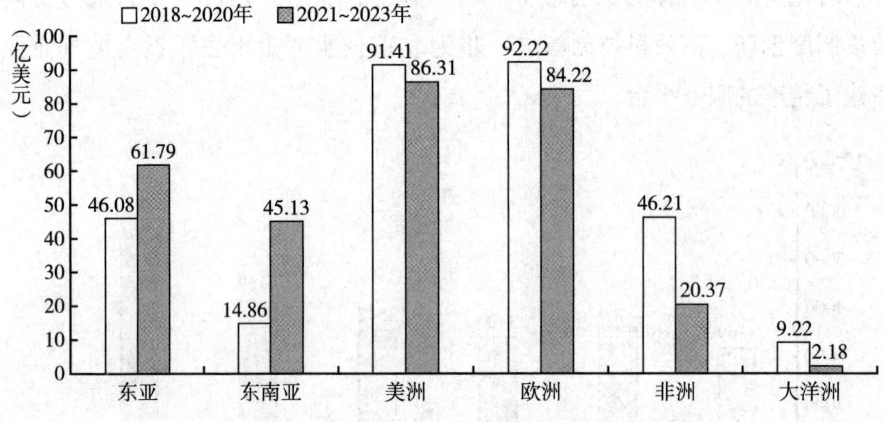

图 6　2018~2023 年北京企业对外投资区域分布情况

资料来源：中投大数据投资数据库。

2. 北京“两区”平台推动北京对外投资的领域分析

北京“两区”平台建设以来，重点领域“走出去”成果突出。从图 7 中可以看出，相较于 2018~2020 年，2021~2023 年，北京企业对外投资更多地集中于能源及化学工业、信息技术及服务等领域且所占比重有所提升。具体而言，在“两区”平台的推动下，北京企业对外投资领域增长明显的领域集中在能源及化学化工、信息技术及服务、金融及商务服务等，增幅分别为 43.9%、329.4%、38.6%。由此可见，北京市发挥科技创新、数字、绿色、人文等优势，不断提升对外投资质量效益，带动北京服务、北京技术、北京产品“走出去”。例如，科兴中维在印度尼西亚等四国投资约2亿美元建设疫苗和血液制品研发生产基地。驭势科技研发的无人巴士已经在阿联酋投入商用，无人配送机也开进了沙特大学城，预计公司海外业务占比未来3年内将提升至60%以上。①

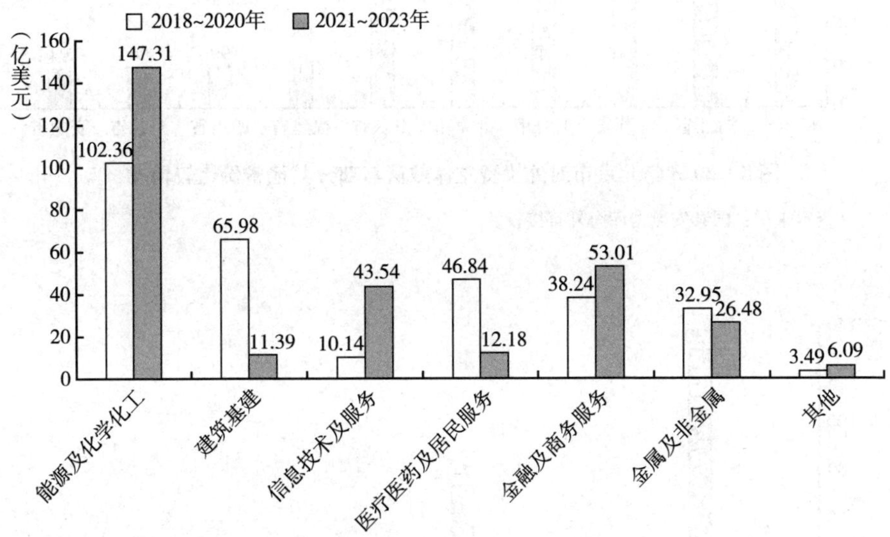

图7　2018~2023年北京企业对外投资领域分布情况

资料来源：中投大数据投资数据库。

3. 北京“两区”平台推动北京对外投资的主体情况分析

北京对外投资主体数量直接反映了区域内经过发展改革委立项、商务部审批发证及外汇管理局备案的从事境外非金融类直接投资的主体情况。根据图8，北京市对外投资主体为337家，居全国前5位。

另外，根据图9可知，北京对外投资主体主要集中于制造业（130家），信息传输、软件和信息技术服务业（74家）、金融业（20家）等，这也与北京“两区”平台融合科技创新、数字、绿色、人文等优势定位相吻合。

① 中国国际贸易促进委员会北京市分会网站，http：//www.ccpitbj.org/。

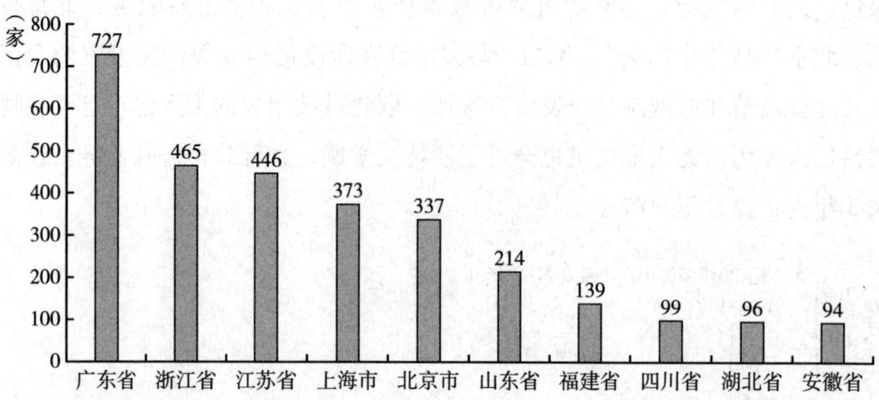

图 8　2023 年北京市对外投资主体数量与部分其他省份比较情况

资料来源：国泰安数据库海外直接投资。

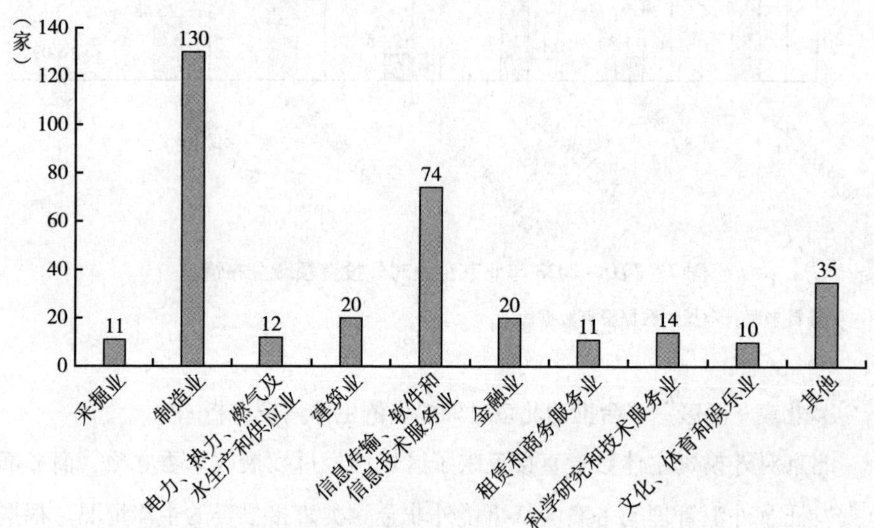

图 9　2023 年北京市对外投资主体所处行业分布情况

资料来源：国泰安数据库海外直接投资。

此外，根据图 10 可以看出，北京对外投资主体中分别有 172 家私营企业、118 家国有企业及 43 家中外合资经营企业，占比分别为 51.0%、35.0%和 12.8%。

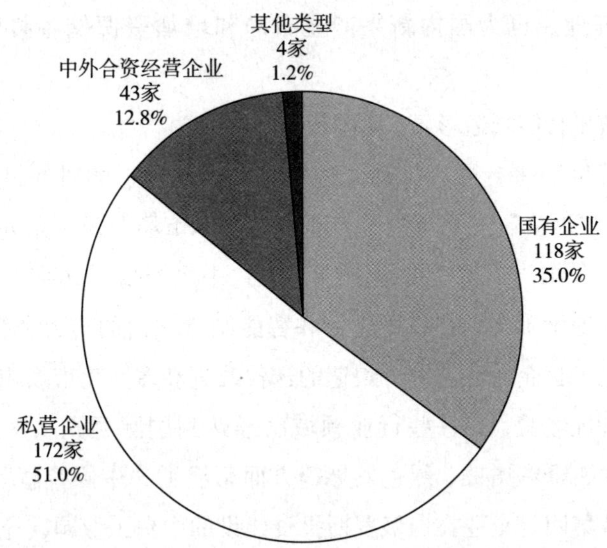

图 10　2023 年北京市对外投资主体的所有制结构分布情况

资料来源：国泰安数据库海外直接投资。

（三）北京“两区”平台推动北京对外投资高质量发展成效的特点分析

1. 对外投资服务国内新兴产业发展

北京“两区”平台通过推动对外投资，借助国际技术合作和技术转移等形式获取国内经济社会发展所需要的资源，助力新兴产业在国际市场上的发展和竞争力提升。此外，通过投资建设海外产业园区，搭建北京企业参与国际产业分工和打开国际贸易市场的平台，加强和扩大国际经贸往来。例如，中德科教园由德资企业与中国科教园科技有限公司打造，占地 700 余亩，分 3 期建设。其中，1 期是位于海德堡的中德科技大厦，中关村发展集团、阿里、德国软件集团 SAP 等大型集团已相继入驻。其作为中国在发达国家建立的第一个集联合创新研发、技术转移、教育培训、合作并购于一体的世界级高科技园区，将助力中国企业抱团出海，就近吸引世界人才，在产品研发、技术研发、技术升级等方面也有先天性的整合优势，为企业走向欧洲增加了新阵地，也为国内新兴产业布局和增加资源储备打下了坚实的基础。

2. 先进技术智能制造彰显“中国智慧”

北京“两区”平台通过推动先进技术和智能制造的对外投资，彰显了“中国智慧”。“两区”平台支持北京企业在国际市场上开展先进技术和智能制造的投资与合作，推动“中国制造”向“中国智造”转变。北京企业通过对外投资，展示了中国在技术创新和智能制造方面的实力和智慧。其中，北京对外承包工程企业在持续、快速的迭代改进和多元化市场积累中形成技术、标准和管理经验，在一些行业领域已经达到国际领先水平，在理念创新、先进技术、降本增效、绿色发展等方面彰显了“中国智慧”。例如，国机集团、中铁集团等企业在白俄罗斯投资建设的中白工业园，充分结合白俄罗斯国情，并借鉴苏州工业园的管理模式，制定了管理体制。具体而言，园区内的污水处理、电网等系统，充分借鉴了中国经验，运用了数字化、自动化解决方案。园区建立了一个近 1.9 万平方米的中白科技成果产业化创新中心，主要开展体制机制创新、促进国际科技成果孵化及项目产业化研究。此外，中白工业园区内厂房的设计和建造充分融入绿色发展理念，利用通风、自然光和节能技术，提高了资源利用效率，也减少了对环境的影响。

3. 助力东道国产业发展与互利共赢

北京“两区”平台企业在东道国积极开展对外投资和承包工程建设。北京“两区”平台在基础设施建设、产业发展等方面支持企业在东道国开展投资合作，推动东道国的经济发展和产业升级。北京企业通过对外投资，提升了东道国的产业水平和经济发展质量，实现了双方的互利共赢。尤其是 2020 年北京“两区”平台建设以来，进一步突出对外投资增强当地群众获得感这一重要定位。聚焦“惠民生”，北京市推进了一大批“小而美”项目，提升了当地群众的获得感。例如，北京大北农生物目前有 3 个大豆性状产品获批阿根廷种植许可，有效解决了南美大豆的杂草和虫害问题。嘉友国际在刚果（金）建设卡松巴莱萨—萨卡尼亚道路与陆港的现代化改造项目，将通关时间由 7～15 天大大缩短为 3～5 天，有效提升通关和多式联运效率，为推进刚果（金）工业化进程做出了积极贡献。北京城建集团等企业在柬埔寨建设的公路、桥梁和集装箱码头等项目，为当地打造了多个国家标杆工程。这些基础设施项目不仅改善了东道国的交通和物流条件，也带动了当地经济的发展。在老挝，中国航空技术北京有限公司等企业通过农业开发项目，不仅带动了当地农业的发展，还加深了中老两国的友谊，促进了两国的合作。这些对外投资项目不仅提升了企业的社会责任感，也为中外合作树立了良好的典范。

4. 引领京津冀地区对外协同与发展

北京“两区”平台的建设，不仅推动了北京市的对外投资，也引领了整个京津冀地区的对外投资发展。“两区”平台支持成立北京国际大数据交易所，搭建数据流通生态服务体系，打造了国内首个可支持企业数据跨境流通的数据托管服务平台，树立全国数据交易探索的新样板，进一步促进京津冀三地跨区域要素流动加快。此外，依法依规支持北京区域性股权市场发挥认股权综合服务功能，面向私募基金等探索开发认股权相关产品等。通过推动京津冀区域的协同发展，促进了区域内企业的对外投资。北京企业在京津冀区域的投资，带动了区域内企业的共同发展，提升了京津冀地区在国际市场上的竞争力和影响力。

四　展望与建议

（一）展望

随着全球经济环境的不断变化，北京“两区”平台在推动对外投资高质量发展中将继续发挥关键作用。北京将继续深化“两区”建设，聚焦制度创新和高水平开放，推动投资结构优化及高质量发展。首先，进一步加强与共建“一带一路”国家的合作，利用自身的科技、金融和服务优势，推动更多高质量的投资项目落地。加强与这些国家的基础设施、能源、科技和农业等领域的合作，不仅能满足自身发展需求，还能带动东道国经济的发展，实现互利共赢。其次，在数字经济和绿色发展领域继续发力，推动更多的创新项目和绿色项目对外投资。一方面，通过加强科技创新和国际合作，推动更多的高科技企业“走出去”，提升数字经济发展全球竞争力。另一方面，通过积极参与全球绿色低碳发展，进一步推动新能源和环保技术的对外投资，为全球可持续与绿色发展贡献力量。再次，继续优化对外投资环境，提升服务质量和效率。通过建立更加高效的对外投资服务平台，提供一站式服务，北京“两区”平台将为企业提供更好的政策支持和服务保障，激发企业的对外投资热情。最后，北京“两区”平台还将加强对外投资的风险防控体系建设，通过政策引导和信息共享，帮助企业规避投资风险，实现稳健发展。

（二）建议

1. 优化政策引导与支持

北京“两区”平台应继续完善对外投资政策，提供更加明确和具体的政策指引，帮助“走出去”企业了解和利用相关政策。同时，进一步针对不同类型的投资项目，制定差异化的支持政策，提升政策的针对性和有效性。为进一步引导支持北京企业对外投资高质量发展，还需要各级地方政府完善和细化对外投资政策设计。尤其在政策制定过程中，应充分考虑异质性企业的实际需求与项目的自身特点，从而制定有针对性的培育发展措施。此外，精化政策设计鼓励北京企业在对外投资项目中注重研发投入与创新含量，稳步提升企业对外投资质量。此外，还需要借助财税支持与专项资金奖补等政策，激励“走出去”企业在科技创新、绿色发展与智能制造等重点领域布局投资战略，提升投资项目的技术含量和附加值。

2. 加强风险防控与服务

“走出去”企业对外投资风险的监测和预警长期以来都是北京“两区”平台建设过程中重点关注的议题。在北京“两区”平台建设过程中，应当进一步通过政策引导和信息共享合理规避“走出去”企业的对外投资风险。此外，需要加强对企业海外投资权益的保护，通过建立风险信息数据库等形式，健全北京企业对外投资风险监测及预警机制，并提供必要的法律和政策支持，加强对外投资项目的跟踪服务，规避企业在“走出去”过程中面临的潜在风险，确保“走出去”企业在对外直接投资过程中的合法权益得到保障。

3. 注重技术引进与人才培育

北京“两区”平台企业在对外投资过程中，应注重技术和人才的引进和培养。一方面，企业应加强与国际领先企业和科研机构的合作，通过技术引进和合作研发，提升自身的技术水平和创新能力。尤其需要加强与国际领先企业和科研机构的合作，允许外籍人员使用外国人永久居留身份证开办和参股内资公司，允许境外人员在北京市内申请参加除涉及国家主权、安全外的我国相关职业资格考试，并给予在京中资机构海外员工薪酬结汇便利化政策等，使外籍技术人才通过北京“两区”平台更加便捷地获益。另一方面，北京“两区”平台企业可以通过技术合作、技术转让和技术入股等方式，引进国际领先的技术和工艺，推动企业的技术创新和产业升级。

参考文献

《国务院关于〈支持北京深化国家服务业扩大开放综合示范区建设工作方案〉的批复》，中国政府网，2023 年 11 月 23 日，https：//www. gov. cn/zhengce/zhengceku/202311/content_ 6916721. htm。

王子安、卢明华：《北京对外投资与吸引投资的时空特征及影响因素的比较研究》，《地理科学进展》2023 年第 3 期。

王爱俭、方云龙、于博：《中国自由贸易试验区建设与区域经济增长：传导路径与动力机制比较》，《财贸经济》2020 年第 8 期。

项后军、何康：《自贸区的影响与资本流动——以上海为例的自然实验研究》，《国际贸易问题》2016 年第 8 期。

赵明亮、高婕、杨昊达：《自由贸易试验区设立对双向 FDI 协调发展的影响》，《经济与管理评论》2023 年第 2 期。

B.7
RCEP全面实施对北京对外贸易高质量发展影响研究

郭瞳瞳　刘思义*

摘　要：　2024年6月，《区域全面经济伙伴关系协定》（RCEP）对15个签署国全面生效满一周年，对北京对外贸易高质量发展产生深远影响。首先，本报告梳理了RCEP全面实施后，北京企业与RCEP成员国在货物贸易方面取得的新进展，并从总体维度和国别维度对进出口发展状况分别展开深入分析；其次，从服务贸易规则和服务贸易状况两个层面，剖析了RCEP在服务贸易方面所具备的特征，以及北京企业与RCEP成员国在服务贸易方面取得的新成果；再次，通过解读RCEP中有关数字贸易的规则内容，以及当前RCEP成员国的数字贸易潜力和北京市的数字贸易禀赋，为北京企业与RCEP成员国之间如何更好打造区域数字贸易体系、推动数字贸易高质量发展提供新思考；最后，从对接北京“两区”建设、稳定区域贸易环境、提升技术创新能力、地缘紧张格局加深、替代效应显著提升五个维度，剖析了RCEP全面实施之后北京对外贸易实现高质量发展的关键机遇和核心挑战，并从政府层面和企业层面为北京进一步推动对外贸易高质量发展提出相关政策建议。本报告对于北京用好用活RCEP、发挥数字经济优势、推动对外贸易高质量发展具有一定的借鉴意义。

关键词：　RCEP　对外贸易　高质量发展　北京

---

* 郭瞳瞳，管理学博士，北京联合大学讲师，主要研究方向为会计信息与资本市场；刘思义，管理学博士，对外经济贸易大学国际商学院副教授、博士生导师，主要研究方向为审计与内部控制。

2023年6月2日，《区域全面经济伙伴关系协定》（Regional Comprehensive Economic Partnership，RCEP）对菲律宾正式生效。至此，该协定对包括中国、日本、韩国、澳大利亚、新西兰和东盟十国在内的15个签署国全面生效。截至2024年6月，RCEP全面生效已满一年，覆盖了全球近50%的人口，经贸规模占到全球经济总量的30%左右，不仅促进了区域内原材料、技术、产品、资本、人才、信息和数据等生产要素的自由流动，也形成了共享红利、共促发展的区域合作新局面，推动了区域经济进入高质量发展新阶段。从具体数据来看，2023年全年，RCEP成员国之间的贸易规模达到5.6万亿美元，中国与RCEP其他成员国之间的进出口总额则达到12.6万亿元左右，相比协定正式生效的2021年增长5.3%。其中，出口额为6.4万亿元，占中国出口总额的27%，较2021年提升1.1个百分点，而进口额为6.2万亿元，占中国进口总额的34.4%。此外，2023年，中国企业在RCEP项下享惠进口达到905.2亿元，税款减让达到23.6亿元。2024年上半年，中国与RCEP其他成员国之间的进出口总额达到6.1万亿元，同比增长1.5%。[①] 上述数据表明，中国与RCEP成员国之间的贸易合作持续加强，贸易联系日益紧密。在此背景下，北京市作为开放包容、充满活力的现代化国际大都市，围绕RCEP发布了多项跨境贸易措施，充分把握RCEP新机遇，为助推北京“两区”建设提供了新动能，也为北京对外贸易高质量发展提供了新机遇。

一 RCEP全面实施对北京货物贸易高质量发展的影响

近年来，北京市政府为进一步推动首都开放型经济实现高质量发展，陆续发布《北京市外经贸发展资金支持北京市外贸企业提升国际化经营能力实施方案》《北京海关支持首都高水平开放高质量发展若干措施》《北

① 海关总署网站，http://www.customs.gov.cn/。

京地区跨境贸易投资高水平开放试点实施细则》《把握 RCEP 机遇　助推“两区”高水平发展行动方案》等一系列政策，以优化货物通关服务，开拓跨境电商国际市场，吸引 RCEP 成员国企业来京投资，取得了显著成效。2024 年上半年，北京市进出口总额达到 1.8 万亿元，较上年同期增长 3.6%，占全国进出口总额的 8.7%，再创历史同期新高。其中，进口 1.5 万亿元，同比增长 3.5%，规模居全国首位；出口 2985.8 亿元，同比增长 4.3%。自 RCEP 全面生效以来，在外贸稳中向好、进中提质的整体趋势下，北京市积极利用关税减免等 RCEP 规则，持续深化与 RCEP 成员国之间的贸易合作，RCEP 推动北京货物贸易高质量发展的政策红利持续释放。

（一）北京自 RCEP 成员国进口状况

1. 总体分析

图 1 列示了 2020 年上半年至 2024 年上半年北京进口总额、北京自 RCEP 成员国进口总额及其增速。从总额来看，北京进口总额在 2020 年上半年为 8806 亿元，在 2024 年上半年达到 1.53 万亿元；在进口总额整体提升的态势下，北京自 RCEP 成员国进口总额在 2023 年上半年、2023 年下半年、2024 年上半年分别为 2161 亿元、2195 亿元和 2019 亿元，小幅波动之后，稳定在 2000 亿元左右。从增速来看，北京进口总额在 2023 年之前持续提升，2023 年上半年增速明显放缓，相比同期增长 5%，2023 年下半年相比同期下降 4%，2024 年上半年相比同期增长 2%；北京自 RCEP 成员国进口总额在 2022 年以前与北京进口总额保持相似走势，2022 年呈现负增长，2023 年呈现明显抬头趋势，2024 年上半年则有所回落。

图 2 列示了 2020 年上半年至 2024 年上半年北京自 RCEP 成员国进口总额占北京进口总额的比重。总体来看，北京自 RCEP 成员国进口总额占比呈现波动下降趋势。2022 年上半年，北京自 RCEP 成员国进口总额占比为 15%，下半年进一步下降至 13%。值得注意的是，在外贸稳中向好、进中提质的整体趋势下，2023 年上半年，北京自 RCEP 成员国进口总额占

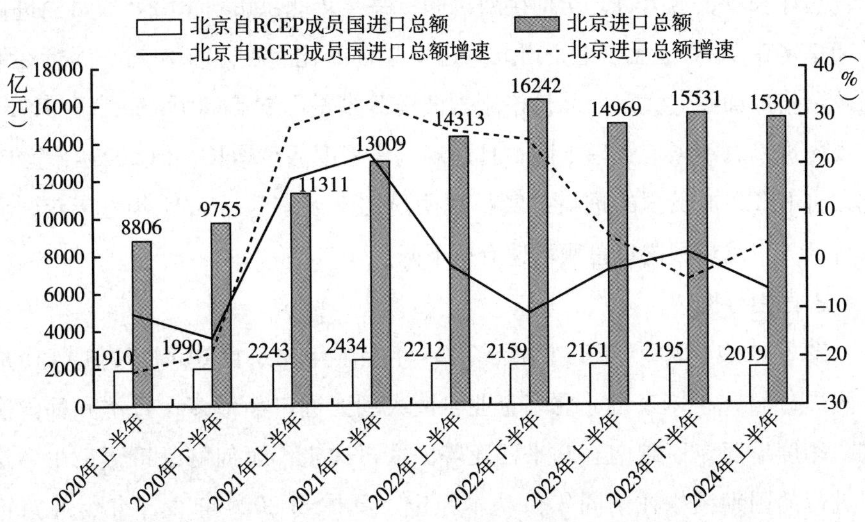

图1　2020年上半年至2024年上半年北京进口总额、北京自RCEP成员国进口总额及其增速

资料来源：北京海关网站。

比小幅提升至14%，2023年下半年，稳定在14%，2024年上半年，小幅回落至13%。

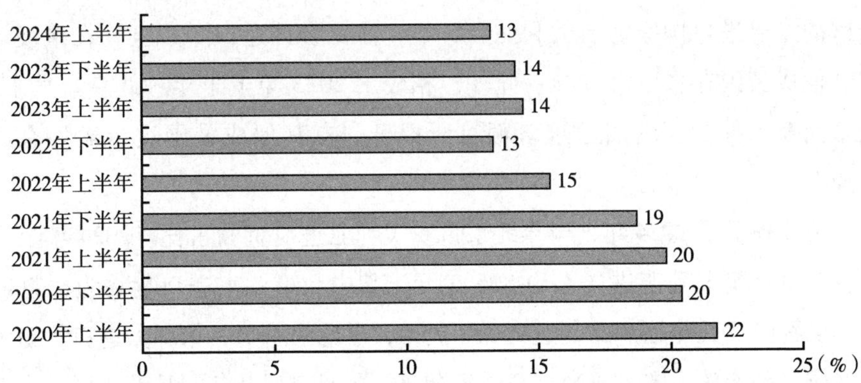

图2　2020年上半年至2024年上半年北京自RCEP成员国进口总额占比

资料来源：北京海关网站。

总体来看，自 RCEP 全面生效以来，每半年北京市自 RCEP 成员国进口总额稳定在 2000 亿元以上，占北京进口总额的比重在 14%左右。尽管在地缘政治格局加深、大宗商品价格剧烈波动等多重因素影响下，北京自 RCEP 成员国进口总额增速大幅下降，且呈现一定程度的负增长，但 2023 年全年，北京自 RCEP 成员国的进口总额呈现明显的恢复态势；2024 年上半年，北京自 RCEP 成员国进口总额增速有所下降。

2. 国别分析

图 3 列示了 2020 年上半年至 2024 年上半年北京自 RCEP 其他 14 个成员国进口额。总体来看，北京企业自澳大利亚进口额最多，日本和韩国次之，印度尼西亚、越南、马来西亚等国家再次之，缅甸的进口额最少。这一进口的国别结构在不同年份基本稳定。具体到 2024 年上半年，北京市自澳大利亚进口额高达 806 亿元，占北京自 RCEP 成员国进口总额的 40%，相较于 2023 年上半年，进口额下降了 14%，占比下降了 8 个百分点；自日本进口额为 500 亿元，占北京自 RCEP 成员国进口总额的 25%，相较于 2023 年上半年，进口额上升了 7%，占比上升了 16 个百分点；自韩国和印度尼西亚进口额分别为 176 亿元和 108 亿元，占比分别为 9%和 5%；自缅甸进口额最少，仅有 6 亿元左右。由此可见，RCEP 成员国中，北京的主要进口国家为澳大利亚和日本，占比合计达 60%以上，在量级上与其他成员国存在巨大差异。此外，相较于 2023 年上半年，北京自日本、马来西亚、韩国、新西兰进口额有所提升，自其他成员国进口额均有所下降。

图 4 列示了 2024 年上半年北京自澳大利亚进口货物占比。2024 年上半年，北京自澳大利亚进口额为 806 亿元。其中，第一大进口货物为矿物燃料、矿物油及其蒸馏产品，达到 374 亿元，占比为 46%；第二大进口货物为天然或养殖珍珠、宝石或半宝石、贵金属、包贵金属及其制品，达到 164 亿元，占比为 20%；第三大货物为矿砂、矿渣及矿灰，达到 157 亿元，占比为 20%。由此可见，北京自澳大利亚进口货物主要为矿物质、珍珠等相关产品，占比高达 86%。

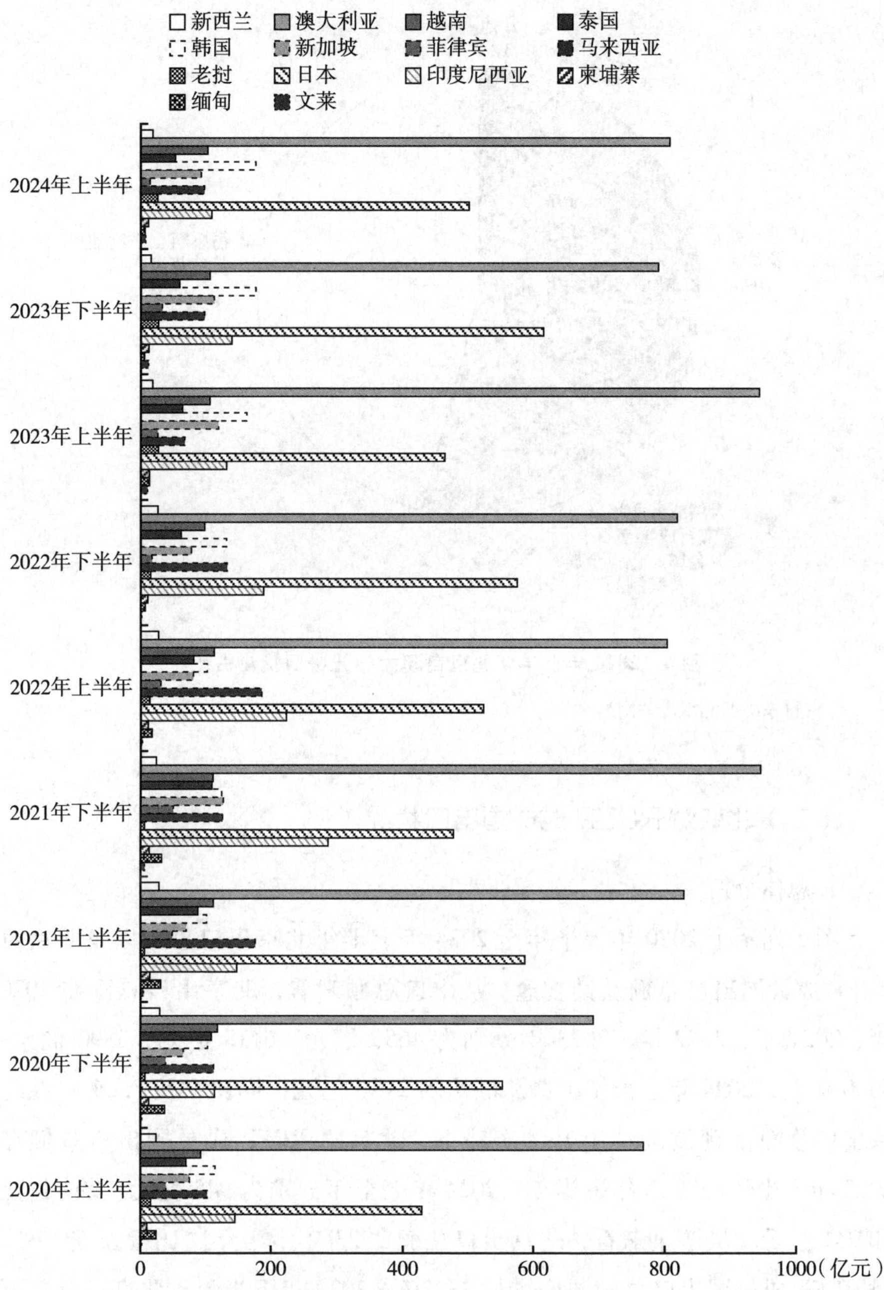

图 3　2020 年上半年至 2024 年上半年北京自 RCEP 成员国进口额

资料来源：北京海关网站。

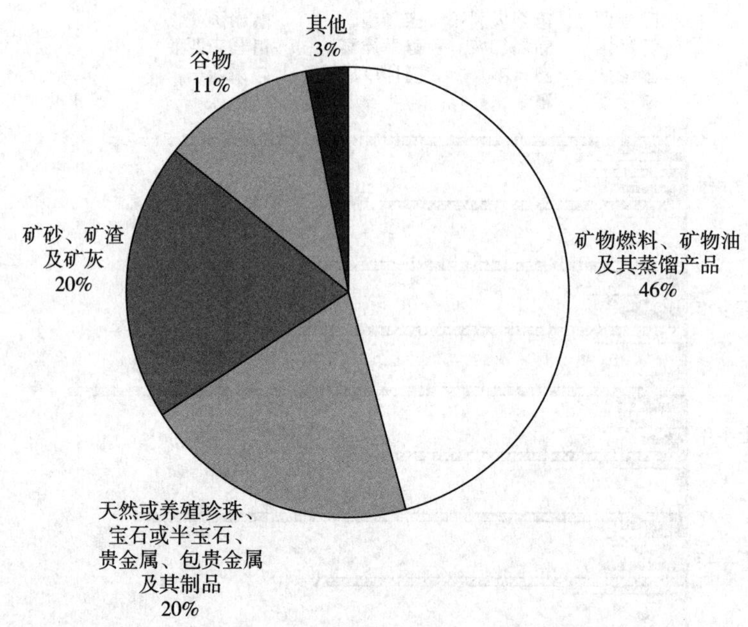

图4　2024年上半年北京自澳大利亚进口货物占比

资料来源：北京海关网站。

（二）北京对RCEP成员国出口状况

1.总体分析

图5列示了2020年上半年至2024年上半年北京出口总额以及北京对RCEP成员国出口总额及其增速。从出口总额来看，北京出口总额在2020年、2021年、2022年、2023年分别为4655亿元、6118亿元、5890亿元、6000亿元，2024年上半年出口总额达到2986亿元，同比增长3.6%；在北京出口总额呈现波动性上升的态势下，北京对RCEP成员国出口总额在2023年上半年、2023年下半年、2024年上半年分别为945亿元、999亿元和941亿元。从增速来看，北京出口总额2023年上半年同比增长13.9%，对RCEP成员国出口总额同比增长23.8%；2023年下半年，北京出口总额同比增速为-7.2%，而对RCEP成员国出口总额同比增速则下降至-15.0%；

2024 年上半年，北京出口总额同比增速小幅回升至 3.6%，而对 RCEP 成员国出口总额同比增速趋近于零。

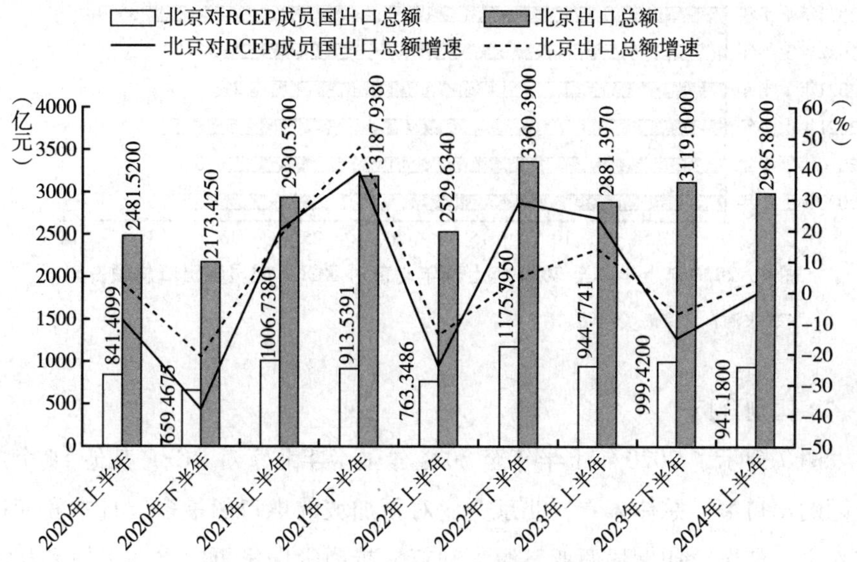

图 5　2020 年上半年至 2024 年上半年北京出口总额以及北京对 RCEP 成员国出口总额及其增速

资料来源：北京海关网站。

图 6 列示了 2020 年上半年至 2024 年上半年北京对 RCEP 成员国出口总额占北京出口总额的比重。总体来看，北京对 RCEP 成员国出口总额占比总体稳定在 33%左右，呈现阶段性小幅上下波动的态势。2023 年上半年，北京对 RCEP 成员国出口总额占比为 33%，2023 年下半年小幅回落至 32%。2024 年上半年，北京对 RCEP 成员国出口总额占比稳定在 32%。

总体来看，北京对 RCEP 成员国出口总额呈现波动上升态势，与北京总体出口形势基本保持一致。值得注意的是，自 2023 年 6 月 RCEP 全面生效以来，北京对 RCEP 成员国出口总额增速有所回升，说明北京与 RCEP 主要伙伴之间的出口贸易往来保持稳定增长态势。2024 年上半年，北京对 RCEP 成员国出口总额占比稳定在 32%，说明外部宏观的各类不确定性因素并未对北京与 RCEP 成员国的外贸出口产生系统性、根本性影响。

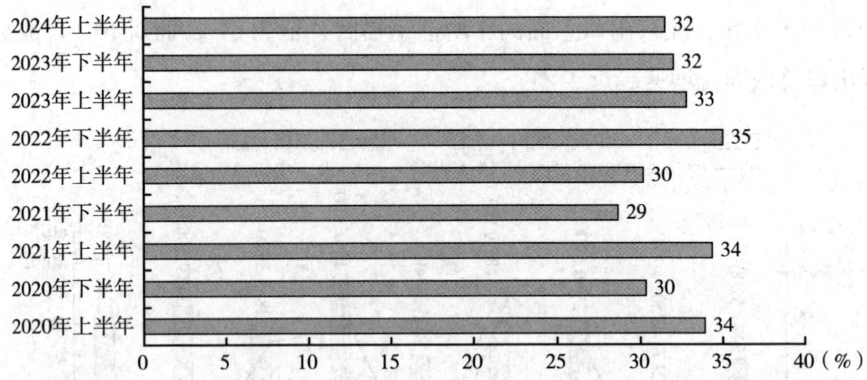

图6　2020 年上半年至 2024 年上半年北京对 RCEP 成员国出口总额占比

资料来源：北京海关网站。

2. 国别分析

图 7 列示了 2020 年上半年至 2024 年上半年北京对 RCEP 其他 14 个成员国的出口额。总体来看，北京企业对新加坡的出口额最多，日本和菲律宾次之，韩国、印度尼西亚、澳大利亚、越南等国家再次之，老挝和文莱的出口额较少。这一出口的国别结构在不同年份间基本稳定。具体到 2024 年上半年，北京市对新加坡的出口金额高达 231 亿元，占北京对 RCEP 成员国出口总额的 25%；对日本的出口总额为 135 亿元，占北京对 RCEP 成员国出口总额的 14%；对菲律宾、韩国和印度尼西亚的出口额分别为 95 亿元、82 亿元和 81 亿元，占比分别为 10%、9%和 9%；对文莱的出口额最少，仅有 8 亿元左右。相比 2023 年同期，北京出口印度尼西亚的货物金额呈现明显的增加趋势。由此可见，RCEP 成员国中北京的主要出口区域为新加坡、日本和菲律宾，占北京对 RCEP 成员国出口总额的 45%以上，此外，北京对 RCEP 成员国出口额和占比存在波动。

图 8 列示了 2024 年上半年北京对新加坡出口货物占比。2024 年上半年，北京对新加坡的出口额为 231 亿元。其中，矿物燃料、矿物油及其蒸馏产品等为第一大出口货物，出口金额达到 197 亿元，占比达到 86%；核反应堆、锅炉、机器、机械器具及零件为第二大出口货物，出口金额达到 19 亿元，占比为 8%。其他货物较少。

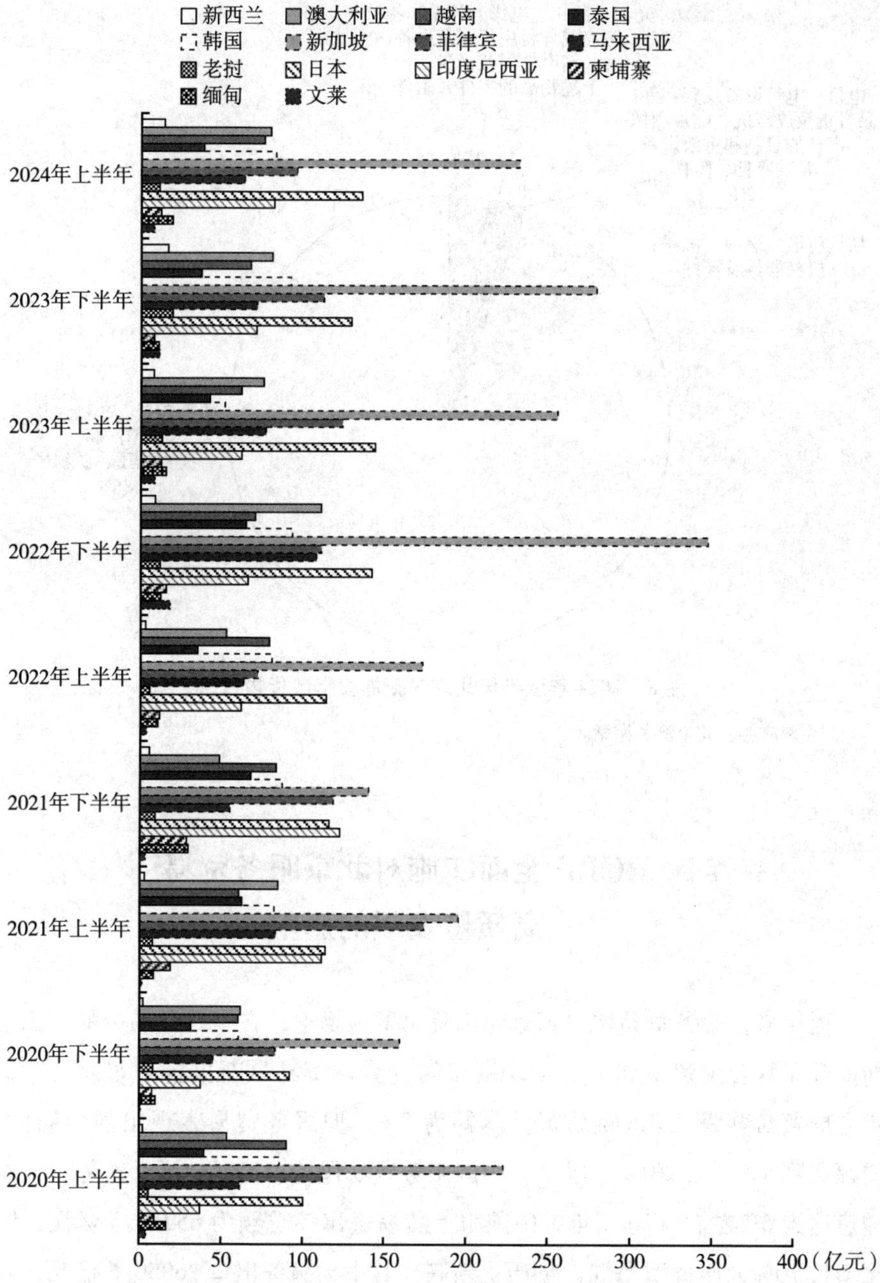

图 7　2020 年上半年至 2024 年上半年北京对 RCEP 成员国出口额

资料来源：北京海关网站。

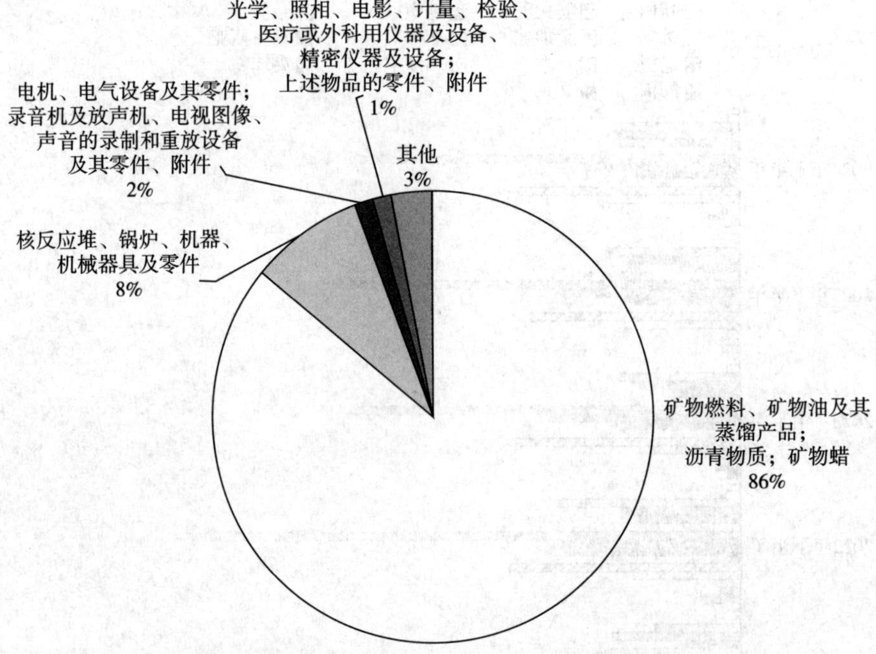

图 8　2024 年上半年北京对新加坡出口货物占比

资料来源：北京海关网站。

二　RCEP 全面实施对北京服务贸易高质量发展的影响

近年来，服务贸易增速远远超出货物贸易增速，在全球贸易中的占比不断提升。联合国贸易和发展会议发布的《全球贸易最新报告》显示，2023 年全球贸易萎缩 3%，商品贸易降幅为 5%，但服务贸易表现出强劲韧性，增幅达到 8%。自 2012 年以来，中国服务贸易保持了迅猛的增长态势，年均增速达到 6%左右。2023 年，中国服务贸易进出口总额为 65754. 3 亿元，同比增长 10%，服务贸易规模创历史新高。其中，服务出口 26856. 6 亿元，同比下降 5. 8%，服务进口 38897. 7 亿元，同比增长 24. 4%。与此同时，北京服务贸易进出口总额达到近万亿元，服务贸易占对外贸易比重达到 20%以上，同样表现出强劲的发展势头。自 RCEP 全面实施以来，北京市政府积极引导企业与 RCEP 成员国在环境保护、教育、医疗健康等重点领域展开服务贸易合作，并强调加强与 RCEP 成员国开展移动支付、智能投顾、监管科技等金融服务合作，为北京市服务贸易的高质量发展提供了新机遇。

（一）服务贸易规则

1. 核心条款

总体来看，RCEP 中有关服务贸易领域的核心条款的开放水平，远远高于原“10+1”自由贸易协定。在市场开放承诺方面，澳大利亚、马来西亚、新加坡、日本、韩国、印度尼西亚和文莱等 7 个成员国采取负面清单方式，中国、泰国、越南等其余成员国采取正面清单方式，并承诺逐步转化为负面清单方式。表 1 总结了 RCEP 在市场开放承诺方面的主要内容。可以看到，日本在市场开放承诺方面的开放水平最高，在环境服务、娱乐文化等领域实现了全面开放；澳大利亚在大部分商业服务、环境服务等领域实现了整体上的全面开放；中国则提高了法律、金融、海运、建筑等 37 个部门的承诺水平，在正面清单开放承诺上达到了已有自由贸易协定的最高水平。由此可见，RCEP 成员国在市场开放方面做出的承诺，为服务贸易营造稳定开放的贸易环境提供了保障。

表 1　RCEP 市场开放承诺内容

国家	开放承诺
中国	在入世承诺的 100 个部门的基础之上，新增了管理咨询、制造业、研发、空运等 22 个部门，并提高了建筑、金融、海运、法律等 37 个部门的承诺水平
日本	在娱乐文化、环境服务、体育、计算机服务、旅游服务等领域基本实现全面开放，给予成员国全面的国民待遇，开放水平最高
韩国	在研究和开发服务、计算机及相关服务、建筑服务、设备租赁、娱乐体育、旅游服务等部门基本实现全面开放，给予成员国国民待遇
澳大利亚	对建筑和相关工程服务、大部分商业服务、旅游服务、环境服务等，整体上全面开放
新西兰	以正面清单方式开放约 110 个服务部门，对法律、工程、中级和高等教育及其他教育、铁路运输等领域实施全面开放

资料来源：《〈区域全面经济伙伴关系协定〉（RCEP）》，中国自由贸易区服务网，http://fta.mofcom.gov.cn/rcep/rcep_new.shtml。

RCEP 对核心义务的界定和阐述主要包括国民待遇、最惠国待遇，本地存在，国内法规。可以看到，在国民待遇、最惠国待遇方面，RCEP 要求成员国为彼此提供不低于给予本国和其他国家同类服务和服务提供者的待遇；在本地存在方面，RCEP 要求采取负面清单承诺的国家，除负面清单列出的部门外，禁止对跨境服务提供者提出在本地设立公司、代表处、分支机构或成为东道国居民等本地存在要求；在国内法规方面，RCEP 要求成员国合理、客观和公正地管理服务贸易，提供适当程序供服务提供者就行政决定申请复议等。上述有关核心义务的规定，为 RCEP 成员国更为开放、便利地开展服务贸易活动提供了政策保障。

2. 关键附件

从 RCEP 有关金融服务的附件来看，协定要求营造更加公平、开放、稳定和透明的金融服务竞争环境，为防范金融系统不稳定性提供充分的政策和监管空间。具体而言，RCEP 允许其他成员方的金融服务提供者在东道国提供新金融服务，允许金融服务提供者对日常运营所需要的金融信息进行跨境转移，要求金融行业主管机构和自律组织做到信息公开等。从北京市金融行业发展情况来看，2024 年 5 月，北京金融业机构总资产规模近 220 万亿元，约占全国的一半，是北京的支柱产业。此外，北京依托“两区”建设，支持跨境人民币业务创新和推广，激励金融成果与机制创新，不断提升国际金融能力，为北京企业与 RCEP 成员国开展金融服务业务提供了有力的保障。

从 RCEP 有关电信服务的附件来看，协定要求促进电信基础设施的互联互通与电信市场的公平竞争。具体而言，RCEP 允许其他电信服务提供者向主运营商购买电信服务后，进行重新包装再销售给用户，并要求提高国际漫游费率的透明度和竞争性等。从北京市电信服务行业发展情况来看，北京市服务业扩大开放综合示范区率先开展试点，开展增值电信业务，扩大对外开放，大力支持电信服务的高质量发展。

从 RCEP 有关专业服务的附件来看，协定要求为专业人才在其他成员国执业提供支持。具体而言，RCEP 要求加强有关承认专业资格机构之间的对话，并鼓励各方在教育、考试、经验、行为和道德规范、专业发展及再认证、执业范围、消费者保护等领域制定互相接受的专业标准和准则。北京市为推动专业服务的高质量发展，同样发布了诸多措施，持续推动专业服务领域扩大对外开放。

（二）服务贸易状况

1. 政策演变

北京市政府在推动服务贸易发展方面采取了诸多措施。表 2 汇总了 2019~2024 年北京市发布的推动服务贸易发展的部分相关政策。其中，2019 年 1 月，北京市发布了《北京市服务贸易创新发展试点工作实施方案》，要求通过试点，出台一批服务贸易支持政策，服务贸易体制机制进一步完善，并要求到 2020 年，服务贸易规模进一步扩大，全国领先地位进一步巩固，其中，新兴服务贸易出口年增速达到 10%左右，占比力争达到 65%。2021 年 11 月，北京市商务局、市财政局、市发展改革委联合发布了《关于北京市专业服务业助力“走出去”发展若干措施》，鼓励以科技企业为主体，聚焦医药健康、信息技术、智能装备、集成电路、节能环保、新材料、新能源智能汽车、软件和信息服务以及人工智能等高精尖产业领域，推动北京企业“走出去”向全球价值链顶端跃迁。2024 年 7 月，北京市商务局发布了《北京市深化服务业扩大开放提升贸易便利化水平实施方案》，要求建立完善贸易便利化工作机制、提升口岸服务保障能力、培育产业发展新动能等。

表 2　北京市部分服务贸易相关政策

日期	政策
2024 年 7 月	《北京市深化服务业扩大开放提升贸易便利化水平实施方案》
2024 年 7 月	《北京市深化服务业扩大开放促进外商投资实施方案》
2021 年 11 月	《关于北京市专业服务业助力“走出去”发展若干措施》
2020 年 11 月	《北京市全面深化服务贸易创新发展试点实施方案》
2019 年 1 月	《北京市服务贸易创新发展试点工作实施方案》

2. 数据分析

图 9 为 2019~2023 年北京市服务贸易进出口趋势。可以看到，2019 年北京市服务贸易出口额为 3720. 1 亿元，到了 2023 年，增长至 4207. 3 亿元；北京市服务贸易进口额在 2019 年为 6926. 8 亿元，后呈波动下降趋势，2023 年达到 6611. 7 亿元。由此可见，北京市服务贸易的进口额高于出口额，且进出口总额总体呈现上升趋势，说明北京服务的国际影响力日益提升。与此同时，RCEP 正式实施以来，协定消减了各成员国影响跨境服务贸易的限制性、歧视性措施，为北京市与 RCEP 成员国进一步扩大服务贸易创造了良好条件。

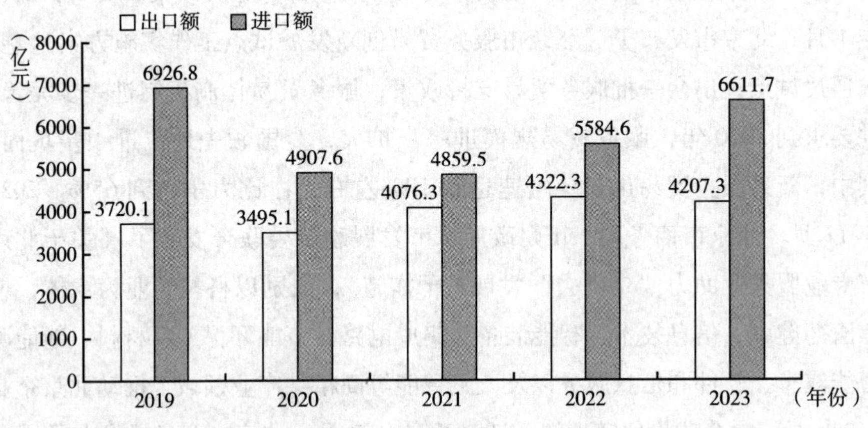

图 9　2019~2023 年北京市服务贸易进出口趋势

资料来源：北京市商务局网站。

在 RCEP 有关市场开放承诺和核心义务的政策保障下，2022 年北京服务贸易重点企业与 RCEP 成员国实现进出口总额 67. 8 亿美元，占全市服务贸易重点企业进出口总额的 19. 7%。与此同时，北京外贸企业享惠数据显著增长，在国际市场上展现蓬勃生机。图 10 为北京市海关签发 RCEP 原产地证书数量及货值。可以看到，2022 年全年，北京海关签发的 RCEP 原产地证书为 4304 份，货值达到 2. 45 亿美元。到了 2023 年，北京海关签发的 RCEP 原产地证书继续增长至 5084 份，货值增长至 2. 61 亿美元，同比分别增长了 18. 1%和 6. 5%，RCEP 相关优惠政策落地效果明显。

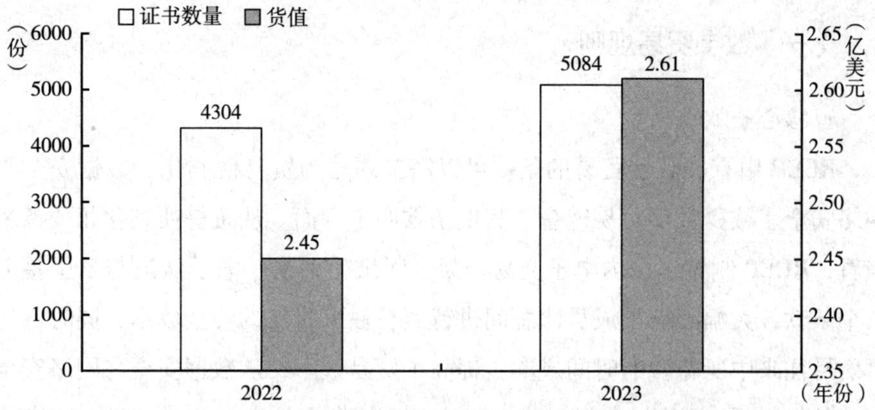

图 10　2022~2023 年北京市海关签发 RCEP 原产地证书数量及货值

资料来源：北京市商务局网站。

三　RCEP 全面实施对北京数字贸易高质量发展的影响

全球数字贸易蓬勃发展，成为国际贸易的新亮点。近年来，数字经济在世界经济中所占比重不断提升，成为拉动各国经济贸易增长的新引擎。数字贸易作为推动数字经济发展的核心力量，是数字经济发展的重要环节，全世界几乎所有领域都在发生深刻的数字变革。2023 年，全球数字贸易整体规模达到 6.7 万亿美元，中国的数字贸易规模则达到了 7043.5 亿美元，居全球第 4 位。[①] 在此背景下，RCEP 对数字贸易进行了明确规定，RCEP 成员国在数字贸易方面的发展空间以及北京市在数字贸易发展方面具备的禀赋，为北京市数字贸易高质量发展带来了新机遇。本部分首先对 RCEP 中有关数字贸易的规则和内容进行梳理，进而总结当前 RCEP 各成员国在数字贸易方面的发展状况，以分析 RCEP 全面实施对北京数字贸易高质量发展的具体影响。

① 《中国数字贸易发展报告（2024）》。

（一）数字贸易规则

1. 核心条款

RCEP 中有关数字贸易的条款可以简单划分为贸易便利化、数据安全与网络安全、减少数字贸易壁垒、其他条款四个方面。从贸易便利化相关条款来看，RCEP 制定了国内电子交易框架、无纸化贸易、电子认证与电子签名三个条款，大幅降低了成员国之间进行贸易往来所需的资金成本，同时降低了贸易往来中所花费的时间成本，提高了贸易效率；从数据安全与网络安全相关条款来看，RCEP 专门对线上消费者的信息保护进行了详细描述，有利于为成员国之间的数字贸易往来提供良好、安全、通畅的贸易环境；从减少数字贸易壁垒条款来看，RCEP 中有关计算设施、电子方式传输信息和海关关税的三个条款，能够大幅降低成员国之间的数字贸易壁垒，在很大程度上促进成员国之间的数字贸易，加快区域内数字贸易的良好发展。此外，RCEP 中还包括争端解决、合作、透明度条款，要求成员国之间明确合作领域，并在该领域及时、全面地分享实践经验与相关信息，促进区域内电子商务的发展，并保持高水平的透明度。

2. 对比分析

表 3 对比了 RCEP、CPTPP（《全面与进步跨太平洋伙伴关系协定》）、USMCA（《美墨加协定》）三个自由贸易协定在数字贸易规则方面的具体内容。通过对比三个自由贸易协定在数字贸易规则条款设定方面存在的差异，可以看出，三个自由贸易协定均为较高标准的自由贸易协定，包括国内电子交易框架、电子传输免征关税、电子签名、电子认证等共识性条款。但相较于 CPTPP 和 USMCA，RCEP 中尚未纳入接入和使用互联网开展电子商务、数字产品的非歧视待遇、禁止强制转让源代码等条款，并且禁止数据本地化措施和数据自由流动等条款的标准低于前两项自由贸易协定。由此可见，相比之下，尽管 RCEP 对数字贸易的部分条款的标准仍有待提高，但已经明确了以更加开放的态度对待数字贸易，为区域内跨境电商等贸易新业态营造了良好的贸易环境。

表 3　RCEP、CPTPP、USMCA 数字贸易规则内容对比

条款	协定		
	RCEP	CPTPP	USMCA
电子传输免征关税	有	有	有
国内电子交易框架	有	有	有
无纸化贸易	有	有	有
电子认证	有	有	有
电子签名	有	有	有
在线消费者保护	有	有	有
个人信息保护	有	有	有
非应邀商业电子信息	有	有	有
网络安全	有	有	有
合作	有	有	有
数字产品的非歧视待遇	无	有	有+极少数例外限制
接入和使用互联网开展电子商务	无	有	有
数据自由流动	有+较多例外限制	有	有+极少数例外限制
禁止数据本地化措施	有+较多例外限制	有	有+极少数例外限制
禁止强制转让源代码	无	有	有+极少数例外限制
交互式计算机服务	无	无	有
公开政府数据	无	无	有
争端解决	无法适用	有	无

资料来源：蒋慧《RCEP 背景下国际数字贸易规则的比较、挑战与中国因应》，《广西社会科学》2024 年第 1 期。

（二）数字贸易状况

1. RCEP 成员国数字贸易发展状况分析

图 11 列示了全球数字贸易规模和中国数字贸易规模。可以看到，2022 年，全球数字贸易规模达到了 3.8 万亿美元，中国数字贸易规模为 3727.1 亿美元。2023 年，全球数字贸易规模增长到了 6.7 万亿美元，中国数字贸易规模同样大幅提升，增长至 7043.5 亿美元。由此可见，数字贸易已然成为数字经济的重要组成部分和主要贸易形式。自 2022 年以来，RCEP 的正式实施和全面生效，对包括中国在内的各成员国的数字贸易发展产生了深远影响。

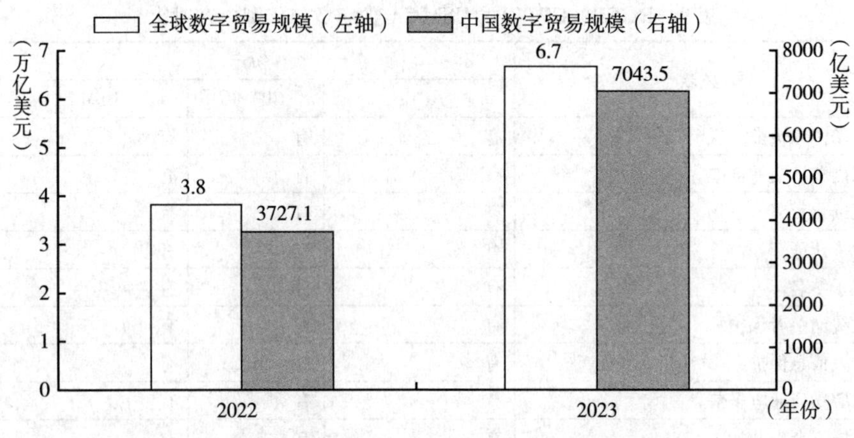

图 11　2022~2023 年全球及中国数字贸易规模

资料来源：《全球化 4.0：数字贸易时代的到来》。

从成员国在数字贸易方面的发展空间来看，近年来，RCEP 成员国在数字技术、数字基础设施建设、数字治理方面的发展均显著提升。图 12 列示了 2023 年 RCEP 成员国数字经济指数、数字技术指数、数字基础设施指数。可以看到，中国、日本、韩国和澳大利亚的数字经济指数分别为 81.42、83.22、80.95、79.73，全球排名分别为第 8 名、第 6 名、第 10 名和第 14 名。从数字技术和数字基础设施来看，中国、日本、韩国和澳大利亚同样呈现良好的发展态势。由此可见，在中国和其他 RCEP 成员国数字经济迅猛发展的大环境下，北京企业与 RCEP 成员国开展数字贸易具有良好的技术、基础设施和治理环境基础。

与此同时，东盟国家的数字经济发展同样取得了显著成果。2019 年以来，中国与东盟国家签署了一系列数字经济合作协议，为持续深化数字领域合作奠定了坚定共识。2023 年，东南亚数字经济商品交易总额预计达 2180 亿美元，到 2030 年有望达到万亿美元级别。图 13 列示了中国与东盟国家数字经济合作指数。可以看到，中国与新加坡的数字经济合作指数最高，达到 176.32，与越南、马来西亚和印度尼西亚的数字经济合作同样保持较高水平，与老挝、缅甸的数字经济合作水平则相对较低。由此可见，中国和

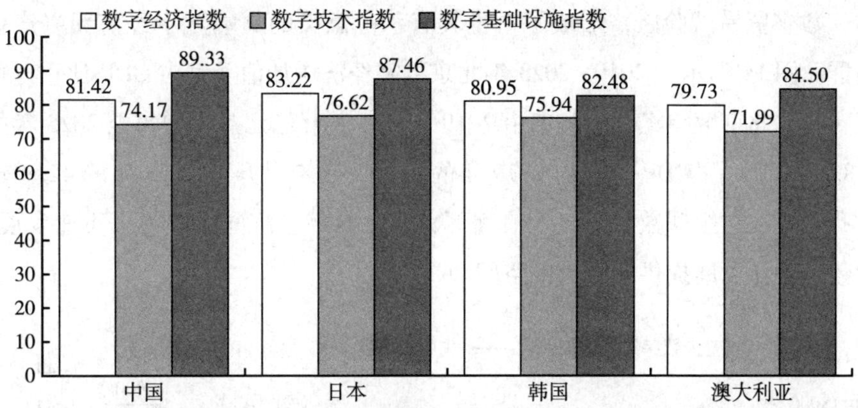

图 12　2023 年 RCEP 成员国数字经济指数、数字技术指数、数字基础设施指数

资料来源：张明、王喆、陈胤默《全球数字经济发展指数报告（TIMG 2023）》，中国社会科学出版社，2023。

RCEP 其他成员国在数字经济方面的飞速发展，为北京企业与 RCEP 成员国开展数字贸易提供了广阔的空间和坚实的基础。

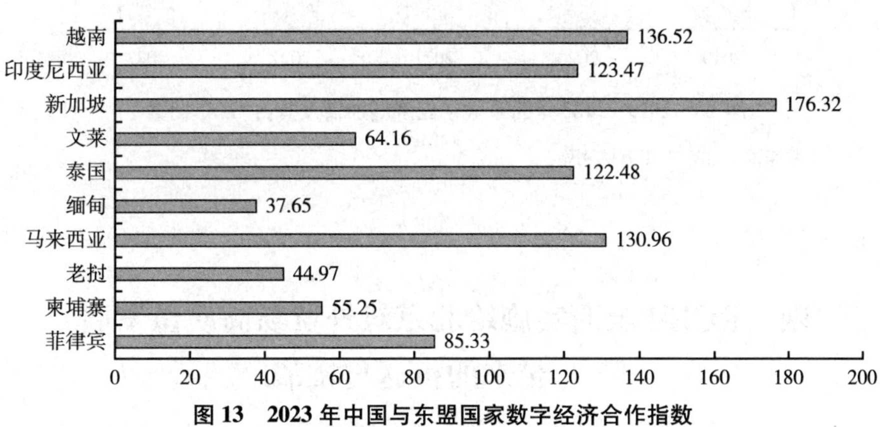

图 13　2023 年中国与东盟国家数字经济合作指数

资料来源：《华信研究院发布〈中国东盟数字经济国际合作指数报告（2022）〉》，"华信研究院"微信公众号，2023 年 1 月 10 日，https：//mp. weixin. qq. com/s/21nIiH9T78uZwGxzdpQsLg。

2. 北京数字贸易发展状况分析

近年来，北京市积极把握数字经济发展新机遇，高度重视跨境电商、智慧物流、数字医疗等数字产业及相关领域的高质量发展，打造了"三位一体”数字贸易试验区，形成了一批具有示范意义的高端数字经济新兴产业集群。图 14 列示了 2019~2023 年北京数字经济增加值及其占 GDP 比重。可以看到，北京数字经济增加值由 2019 年的 1.3 万亿元持续增长至 2023 年的 1.8 万亿元，占 GDP 比重由 2019 年的 38.0%逐步提升至 2023 年的 42.9%。由此可见，在全球数字经济大浪潮下，北京数字经济同样取得了飞速发展，为数字贸易发展提供了巨大的空间。

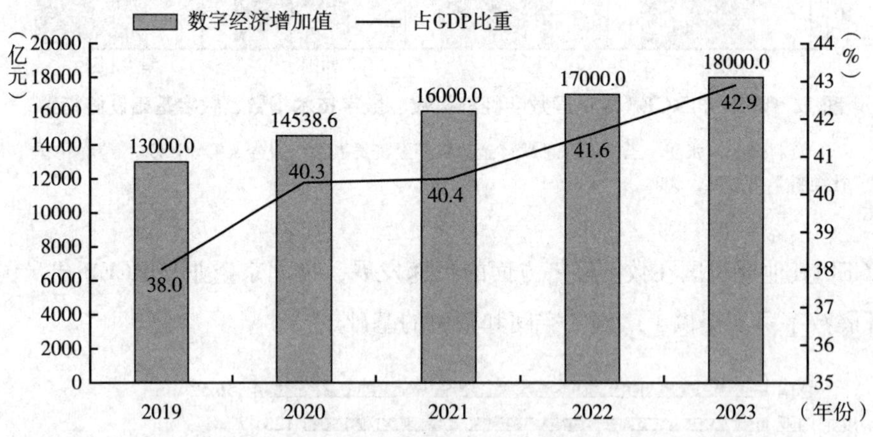

图 14　2019~2023 年北京数字经济增加值及其占 GDP 比重

资料来源：北京市商务局网站。

四　RCEP 全面实施给北京对外贸易高质量发展带来的机遇与挑战

（一）关键机遇

1. 高效对接北京“两区”建设，提升对外开放层次

从产业层面来看，RCEP 成员国的产业结构全面覆盖了产业链的高中低端，经济发展呈现错位互补的总体结构，成员之间的产业梯级较为明显，北京在推动“两区”建设的同时，可以通过高效利用 RCEP 的多元化产业优

势，加速融入RCEP高端产业集群建设，对区域内产业链进行整合重构。从贸易层面来看，北京与RCEP其他成员国保持着紧密的贸易往来，随着北京"两区"建设对RCEP其他成员国的劳动密集型产品需求的日益增长，以及北京高端制造业的飞速发展，双方在对外贸易等方面的合作往来将持续加深。从规则层面来看，北京"两区"建设和RCEP在贸易、投资、营商环境、知识产权保护等领域的制度创新和标准规则同向同行。通过进一步对标RCEP规则，北京"两区"可以探索贸易与投资便利化的可行性规则，不断推进各项创新举措的落地实施。

2. 营造稳定开放的贸易环境，优化产业分工布局

RCEP能够有效推动北京市进出口贸易结构的优化，加快制造业产业转型升级的步伐。一方面，北京市与RCEP成员国的进出口贸易结构不断优化，从以简单技术和中级技术密集型制造品为主，逐步升级至以中级技术和高技术密集型制成品为主，促进了北京市进出口贸易的结构性优化。另一方面，RCEP加快了经济要素的流动，促进了区域内贸易投资自由化与便利化，RCEP的全面实施为北京市与RCEP成员国之间的要素流动、市场相通以及产业相融带来更大的便利。此外，随着产业链供应链本土化、区域化趋势加强，RCEP的生效实施拉动了区域内消费市场扩容升级，推动区域内产业链、供应链和价值链进一步发展。

3. 降低企业对外贸易成本，塑造技术创新能力

RCEP在原产地累积规则、电子商务新规则、经核准出口商制度等方面的一系列安排，可以降低区域内生产成本，提高贸易效率，加强区域内产业链供应链合作。RCEP全面实施以来，已然形成共享红利、共促发展的区域合作新局面。根据联合国贸易和发展会议预测，到2025年，RCEP关税减让将促进15个成员国的出口额增长10%以上。商务部国际贸易经济合作研究院预测，到2035年，RCEP将使区域投资累计增长1.47%。由此可见，随着企业RCEP规则利用率的提升，北京市企业享受有关关税减让的水平有望进一步提升，RCEP红利将进一步释放，进而提升企业在技术创新和产品优化升级方面的投入，提升企业的综合竞争能力。

（二）核心挑战

1. 地缘紧张格局加深，实施成效或有所减弱

RCEP 作为涵盖多个国家和地区的全面经济伙伴关系协定，其成功实施依赖成员国之间的合作与协调。然而，地缘政治风险带来的不稳定因素对 RCEP 的实施带来了一定的挑战。例如，美国主导的排他性政策有可能会阻挡 RCEP 区域经济增长的潜力释放。同时，RCEP 的成功还面临内部结构性矛盾的挑战。例如，中日韩在供应链稳定和可持续发展方面的交流与合作，极有可能受到区域外政治、经济、环境等方面因素的干扰。此外，RCEP 的实施还面临规则利用率提升的挑战。尽管 RCEP 具有极大的包容性，成员国中既有发达国家也有最不发达国家，合作是这些国家的共识和基础，但部分成员国 RCEP 规则利用率偏低，需要政府、智库和媒体加强对相关规则的解释和宣传，以提升规则利用率，释放 RCEP 的增长活力和红利。

2. 替代效应显著提升，区域合作或引发摩擦

随着 RCEP 投资和贸易自由化便利化措施的落地，在劳动密集型产业方面，生产环节将进一步向土地和劳动力成本更加低廉的越南等国家转移，在高端产品方面，相关企业也将面临日韩同类企业的竞争压力。一方面，RCEP 在促进区域产业链深度融合的同时，也会带来区域内的产业调整和产业外移。RCEP 成员国间关税的下降、原产地规则的优化，将导致部分产业外移现象，加速北京市成本敏感型轻工、纺织、电子产品制造业的劳动密集型环节向东盟国家转移。另一方面，日本、韩国对我国主要出口机电产品、集成电路等中高端产品，由于 RCEP 带来关税优惠，北京市中高端产业将面临更加激烈的竞争，这会对北京市中高端产业的国内市场造成一定的冲击。

五　展望与建议

（一）政府层面

第一，北京市政府应强化“两区”制度的比较优势，充分发挥在数字

经济方面的优势和禀赋，推动数字化转型升级，助力国际贸易高质量发展。一方面，北京市政府应当依托“两区”制度创新优势，在法律、政策与技术层面先行先试，树立新型数据要素市场的独有优势。另一方面，北京市政府应当支持自贸试验区围绕产业链核心环节和前沿领域，深化与 RCEP 成员国在科技、数字经济等领域的交流合作，推动重点产业链创新升级，打造有内在凝聚力、外部吸引力的数字贸易生态，强化数字贸易试验区的制度创新优势。

第二，北京市政府应当推动国际标准合作和转化，加大参与国际标准制定和对接力度，提升标准对产业发展的促进作用，促进区域内新兴产业协同发展。一方面，北京市政府应当聚焦 RCEP 成员国重点贸易领域需求，积极开展国际标准的适用性分析和关键技术指标比对，根据 RCEP 区域内标准协调的需要，对国家标准立项申报项目实施审评快速程序；另一方面，北京市政府应当借助首都优势，深度参与国际标准化活动，积极参与关键领域国际标准制定。

第三，北京市政府应当着力提升贸易便利化水平，完善公共服务机制和体系，鼓励企业自觉用好 RCEP 规则，营造一流营商环境。一方面，北京市政府应当高标准落实 RCEP 贸易便利化措施，推进实施快运和易腐货物快速通关，积极打造线上 RCEP 智能应用公共服务平台，提升口岸通关效率和通行能力，助力企业高效享惠；另一方面，北京市政府应不断提高治理能力，吸引产业、资金、人才等集聚，提供包括贸易融资、国际结算、汇率避险在内的“一站式”金融服务，带动贸易投资环境显著优化，助力企业更好地开拓 RCEP 区域市场。

（二）企业层面

第一，北京市企业应当深入开展市场调研，提升适应市场变化的能力。一方面，北京市外贸企业应加强对 RCEP 规则及相关成员国市场的调查和研究，了解各个成员国的法律法规、制度环境、经济状况、文化背景等，结合自身贸易类型和特征，因地制宜开展各项贸易往来活动；另一方面，北京市企业应当深入研究 RCEP 成员国的市场需求和消费趋势，根据各国市场的特点调整产品定位和营销策略，以满足不同消费者的个性化需求。

第二，北京市企业应当完善风险评估机制，提升应对各类潜在风险的能力。外贸企业在与 RCEP 成员国开展货物贸易、服务贸易和数字贸易的过程中，面临汇率波动风险、政策调整风险、信用风险等多重风险。因此，北京市外贸企业应当对 RCEP 及其他国际贸易协定保持敏锐的政策解读能力和市场洞察能力，建立完善的风险评估机制，及时调整贸易策略，灵活应对各种潜在风险和挑战，确保企业稳健经营。

第三，北京市企业应当加强技术研发和人才培养，提升研发能力和国际化运营能力。一方面，外贸企业应当借助 RCEP 带来的营商环境利好，鼓励研发投入，引进先进技术和管理经验，把握数字经济新机遇，适应国际市场的竞争需求；另一方面，应当培养和引进国际化人才，特别是熟悉 RCEP 等国际贸易规则、了解国际市场动态、数字素养高的专业人才，以提升高水平运用国际贸易协定规则的能力，以及企业的国际化运营能力。

参考文献

《〈把握 RCEP 机遇　助推“两区”高水平发展行动方案〉政策解读》，国际科技创新中心网站，2022 年 5 月 11 日，https：//www. ncsti. gov. cn/zcfg/zcjd/202205/t20220512_78129. html。

北京大学大数据分析与应用技术国家工程实验室：《数字生态指数 2023》，2023 年 9 月。

鼎韬产业研究院：《全球化 4. 0：数字贸易时代的到来》，2023 年 7 月。

姜凡宇、康成文：《RCEP 的数字贸易规则及数字贸易现状研究》，《工信财经科技》2023 年第 4 期。

B.8

RCEP全面实施对北京对外投资高质量发展影响研究

金 瑛 刘思义*

摘　要： 《区域全面经济伙伴关系协定》（RCEP）全面实施促使区域开放合作迈上新台阶，为推动北京对外投资高质量发展带来了机遇和挑战。本报告对RCEP全面实施推动北京对外投资高质量发展进行了研究。本报告首先以上市公司为代表，利用2018~2023年北京上市公司海外投资数据，从规模变化和国别分布两个方面分析RCEP全面实施对北京对外投资影响的总体状况，从投资区域和投资模式两个层面进一步分析RCEP全面实施对北京对外投资影响的具体状况；其次探讨RCEP推动北京对外投资高质量发展面临的机遇与挑战；最后基于以上分析，提出RCEP推动北京对外投资高质量发展的建议，包括拓展对外投资广度和深度、提升投资合作效能、倡导新质生产力发展理念、应对合规风险和ESG风险以及打造“投资中国”金字品牌等五个方面。本报告旨在为在RCEP下推动北京对外投资高质量发展提供借鉴。

关键词： RCEP　对外投资　高质量发展　北京企业

《区域全面经济伙伴关系协定》（Regional Comprehensive Economic Partnership，RCEP）由东盟于2012年发起，历时8年，并在2020年11

* 金瑛，管理学博士，浙江工商大学会计学院讲师，主要研究方向为会计信息与资本市场；刘思义，管理学博士，对外经济贸易大学国际商学院副教授、博士生导师，主要研究方向为审计与内部控制。

月15日由包括中国、日本、韩国、澳大利亚、新西兰和东盟十国在内的共15方成员正式签订。经过各方共同努力，RCEP于2022年1月1日正式生效，并在2023年6月2日全面生效。全面生效1年以来，RCEP进一步促进了本区域更大范围、更高水平和更深层次的开放合作。2023年RCEP区域共吸引绿地投资2341亿美元，是2021年的2.2倍；2023年我国对RCEP其他成员国非金融类直接投资流量达到180.6亿美元，同比增长26%。[①] 本报告拟以上市公司为代表，利用2018~2023年北京上市公司海外投资数据，对RCEP全面实施推动北京对外投资高质量发展的状况、面临的机遇和挑战、未来应对等方面进行分析，并提出相关建议。

一 RCEP全面实施对北京对外投资的总体影响

本部分从总体层面考察和分析北京上市公司对外投资规模变化、投资RCEP成员国结构变化。

（一）对RCEP成员国投资的规模变化

图1报告了2018~2023年北京上市公司投资全球和投资RCEP成员国的规模。从全球投资来看，自2022年RCEP正式生效当年开始，北京上市公司投资全球和投资RCEP成员国的规模较2020年和2021年均显著增长，其中2022年投资全球总额恢复至2019年水平的62%，投资RCEP成员国总额则反超2019年水平，是2019年的1.8倍，由此可见，RCEP正式实施对北京上市公司对外投资总额的拉动作用明显。2023年，北京上市公司投资全球和投资RCEP成员国的规模均有明显下降，尤其投资RCEP成员国的规模仅为2022年的24%，而投资全球的规模则仅为2022年的32%，也即在

① 《RCEP全面生效一周年　区域开放合作迈上新台阶》，中国政府网，2024年6月14日，https：//www.gov.cn/lianbo/bumen/202406/content_ 6957217.htm。

RCEP 全面生效的当年，北京上市公司投资 RCEP 成员国的规模缩小。原因可能在于：一是 2023 年北京上市公司投资全球的规模整体缩小；二是 2022 年 RCEP 已在 13 国生效，于 2023 年生效的只有印度尼西亚和菲律宾，因此投资规模的扩张主要体现在 2022 年。

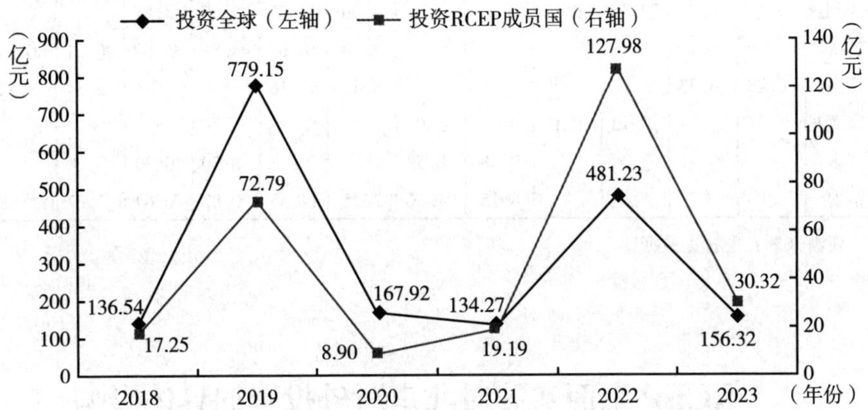

图 1　2018~2023 年北京上市公司投资全球和投资 RCEP 成员国的规模

资料来源：中投大数据库。

（二）对 RCEP 成员国投资的国别分布

表 1 为 2018~2023 年北京上市公司投资 RCEP 成员国的结构变化。总体而言，在 RCEP 正式生效以前，北京上市公司投资 RCEP 成员国主要投向澳大利亚、新加坡、泰国和韩国，而在 RCEP 正式生效以后，主要投向国家为新加坡、越南和泰国。其中，2022 年，北京上市公司投资新加坡将近 80 亿元，投资越南将近 45 亿元；2023 年，北京上市公司投资新加坡的规模骤减。此外，北京上市公司对马来西亚和日本的投资规模一直较小。表 1 也表明，2018~2023 年，北京上市公司投资 RCEP 成员国主要集中在新加坡、澳大利亚、越南、泰国、韩国、日本和马来西亚等 7 个成员国，而对其他成员国的投资缺乏，未来存在非常大的投资拓展空间。

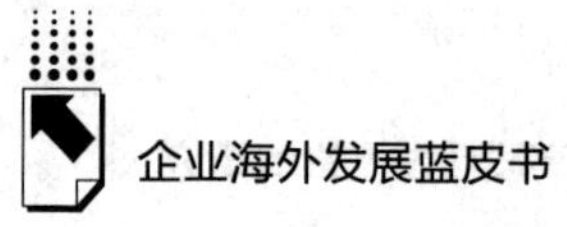

表1　2018~2023年北京上市公司投资RCEP成员国的结构变化

单位：亿元，%

国家	2018年		2019年		2020年		2021年		2022年		2023年	
	金额	占比	金额	占比	金额	占比	金额	占比	金额	占比	金额	占比
新加坡	14.21	82.41	0.21	0.29					79.39	62.03	0.11	0.36
澳大利亚	1.51	8.76	72.45	99.53			4.00	21.85	2.39	1.87		
越南	0.79	4.60					3.58	18.63	44.88	35.07	20.21	66.64
韩国	0.73	4.23					8.86	45.16			2.64	8.71
马来西亚			0.13	0.18	0.17	1.91						
日本					0.58	6.53			0.50	0.39		
泰国					8.15	91.56	2.75	14.35	0.82	0.64	7.37	24.29

资料来源：中投大数据库。

二　RCEP全面实施对北京对外投资的具体影响

本部分将从投资区域和投资模式两个角度进一步分析北京上市公司投资RCEP成员国的投资规模变化和投资行业分布。其中，投资区域划分为东盟十国、日本和韩国、澳大利亚共三个地区，[①] 投资模式划分为独立投资、合资经营、增资、并购和股权投资共五种类型。

（一）投资区域

1.东盟十国

（1）总体趋势

图2为2018~2023年北京上市公司投资东盟十国的规模。其中，2018~2021年，投资规模处于20亿元以下的较低水平，其中2019~2021年的投资规模主要受宏观环境影响；而2022年RCEP正式生效以后，投资规模急剧增加至125.09亿元，其中最大的投资项目为2022年海油发展（600968.SH）投资

① 由于2018~2023年北京上市公司投资新西兰的总额为零，因此新西兰未在分析范围之内。

的新加坡的 LNG 运输船项目，总投资额为 78.7 亿元。2023 年投资规模有所回落，但仍然处在 27.68 亿元的高水平，当年最大的投资项目为 2023 年京东方 A（000725.SZ）投资的越南的京东方越南整机二期项目，总投资额为 20.2 亿元。这表明，RCEP 正式生效和全面实施激发了北京上市公司投资东盟十国的热情。

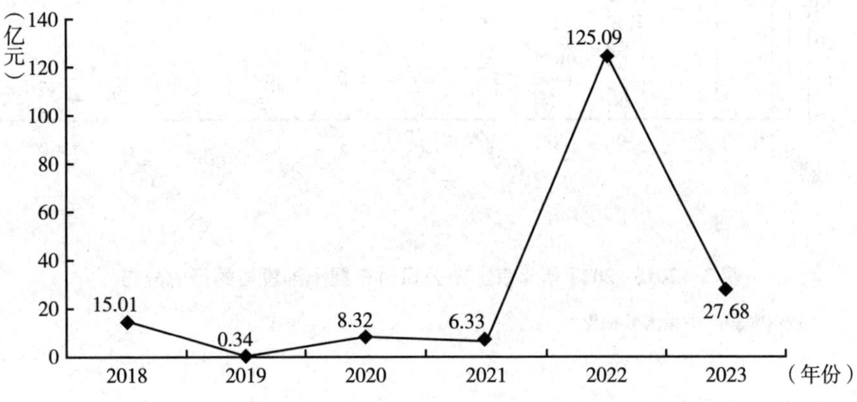

图 2　2018~2023 年北京上市公司对东盟十国的投资规模

资料来源：中投大数据库。

（2）行业分布

图 3 为 2018~2023 年北京上市公司对东盟十国投资的行业分布。2018~2023 年北京上市公司对东盟十国投资排前 5 位的行业分别为能源电力、建筑基建、信息技术及服务、化工和交通运输，投资金额分别为 78.73 亿元、47.33 亿元、20.45 亿元、15.01 亿元和 13.58 亿元；而 2023 年北京上市公司对东盟十国的投资主要集中在信息技术及服务和化工行业，投资额分别为 20.31 亿元和 7.37 亿元。总体而言，2018~2023 年北京上市公司对东盟十国投资的行业分布较为集中，且与北京企业在能源电力、建筑基建、信息技术及服务和交通运输等行业具备优势的情况一致；但从 RCEP 全面实施的 2023 年来看，投资的行业范围收窄，仅在信息技术及服务行业保持了较高的投资水平。

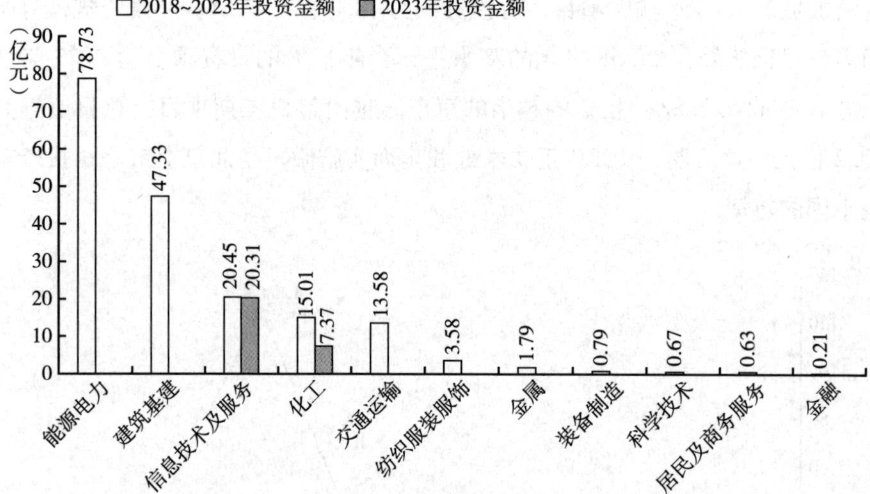

图 3　2018~2023 年北京上市公司对东盟十国投资的行业分布

资料来源：中投大数据库。

2. 日本和韩国

（1）总体趋势

图 4 为 2018~2023 年北京上市公司对日本和韩国的投资规模。与对东盟十国的投资趋势不同的是，北京上市公司在日韩地区的投资高点出现在 2021 年，为 8.86 亿元。而这 8.86 亿元的投资实际上全部来自爱美客公司（300896. SZ）对韩国制药及医疗器械企业 Huons Global 的投资。在 RCEP 正式生效的 2022 年，对日韩地区的投资降至 2021 年以前的水平；而在 RCEP 全面实施的 2023 年，投资金额上升至 2. 64 亿元，这全部来自探路者公司（300005. SZ）对韩国芯片设计公司 G2 Touch 的收购。总体而言，RCEP 对北京上市公司投资日韩地区的推动作用并不明显，未来存在较大的投资拓展空间。

（2）行业分布

图 5 为 2018~2023 年北京上市公司对日本和韩国投资的行业分布。2018~2023 年表现较为突出的两大行业是医疗医药和信息技术及服务行业，投资额分别为 8. 86 亿元和 3. 37 亿元；而 2023 年仅投资了信息技术及服务行业，投

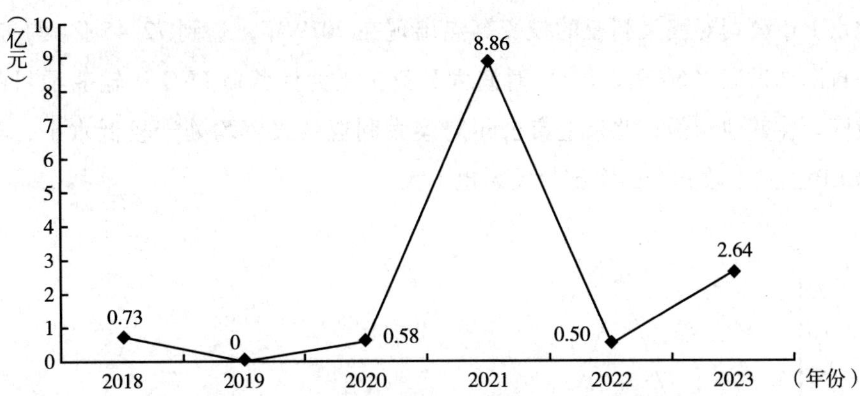

图 4　2018~2023 北京上市公司对日本和韩国的投资规模

资料来源：中投大数据库。

资额为 2.64 亿元。以上均来自对韩国的投资。此外，北京上市公司也在日本投资了非金属、装备制造和化工等行业，但投资规模均较小。总体上，投资行业范围不广，但所投行业与东道国的优势行业具备一定的相关性。

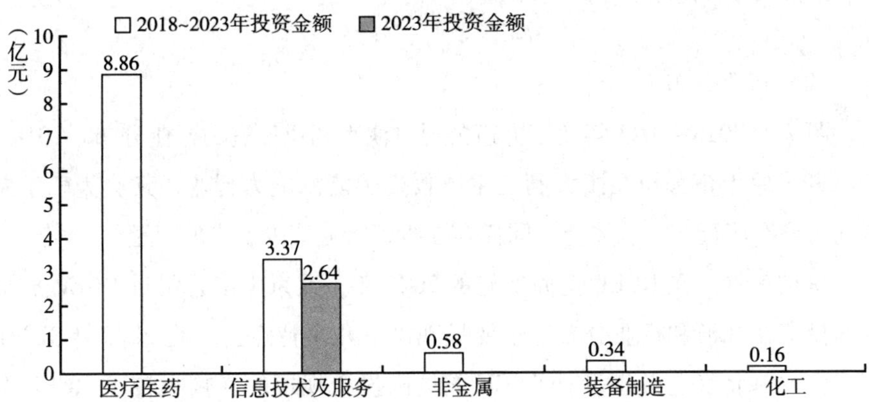

图 5　2018~2023 年北京上市公司对日本和韩国投资的行业分布

资料来源：中投大数据库。

3. 澳大利亚

（1）总体趋势

图 6 为 2018~2023 年北京上市公司对澳大利亚的投资规模。可以看出，

北京上市公司对澳大利亚的投资高点出现在 2019 年，达到 72.45 亿元，这来自海油发展（600968.SH）对澳大利亚昆士兰柯蒂斯 LNG 运输船项目的投资。在其他年份，北京上市公司对澳大利亚的投资均处于较低水平，与 RCEP 正式生效和全面实施的关系也不大。

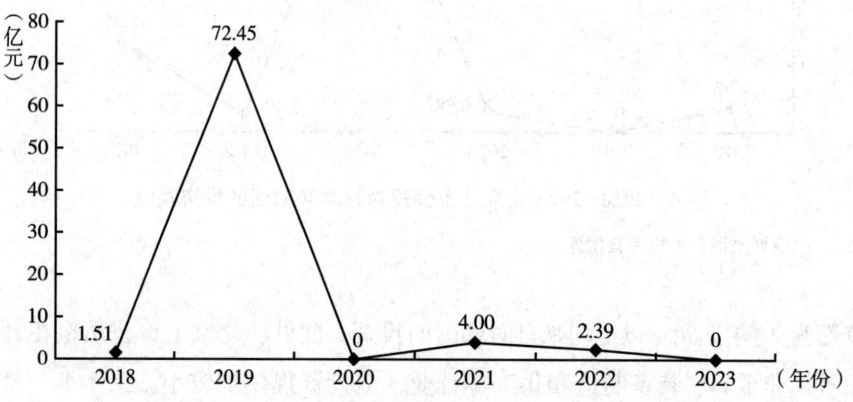

图 6　2018~2023 年北京上市公司对澳大利亚的投资规模

资料来源：中投大数据库。

（2）行业分布

图 7 为 2018~2023 年北京上市公司对澳大利亚投资的行业分布。2018~2023 年北京上市公司在澳大利亚主要投资了能源电力行业，其次为轻工制造和医疗医药行业。总体上，同样存在投资行业范围不广的问题。

总结来看，在 RCEP 全面实施的 2023 年，北京上市公司对 RCEP 成员国的投资在规模和行业分布上主要呈现以下几个特点：一是 2022 年 RCEP 正式生效对北京上市公司对 RCEP 成员国投资规模的影响相较于 RCEP 全面实施更大，原因可能在于 2022 年 RCEP 已在 13 国生效；二是投资主要流向了东盟十国，对 RCEP 成员国中的日本、韩国、澳大利亚和新西兰等发达国家的投资则存在不足；三是投资主要流向了信息技术及服务行业，这也是在 RCEP 全面实施前后，北京上市公司在 RCEP 成员国一直保持较高投资水平的行业。

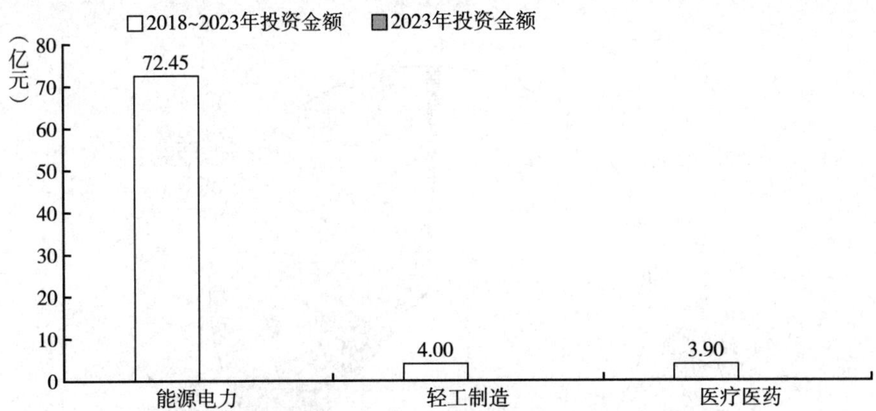

图 7　2018~2023 年北京上市公司对澳大利亚投资的行业分布

资料来源：中投大数据库。

（二）投资模式

本部分首先统计了北京上市公司投资 RCEP 成员国采用的投资模式的分布情况（见图 8）。可以看出，最主要的投资模式为独立投资，投资额达到 167.29 亿元，占比 60%；其次为合资经营，投资额为 88.96 亿元，占比 32%。采用增资、并购和股权投资的投资规模较小，合计 20.18 亿元，合计占比仅为 8%。以下按各类投资模式分述投资规模变化和投资行业分布。

1. 独立投资

图 9 至图 10 反映了 2018~2023 年北京上市公司采用独立投资模式对 RCEP 成员国的投资规模变化和行业分布。从规模来看，在 2022 年 RCEP 正式生效以前，采用独立投资模式的投资规模均较小，未超过 8 亿元；而在 2022 年和 RCEP 全面实施的 2023 年，投资规模明显增加，分别达到 127.00 亿元和 27.57 亿元，在一定程度上表明 RCEP 推动北京上市公司越来越多地采用独立投资模式，这也体现了 RCEP 在“投资自由化”和“投资促进”等方面的成效。从行业分布来看，2018~2023 年，北京上市公司采用独立投资模式投

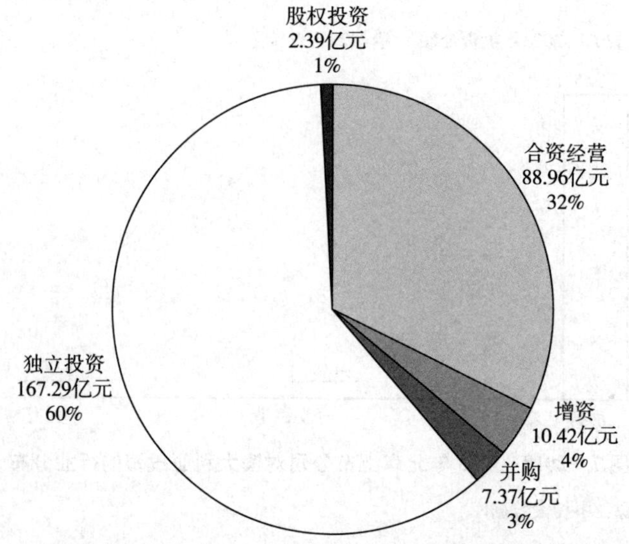

图 8　2018~2023 年北京上市公司投资 RCEP 成员国的投资模式分布

说明：因四舍五入存在误差，下同。

资料来源：中投大数据库。

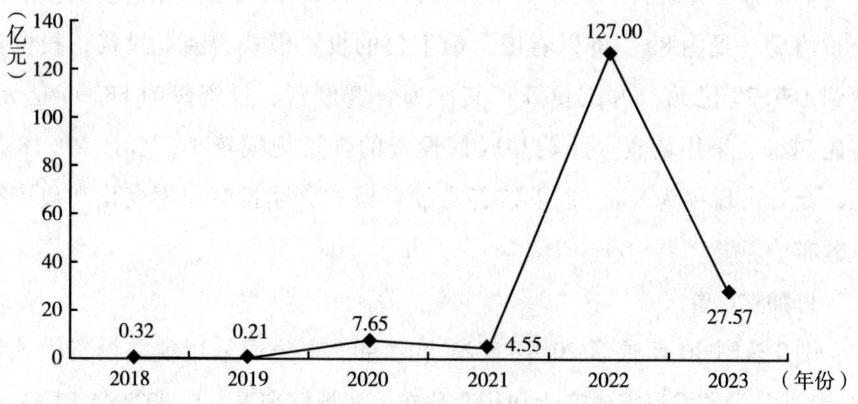

图 9　2018~2023 年北京上市公司采用独立投资模式对 RCEP 成员国的投资规模

资料来源：中投大数据库。

资的行业主要集中在能源电力、建筑基建行业，体现了北京上市公司（尤其是具有中央企业背景的上市公司）在这两个行业具备的优势和实力；其次是信息技术及服务和化工行业，2023 年的投资也集中在这两个行业。

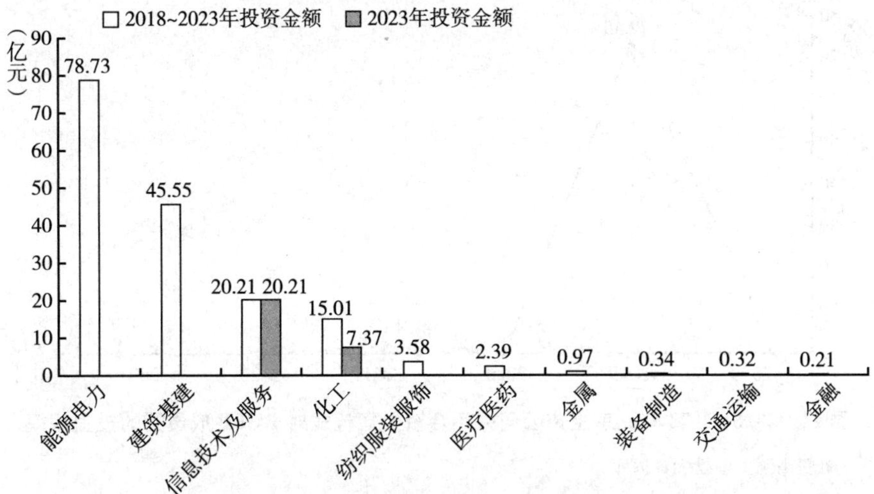

图 10　2018~2023 年北京上市公司采用独立投资模式对 RCEP 成员国的投资的行业分布

资料来源：中投大数据库。

2. 合资经营

图 11、图 12 反映了 2018~2023 年北京上市公司采用合资经营模式对 RCEP 成员国的投资规模变化和行业分布。从规模来看，2020 年以前采用合资经营模式的投资规模较大，2018 年为 14.06 亿元，2019 年达到 72.45 亿元。而 2020 年及以后年份，投资规模急剧减小，RCEP 生效后的 2022~2023 年，投资额为零，表明在 RCEP 生效的背景下，北京上市公司在对 RCEP 成员国的投资中越来越不会采取合资经营模式。从行业分布来看，RCEP 生效之前的合资经营模式投资主要集中在能源电力和交通运输等优势行业。

3. 增资

图 13、图 14 反映了 2018~2023 年北京上市公司采用增资模式对 RCEP 成员国的投资规模和行业分布。从规模来看，增资高点出现在 2021 年，也即爱美客公司（300896. SZ）对韩国制药及医疗器械企业 Huons Global 的投资增资，属于医疗医药行业。而在其他年份，增资模式投资额均较小，分布

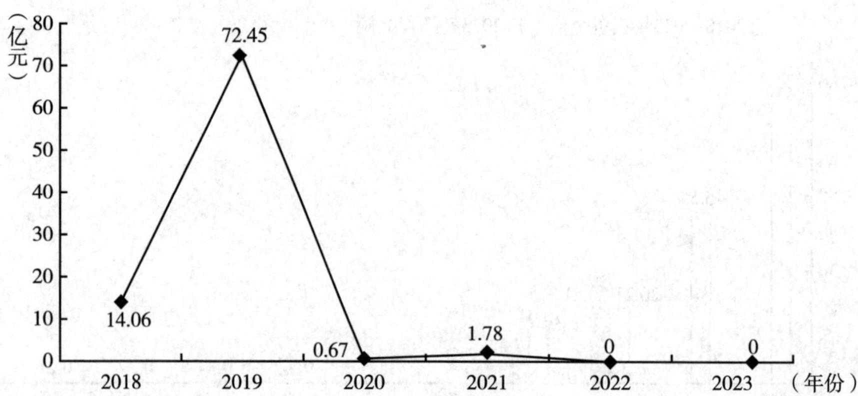

图 11　2018~2023 年北京上市公司采用合资经营模式对 RCEP 成员国的投资规模

资料来源：中投大数据库。

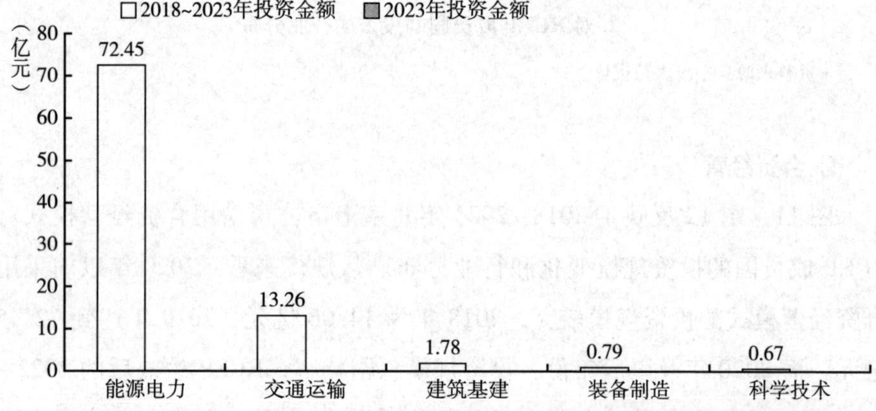

图 12　2018~2023 年北京上市公司采用合资经营模式对 RCEP 成员国的投资的行业分布

资料来源：中投大数据库。

在金属、居民及商务服务、信息技术及服务等行业。

4. 并购

图 15、图 16 反映了 2018~2023 年北京上市公司采用并购模式对 RCEP 成员国的投资规模和行业分布。从规模来看，2021 年以前，采用并购模式的投资规模很小，几近于零；2021 年达到最大，为 4.00 亿元；

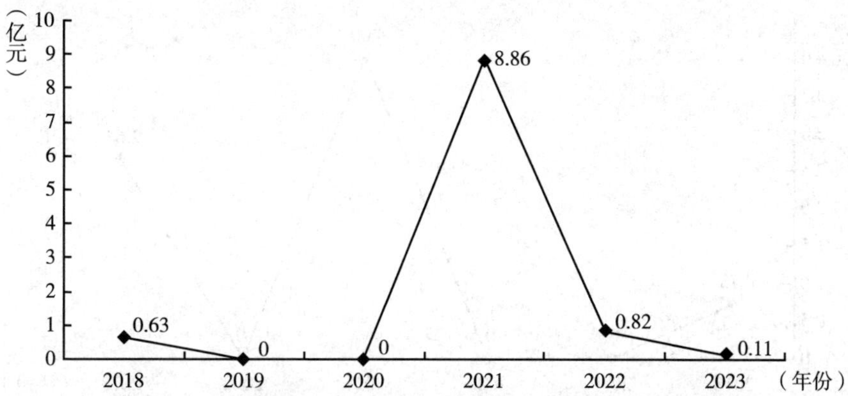

图 13　2018~2023 年北京市上市公司采用增资模式对 RCEP 成员国的投资规模

资料来源：中投大数据库。

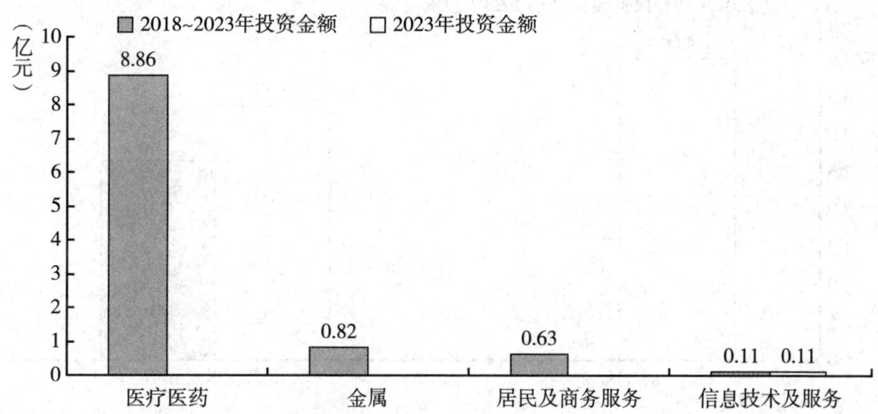

图 14　2018~2023 年北京上市公司采用增资模式对 RCEP 成员国的投资的行业分布

资料来源：中投大数据库。

2022 年又降为零；2023 年则反弹为 2. 64 亿元。总体而言，北京上市公司采用并购模式投资 RCEP 成员国的规模很小，且与 RCEP 的生效和实施关系不明显。从行业分布来看，投资主要分布在轻工制造和信息技术及服务两个行业。

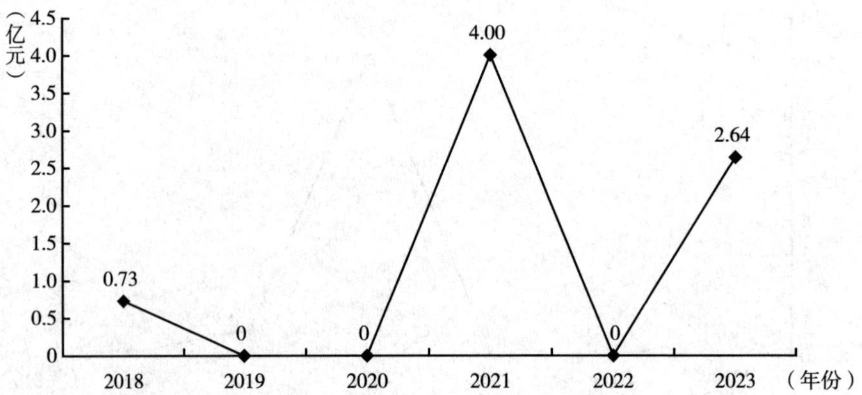

图 15　2018~2023 年北京上市公司采用并购模式对 RCEP 成员国的投资规模

资料来源：中投大数据库。

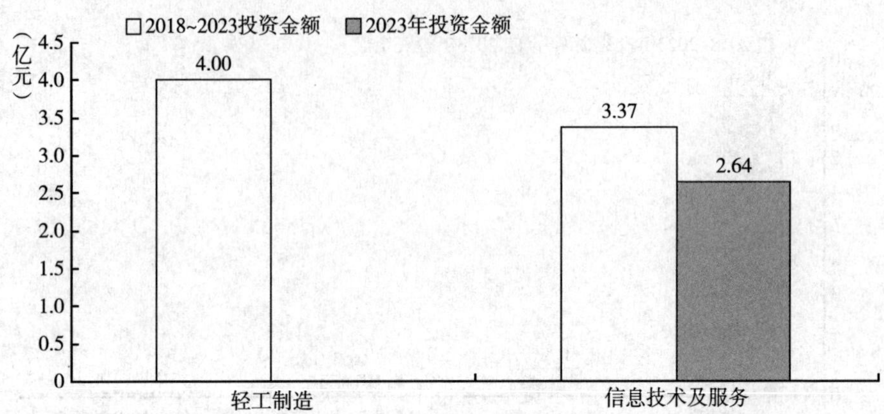

图 16　2018~2023 年北京上市公司采用并购模式对 RCEP 成员国的投资的行业分布

资料来源：中投大数据库。

5. 股权投资

图 17、图 18 反映了 2018~2023 年北京上市公司采用股权投资模式对 RCEP 成员国的投资规模和行业分布。从规模来看，2018~2023 年，股权投资模式投资规模很小，且呈波动下降趋势，2021~2023 年几近于零。从行业分布来看，投资主要分布在医疗医药和非金属两个行业。

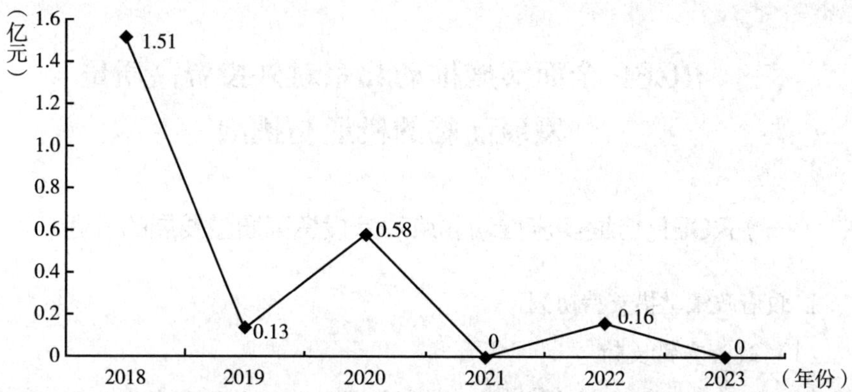

图 17　2018~2023 年北京上市公司采用股权投资模式对 RCEP 成员国的投资规模

资料来源：中投大数据库。

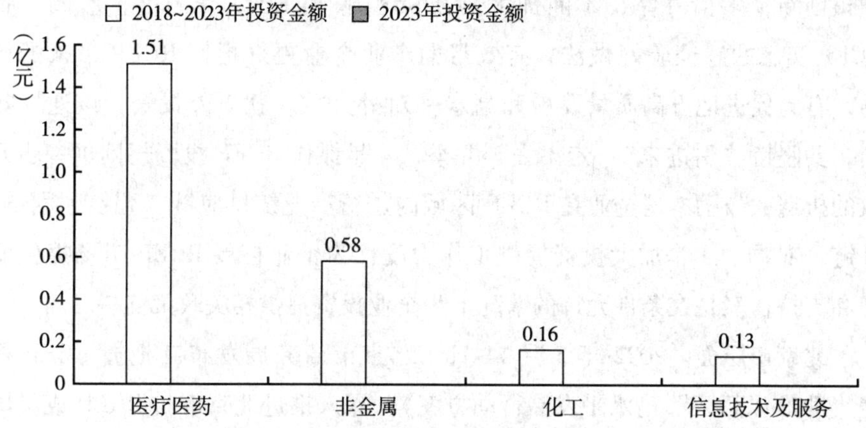

图 18　2018~2023 年北京上市公司采用股权投资模式对 RCEP 成员国的投资的行业分布

资料来源：中投大数据库。

总结来看，在 RCEP 全面实施的 2023 年，北京上市公司对 RCEP 成员国的投资在投资模式的选取方面主要呈现以下特点：越来越多地采用独立投资模式，对并购投资模式也比较青睐，而对合资经营、增资和股权投资等模式采用较少。

三　RCEP 全面实施推动北京对外投资高质量发展面临的机遇与挑战

（一）RCEP 全面实施推动北京对外投资高质量发展的机遇

1. 政府政策举措支持协同

（1）政策方针支持

国家层面。2024 年 5 月 31 日，《商务部办公厅关于参考借鉴好经验好做法　高质量实施〈区域全面经济伙伴关系协定〉（RCEP）工作的通知》印发，以推动各地方按照党中央、国务院部署，结合本地实际，主动作为，开拓创新，多措并举，不断加大高质量实施 RCEP 工作力度，形成一批 RCEP 实施的好经验好做法，有效帮助产业企业更好把握 RCEP 带来的机遇，有力促进地方高质量发展和高水平对外开放。就对外投资，该通知指出，要坚持“引进来”“走出去”并举，一是抓住 RCEP 投资规则进一步开放的机遇，鼓励本地企业在 RCEP 区域内进行产业链供应链“强链、固链、补链”布局；二是加大投资促进工作力度，为企业拓展 RCEP 市场提供服务和支持；三是在条件允许的情况下为企业投资提供相关政策支持。

北京市层面。2022 年 5 月 11 日，北京市商务局发布《把握 RCEP 机遇　助推“两区”高水平发展行动方案》，深入推进北京市与 RCEP 成员国经贸往来与合作，推动北京市“两区”建设，培育开放型经济新动能，打造高水平对外开放新平台。在对外投资合作方面，该通知指出，首先，创新对外投资合作方式；其次，打造投资服务品牌活动。此外，该通知还在“优化市场化、法治化、国际化营商环境”和“保障措施”两个方面提出了具体的行动方案，为北京市在 RCEP 下发展对外投资提供保障。

（2）倡议/战略协同

“一带一路”倡议。2013 年 9 月和 10 月，中国国家主席习近平先后提出建设“新丝绸之路经济带”和“21 世纪海上丝绸之路”的合作倡议；

2015 年 3 月 28 日，国家发展改革委、外交部、商务部联合发布了《推动共建丝绸之路经济带和 21 世纪海上丝绸之路的愿景与行动》。而截至 2023 年 6 月底，中国已与 152 个国家、32 个国际组织签署 200 多份共建“一带一路”合作文件。作为我国对外开放的重要窗口，北京是“一带一路”建设的重要枢纽，包含中央企业在内的北京市企业也是投资共建“一带一路”国家的“排头兵”。共建“一带一路”为 RCEP 的签署和扩容奠定了良好的基础，而 RCEP 实践为“一带一路”高质量发展树立了国际规则协调典范，“一带一路”与 RCEP 能够“双轮”驱动实现更高水平的对外开放。

自贸试验区建设。中国自由贸易试验区（FTZ）是指在我国境内关外设立的，以优惠税收和海关特殊监管政策为主要手段，以贸易自由化便利化为主要目的的多功能经济性特区。中国自贸试验区的设立是党中央、国务院全面深化改革和扩大开放的重大战略举措。2013 年，在国际投资贸易规则变化和国内经济新常态的宏观背景下，我国首先设立上海自由贸易试验区。自 2013 年的初期试点阶段到 2020 年的全面推进阶段，中国自贸试验区实现了从点到线、再从线到面的空间战略布局。根据 2020 年 9 月 21 日国务院印发的《中国（北京）自由贸易试验区总体方案》，北京自贸试验区的战略定位为“具有全球影响力的科技创新中心、服务业扩大开放先行区、数字经济试验区，京津冀协同发展的高水平对外开放平台”。

京津冀协同发展。京津冀协同发展的核心是京津冀三地作为一个整体协同发展，以疏解北京非首都核心功能、解决北京“大城市病”为基本出发点，调整优化城市布局和空间结构，构建现代化交通网络系统，扩大环境容量生态空间，推进产业升级和产业转移，推动公共服务共建共享，加快市场一体化进程，打造现代化新型首都圈，努力形成京津冀目标同向、措施一体、优势互补、互利共赢的协同发展新格局。

“两区”建设。“两区”建设，即建设国家服务业扩大开放综合示范区、中国（北京）自由贸易试验区，是中央批复支持北京的两项重大政策。2020 年 9 月，北京肩负起“两区”建设的历史重任，全力打造改革开放的“北京样板”。北京市高标准推进“两区”建设，突出科技创新、服务业开放、数字经济特征，以首善标准搭建立体化开放体系，融入和服务全国新发展格局。“两区”建设要做到园区开放和产业开放，关键任务是制度创新，推动贸易、投资和人才流动自由化便利化，营造国际一流营商环境；特色是科技创新、服务业开放、数字经济、区域协同开放。RCEP 为北京“两区”建设打通了新航道。

2. 企业对外投资经验丰富

共建“一带一路”经验。“一带一路”倡议和 RCEP 是高度契合的，前者能为后者提供经验借鉴。一方面，从倡议/协定本身来看，首先，共建“一带一路”国家与 RCEP 成员国存在重叠，目前除了日本和澳大利亚以外，其他 RCEP 成员国均已加入共建“一带一路”；其次，“一带一路”倡议与 RCEP 在理念上高度一致，均倡导“开放”、“合作”和“共赢”；再次，“一带一路”建设在政策协调、基础设施、经贸合作、金融发展和文化交流等方面取得的卓越成就，有利于稳固与重叠国家在 RCEP 下合作的基础；最后，“一带一路”建设持续向周边国家和地区释放经贸合作红利，有利于吸引非 RCEP 成员国加入 RCEP 合作。另一方面，从实践情况来看，2023 年是“一带一路”倡议提出的十周年，十年来“一带一路”已成为开放包容、互利互惠、合作共赢的国际合作平台和国际社会普遍欢迎的全球公共产品，而以中央企业为代表的北京企业在共建“一带一路”国家投资中发挥了“排头兵”和“主力军”的作用，积累了丰富的国际投资合作实践经验，这些经验无疑可以转移到与 RCEP 成员国的投资合作之中。

3. RCEP 成员国投资环境优化

（1）国家治理水平①

国家政府综合治理的质量将从根本上影响外商投资该国的安全性和发展性。世界银行每年会发布全球治理指数（Worldwide Governance Indicators,

① 由于 2021 年 9 月世界银行集团停止发布《营商环境报告》，且预计在 2024 年 10 月 3 日发布第一份新方案下的 Business Ready（B-READY）报告，因此本报告仅依据 2023 年世界银行发布的国家治理指数来评估 RCEP 各国的投资环境。

WGI)，该指数从话语权和问责制、政治稳定性、政府效率、监管质量、法律制度、腐败控制等 6 个方面对各国的国家政府综合治理质量进行打分，分数介于-2.5~2.5，分数越高，治理质量越高。根据 2023 年 9 月 29 日世界银行更新的 WGI 数据，本部分基于 2018~2022 年 14 个 RCEP 成员国在六个方面的得分，计算出 RCEP 成员国各年的全球治理指数（见表 2）。

表 2　2018~2022 年 14 个 RCEP 成员国全球治理指数

国家	2018 年	2019 年	2020 年	2021 年	2022 年
新西兰	1.79	1.74	1.74	1.68	1.68
新加坡	1.61	1.60	1.61	1.62	1.61
澳大利亚	1.54	1.51	1.47	1.47	1.49
日本	1.31	1.29	1.31	1.32	1.37
韩国	0.91	0.93	0.95	0.98	0.97
文莱	0.60	0.57	0.78	0.80	0.84
马来西亚	0.43	0.39	0.41	0.37	0.43
印度尼西亚	-0.15	-0.17	-0.11	-0.07	-0.05
泰国	-0.34	-0.25	-0.25	-0.24	-0.18
菲律宾	-0.35	-0.32	-0.31	-0.37	-0.28
越南	-0.39	-0.38	-0.34	-0.34	-0.34
老挝	-0.79	-0.82	-0.77	-0.70	-0.70
柬埔寨	-0.79	-0.80	-0.82	-0.81	-0.75
缅甸	-0.94	-0.98	-0.99	-1.46	-1.60

资料来源：世界银行全球治理指数 WGI 网站，https：//www.worldbank.org/en/publication/worldwide-governance-indicators。

从总体水平来看，新西兰、新加坡、澳大利亚、日本、韩国、文莱和马来西亚等 7 个国家的全球治理指数在中值以上（也即大于 0），其他 7 个国家的全球治理指数低于中值，且新西兰、新加坡、澳大利亚、日本等发达国家一直具备较高的国家政府综合治理质量。从变化趋势来看，日本、韩国、文莱、印度尼西亚、泰国、菲律宾、越南、老挝、柬埔寨等国的国家政府综合治理质量在近年来有所上升；而新西兰、缅甸、澳大利亚的综合治理质量有所下降，其中缅甸自 2021 年开始急剧下降。

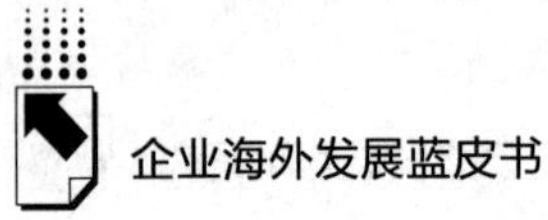

总结来看，RCEP 发达国家的国家政府综合治理质量较高，RCEP 多数发展中国家的国家政府综合治理质量近年来有所提升。这对于北京企业投资 RCEP 成员国是一个较好的信号。

（2）吸引外资水平

根据联合国贸易和发展会议于 2024 年 6 月 20 日发布的《2024 世界投资报告》，2023 年 RCEP 成员国吸引外资情况总体不太乐观（见表 3）。首先，从发达国家来看，2023 年新加坡、澳大利亚、日本和韩国保持了较高的吸引外商直接投资（Foreign Direct Investment，FDI）水平，在 RCEP 成员国中分别排第 1 位、第 2 位、第 4 位和第 6 位，新西兰吸引 FDI 水平不高，排倒数第 4 位。同比增速方面，2023 年日本、韩国、澳大利亚和新西兰吸引 FDI 水平显著下降，仅新加坡的吸引 FDI 水平保持稳定增长。其次，从东盟发展中国家来看，2023 年印度尼西亚和越南两国的 FDI 流入水平较高，与日本和韩国的水平相近；马来西亚和菲律宾居于其次；泰国、柬埔寨、老挝和缅甸的 FDI 流入水平较低；而文莱的 FDI 流入水平为负。同比增速方面，2023 年除印度尼西亚、马来西亚和泰国三国吸引 FDI 水平出现负增长以外，其他国家均为正增长，其中老挝增幅最大，增长率达到 162.26%；文莱其次，达到 82.53%，负向 FDI 流入明显减少；缅甸和柬埔寨的增长率也较高，分别为 22.68%和 10.62%。

表 3　2018~2023 年 RCEP 成员国 FDI 流入及 2023 年同比增速

单位：百万美元，%

国家	2018 年	2019 年	2020 年	2021 年	2022 年	2023 年	2023 年同比增速
老挝	1358	756	968	1072	636	1668	162.26
文莱	517	375	577	205	-292	-51	82.53
缅甸	2892	2509	1907	2067	1239	1520	22.68
新加坡	73115	97533	74857	126674	141118	159670	13.15
柬埔寨	3213	3663	3625	3483	3579	3959	10.62
菲律宾	9949	8671	6822	11983	5939	6210	4.56
越南	15500	16120	15800	15660	17900	18500	3.35
印度尼西亚	20563	23883	18591	21131	25390	21628	-14.82

续表

国家	2018 年	2019 年	2020 年	2021 年	2022 年	2023 年	2023 年同比增速
日本	9963	13755	11768	34294	34194	21433	-37.32
韩国	12183	9634	8765	22060	25045	15178	-39.40
马来西亚	7618	7813	3160	12173	16940	8653	-48.92
澳大利亚	67568	38536	14162	23855	63366	29874	-52.85
新西兰	2236	4296	3997	4117	7903	3568	-54.85
泰国	11705	3765	-6284	14417	11082	4548	-58.96

注：原表数据标记了估计数、资产/负债基础等统计信息，本报告仅引用数据。

资料来源：联合国贸易和发展会议《2024 世界投资报告》。

总结来看，2023 年 RCEP 成员国吸引 FDI 总体态势不佳，尤其多数吸引 FDI 水平总体较高的国家的环比增长为负，增长为正的主要为吸引 FDI 水平不高的国家。这既佐证了 2023 年北京上市公司对 RCEP 成员国总体投资规模的缩小，也为未来对 RCEP 成员国投资提供了一定的方向指引，例如，新加坡、越南、柬埔寨三国 2022～2023 年的吸引 FDI 水平保持了较高的增长率，表明三国对外商投资持较为开放的态度。

（二）RCEP 全面实施推动北京对外投资高质量发展面临的挑战

1. 政治风险交织

在中国与东盟国家关系方面，政治风险挑战主要体现在东盟国家政权的稳定性方面。在中日韩关系方面，政治风险挑战主要体现为双边政治互信问题。政治互信是实现 RCEP 成员国实现经济共同增长的前提条件，然而，由于政治互信问题，近年来中国对日韩的投资合作面临一些实际困难。一方面，外部环境发生变化，贸易保护主义和逆全球化抬头，增大了中日韩经贸合作的外部阻碍；另一方面，中国产业升级和技术进步使中日韩经贸合作从“垂直分工”向“水平竞争”转变，中日韩合作的内生动力相对减弱。在中国与澳大利亚和新西兰关系方面，政治风险挑战主要体现为监管和规则障碍。例如，澳大利亚外国投资项目审查趋严，澳大利亚公众和政治家用其自身秉持的价值观和遵循的规范来衡量中国企业，这些均可能给我国企业投资澳大利亚带来障碍。

2. 产业两头承压

从世界各国竞争力升级的历史过程来看，当一国产业从低附加值的劳动密集型产业向高附加值的资本或技术密集型产业升级时，将不可避免地面临低端产业和中高端产业两头均受挤压的状况。RCEP 全面实施后，区域内供应链格局调整，我国产业将面临类似的两头承压态势，对我国企业对外投资形成挑战。

从低端供应链来看，RCEP 可能加剧区域内的产业调整和我国部分产业外移。一方面，东南亚地区劳动力成本更低，土地、税收、国际贸易等方面的优惠政策具有吸引力；另一方面，RCEP 成员国之间在投资自由化、投资保护、投资便利化和投资促进等方面适用更高水平的开放规则。两者均可能加速我国成本敏感型的轻工、纺织、电子产品制造业的劳动密集型环节向东盟国家转移。例如，2020 年初，富士康开始将部分手机生产线转移至越南；2022 年，富士康在越南北江省投资 3 亿美元建设新的工业园区和生产基地；2023 年，富士康在越南广宁省投资约 2.5 亿美元建造两座新工厂。传统劳动密集型产业向东盟国家的转移加速，一方面会削弱我国企业在这些产业的竞争优势，另一方面会倒逼我国企业加速技术创新，尽快实现产业转型升级。对于投资 RCEP 成员国而言，客观上要求企业重新审视自身在区域产业链格局中的地位，寻求向高端产业链发展的投资合作机会。

从中高端供应链来看，RCEP 可能会对我国中高端产业的竞争格局造成一定的冲击。我国产业链创新链本身存在围绕产业链布局创新链能力不足、上游环节对发达国家依赖度较高、自主创新能力不足、关键技术领域“卡脖子”等问题。RCEP 全面实施以后，一方面，在前述低端产业加速向东盟国家转移的情况下，我国企业不得不加快向产业链创新链中的中高端谋求技术突破和产业升级；另一方面，日韩等 RCEP 发达国家对我国主要出口机电产品、集成电路等中高端产品，由于 RCEP 带来的关税优惠，我国这类中高端产业将面临更加激烈的竞争。因此，北京企业在投资 RCEP 成员国时，将不得不在竞争高压下统筹优化基础研发、技术创新、产业应用等创新链各环节，推动自身比较优势转换为竞争优势。

3. 投资环境不稳

尽管部分 RCEP 成员国在综合治理质量和吸引外资水平方面有所提升，但由于资源、技术、政策、市场、文化等多方面的局限，RCEP 区域仍然存在许多影响我国企业出海投资的不稳定因素。

首先，部分国家法律法规不健全、市场机制不完善。例如，有的国家在允许外国公司在其领土上获得利润的同时，也会从出于保护自身利益的角度出发，制定一些针对外国企业的规定，收取诸如合同签字费、生产定金、利润提成等费用，并在外国企业进入时，设有投资额门槛，多数表现为承担最低义务工作量、交纳各种费用、必须完成基础建设以及各种援助等。这使得投资这些国家需承担较大的交易成本。

其次，部分国家基础设施落后，技术、资金和人才有限。例如，缅甸、越南、老挝、柬埔寨等经济欠发达国家工业基础较薄弱，缺乏完善的基础设施建设。又如，缅甸、泰国、马来西亚、印度尼西亚、菲律宾、老挝等国锡矿、铬铁矿、铁矿等自然资源丰富，但矿产资源勘探水平有限，也缺少资金和专业人才，这将对能源投资合作造成许多现实困难。

最后，部分国家存在民族主义情绪和多民族冲突。东南亚各国是典型的多民族国家，各国不同的民族地区经济发展的不平衡、民族宗教信仰的差异等因素，引发了一些错综复杂的民族矛盾和冲突，这会导致投资这些国家在安全性、收益性和可持续性等方面面临诸多不确定性因素。

4. 外部板块制约

共建 RCEP 区域大市场在推动区域经济一体化、助力区域经济新发展的同时，容易引发来自外部板块的挤压，导致我国企业投资 RCEP 成员国难以有效开展或面临不利的外部环境。这些外部挤压因素主要包括以下两个方面。

首先，RCEP 巩固了我国在东亚太平洋板块与东南亚板块的经贸合作，但容易引起一些国家的不安。例如，在 2022 年 1 月 RCEP 正式生效后，美国在同年5月启动“印太经济框架”（Indo-Pacific Economic Framework，IPEF），作为地区接触的关键工具；2022年9月IPEF部长级会议召开，其初始成员国共14个，与RCEP成员国高度重合。

其次，RCEP生效后，我国的贸易地位和贸易规则话语权将不断增强，这促使美国加快与欧盟、日本、韩国及澳大利亚等国家与地区，以及其他RCEP成员国之间的合作，共同制定更高标准的世界贸易规则。美国试图再次主导多边与区域贸易体制，这将使得我国可能面临其他成员国无法完全贯彻与实行RCEP的困境。

四　RCEP全面实施推动北京对外投资高质量发展的建议

（一）拓展对外投资广度和深度

从北京上市公司投资RCEP成员国的投资状况来看，目前北京企业对RCEP成员国投资在广度和深度两个方面均尚显不足，前者主要表现为投资的国家和行业均较为集中，后者主要表现为投资行业以能源电力、建筑基建等传统领域为主，尖端产业领域投资较少。因此，北京企业在对外投资的广度和深度方面，均存在提升空间。

在投资广度方面，引导企业根据东道国市场制度、区位以及经济发展类型等特征选择投资目的地，相关政府部门定期开展企业跨国经营培训，加深企业对投资目的地的政治、人文、经济、地理和历史等方面的了解，了解我国与投资目的国之间的联系与差异，规避风险、寻找机会，拓宽投资区域范围。一方面，基于北京在金融、数字经济、科技、服务业等领域的产业优势，引导相关企业在这些领域开展投资合作，发挥长处；另一方面，基于RCEP成员国各自的产业优势，例如日韩在半导体、显示器、电子科技、光学产品等尖端领域的优势，鼓励和支持北京企业在这些领域展开投资合作，补齐短板。同时注意不同类型企业应根据自身所有制情况和投资动机做出合理的跨国投资决策。

在投资深度方面，全面认识对外直接投资的创新效应，鼓励企业“抱团出海”，弥补由单个企业市场多元化不足以及东道国嵌入程度不够导致的负向作用。政府搭建企业对外投资交流和沟通平台，分享跨国经营的经验和风险提示，倡导在同一东道国市场中经营的不同企业形成合力充分融入当地市场环境，鼓励投资不同市场的企业形成由“点”到“面”的跨国经营网络，降低新进入者的门槛和因“外来者劣势”等产生的成本，实现“抱团取暖”提高创新绩效的目的。避免盲目追求市场多元化，在可控范围内进行跨国经营，提高嵌入东道国市场环境程度以实现对外投资广度和深度正向作用的叠加。企业应当把握好跨国投资的“时空”节奏，合理布局跨国经营网络，也需要注意跨国投资的时序问题，市场多元化和当地嵌入策略相结合，“扬长避短”提高企业创新能力。

（二）提升投资合作效能

RCEP 正式生效以来，北京上市公司对 RCEP 成员国投资主要采取了独立投资模式，这反映了 RCEP 背景下投资自由化便利化所带来的成效，也在一定程度上表明对 RCEP 成员国的投资方式较为单一，不利于企业间的合作学习与绩效共赢。未来可以考虑从以下方面改进投资合作方式和提升投资合作效能。

对于 RCEP 发展中国家：注重发挥其资源丰富、成本低廉的优势，将其与北京企业在基础设施和一些中低端行业的优势相结合，选择代表性国家搭建双方产业合作平台，引导企业通过绿地投资、跨国并购、联合投资等多种方式扩大国际产能合作。例如，在马来西亚、泰国、越南等国合作建设加工制造、物流、销售型园区，在老挝、柬埔寨等国合作建设制造、农业种植、资源开发型园区等。

对于 RCEP 发达国家：引导企业创新发展，提升企业国际化经营水平，加快培育国际经济合作和竞争新优势，重点推动北京中高端行业企业与日本、韩国、新加坡等国家的企业在医疗美容、生物医药、人工智能、集成电路、金融等领域的投资合作，如在日本、韩国、新加坡等国合作建设科研型园区；围绕 5G、智能网联汽车、机器人、能源、航空航天打造具有全球影响力的产业合作交流平台；引导国际知名企业、机构设立或与北京市领军企业共建跨国科技成果转化中心，构筑全球互动的技术转移网络等。

（三）倡导新质生产力发展理念

新质生产力由技术革命性突破、生产要素创新性配置、产业深度转型升级催生，以劳动者、劳动资料、劳动对象及其优化组合的跃升为基本内涵，以全要素生产率大幅提升为核心标志。在以新质生产力促进新一轮国际合作和世界经济增长的进程中，我国已经开展了一系列的务实行动，如向世界提供广阔的市场、全新的产品和转型的方案等。北京企业对 RCEP 成员国投资也可积极倡导和贯彻新质生产力理念，助力高质量对外投资。

首先是技术革命性突破方面。对标 RCEP 成员国中的技术先进国家，围绕人工智能、生命科学、新工业材料、新能源、量子通信等原创性、关键性、颠覆性技术领域，从技术创新、产业体系、生产方式等三个方面创新投资合作。例如，支持企业对标国际先进水平实施质量攻关技术改造，加强可靠性设计、试验与验证技术开发应用，提升重点行业关键工艺过程控制水平等，以质量提升加强北京企业在 RCEP 区域的市场参与能力。

其次是生产要素创新性配置方面。进一步拓展合作领域、扩大 RCEP 范围，以扩大市场规模，在更大的范围内促进生产要素自由流动，实现生产要素的创新配置和优化组合，促进全要素生产率提升，并且让更多的国家和企业参与一体化大市场，推动专业化分工合作，从而让更多创新成果涌现，进而加快形成新质生产力。

最后是产业深度转型升级方面。助力以专精特新“小巨人”企业为代表的创新型企业参与 RCEP 区域的供应链建设，提升消费品、装备、原材料等领域的产品质量，加大质量升级技术改造和技术创新支持力度。优化区域内产业链和供应链布局、推动国内产业转型升级、促进国内经济高质量发展；发挥北京在我国和 RCEP 区域的中心位置的独特区位优势，建设 RCEP“专精特新”集聚区，加快建设成为 RCEP 区域产业链和供应链的新节点。

（四）应对合规风险和 ESG 风险

合规风险和 ESG 风险是企业对外投资过程中的常见风险。对于北京市企业投资 RCEP 成员国而言，正确应对两类风险同样重要。

首先是合规风险。在对外投资过程中，我国企业，特别是国有企业的合规问题容易被放大审视。北京市央企、国企数量较多，也是对外投资的主力，尤其需要注重合规问题。海外投资合规既包括中国和投资所在国法律法规、国际条约、监管规定、企业内部制度规范等“硬规则”，也包括商业惯例、行业准则、道德规范等“软规则”。为应对对外投资合规风险，促进北京企业投资 RCEP 成员国高质量发展，可以从以下几个方面发力。一是政府监管部门应当加强对“走出去”企业的帮扶和引导；二是建立境外法律判例和监管规则收集机制，形成合规义务数据库并实行动态维护；三是开展卓有成效的商务谈判和签约，确保供应链上下游的商业伙伴同步合规；四是通过“人才+制度+科技”手段，全方位防控企业合规风险；五是必要时委托专业机构进行风险评估并出具意见。

其次是 ESG 风险。在对外投资过程中，除了传统的合规风险和文化冲突，随着全球 ESG 理念的深入，可持续发展要求已然成为影响企业出海的关键因素。相比过去，全球政府监管机构和国际组织出台了更加严格、更高的 ESG 标准，关注的议题广度和深度有所拓展，对“洗绿”的监管也更加严格。面对日益严格的全球 ESG 法规，出海企业亟须建立全球 ESG 合规和风险控制体系，推动自身及供应链的 ESG 管理。一是尊重和了解目标市场的文化和法律法规。在进行海外投资和市场开发时主动了解当地的法律法规和多元文化，避免由于因为忽视或不了解而触犯东道国的劳工、环保等法律法规，遭受政府的处罚、非政府组织的抗议和公众的投诉。二是将 ESG 融入企业战略和发展规划，建立健全 ESG 治理体系。制定并实施全面的 ESG

合规体系，涵盖环境保护、社会责任和公司治理三个方面，包括政策制定、制度设计、执行监督和持续改进，确保企业内部和供应链上下游的ESG合规。三是实施尽职调查与报告机制。在供应链管理中实施尽职调查程序，对供应链中的各个环节进行全面的审核和评估，并提供供应商行为准则，以确保供应商和合作伙伴符合企业的ESG标准。

（五）打造“投资中国”金字品牌

2024年7月，商务部、中国人民银行、金融监管总局、国家外汇局联合印发《关于加强商务和金融协同更大力度支持跨境贸易和投资高质量发展的意见》。该意见指出，推动地方商务主管部门扎实落实放宽外资准入各项政策，着力打造“投资中国”品牌，在境内外开展重点投资促进活动，加大对“专精特新”企业、“隐形冠军”企业及供应链关键企业的招引力度，推动外资标志性项目落地。充分发挥外贸外资协调服务机制作用，办好外资企业圆桌会议，做好问题诉求收集办理，着力提升外资企业获得感满意度。鼓励银行保险机构发挥国际化、专业化优势，积极参与境内外招商引资活动，加强同外资企业的对接合作，提供更加多样化的专业性金融服务。

打造“投资中国”品牌需双向发力，需要从中国视角出发，深耕中国故事，打造更为鲜明的“投资中国”品牌效应。一方面，需要尊重国际规则，让外资在中国有利可图。通过保持稳定的经济增长和建立完善的产业链，构筑吸引和利用外资的坚实基础。另一方面，需要消除隔阂，实现双向投资交流。通过改革提升制度支持，以开放政策增强国际认可，从而提振国际社会“投资中国”的信心。

推动北京企业对外投资高质量发展，可以考虑以下几个方面的举措。一是打造精品活动。例如，2024年商务部将“走出去”招商和“请进来”招商相结合，在境内外举办20多场精品活动。二是打造优质服务。例如，2023年商务部升级建立了外资企业圆桌会议制度，积极听取外资企业的意见建议和问题诉求；发挥好重点外资项目工作专班的作用；加强对重点外资项目的“全生命周期”服务保障，推动项目早落地、早投产、早达产。三是营造良好的环境。例如，及时出台配套措施，持续释放政策红利，在扩大准入、投资促进、强化服务、优化环境、对接国际高标准等方面持续发力，不断增强企业的获得感。

参考文献

《商务部等 6 部门关于高质量实施〈区域全面经济伙伴关系协定〉（RCEP）的指导意见》，中国政府网，2022 年 1 月 24 日，https：//www. gov. cn/zhengce/zhengceku/2022-01/26/content_ 5670518. htm。

《商务部办公厅关于参考借鉴好经验好做法　高质量实施〈区域全面经济伙伴关系协定〉（RCEP）工作的通知》，商务部网站，2024 年 5 月 31 日，http：//file. mofcom. gov. cn/article/gztz/202405/20240503513965. shtml。

北 京 篇

B.9 2023年北京跨境电商发展及综试区政策效应研究

孙宛霖　王分棉*

摘　要：　2023年，北京跨境电商成为对外贸易稳规模、优结构的关键力量，为经济高质量发展注入了新活力。本报告深入分析了2023年中国及北京跨境电商在这一背景下的发展态势。中国跨境电商进出口总额已连续五年实现稳健增长，北京跨境电商在进出口总额、医药产品试点、政府财政支持和新设企业数量等方面均展现出强劲的增长势头。在此基础上，本报告特别聚焦于北京跨境电子商务综合试验区的相关政策，从政策协同、消费增长拉动和产业升级推动三方面分析了综试区政策对北京跨境电商发展的影响。同时，本报告基于京津冀地区数据，构建多时点双重差分模型实证检验了综试区的政策效应和作用机制。最后，本报告从积极把握综试区发展机遇、提升

* 孙宛霖，对外经济贸易大学国际商学院博士研究生，主要研究方向为国际企业管理；王分棉，博士，教授，对外经济贸易大学北京企业国际化经营研究基地研究员，主要研究方向为战略管理、国际企业管理。

跨境电商经营韧性和完善数智化物流体系建设三方面，为深入推进北京跨境电商的高质量发展提出了策略建议。

关键词： 跨境电商　跨境电子商务综合试验区　高质量发展　北京企业

一　2023年北京跨境电商发展总体分析与评价

（一）2023年北京跨境电商发展背景分析

2023 年，能源价格攀升、持续通货膨胀、欧美发达经济体增长疲软和地缘局势紧张等因素叠加，对全球贸易造成诸多挑战。根据世界贸易组织（WTO）的统计数据，2023 年世界货物贸易总量较上年下降了 1.2%，欧美等主要市场需求收缩，欧洲进口量下降 4.7%，北美进口量下降 2.0%。在外部多重压力下，中国外贸基本盘稳固，呈现"量稳质优"的发展态势。据海关总署统计，2023 年中国货物贸易进出口总值为 41.76 万亿元，同比增长 0.2%，连续 7 年居全球第 1 位；出口额占国际市场的 14.2%，与 2022 年持平，连续 15 年保持全球第 1 位。

作为新兴贸易业态，跨境电商为外贸行业持续回稳向好发挥了积极作用，展现出强劲的发展韧性，成为中国外贸转型升级和高水平对外开放的新动能。2023 年中央经济工作会议提出加快培育外贸新动能、拓展跨境电商出口、认真解决数据跨境流动问题等重要目标，明确了助力跨境电商持续有序发展的政策导向。2023 年 4 月，海关总署牵头 6 部门在 12 省 17 市召开 2023 年促进跨境贸易便利化专项行动，推出"智慧口岸"等 5 个方面的 19 项改革创新措施，在促进跨境贸易降本增效方面成效显著。在利好政策的加持下，2023 年中国跨境电商进出口规模再度突破 2 万亿元，同比增长 15.6%，新产品、新行业、新市场、新模式不断涌现，"出海四小龙"全球影响力不断提升，产业生态链条不断完善，跨境电商行业正式迈入高质量发展阶段。

在此背景下，北京市作为国家电子商务示范城市和先导城市，充分利用其作为首都和超大型城市的独特优势，于 2023 年高质量推进国际消费中心城市建设，积极培育跨境电商等新型消费模式。截至 2023 年，北京已累计培育了三批共 15 家跨境电商产业园，成功落地了 10 家跨境电商体验店，有效推动了跨境电商“关、汇、税、商、物、融”全链条生态资源的整合，首批首都跨境电商新生态共建单位共 28 家。此外，北京海关、京冀两地地方政府以及首都机场集团携手合作，充分发挥北京大兴国际机场临空经济示范区和综合保税区的政策与资源优势，共同打造了跨境电商发展的前沿阵地，并成功实现了跨境电商直邮出口模式，使得中国跨境商品到达美国的运输时间实现了从 9 天到 4 天的显著缩短。北京市通过在跨境电商领域的积极探索与创新实践，逐步形成了龙头电商引领、骨干电商支撑、中小电商多点发力的发展格局，为构建健康、繁荣的跨境电商生态系统注入了新的活力与动力，也为全国跨境电商的快速发展提供了宝贵经验和示范效应。

（二）2023年中国跨境电商发展规模及特点分析

2019~2023 年，中国跨境电商贸易进出口总额及出口额连续 5 年保持正增长态势，其中跨境电商出口增长势头尤为强劲，出口与进口比例持续扩大，至 2023 年，出口额已是进口额的 3.3 倍，成为推动外贸发展的关键力量。2023 年，中国跨境电商进出口总额再度突破 2 万亿元大关，达 2.378 万亿元，同比增长 15.5%。具体而言，跨境电商出口额实现 1.830 万亿元，同比增长 19.6%；而跨境电商进口额在经历 2021~2022 连续两年下滑后，于 2023 年实现回升，达 0.548 万亿元，同比增长 3.8%，增速创下 2021 年以来的最高纪录。2019~2023 年中国跨境电商进出口总体情况见表 1。

表 1　2019~2023 年中国跨境电商进出口总体情况

单位：万亿元，%

年份	金额			同比增速			出口与进口比例
	进出口	出口	进口	进出口	出口	进口	
2019	1. 290	0. 798	0. 492	22. 2	30. 5	10. 8	1. 6
2020	1. 622	1. 085	0. 537	25. 7	36. 0	9. 1	2. 0
2021	1. 924	1. 392	0. 532	18. 6	28. 3	-0. 9	2. 6
2022	2. 058	1. 530	0. 528	7. 1	9. 9	-0. 8	2. 9
2023	2. 378	1. 830	0. 548	15. 5	19. 6	3. 8	3. 3

资料来源：中国海关总署。

此外，随着实体经济蓬勃发展和消费市场复苏，中国跨境电商的交易结构持续向 C 端倾斜，2023 年 B2C 跨境电商交易量占比已连续 5 年保持稳步增长，从 2019 年的 19. 5%上升至 2023 年的 29. 8%，彰显了其在跨境电商领域中日益重要的地位。随着互联网、5G 等数字技术的不断发展，跨境电商凭借其线上交易、非接触式交货以及交易链条短等独特优势，为全球消费者和生产者“买全球、卖全球”搭建了一个便捷高效的平台，从而迅速崛起为全球贸易中一股不可忽视的“新势力”。然而，B2B 跨境电商仍占据市场的主导地位，2023 年其交易量占比超过七成，说明在当前跨境电商的发展格局中，企业间的批量交易与供应链合作仍然扮演着至关重要的角色。B2B 跨境电商以其稳定的交易关系、大规模的订单量以及成熟的供应链管理体系，继续在全球贸易中发挥支柱性作用。2019~2023 年中国跨境电商交易结构见图 1。

（三）2023年北京跨境电商发展规模及特点分析

2023 年，北京对外贸易发展势头稳健，展现出强劲的发展动能，进出口总额连续 3 年突破 3 万亿元大关，彰显了北京市国际贸易重要枢纽的地位。北京海关数据显示，2023 年北京地区进出口规模达 3. 65 万亿元，同比微增 0. 3%，占全国进出口总额的 8. 74%。其中，进口额与上年基本持平，

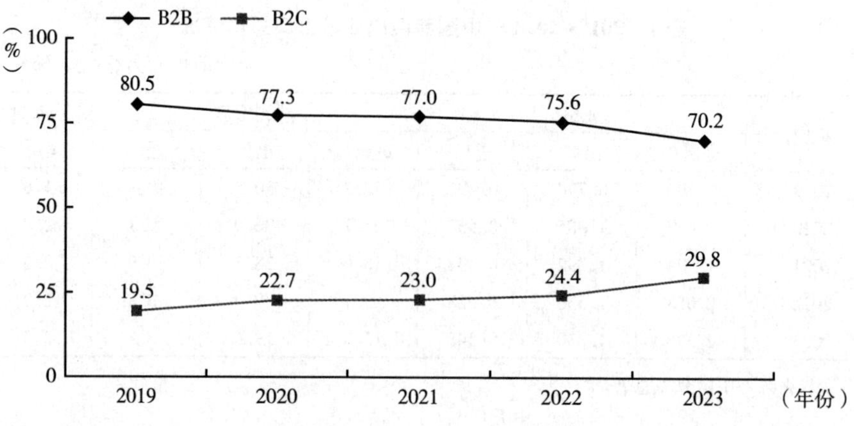

图 1　2019~2023 年中国跨境电商交易结构

资料来源：网经社。

达 3.05 万亿元；出口业务稳步拓展，出口额达 0.60 万亿元，同比增长 2%。2019~2023 年北京对外贸易进口额和出口额见图 2。

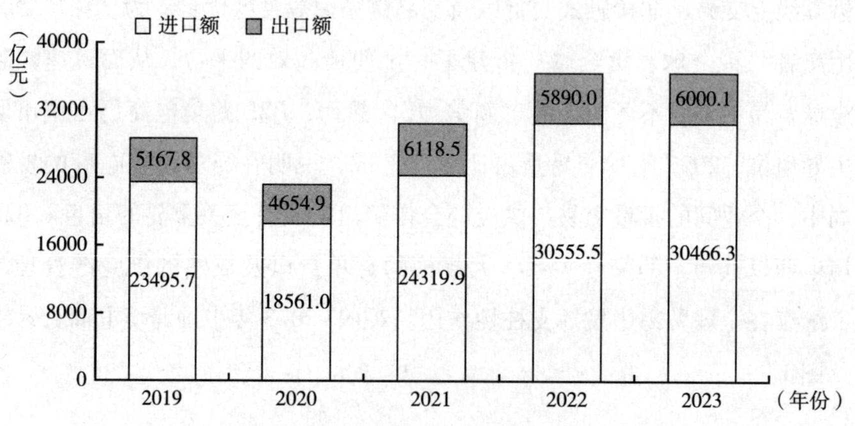

图 2　2019~2023 年北京对外贸易进口额和出口额

资料来源：《北京市 2023 年国民经济和社会发展统计公报》。

在此背景下，北京跨境电商呈现蓬勃增长态势。据北京市商务局统计，2023 年前 5 个月北京跨境电商进出口总额同比增长约 15%，远超过进出口总额的增长速度；其中，B2B 出口额同比增长超过 40%，B2B 跨境电商申报主体数量增长超过15%，为跨境电商发展注入新动能。同时，跨境电商销售医药产品等创新政策成为北京跨境电商高质量发展的有力引擎，截至2023年5月，北京市参与跨境电商销售医药产品试点的平台企业已增加至6家，2023年前5个月北京跨境电商医药产品进口额突破亿元大关。

北京跨境电商的提质增量，离不开北京市政府对跨境电商支持力度的持续加大。根据北京市商务局数据，2023年北京市为71个跨境电子商务发展项目提供了财政资金支持，总金额超过3500万元，同比增长超过28%，其中包括跨境电商平台100万元、跨境电商仓储服务设施建设195万余元，支持企业建设运营跨境电商体验店149万余元，支持B2C和B2B企业拓展跨境电商业务3084万余元。

从企业分布情况来看，截至2024年8月1日，海关总署公示的跨境电商企业名录中，北京市行政区划内共有跨境电商企业1379家，较上年8月增加了165家。其中，包括368家跨境电子商务交易平台企业、21家跨境电子商务物流企业、23家跨境电子商务支付企业以及24家跨境电子商务监管场所运营企业。图3列示了2023年8月和2024年8月北京跨境电商企业的地区分布数量，可以看到，北京跨境电商企业在地域上展现出显著的集聚特征，各市辖区跨境电商企业数量在2023年8月至2024年8月均有显著增长。其中，朝阳区以383家跨境电商企业领跑全市，较上年增加了34家；海淀区、大兴区、顺义区及通州区紧随其后，跨境电商企业数量均突破100家，其中通州区较上年增长幅度最大，跨境电商企业数量从91家增至116家。

从贸易结构来看，2023年北京跨境电商仍以进口为主，进口贸易增长态势强劲。2023年“双十一”期间（10月31日至11月11日），北京海关共验放跨境电商零售进出口清单约23.3万票，总金额超过8000万元，其中进口清单票数占比超过84%，主要为美妆护肤产品等；出口清单货值占比超28%，以服饰和饰品为主。此外，北京跨境电商同样重视提升跨境电商商品退还环节的体验。2023年，北京海关全面推广“跨境电子商务零售进口退货中心仓模式”，允许消费者退货包裹入区，实现退货分拣、申报、重新上架等流程“一站式”服务，为跨境电商消费者和企业带来极大的便利。

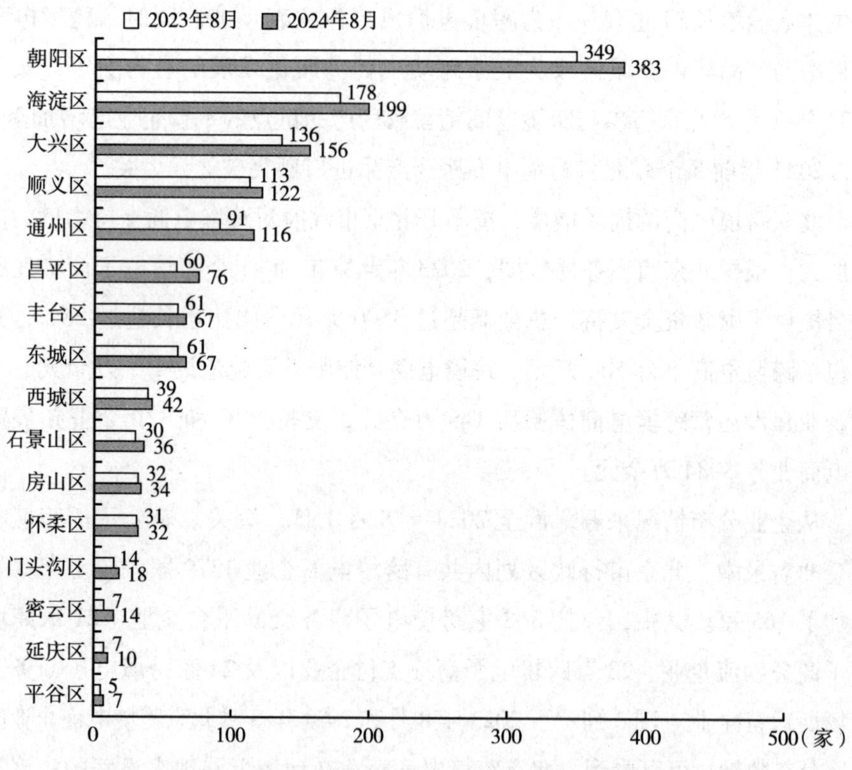

图3 2023年8月和2024年8月北京跨境电商企业数量分布

资料来源：海关总署。

二 北京跨境电商综试区的政策影响分析

（一）北京跨境电商综试区的政策背景

跨境电商作为全球贸易的新兴业态，是我国进出口贸易的新引擎、转型升级的新渠道和高质量发展的新抓手。在我国跨境电商的发展进程中，跨境电子商务综合试验区（简称“跨境电商综试区”）作为先行先试的“试验田”，发挥着至关重要的引领带动作用，旨在通过一系列的制度创新、管理优化和服务升级，为跨境电商的自由化、便利化、规范化发展开辟道路。各跨境电商综试区结合当地的发展条件和特色资源，聚焦交易、支付、通关、物流、退税、结汇等跨境电商核心环节，积极在技术标准、制度流程、监管规则及数字化建设等方面开展先行先试，力求破解制约跨境电商发展的深层次矛盾和体制性障碍，打造跨境电子商务产业链和生态链，为全国跨境电商有序发展提供可复制、可推广的经验。

2015 年，国务院批准设立了中国（杭州）跨境电子商务综合试验区，这是我国的第一个跨境电商综试区。此后，我国跨境电商综试区经历了数次扩围，截至 2022 年，国务院先后批准在天津、北京、石家庄、雄安新区等城市和地区设立了 7 批共 165 个跨境电商综试区，覆盖 31 个省份。图 4 展示了中国跨境电子商务综合试验区的发展历程。

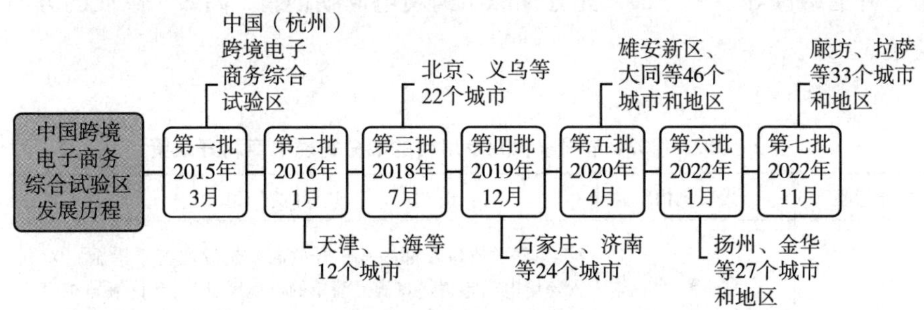

图 4　中国跨境电子商务综合试验区发展历程

资料来源：根据政府官方网站信息整理。

（二）跨境电商综试区政策对北京跨境电商发展的影响

1. 政策创新发挥协同效应

自跨境电商综试区成立以来，北京市政府和北京海关聚焦制度创新，基于实践经验探索首创了一系列支持政策，使得跨境电商综试区政策与北京“两区”和国际消费中心城市建设的相关政策形成紧密的联动与协同效应，为跨境电商企业铺设发展快车道。例如，北京海关首创了“免税、保税、跨境电商衔接”试点政策，允许企业预先将待售免税商品运入综保区内，随后再根据市场反馈和销售策略灵活调整，决定按免税品流程申报出区进入国内市场销售，或者转为跨境电商商品进行在线销售。同时，政策针对滞销免税品提供了便利的退运及结案流程，允许这些商品退回综保区内处理，有效减轻了企业库存压力，减少了资金占用。该项政策创新性地打破了传统跨境业务的界限，允许免税、保税、跨境电商三种不同业态在综保区内共存经营，且要求企业对这三种形态的商品实行严格的独立核算和分区管理，极大提升了监管的精准性和效率。该政策推出后，截至 2023 年 3 月底已累计销售 618 万票，总金额为 73 亿元。

表 2 总结了 2023 年国家和北京市出台的部分跨境电商利好政策。可以看到，全国和北京市对跨境电商的政策支持与改革举措全面覆盖了跨境电商的各个环节和各类主体，涉及知识产权、服务平台、产业融合、仓储物流、税收、外汇结算等各个方面，充分保障了跨境电商朝创新、高效、高质的方向发展。

表 2　2023~2024 年国家和北京出台的部分跨境电商利好政策

时间	发布机构	政策内容
2023 年 3 月	北京海关	《北京海关支持首都高水平开放高质量发展若干措施》：对列入跨境电商零售进口商品清单的进境展览品，允许展览结束后按照跨境电商网购保税零售进口商品模式销售。支持大兴机场建设快递类海关监管作业场所，开展快件进出口及跨境电商 9610 进出口业务。畅通跨境电商进出通道。推动跨境电商线上线下融合发展创新模式在北京落地
2023 年 4 月	国务院办公厅	《国务院办公厅关于推动外贸稳规模优结构的意见》：支持外贸企业通过跨境电商拓展销售渠道和培育自主品牌，鼓励各地方创新建设跨境电商综合试验区，积极发展“跨境电商+产业带”模式，带动跨境电商 B2B 出口，加快出台跨境电商知识产权保护指南，建设跨境电商综合试验区线上综合服务平台等
2023 年 5 月	北京市商务局	《2023 年度北京市商务局承担市政府工作报告任务清单》：大力打造“双枢纽”国际消费桥头堡，加快“双枢纽”设施建设，推进北京大兴国际机场一期续建（卫星厅）工程前期研究论证工作，加快免税店和离境退税商店建设，推动跨境电商医药零售和汽车平行进口试点工作

续表

时间	发布机构	政策内容
2023 年 8 月	财政部、海关总署、国家税务总局	《财政部　海关总署　税务总局关于延续实施跨境电子商务出口退运商品税收政策的公告》:对滞销、退货原因,自出口之日起 6 个月内原状退运进境的跨境电商商品(不含食品),免征进口关税和进口环节增值税、消费税;出口时已征收的出口关税准予退还
2023 年 12 月	国务院办公厅	《关于加快内外贸一体化发展的若干措施》:促进"跨境电商+产业带"模式发展,带动更多传统产业组团出海。扩大本外币合一银行结算账户体系试点范围,支持更多符合条件的支付机构和银行为跨境电商等新业态提供外汇结算服务
2024 年 7 月	北京市商务局	《关于发布 2024 年支持跨境电子商务发展项目申报指南的通知》:聚焦跨境电商重要载体和关键环节,设支持跨境电商平台建设、提升跨境电商仓储物流服务能力、建设运营跨境电商体验店、开展跨境电商进出口业务等 4 个支持方向

资料来源：根据政府官方网站信息整理。

2. 模式创新激发消费增长

北京市跨境电商充分发挥综试区先行先试的优势，探索和支持跨境电商新业态、新模式发展，不断激发和提振消费市场活力。例如，北京市开创了跨境电商销售医药产品的新模式，允许试点企业通过电商平台直接向国内消费者销售符合规定的跨境医药产品；同时，为提升跨境电商医药产品透明度与安全性，鼓励试点企业以“一物一码、物码同追”为基本原则建立跨境医药产品追溯体系，实现跨境医药产品境内最小包装单元可追溯、可核查，便捷安全，极大地提升了消费者的购药体验和消费意愿。此外，2023 年初王府井公司在北京赛特奥莱开设了首家跨境体验店，推出了线下体验、线上下单的跨境电商全新销售模式，市场反响火爆，截至 2023 年底全球购平台已接待消费者近 10 万名，卖出商品 9 万件。2024 年初，王府井全球购的京外首店在天津开业，开创了北京企业在全国范围推广跨境体验店模式的先河，通过跨境电商与新零售的有机结合，充分带动了京津冀地区的消费创新和规模扩大。

3. 基础设施建设促进产业升级

北京自跨境电商综试区设立以来，全方位强化了跨境电商平台、海外仓、体验店、产业园等基础设施及金融物流服务体系的建设支撑，为跨境电商发展和传统行业转型升级奠定了基础。例如，2019 年，北京开创性地推出全国首条国际快速客运列车跨境电商贸易专线，帮助北京跨境电商进出口摆脱对空运单一渠道的依赖，极大地降低了跨境电商企业的物流运输成本，国际贸易路径不断拓宽。此外，北京在全国率先推行了“船边直提”“抵港直装”“机坪直提”等跨境物流创新机制，搭建了首都机场和大兴国际机场连通的双枢纽空港电子货运平台，提供运单申报、货物跟踪等“一站式”服务，有效助力跨境电商进出口物流提速增效。伴随基础设施的建设，北京跨境电商产业生态持续完善，京东、易单网等跨境电商龙头企业业务规模迅速扩张，跨境电商中小企业也不断出现，有效形成产业集聚效应，不仅加速了市场主体的国际化步伐和传统产业的转型升级，也为当地经济社会的全面发展，特别是就业水平的提升注入了强劲动力。

三　北京跨境电商综试区的政策效应实证检验

本报告基于多时点双重差分模型，聚焦对外贸易和就业水平两个经济高发展的重要方面，从量化视角识别和评估了京津冀地区跨境电商综试区的政策效应，并进一步探究了跨境电商综试区的政策作用路径。

（一）研究方法

1. 研究样本与数据来源

为探究京津冀地区跨境电商综试区的政策效应，本报告选取 2016～2022 年京津冀地区城市为研究样本。其中，天津市于 2016 年获批成为第二批中国跨境电商综试区，北京市和唐山市于 2018 年获批成为第三批中国跨境电商综试区，石家庄市和保定市雄安新区分别于 2019 年和 2020 年获批成为第四批和第五批中国跨境电商综试区。跨境电商综试区城市名单根据国家政策文件手动整理，城市进出口数据源于《中国城市统计年鉴》，其他控制变量数据均来自《中国城市统计年鉴》、国家统计局和EPS数据库。为控制异常值对研究结果的影响，本报告对因变量以外的所有连续变量进行了1%和99%水平上的Winsorize处理，共得到13个城市的91个城市年度观测值。

2. 实证模型与变量设计

本报告参考张艳琴的思路构建多时点双重差分模型，[①] 从而考察跨境电商综试区对当地对外贸易和就业水平的影响，模型设定如式（1）：

$$\ln Y_{it} = \alpha_0 + \beta_1 Treat_i \times Post_{it} + \beta_i \sum Controls_{it} + Year + \varepsilon_{it} \tag{1}$$

其中，Y_{it}分别代表i城市在第t年的进出口总额（*Trade Total*）、进口额（*Trade Import*）、出口额（*Trade Export*）和就业水平（*Employment*）。其中，$Treat_i$表示i城市是否设立了跨境电商综试区，跨境电商综试区所在城市取值为1，否则取值为0；$Post_{it}$用于衡量政策实施时点，如果i城市在t年被批准设立跨境电商综试区，则t年及之后年份为1，否则取值为0；$\sum Controls_{it}$表示一系列控制变量，包括第三产业占比（*Industry*3）、外商直接投资水平（*FDI*）、人均GDP（*pcGDP*）、年末金融机构贷款余额占GDP比重（*Finance*）、教育支出水平（*EdExp*）、互联网普及率（*Internet*），分别用于控制当地的产业结构、外贸水平、经济发展水平、金融发展程度、教育水平和互联网发展程度；*Year*控制了时间固定效应；ε_{it}代表随机扰动项。

（二）实证分析

1. 描述性统计分析

表3列示了各个变量的描述性统计结果，ln*Trade Total*的均值为15.292，最小值为12.004，最大值为19.714，标准差为1.837，表明京津冀

① 张艳琴：《跨境电商综合试验区建设对区域商贸流通效率的影响》，《商业经济研究》2024年第12期。

地区样本城市间的对外贸易水平存在较大差异；ln*Trade Import* 和 ln*Trade Export* 的均值分别为 14.073 和 14.756，表明 2016~2022 年京津冀地区的进口和出口均值基本持平，平均出口水平略高于进口。ln*Employment* 的均值为 4.188，最小值为 3.126，最大值为 6.708，标准差为 0.959，表明京津冀地区样本城市间的就业水平存在较大差异。

表 3　描述性统计结果

变量	观测值	均值	标准差	最小值	最大值
ln*Trade Total*	91	15.292	1.837	12.004	19.714
ln*Trade Import*	91	14.073	2.381	8.962	19.538
ln*Trade Export*	91	14.756	1.507	11.691	17.929
ln*Employment*	91	4.188	0.959	3.126	6.708
Market Size	91	16.525	0.883	15.372	18.830
IndUpgrade	91	2.420	0.152	2.191	2.836
Industry3	91	0.512	0.088	0.355	0.696
FDI	91	0.020	0.015	0.001	0.104
pcGDP	91	10.905	0.483	10.205	12.008
Finance	91	0.184	0.025	0.133	0.234
EdExp	91	32.118	8.010	15.591	49.852
Internet	91	15.292	1.837	12.004	19.714

2. 跨境电商综试区政策对外贸和就业水平的影响效果

本报告采用多时点双重差分模型检验跨境电子商务综试区政策的实施对京津冀地区对外贸易和就业水平的影响。使用多时点双重差分模型的前提条件是满足平行趋势假设，即政策实施城市和非实施城市的对外贸易和就业水平在事前具有相同的变化趋势。本报告采用事件分析法进行平行趋势检验。如图 5 所示，在批准设立跨境电商综试区之前，政策实施组城市和对照组城市的对外贸易和就业水平无显著差异，通过了平行趋势检验；在跨境电商综试区设立之后，*Treat*×*Post* 的估计系数显著为正。

表 4 列示了跨境电商综试区对京津冀地区对外贸易和就业水平的影响效应。第（1）列至第（3）列结果显示，*Treat*×*Post* 的回归系数均在 1%的水

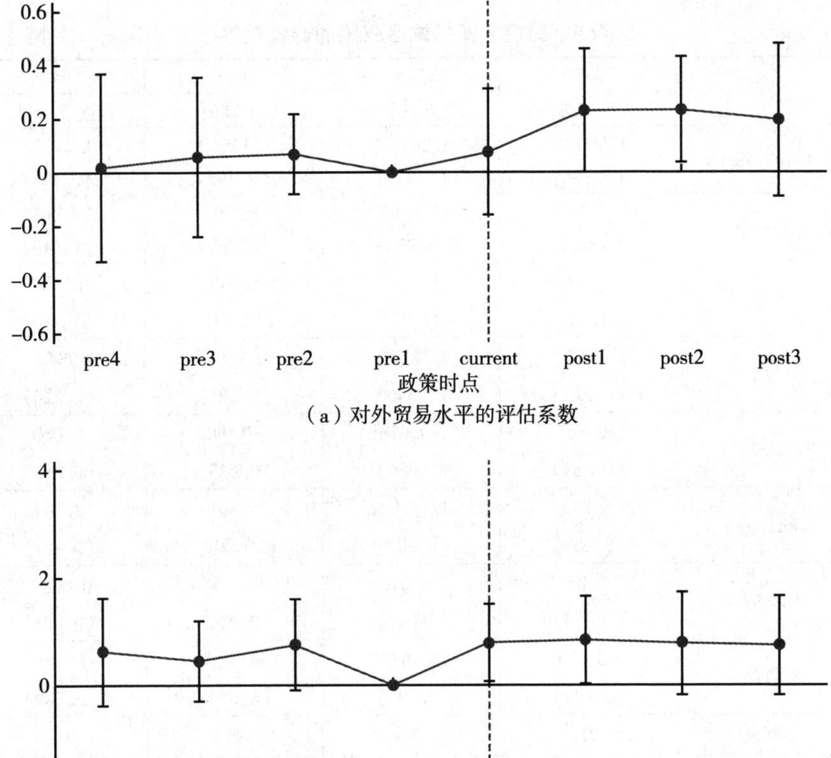

（a）对外贸易水平的评估系数

（b）就业水平的回归系数

图5　平行趋势检验

平上显著为正，表明在跨境电商综试区设立前后，相对于没有设立跨境电商综试区的城市，设立了跨境电商综试区的城市的进出口总额和进口额、出口额均显著提升，表明跨境电商综试区能够有效发挥对京津冀地区对外贸易的引领带动作用。第（4）列结果显示，*Treat*×*Post* 的回归系数为 0.686，且在1%的水平上显著，表明在跨境电商综试区设立前后，相对于没有设立跨境电商综试区的城市，设立了跨境电商综试区的城市的就业水平也有显著提升，说明跨境电商综试区的设立同时发挥着带动当地就业的重要作用。

表 4　跨境电商综试区政策的影响效果

	(1)	(2)	(3)	(4)
	进出口总额	进口额	出口额	就业水平
Treat×Post	1.306***	1.267***	1.375***	0.686***
	(0.386)	(0.378)	(0.395)	(0.185)
Industry3	12.124**	13.251**	10.626**	5.055***
	(4.066)	(5.034)	(3.667)	(1.440)
FDI	5.314	11.957	6.379	-2.202
	(11.723)	(14.972)	(10.746)	(5.316)
pcGDP	1.685***	2.771***	0.905*	0.984***
	(0.531)	(0.540)	(0.505)	(0.320)
Finance	-0.947	-0.958	-0.945	0.060
	(0.682)	(0.834)	(0.643)	(0.288)
EdExp	5.132	11.819*	4.301	2.787
	(9.288)	(6.380)	(10.005)	(3.427)
Internet	-0.021	-0.010	-0.006	-0.068***
	(0.034)	(0.047)	(0.031)	(0.021)
常数项	-8.429	-23.782***	-0.067	-7.706**
	(5.824)	(4.397)	(6.080)	(3.389)
观测值	91	91	91	91
R^2	0.831	0.856	0.757	0.838
时间固定效应	是	是	是	是

注：* $p<0.10$，** $p<0.05$，*** $p<0.01$；括号内为在城市层面聚类的标准误差。

3. 跨境电商综试区政策对对外贸易和就业水平的影响机制

本报告进一步探究了跨境电商综试区政策影响京津冀地区对外贸易和就业水平的内部机制，将模型（1）中的 Y_{it} 分别替换为消费市场规模（*Market Size*）和产业结构转型升级水平（*IndUpgrade*），其中消费市场规模用当地社会消费零售总额衡量，产业结构转型升级水平参考袁航等的研究，[①] 用产业结构层次系数衡量，回归结果如表 5 所示。第（1）、（2）列结果显示，*Treat×Post* 的回归系数分别为 0.714 和 0.036，分别在 1%和

① 袁航、朱承亮：《国家高新区推动了中国产业结构转型升级吗》，《中国工业经济》2018 年第 8 期。

10%的水平上显著，表明跨境电商综试区的设立，一方面可以通过扩大当地消费市场规模，发挥市场需求对京津冀地区对外贸易和就业的拉动作用；另一方面可以通过促进产业结构向高水平状态演进发展，发挥产业结构转型升级对京津冀地区对外贸易和就业的推动作用。

表 5　跨境电商综试区政策的影响机制

	(1)	(2)
	消费市场规模	产业结构转型升级
Treat×Post	0.714***	0.036*
	(0.171)	(0.019)
Industry3	5.034**	1.264***
	(1.850)	(0.173)
FDI	−2.525	0.086
	(5.056)	(0.474)
pcGDP	0.945***	0.045**
	(0.309)	(0.021)
Finance	−0.087	−0.019
	(0.330)	(0.026)
EdExp	6.457*	0.449**
	(2.966)	(0.206)
Internet	−0.063***	−0.000
	(0.020)	(0.002)
常数项	4.482	1.211***
	(3.133)	(0.189)
观测值	91	91
R^2	0.827	0.939
时间固定效应	是	是

注：* p<0.10，** p<0.05，*** p<0.01；括号内为在城市层面聚类的标准误差。

（三）研究结论

本报告基于多时点双重差分模型，聚焦对外贸易和就业水平两个经济高质量发展的重要方面，实证分析了京津冀地区跨境电子商务综试区的政策效应和作用机制。研究结果表明，跨境电商综试区设立后，通过扩大消费市场规模和促进产业结构转型升级两条路径，有效发挥了对京津冀地区政策实施城市对外贸易的引领带动作用，同时促进了当地就业水平的提升，是实现经济高质量发展的有力引擎。

四　展望与建议

（一）展望

2023 年，尽管面对能源价格攀升和高通货膨胀等国际贸易不利因素，中国跨境电商仍展现出强劲的发展韧性和发展势能，跨境电商进出口总额连续五年保持正增长，成为中国高水平对外开放的新引擎。2023 年，北京市深入推进“两区”和国际消费中心城市建设，有效推动跨境电商全链条生态资源构建与整合，“一揽子”跨境电商支持政策全面落地，新技术新市场新业态不断涌现，为北京跨境电商发展质的有效提升和量的合理增长提供了重要机遇。展望未来，2024 年地缘政治局势紧张、贸易保护主义抬头、全球经济增长放缓等外部环境挑战依然存在，但在政策资金支持、新兴市场需求增长、头部跨境电商平台积极出海等多重因素的推动下，在大数据和人工智能等新兴技术以及绿色环保领域发展的带动下，北京跨境电商有望持续扩大规模和提升全球竞争力，为北京乃至中国的对外贸易高质量发展和经济平稳运行贡献重要力量。

（二）建议

1. 积极把握跨境电商综试区发展机遇

本报告对跨境电商综试区政策效应的实证研究结果表明，综试区政策能够有效提升京津冀地区的对外贸易水平和促进经济社会高质量发展。北京作为全国跨境电子商务综合试验区，拥有独特的发展优势，应积极把握政策机遇，充分激发跨境电商发展活力。首先，深化“跨境电商+产业带”融合模式，依托京津冀地区丰富的产业资源和独特的区位优势，积极引导传统外贸企业转型升级，通过跨境电商 B2B、B2C 模式增强品牌国际影响力，扩大贸易规模和服务范围。其次，加速构建高效、便捷的线上综合服务平台，优化资源配置，提升服务质量，全面覆盖并深度服务于区域内的跨境电商企业，为其全球化战略提供坚实支撑。同时，优化考核评估体系，紧跟跨境电商发展新趋势，动态调整对试点企业和地区的评估标准，持续优化营商环境，提升创新能力，加速形成一批具有国际竞争力的跨境电商龙头企业。最后，充分发挥跨境电商综试区先行先试作用，深化国际合作，加快政策创新，加强与国外跨境电商企业、平台和服务商的对接与合作，引入国际先进技术和管理经验，不断提升综试区的国际市场竞争力和影响力。

2. 提升跨境电商经营韧性

在当前国际贸易不确定性增加的背景下，通过分散化布局、合规体系建设和科技赋能等措施提升跨境电商的经营韧性成为必然选择。首先，深化全球化战略视野，紧跟亚马逊等国际电商巨头在新兴市场的布局动态，鼓励和支持北京跨境电商企业向巴西、中东、东南亚等具有高增长潜力的市场进军，通过构建多元化的市场布局，有效分散贸易风险，提升跨境电商企业在全球市场中的适应性和抗风险能力。其次，加强跨境电商合规体系建设，积极引导跨境电商企业持牌合规经营，及时了解和适应国际法规变化，为跨境电商企业提供合规运营培训和指导，构建完善的合规管理体系。最后，充分把握新兴科技的赋能，加大投入力度，应用大数据、人工智能、区块链等前沿技术，构建智能合规的跨境电商生态系统，提升反洗钱、涉敏风险监测与防控能力，确保跨境电商交易的真实性与合法性。同时，基于 WMS、BMS 和 OMS 等数字化系统优化供应链管理，提升物流效率与成本控制能力，为跨境电商企业的稳健发展提供坚实支撑。

3. 完善数智化物流体系建设

在北京国际消费中心城市和“两区”建设的背景下，依托北京大兴国际机场临空经济示范区和综合保税区的独特政策与资源优势，完善数智化物流体系对于推动北京跨境电商高质量发展至关重要。首先，聚焦构建智能、高效、协同的全链条物流服务体系，深度融合大数据、云计算、人工智能等先进技术，推动物流环节数字化转型，鼓励跨境支付厂商与物流服务商深度合作，精准对接外贸产业链需求，实现物流信息的实时共享与智能调度，以技术赋能提升物流效率与服务质量。其次，针对 B2C 跨境电商出口，积极响应《商务部等 9 部门关于拓展跨境电商出口推进海外仓建设的意见》等政策导向，加速海外仓布局，利用政策红利如退税优惠，扩大海外仓建设规模，提升库存周转效率与客户体验。同时，推动直邮与海外仓模式优势互补，形成多元化物流解决方案，满足不同市场需求，加强与国际物流服务商的合作，共同构建全球物流网络，提升跨境物流的国际化水平。最后，鼓励企业采用自营、合资或合作等方式，深化物流设施资产运营，为供应链上下游提供多元化增值服务，推动制造业、运输业、服务业与跨境电商深度融合，为构建跨境电商物流生态体系注入活力。

参考文献

袁航、朱承亮：《国家高新区推动了中国产业结构转型升级吗》，《中国工业经济》2018 年第 8 期。

华德士：《全球化战略：战胜海外人才招聘难题，中国企业的出海之路》，2024。

上海证券：《短跑至长跑，跨境出海提速——跨境电商行业深度研究报告》，2024。

易观千帆：《中国跨境支付行业年度专题分析 2024》，2024。

国信证券：《跨境电商系列之五：外部博弈难阻行业成长，大浪淘沙方显龙头本色》，2024。

B.10

2023年北京企业在共建“一带一路”国家对外贸易研究

彭皎　刘思义*

摘　要：　在共建“一带一路”国家贸易往来更加密切和共建“一带一路”迈入第二个十年的双重背景下，本报告聚焦北京企业高质量发展“一带一路”对外贸易这一关键问题，首先，梳理了中国和北京与共建“一带一路”国家贸易发展状况；其次，立足于北京全国政治中心、国际交往中心、科技创新中心、文化中心的首都城市战略定位，详细剖析了北京企业发展“一带一路”对外贸易的优势，并指出当前面临国际化经营与风控能力不足、全球数字贸易竞争激烈、绿色贸易合作不够深入等挑战；再次，从提升内外贸一体化经营能力、积极应对贸易数字化、践行可持续发展理念等视角提出关键发展路径；最后，从稳步扩大制度型开放、打造综合服务体系、促进京津冀协同创新等角度提出了相关政策建议。

关键词：　“一带一路”　对外贸易　北京企业

一　中国和北京与共建“一带一路”国家贸易发展状况

（一）中国与共建“一带一路”国家贸易发展状况

自2013年习近平主席首次提出“一带一路”倡议以来，截至2023年8

* 彭皎，对外经济贸易大学国际商学院博士研究生，主要研究方向为会计信息与资本市场；刘思义，管理学博士，对外经济贸易大学国际商学院副教授、博士生导师，主要研究方向为审计与内部控制。

月，我国已与152个国家、32个国际组织签署了200多份共建“一带一路”合作文件，覆盖我国83%的建交国。中国与共建“一带一路”国家坚持共商共建共享原则，在贸易往来、货物通关、互利共赢等方面持续深化合作，经贸关系日益密切。

1. 贸易往来更加密切，做大做好合作“蛋糕”

从贸易总量来看，《共建“一带一路”：构建人类命运共同体的重大实践》（以下简称“白皮书”）指出，2013~2022年，中国与共建“一带一路”国家进出口总额累计已达19.1万亿美元，年均增长6.4%，高于同期中国外贸整体增速。如图1所示，自2021年起，中国对共建“一带一路”国家进出口总额均突破10万亿元，2023年进出口总额高达19.47万亿元，近乎实现翻倍增长，占外贸总值比重从2016年的38.6%增长至2023年的46.6%，8年间提升8个百分点，进出口总额和占外贸总值比重整体呈增长态势。

图1　2016~2023年中国与共建“一带一路”国家进出口总额及其占外贸总值比重

说明：2016~2022年统计口径为“‘一带一路’沿线国家”，2023年统计口径为“共建‘一带一路’国家”。

资料来源：各年度国民经济和社会发展统计公报、白皮书。

从出口额看，如图2所示，从2021年开始，我国对共建“一带一路”国家出口进入高速增长阶段，2021年和2022年连续两年同比增速在20%及以上，2023 年对共建"一带一路"国家出口 107314 亿元，首次突破 10 万亿元，是 2016 年出口总额的 2. 8 倍。随着共建"一带一路"国家由亚欧逐渐延伸至非洲、北美洲、南美洲、大洋洲等区域，中国与共建"一带一路"国家贸易出口稳步发展。

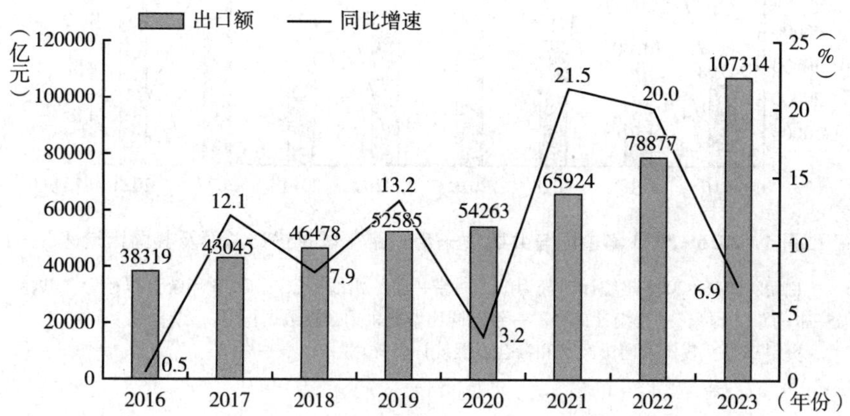

图 2　2016~2023 年中国与共建"一带一路"国家出口额及其同比增速

说明：2016~2022 年统计口径为"'一带一路'沿线国家"、2023 年统计口径为"共建'一带一路'国家"。因统计口径不一致，同比增速采用公报数据。

资料来源：各年度国民经济和社会发展统计公报。

从进口额和净出口额看，如图 3 所示，2023 年中国与共建"一带一路"国家进口额为 87405 亿元，相较于 2016 年（24198 亿元），规模已扩大 2. 6 倍。相较于出口额，各年度进口额波动幅度较大，主要增长年份集中在 2017 年、2018 年，直接导致 2017 年和 2018 年净出口额出现下降，但自 2019 年以来，已连续 5 年实现贸易顺差增长，2023 年贸易顺差已接近 2 万亿元，如图 4 所示。随着共建"一带一路"贸易互联互通程度不断深化，各参与国之间的贸易往来更加密切，共建"一带一路"国家优势行业的专业化分工更加高效，深化互利共赢。

2. 货物通关更加顺畅，设施联通便捷高效

中国与共建"一带一路"国家更加密切的贸易往来，主要得益于设施联通的高效便捷，"六廊六路多国多港"的基本构架，"陆海天网"的互联

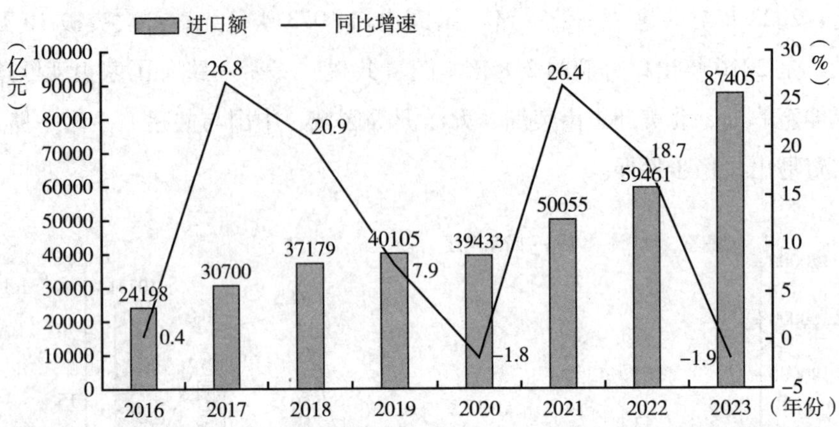

图 3　2016~2023 年中国与共建“一带一路”国家进口总额及其同比增速

说明：2016~2022 年统计口径为“‘一带一路’沿线国家”、2023 年统计口径为“共建‘一带一路’国家”。因统计口径不一致，同比增速采用公报数据。

资料来源：各年度国民经济和社会发展统计公报。

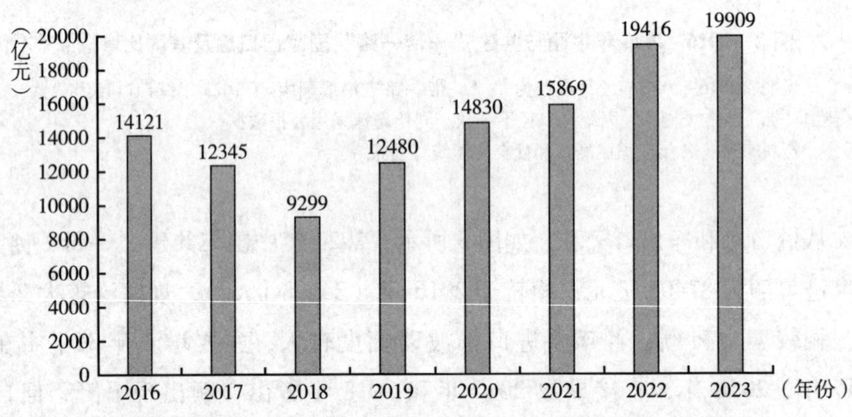

图 4　2016~2023 年中国与共建“一带一路”国家净出口额

说明：2016~2022 年统计口径为“‘一带一路’沿线国家”、2023 年统计口径为“共建‘一带一路’国家”。

资料来源：各年度国民经济和社会发展统计公报。

互通格局，有效促进了贸易投资自由化便利化水平的提升。如图 5 所示，2023 年中欧班列开行 17523 列，较 2022 年增长 5.8%，发送货物 190 万标准箱，较 2022 年增长 17.7%。截至 2023 年底，中欧班列已累计开行 8.3 万列，运输近800万标准箱货物。中欧班列已通达欧洲25个国家的200多个城市，86条运行线路穿越亚欧腹地主要区域，物流配送网络覆盖欧亚大陆。中欧班列已成为共建“一带一路”国家友好合作的使者、互利共赢的桥梁。

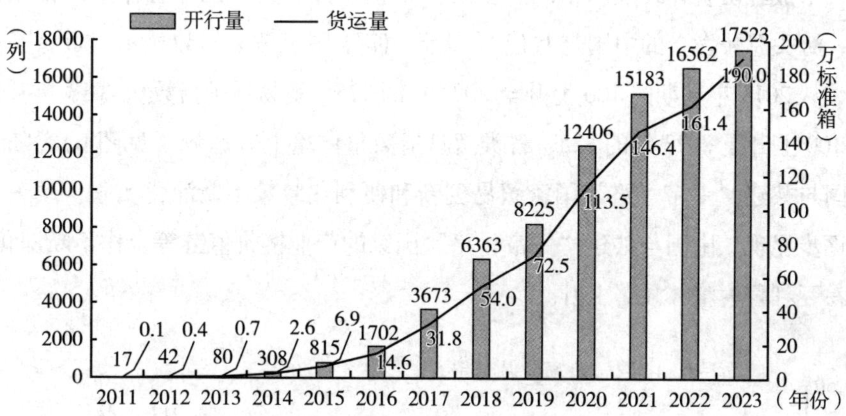

图5　2011~2023年中欧班列开行量及货运量

资料来源：白皮书、中国一带一路网站。

在2023年第三届“一带一路”国际合作高峰论坛开幕式上，习近平主席宣布了中国支持高质量共建“一带一路”的八项行动，其中排在首位的便是构建“一带一路”立体互联互通网络。除中欧班列、中欧海陆快线等国际多式联运外，“空中丝绸之路”建设也为共建“一带一路”国家贸易发展注入强劲的动能。中国已与104个共建“一带一路”国家签署双边航空运输协定，与28个共建“一带一路”国家建立双边适航关系，与57个共建“一带一路”国家实现空中直航，2023年上半年“空中丝绸之路”旅客运输量占我国国际航空市场的比重已达71%。2022年民航局、国家发展改革委联合印发了《“十四五”时期推进“空中丝绸之路”建设高质量发展实施方案》，进一步助力共建“一带一路”互联互通扩能提速。

3. 互利共赢更加深入，贸易合作量增质升

共建“一带一路”以共商共建共享为原则，推动构建互利共赢贸易合作，着力于打破贸易壁垒和市场垄断，共同扩大市场规模，形成区域大市

场。依托《区域全面经济伙伴关系协定》（RCEP）实现的 GDP 达到 29.46 万亿美元，全球占比为 29.20%；进出口总额为 14.03 万亿美元，占全球比重达到了 27.61%，[①] 进一步强化了共建“一带一路”国家之间的价值链连接，形成经贸合作发展新格局。在第三届“一带一路”国际合作高峰论坛期间，海关总署发布的中国与共建“一带一路”国家贸易指数显示，贸易互利指数从 2013 年基期的 100 上升至 2023 年的 175，贸易促进指数从 2013 年基期的 100 上升至 2023 年的 225，各类贸易指数整体呈上升态势（见图 6）。随着中国与共建“一带一路”国家贸易创新和便利化政策不断深化实施，政策红利逐步显现，中国与共建“一带一路”国家的产业链价值链等合作不断深化，贸易互利程度整体显著上升。

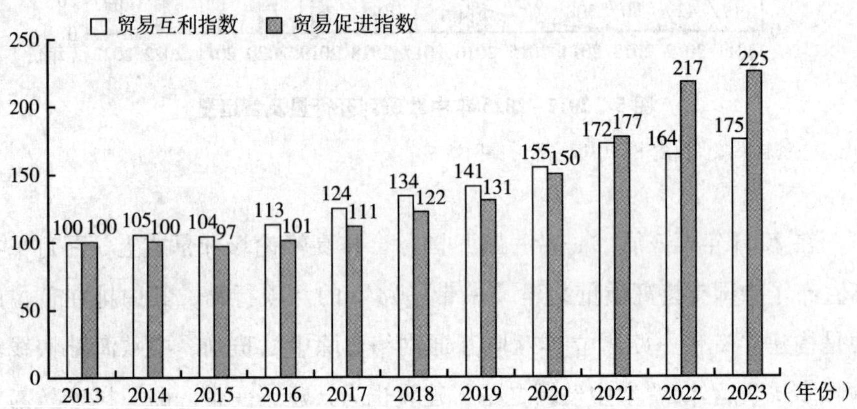

图 6　2013~2022 年中国与共建“一带一路”国家贸易互利指数和贸易促进指数

资料来源：海关总署。

（二）北京与共建“一带一路”国家贸易发展状况

共建“一带一路”作为北京地区对外开放的重要国际合作平台，2013~2022 年，北京与共建“一带一路”国家进出口总额已达 14.46 万亿元，成为

① 世界银行数据库。

北京外贸领域的核心力量。根据《北京市 2023 年国民经济和社会发展统计公报》，2023 年北京与共建“一带一路”国家进出口总额达 1.92 万亿元，占进出口总额的 52.7%（见图 7）。其中，进口额达 1.57 万亿元，占全国与共建“一带一路”国家进口额的 18%，居全国首位；出口额为 3496 亿元，同比增长 2.1%，特别是汽车出口 127.6 亿元，首破百亿元，同比增长 56.1%。北京与共建“一带一路”国家外贸规模稳步增长，结构不断优化，以电动汽车、锂电池、光伏产品为代表的“新三样”出口持续增长，共建“一带一路”的绿色底色愈加鲜明，顺应了绿色低碳发展的新趋势。

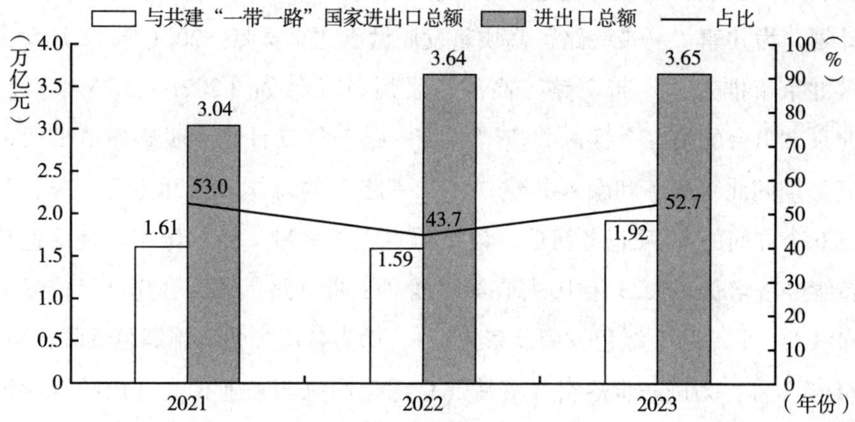

图 7　2021~2023 年北京进出口总额、与共建“一带一路”国家进出口总额及其占比

说明：2022 年统计口径为“‘一带一路’沿线国家”、2021 年和 2023 年统计口径为“共建‘一带一路’国家”。

资料来源：历年北京市国民经济和社会发展统计公报。

二　北京企业发展“一带一路”对外贸易优势

（一）全国政治中心积极成为“一带一路”建设排头兵

北京作为全国政治中心，积极参与、主动融入“一带一路”建设，成为“一带一路”建设的重要窗口，积累了宝贵经验。十年间，对共建“一带一路”国家直接投资60.6亿美元，与33个共建“一带一路”国家的首都及重点城市建立友好城市关系，北京市“一带一路”朋友圈逐渐扩大。在共建“一带一路”已迈入第二个十年之际，党的二十届三中全会审议通过的《中共中央关于进一步全面深化改革　推进中国式现代化的决定》指出，完善推进高质量共建“一带一路”机制，为新形势下北京推动共建“一带一路”向更高水平迈进指明了方向。

立足首都城市战略定位，北京积极响应“一带一路”倡议，围绕高质量发展这一主题，相继出台了一系列推动共建“一带一路”工作方案、行动计划，为共建“一带一路”高质量发展做出北京贡献。2021年12月发布的《北京市推进“一带一路”高质量发展行动计划（2021—2025年）》，是北京市出台的第二个推进共建“一带一路”行动计划，明确提出了“十四五”期间北京服务和融入共建“一带一路”的总体目标和主要任务，并形成6个方面的89项任务清单；为推动共建“一带一路”国家实现绿色和可持续经济增长，2023年10月在第三届“一带一路”国际合作高峰论坛上发布《“一带一路”绿色发展北京倡议》，助力各国加快实施绿色低碳转型；2024年7月，为进一步落实《支持北京深化国家服务业扩大开放综合示范区建设工作方案》，发布了《北京市深化服务业扩大开放提升贸易便利化水平实施方案》，有助于提升共建“一带一路”国家贸易便利化水平，稳步扩大制度型开放。共建“一带一路”作为一个由政治、经济、文化、生态等各个系统交织而成的国际性网络，北京立足“四个中心”城市战略定位，充分发挥首都资源优势和“一带一路”建设排头兵作用，为高标准建设“一带一路”提供试验示范，为共建和平、繁荣、开放、创新、文明丝绸之路做出积极贡献。

（二）国际交往中心持续拓展“一带一路”贸易合作新网络

根据《国际交往中心城市指数2024》，北京在国际交往中心城市排名中居全球第7位。北京作为国际交往中心，在深度参与国际分工与合作，持续拓展“一带一路”贸易合作网络方面具有显著优势。一是硬件设施支撑方面，以重大项目建设作为牵引，不断强化服务“一带一路”国际交往功能。国家会议中心二期即将于2025年正式投入使用，先后完成三届“一带一路”国际合作高峰论坛的雁栖湖国际会都新一轮扩容提升取得重大进展，第四使馆区规划建设扎实推进，重大国际交往设施不断完善、健全。二是软件服务保障方面，圆满完成三届“一带一路”国际合作高峰论坛服务保障工作，主办峰会首届地方合作论坛、中非合作论坛北京峰会、亚洲文明对话大会、北京世园会等重大主场外交活动服务保障任务，“十三五”期间高标准接待来华访问的党宾国宾团组900余个1.2万余人次，组织参观、考察等活动近1300场次。亚洲基础设施投资银行、联合国教科文组织国际创意与可持续发展中心成功落户，在京国际组织从73家增长至99家，不断吸引国际高端资源，为北京高质量共建“一带一路”提供有力支撑。

北京作为“一带一路”国际交流合作的重要窗口，已连续举办五届中国—中东欧国家首都市长论坛。同时，北京充分发挥双枢纽航空货运比较优势，持续扩大与共建“一带一路”国家的贸易往来。2023年成功举办第五届“空中丝绸之路”国际合作峰会（ASRIF），积极发挥在“空中丝绸之路”中的核心枢纽作用。首都机场临空经济示范区拥有航空、服务全产业链要素优势和资源禀赋，“空中丝绸之路”创新示范区成为国际航空资源配置集聚区，在参与国际航空运输标准、规则的制定与推广过程中发挥积极作用。随着《北京市“十四五”时期加强国际交往中心功能建设规划》的实施，北京在服务总体外交能力、国际交往活跃度、国际要素集聚度、国际化服务水平、城市国际美誉度等方面将持续实现显著提升，成为中国特色大国外交核心承载地。

（三）科技创新中心不断培育“一带一路”贸易发展新引擎

北京作为全国首个减量发展的超大城市，创新发展是必由之路。自2014年北京明确国际科技创新中心战略定位以来，科技创新中心建设取得显著成效。在原始创新实力方面，北京研发投入强度位列全国第一，从

2016 年的 5.49%增至 2022 年的 6.84%；2014~2023 年累计获得国家自然科学奖 137 项，占全国的 35%；怀柔科学城的 29 个重点科技设施平台中，已有 16 个处于科研状态。昌平、中关村、怀柔等三个国家实验室已投入运行，战略科技力量不断壮大。2023 年北京共 411 人次入选全球“高被引科学家”，居全球城市首位。在高精尖产业方面，北京已培育出新一代信息技术、科技服务等 2 个万亿级产业集群，以及医药健康、智能装备、人工智能、节能环保、集成电路等 8 个千亿级产业集群。2022 年中关村企业研究开发费用支出 4952.4 亿元，研发人员首次突破百万人，获得发明专利授权量 43016 件，占北京的 75.5%。2022 年中关村国家自主创新示范区企业实现总收入 8.7 万亿元，占全国高新区的 1/6。北京高技术产业增加值占 GDP 比重从 2015 年的 20.8%提高至 2023 年的 27.1%，北京数字经济增加值占 GDP 比重从 2015 年的 35.2%增至 2023 年的 42.9%。在迈向国际化科技创新方面，中关村论坛成为面向全球科技创新交流合作的国家级平台，已有 300 多家跨国公司在北京设立地区总部和研发中心。《国际科技创新中心指数 2023》显示，北京连续 2 年保持全球前 3 名，《2023 自然指数——科研城市》显示，北京自 2017 年以来一直稳居该榜单首位，北京在自然指数中的贡献份额占到中国整体产出的 19.3%，北京正成为世界主要科学中心和创新高地。①

北京市立足科技创新中心战略定位，积极融入共建“一带一路”，先后出台两轮高质量共建“一带一路”行动计划，② 不断提升“一带一路”国际科技合作水平。“十三五”期间，北京“一带一路”科技创新行动成效显著，新增 3 个海外科技园区和一批海外创新基地；搭建“一带一路”技术转移协作网络，促成 7000 多项跨国技术对接，签约金额超过 1000 亿元；建成 4 个国家级“一带一路”联合实验室，2020 年 6 月成立中俄数学中心，随后成立的中国—荷兰中医药防治重大感染性疾病“一带一路”联合实验

① 国际科技创新中心网站，http：//www.ncsti.gov.cn。

② 具体包括《北京市推进共建“一带一路”三年行动计划（2018—2020 年）》和《北京市推进“一带一路”高质量发展行动计划（2021—2025 年）》。

室，是中医药领域首个国家级"一带一路"联合实验室，成为国际科技合作新模式。2023 年 5 月 31 日，我国首个国际科技组织总部集聚区在北京揭牌并正式启用，国际数字地球学会、国际氢能燃料电池协会等首批 8 家国际科技组织已入驻。2023 年 9 月 14 日，在卢森堡举行的国际科技园区协会（IASP）第 40 届世界大会上，北京再次获得了 IASP 2025 年世界大会举办权。随着创新驱动发展战略的全面实施，北京成为共建"一带一路"创新合作的重要枢纽，以技术要素引领共建"一带一路"国家贸易合作。

（四）文化交流中心积极打造"一带一路"人文交流新高地

共建"一带一路"不仅需要基础设施上的"硬联通"、规则标准上的"软联通"，更关键的是民心相通，民心相通始终是"一带一路"贸易畅通的前提和基础。北京作为文化交流中心，在推动"一带一路"民心相通方面发挥了重要的主渠道作用，北京在文化硬实力和软实力上的比较优势，深化了"一带一路"人文交流合作，推动了共建"一带一路"国家的文明互鉴。在文化硬实力方面，根据"2023 中国省市文化产业发展指数"，北京文化产业发展指数连续 8 年保持第一。北京市规模以上文化产业收入呈连年增长态势，从 2018 年的 10703.0 亿元增长至 2023 年的 20638.3 亿元，文化产业规模突破 2 万亿元，6 年间几乎实现翻倍增长（见图 8）。2023 年北京市规模以上文化产业实现利润总额 2614.3 亿元，同比增长 33.6%。

2022 年北京市文化产业增加值为 4700.3 亿元（见图 9），同比增长 4.2%，[①] 高出全国增速 1.5 个百分点。自 2018 年以来，复合增长率为 11.2%。不仅文化产业增加值呈快速增长态势，产业增加值占 GDP 比重也持续提升。2022 年文化产业增加值占 GDP 比重为 11.3%，较 2018 年提高 2 个百分点，是全国唯一占 GDP 比重达到两位数的省份。2022 年北京市文化产业增加值占全国的比重为 8.7%，文化产业的发展势头持续增强，文化中

① 《2023 年北京市文化和旅游统计公报》，北京市文化和旅游局网站，2024 年 7 月 5 日，https：//whlyj.beijing.gov.cn/zwgk/tzgg/202407/t20240705_3739877.html。

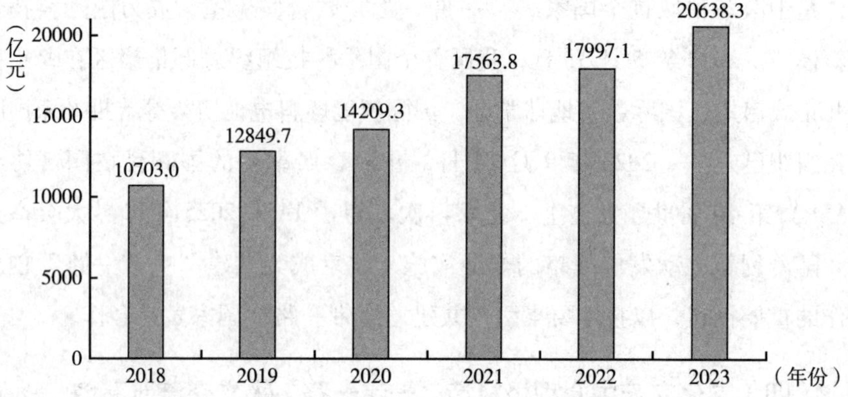

图 8　2018~2023 年北京市规模以上文化产业收入

资料来源：北京市统计局。

心的地位进一步巩固。

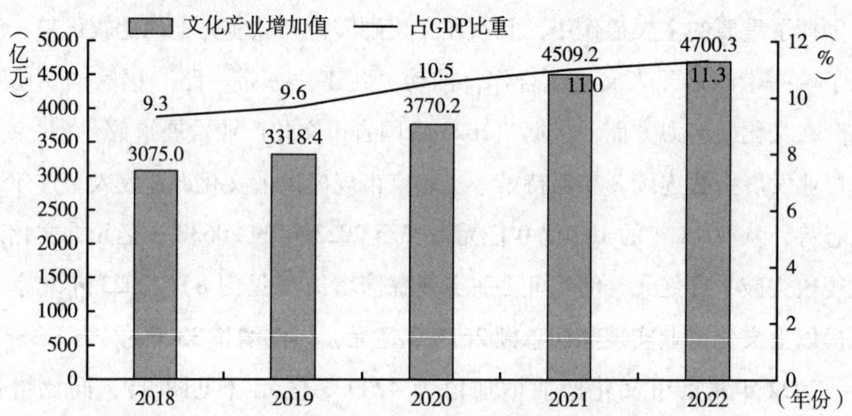

图 9　2018~2022 年北京市文化产业增加值

资料来源：北京市统计局。

在文化软实力方面，得益于文化资源集聚优势，北京文化吸引力和影响力持续增强，在推动“一带一路”文化交流中发挥头雁作用。2023 年服贸会“一带一路”文化旅游国际合作论坛在北京举行，为共建“一带一路”国家提供了交换意见、促进文化合作的重要机会；“相约北京”国际艺术节为来自共建“一带一路”国家的艺术团体和艺术家搭建国际舞台，展现“一带一路”文化艺术；北京国际电影节、“魅力北京”等品牌文化活动影响力日益增强，推动与共建“一带一路”国家多元文化交流。除此之外，北京作为“一带一路”国际旅游枢纽城市，发起成立了世界首个以城市为主体的全球性国际旅游组织——世界旅游城市联合会，截至 2024 年 5 月，已拥有来自 86 个国家和地区的 246 个会员，其中城市会员 164 个；受益于 144 小时免签、多国免签等政策利好，2024 年上半年，北京市共接待入境游客 165.8 万人次，同比增长 245.6%，增速高于全国平均水平 92.9 个百分点。北京充分发挥“一带一路”文化交流功能，在传播“和平合作、开放包容、互学互鉴、互利共赢”的丝路精神上发挥了重要作用，夯实了共建“一带一路”的民意基础。

三　北京企业发展“一带一路”对外贸易面临的挑战

（一）国际化经营与风控能力不足，制约“一带一路”贸易发展韧性

地缘政治冲突、贸易保护主义抬头等给北京企业国际化经营与风险防控带来挑战，对“一带一路”贸易发展韧性形成了考验。从地缘冲突来看，近年来全球地缘冲突加剧，对全球秩序造成冲击。俄乌冲突、加沙冲突等地缘安全问题凸显，以联合国为核心的多边治理体系受到严重影响，企业国际经营环境更加复杂多变，这些动荡因素不仅给“一带一路”跨国人员流动和物资运输带来了障碍，也显著增加了“一带一路”贸易运输成本。从贸易保护主义行为来看，在全球减碳大背景下，中国汽车产业正借助电动化趋势拓展海外市场。2023 年，中国新能源汽车出口 120.3 万辆，同比增长 77.6%，欧洲地区已成为中国新能源汽车出口的主要增量市场。然而，欧盟委员会对原产于中国的新型电池电动汽车进口产品启动反补贴调查并提高关税，对中国电动汽车对欧洲的出口造成一定影响。不断加剧的地缘紧张局势

和逆全球化浪潮对“一带一路”贸易网络造成冲击，对北京企业统筹强化风险防控、提升系统性风险防控能力水平形成挑战，因此，加强与共建“一带一路”国家之间的沟通对接，强化安全共同体意识是北京企业提高“一带一路”贸易发展韧性的重要保障。

（二）全球数字贸易领域竞争激烈，挤占“一带一路”贸易发展空间

从全球数字贸易①发展趋势看，数字贸易日益成为数字经济时代重要的贸易形态，成为国际竞争的新赛道。根据联合国贸易和发展会议（UNCTAD）的统计数据，2022 年全球可数字化交付服务贸易进出口总额为 73079 亿美元，同比增长 3.0%，占全球服务贸易进出口总额的 53.2%。其中，2022 年全球可数字化交付服务贸易出口额为 39419 亿美元，占全球服务贸易出口的 55.3%，2022 年全球可数字化交付服务贸易进口额为 33660 亿美元，占全球服务贸易进口的 51.0%。数字贸易作为经济增长的新引擎，发展数字贸易不仅是我国加快建设贸易强国的重要举措，也是其他国家和地区推动经济增长的中坚力量。发展数字贸易的战略重要性提升到了前所未有的新高度。

但我们也需要清醒地认识到，从全球数字贸易发展格局看，全球数字贸易集中度呈上升态势，欧美等发达国家在数字贸易方面仍具有主导力。2022 年，美国、爱尔兰、英国、德国、中国分别以 10345 亿美元、6473 亿美元、5550 亿美元、4473 亿美元和 3642 亿美元的数字贸易规模居全球前 5 位（见图 10），尽管这一排名与 2021 年一致，但中美之间的差距进一步拉大，美国数字贸易规模是中国的 2.84 倍。除此之外，在数字贸易发展势头上，不仅美国（7.4%）、英国（5.0%）、德国（8.5%）数字贸易规模同比增长速度高于中国（1.3%），数字贸易规模排在中国之后的荷兰、印度、新加坡等国家也保持强劲的增长势头，尤其是印度以 22.7%的同比增长速度遥遥

① 本报告中可数字化交付服务贸易、数字服务贸易、数字贸易不做区分。

领先（见图 11）。按照现有的发展形势，可以合理预计，中国不仅与欧美等发达国家在数字贸易规模上的差距逐渐拉大，也面临被新兴发展中国家赶超的可能，“一带一路”数字贸易发展空间进一步被挤占。

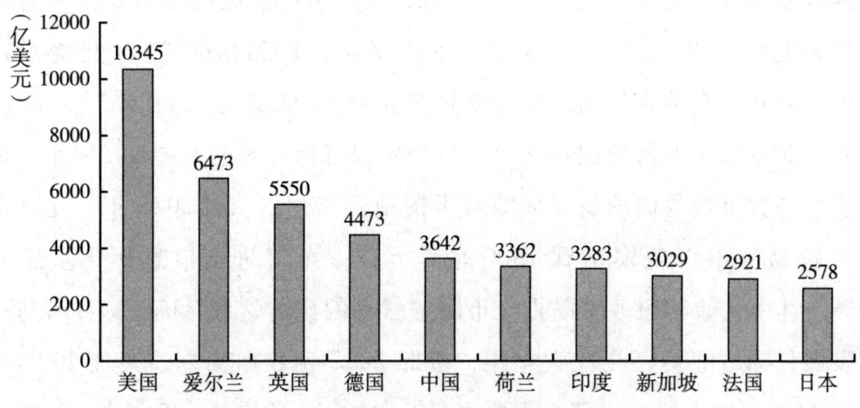

图 10　2022 年主要国家数字贸易规模

资料来源：UNCTAD。

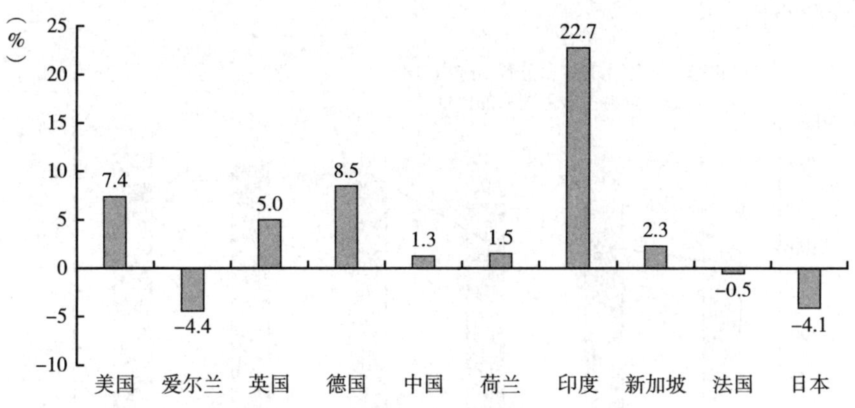

图 11　2022 年主要国家数字贸易规模同比增长速度

资料来源：UNCTAD。

从北京数字贸易发展状况看，如图 12 所示，2022 年北京可数字化交付服务贸易进出口额为 727 亿美元，较 2021 年增长 4.3%，增长速度下降 8.1 个百分点，尽管可数字化交付服务贸易继续保持增长，但增速明显放缓。与此同时，2022 年北京数字贸易占服务贸易的比重下降至 49%，已连续两年出现下降。尽管北京数字贸易规模约占全国的 1/5，从全国各省份数字贸易发展情况看，2022 年数字贸易规模排前 3 位的省份分别为上海（986 亿美元）、广东（821 亿美元）和北京（727 亿美元），其中上海和广东分别超出北京 259 亿美元和 94 亿美元，差距较大。除此之外，北京数字贸易发展状况也与自身发展目标存在较大差距，《北京市关于促进数字贸易高质量发展的若干措施》指出："到 2025 年，北京市数字贸易进出口规模达到 1500 亿美元，占全市进出口总额比重达到 25%，其中，数字服务贸易占全市服务贸易的比重达到 75%。"目前与三项发展目标之间均存在较大差距，按照 2022 年数据测算，实现 2025 年 1500 亿美元的发展目标至少需要达到年均 27.3%的增长速度。当前各国在数字贸易领域的激烈竞争以及欧美等发达国家在数字经济产业链上的相对优势，在一定程度上限制了北京企业与共建"一带一路"国家在数字贸易领域深化合作。

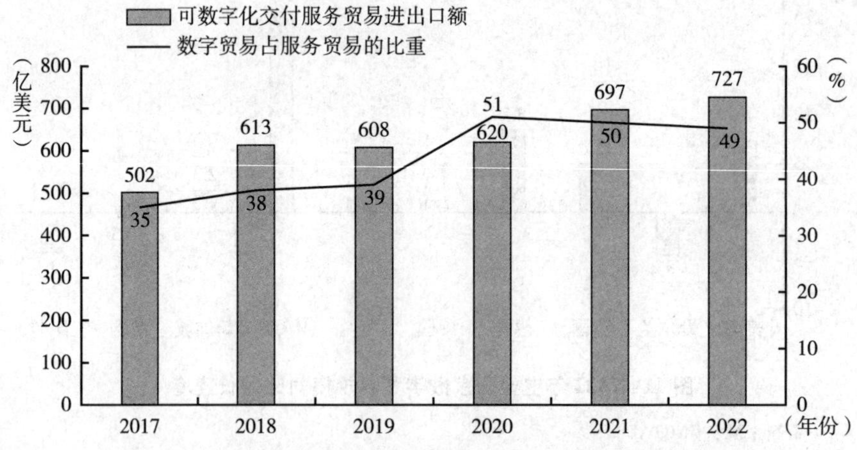

图 12　2017~2022 年北京可数字化交付服务贸易进出口额及数字贸易占服务贸易的比重

资料来源：《中国数字贸易发展报告（2022）》《数字贸易发展与合作报告 2023》。

（三）绿色贸易领域合作不够深入，限制“一带一路”贸易可持续发展

积极应对气候变化已成为国际社会的广泛共识与行动。在 2015 年签订的《巴黎协定》中，各主要经济体承诺将气温升幅控制在 2 摄氏度以内，2020 年我国宣布到 2030 年实现碳达峰和到 2060 年实现碳中和目标。在 2021 年达成的《格拉斯哥气候公约》中，各国承诺逐步加快减少难以减排的燃煤发电和逐步取消低效的化石燃料补贴等行动。随着高温和极端天气事件的不断增加，绿色贸易成为应对气候危机、推动经济低碳转型、实现可持续发展的必然要求。

绿色贸易是在国际贸易往来中，涉及与环保、节能以及可持续发展相关的绿色产品和服务的交易。从内涵看，绿色贸易是指贸易领域内一切促进经济与环境和谐共生的活动的总和。尽管国内外对绿色贸易的界定方法尚未统一，但应用比较广泛的是根据 WTO 秘书处汇总的环境产品清单和产品分类，以环境产品贸易作为绿色贸易的衡量指标。现有研究中通常将其视为狭义的绿色贸易范畴，本部分亦基于该标准进行分析。

从绿色贸易全球发展格局来看，中国绿色贸易规模出现回落，在全球绿色贸易中的份额有所下滑。2021 年，全球绿色贸易进出口总额为 7.96 万亿美元，2022 年增长至 8.84 万亿美元，同比增长 11.1%，占全球贸易进出口总额的 18.2%。2021 年，中国内地绿色贸易以 11610.9 亿美元的规模，居全球第 1 位，占全球绿色贸易进出口总额的 14.6%（见图 13），2022 年尽管排前 3 位的国家和地区是中国、欧盟、美国，但中国绿色贸易规模下降至 10792.8 亿美元，居全球第 3 位，占全球绿色贸易进出口总额的 12.2%（见图 14）。在绿色贸易领域，欧盟、美国、中国占据超过 40%的份额，集中度较高，国际低碳经贸规则以及碳定价机制日益成为绿色贸易发展重要的博弈领域。

共建“一带一路”倡议已进入第二个十年，下一个十年是共建“一带一路”国家绿色转型升级、保护环境与气候的关键时期，如何提升北京企

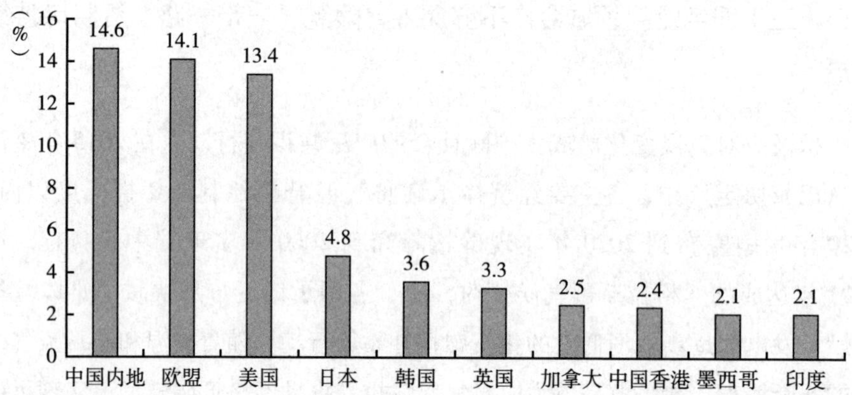

图 13　2021 年各个国家或地区绿色贸易进出口总额占全球绿色贸易进出口总额的比重

资料来源：全球贸易观察数据库。

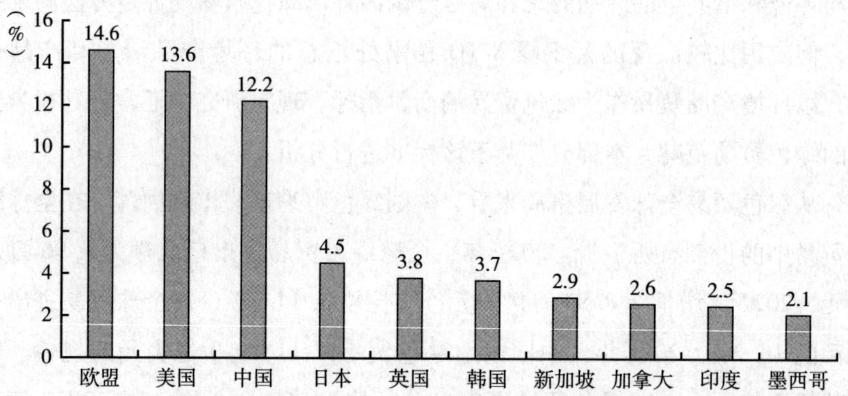

图 14　2022 年各个国家或地区绿色贸易进出口总额占全球绿色贸易进出口总额的比重

资料来源：全球贸易观察数据库。

业发展“一带一路”绿色贸易竞争力，更好对接国际绿色低碳规则，是有待解决的重要议题。

四　北京企业发展“一带一路”对外贸易关键路径

（一）提升内外贸一体化经营能力，增强“一带一路”资源联动效应

党的二十届三中全会通过的《中共中央关于进一步全面深化改革　推进中国式现代化的决定》指出“加快内外贸一体化改革”。国内市场与国际市场是相互联通、相互促进的，企业应充分利用国内资源和国际资源的比较优势，打造“以内领外、以外促内”、国内循环与国际循环良性互动格局，提升企业内外贸一体化经营能力。北京企业要主动融入“一带一路”价值链和供应链体系，根据市场形势变化，在国内与国际两个市场上实现顺畅切换，并在全面考察和充分调研的基础上提供适销对路的商品与服务。一方面，企业应充分利用好“一带一路”共建国家标准信息平台、《出口商品技术指南》等公共产品，尽快熟悉和掌握国外市场准入要求，获取最新的技术性贸易措施信息，畅通内外贸双向流通渠道；另一方面，积极参加中国国际进口博览会、中国进出口商品交易会、中国国际服务贸易交易会等国际展会，充分利用有影响力的国际交流平台对接“一带一路”贸易合作，结合《关于加快内外贸一体化发展的若干措施》提出的支持政策，完善国内国外营销网络，促进国内国外两个市场接轨，充分利用两个市场增强企业实现产业转型升级与高质量发展的动力，增强“一带一路”资源整合配置能力。

（二）积极应对贸易数字化，驱动“一带一路”数字贸易创新发展

《中共中央关于进一步全面深化改革　推进中国式现代化的决定》提出要积极应对贸易数字化趋势。数字贸易以数字经济为基础，数字赋能产业升级是提升北京企业“一带一路”数字贸易竞争力的关键所在。发展数字贸易企业需要在“基本功”上下功夫。一是围绕高水平科技自立自强，加强

原创性引领性科技攻关，发挥在高精尖产业上的比较优势。充分利用中关村科学城、怀柔科学城、未来科学城和创新型产业集群示范区的“三城一区”等科技创新主平台，突破一批数字底层核心技术。攻克大数据、人工智能、云网边端融合计算等核心技术。强化微型芯片、多功能传感器等感知技术以及物联网、边缘计算研发，力争实现“从 0 到 1”的跃进。二是统筹好数字贸易发展与安全问题，全面加强网络安全和数据安全保护，筑牢“一带一路”数字贸易安全屏障。《中共中央关于进一步全面深化改革　推进中国式现代化的决定》指出“建立高效便利安全的数据跨境流动机制”，数据跨境流动安全管理已成为全球资金、信息、技术、人才、货物等资源要素交换与共享的基础，是北京企业实现“一带一路”数字贸易高质量发展的前提。企业应当根据《中华人民共和国网络安全法》《中华人民共和国数据安全法》《中华人民共和国个人信息保护法》以及 2024 年 3 月出台的《促进和规范数据跨境流动规定》等，在数据出境安全评估、个人信息保护认证等方面加强数据出境安全管理。高水平安全的数据跨境流动不仅有助于提升共建“一带一路”国家跨国企业之间的信任程度，也有利于产业链上的优质合作伙伴达成数字贸易合作。

（三）践行可持续发展理念，亮明“一带一路”贸易绿色发展底色

“促进绿色发展”是中国支持高质量共建“一带一路”的八项行动之一，绿色低碳发展已成为各国合作的共识与基础。北京企业发展“一带一路”绿色贸易，关键在于实现绿色投资、绿色贸易与绿色金融之间的紧密协调和良性互动。一方面，发展绿色贸易，需要解决绿色技术缺乏或绿色技术成本高昂的问题，这需要企业依靠绿色投资拉动“一带一路”绿色贸易合作。落实《“一带一路”绿色投资原则》（GIP），要充分考虑“一带一路”投资项目对环境、气候、社会的影响，在“一带一路”绿色发展框架下实现与共建“一带一路”国家的环境技术协同，加强清洁能源、节能环保、新能源汽车、废物处理和空气污染治理等领域内的企业合作，带动共建“一带一路”国家绿色产业实现转型升级。另一方面，发展“一带一路”绿

色贸易离不开绿色金融支持。在绿色金融领域，北京处于全国前列。截至2023年底，主要中资银行绿色信贷余额已达到1.91万亿元，占全国21家主要银行绿色信贷余额的比例超过7%。北京企业积极利用绿色优质金融资源集聚优势，通过强化环境信息、碳排放信息等可持续发展信息自愿披露，加大绿色信贷、绿色贸易基金支持力度，符合条件的企业可尝试发行绿色债券和绿色资产支持证券等绿色融资工具，解决期限错配对中长期信贷的约束问题，助力企业开展低碳、零碳、负碳等关键技术攻关，积极打造以中国企业为主的绿色供应链、产品链和标准链。

五　展望与建议

（一）展望

十余年来，“一带一路”从中国倡议逐渐走向国际实践，“一带一路”贸易合作为共建“一带一路”国家带来实实在在的利益。“一带一路”倡议不仅为全球提供了重要的公共产品，也成为区域经济合作平台以及构建区域价值链的纽带。2023年是共建“一带一路”奔向下一个金色十年的开局之年，在新的战略机遇期，“一带一路”贸易合作将从“大写意”进入“工笔画”阶段，北京将以习近平主席宣布的中国支持高质量共建“一带一路”的八项行动为指引，立足全国政治中心、文化中心、国际交往中心、科技创新中心等“四个中心”首都城市战略定位，带头落实第三届“一带一路”国际合作高峰论坛各方达成的重要合作共识和重大合作成果，把规划图转化为实景图，以创新、数字、绿色、健康丝绸之路建设为重点，高标准融入“一带一路”国际合作格局和国际交往总体布局，为高质量共建“一带一路”贡献北京智慧。

（二）建议

1.稳步扩大制度型开放，赋能“一带一路”贸易高质量发展

党的二十届三中全会审议通过的《中共中央关于进一步全面深化改

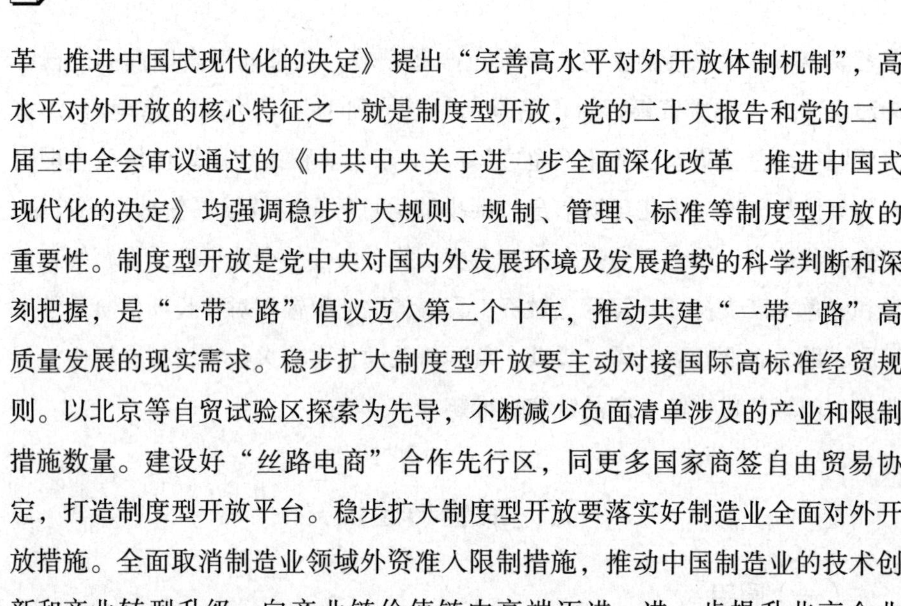

革　推进中国式现代化的决定》提出“完善高水平对外开放体制机制”，高水平对外开放的核心特征之一就是制度型开放，党的二十大报告和党的二十届三中全会审议通过的《中共中央关于进一步全面深化改革　推进中国式现代化的决定》均强调稳步扩大规则、规制、管理、标准等制度型开放的重要性。制度型开放是党中央对国内外发展环境及发展趋势的科学判断和深刻把握，是“一带一路”倡议迈入第二个十年，推动共建“一带一路”高质量发展的现实需求。稳步扩大制度型开放要主动对接国际高标准经贸规则。以北京等自贸试验区探索为先导，不断减少负面清单涉及的产业和限制措施数量。建设好“丝路电商”合作先行区，同更多国家商签自由贸易协定，打造制度型开放平台。稳步扩大制度型开放要落实好制造业全面对外开放措施。全面取消制造业领域外资准入限制措施，推动中国制造业的技术创新和产业转型升级，向产业链价值链中高端迈进，进一步提升北京企业“一带一路”对外贸易竞争力。稳步扩大制度型开放要推进服务业扩大开放综合试点示范。进一步提升服务贸易“单一窗口”便利化水平，实现数据收集、检验检疫、海关、税务、金融监管等各个部门间的协同，加快推进国际贸易“单一窗口”互联互通和“经认证的经营者”（AEO）国际互认。借鉴制造业制度型开放先行先试经验，推动金融、电信等服务业在更大的范围、更多的领域、更深的层次上实现高水平对外开放。

2. 打造综合服务体系，推动“一带一路”贸易合作走深走实

共建“一带一路”是一项庞大的系统工程，涉及100多个共建国家，跨越整个欧亚大陆、西太平洋和印度洋地区，这些国家和地区在经济发展水平、文化传统、社会治理等方面存在显著差异。面对复杂多变的国际环境，单个企业的力量是薄弱的，高质量共建“一带一路”需要政府、社会组织等持之以恒的努力，通过打造和完善一流的“一带一路”综合服务体系，在法律、金融等方面提供更多的优质服务，为北京企业“走出去”保驾护航。一是要构建共建“一带一路”涉外法律服务体系。以建设国际商事仲裁中心（北京）为契机，进一步优化诉讼与调解、仲裁有机衔接的“一站式”国际商事纠纷多元化解决机制，支持国际商事仲裁中心（北京）与共

建“一带一路”国家建立联合仲裁机制，更好地发挥国际商事仲裁调解作用，积极推进国际法治建设，营造一流的营商环境。二是要强化共建“一带一路”金融服务体系。北京作为国家金融管理中心，要立足国际交往资源和专业化金融服务水平，以构建“政金企”对接平台为着力点，鼓励政策性银行和商业银行等金融机构为企业开展“一带一路”贸易提供多元化、便利化的跨境金融服务，为企业开拓海外贸易市场创造更加有利的条件。

3. 促进京津冀协同创新，培育“一带一路”贸易新质生产力

党的二十届三中全会指出，健全因地制宜发展新质生产力体制机制，加快培育外贸新动能，高质量发展“一带一路”需要向创新要动力。“一带一路”倡议作为我国新形势下深化对外开放的顶层规划，与京津冀等国内各区域板块的发展战略相互衔接，不仅能更好地推动京津冀实现创新协同发展，也能将国家总体的开放战略落到实处，进一步完善高水平对外开放体制机制。培育“一带一路”贸易新质生产力，一是要加速产业协作向纵深推进，把握数字化、网络化、智能化发展机遇，在氢能、生物医药、工业互联网、高端工业母机、新能源和智能网联汽车、机器人等高精尖产业领域，搭建产业对接平台，形成区域创新链、产业链、供应链协同效应，实现三地错位发展。二是要助力科技成果在京津冀地区落地转化。深入推进专利转化合作，截至2023年，已有5300余项专利开放许可技术在京津冀三地共享。未来将进一步引导形成“在北京创新研发、在津冀验证转化”的协同创新模式，建立健全“供需清单式”科技成果转化对接机制，全面提升区域协同创新能力，将京津冀地区打造成为我国自主创新的重要源头和原始创新的主要策源地，赋能“一带一路”贸易发展新动能。

参考文献

王俊等：《全球视域下的互利共赢区域产业链：理论逻辑、关键环节与治理框架》，《经济学家》2024年第7期。

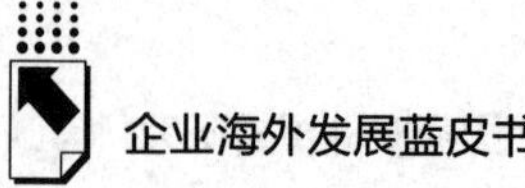

李俊：《探索服务业高水平制度型开放的现实路径》，《人民论坛》2023 年第 19 期。

李晓依等：《绿色贸易发展：国际格局、中国趋势和未来方向》，《国际贸易》2023 年第 4 期。

顾学明、张丹：《统筹好五对关系推进高水平对外开放》，《红旗文稿》2022 年第 24 期。

商务部：《中国数字贸易发展报告（2022）》，2023 年 11 月。

《荐读丨谢来辉：发挥北京优势共建“一带一路”》，“北京日报客户端”百家号，2023 年 12 月 25 日，https：//baijiahao. baidu. com/s？id = 1786213589691420377&wfr = spider&for = pc。

《共建“一带一路”：构建人类命运共同体的重大实践》，“新华网”百家号，2023 年 10 月 10 日，https：//baijiahao. baidu. com/s？id = 1779332019229717600&wfr = spider&for = pc。

《中共中央关于进一步全面深化改革　推进中国式现代化的决定》，中国政府网，2024 年 7 月 21 日，https：//www. gov. cn/zhengce/202407/content_ 6963770. htm。

《中国支持高质量共建“一带一路”的八项行动》，光明网，2023 年 10 月 20 日，https：//politics. gmw. cn/2023-10/20/content_ 36905733. htm。

《〈北京市推进“一带一路”高质量发展行动计划（2021—2025 年）〉解读》，北京市发展和改革委员会网站，2021 年 12 月 7 日，https：//fgw. beijing. gov. cn/fgwzwgk/zcjd/202112/t20211207_ 2555716. htm。

B.11

2023年北京企业在共建"一带一路"国家对外投资研究

韩紫轩　杨道广*

摘　要：　2023年，北京企业在共建"一带一路"国家的对外投资呈现显著的变化，反映了全球经济环境的波动和地缘政治形势的变化。本报告在总结北京企业在"一带一路"中的优势的基础上，探讨了北京市助力企业"一带一路"投资的具体措施，进而重点分析了企业投资规模、区域国别、行业领域、投资主体性质及投资方式的分布。数据显示，2023年北京企业"一带一路"投资规模有所回落；企业在新兴市场的布局更加广泛，尤其是在非洲和中东地区的投资有所增加；表明企业在规避高风险市场的同时，积极寻找新的增长点；与此同时，企业投资主体性质仍以国有企业为主，而投资方式逐渐从以绿地投资为主转向更加灵活的非绿地投资。本报告还提出，面对当前的挑战和机遇，北京企业需要进一步增强风险管理能力，优化全球布局，并通过科技创新和绿色发展提升国际竞争力。政府在此过程中应加大政策支持力度，推动企业在"一带一路"建设中实现更高质量的发展。

关键词：　"一带一路"　对外投资　北京企业

* 韩紫轩，对外经济贸易大学博士研究生，研究方向为会计信息与资本市场；杨道广，对外经济贸易大学国际商学院教授、博士生导师，主要研究方向为内部控制与公司财务、审计与公司治理。

一　北京企业“一带一路”投资的优势

（一）企业集群优势促进资源共享与优势互补的实现

首先，北京市作为我国的经济中心和政治中心，汇聚了大量国企和知名企业的总部，大型国企数量位居全国第一，这类企业均拥有雄厚的资金实力和广泛的业务基础，形成了强大的企业集群优势。国有企业是国民经济的重要支柱，也是我国经济发展的基础，在能源、基建、制造业等关系国家安全和国民经济命脉的主要行业和关键领域中占据支配地位，具有强大的实力，在参与“一带一路”分工协作和协同发展中发挥了巨大的潜力。国务院国资委明确提出，要聚焦中国支持高质量共建“一带一路”八项行动，统筹推动国资央企参与“一带一路”建设，结合国企改革深化提升行动、推进战略性新兴产业布局等重大工作。“一带一路”倡议实施以来，国有企业在响应国家政策、推动“一带一路”投资方面表现出色，在基础设施建设方面发挥了主导作用。通过建设铁路、公路、港口、电力等项目，积极推动共建“一带一路”国家互联互通、经济社会发展、民生改善。在共建“一带一路”的实践中，国有企业不断探索提升企业国际竞争力的路径，始终坚持共商共建共享，与共建国家企业携手探索合作领域、打造发展引擎，有效激活了企业发展动力。总体而言，国有企业在我国新发展格局中还扮演着高水平对外开放先行者的角色，是我国参与国际竞争合作、高质量共建“一带一路”的重要力量。

其次，北京不仅是国企的集聚地，也是中国科技创新的核心区域。北京始终坚持创新驱动发展，全力打造科技创新核心优势。北京市企业在技术研发和创新方面进行了较大的投入，研究与发展（R&D）支出持续增长，2023 年高达 3501.1 亿元，占 GDP 比重为 8.00%（见图 1）。通过“一带一路”倡议，北京的高新技术企业将其先进的技术和创新成果输出到共建“一带一路”国家，提升了当地的技术水平和生产效率，在新能源、信息技术、智能制造等领域的技术输出，为共建“一带一路”国家提供了先进的解决方案，有效推动了当地的产业升级与经济发展。此外，北京在创业投资领域的优势，为“一带一路”建设注入了新的活力。北京的研发投入强度远超全国平均水平。作为全国创业投资的中心，北京吸引了大量资本流入高科技产业，许多初创企业能够快速成长，并在共建“一带一路”国家建立技术合作和创新联盟。这种资本与技术的双向互动，不仅加速了北京高新技术企业的国际化进程，也为共建“一带一路”国家的技术创新和经济发展提供了有力支持。

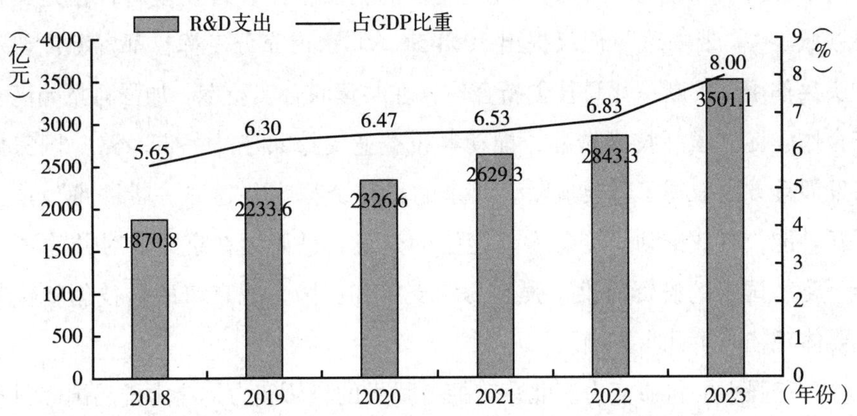

图1　2018~2023年北京企业R&D支出及其占GDP比重

资料来源：北京市统计局、历年《北京统计年鉴》。

最后，除了大型国企和高新技术企业，北京市还形成了以中小企业为主体的特色产业集群。这些集群具有高度的产业聚焦效应、资源整合和协作网络，展现出强大的核心竞争力。在“一带一路”建设中，这些中小企业通过精准的产业定位和高效的协作网络，增强了集群内企业的创新能力和市场竞争力。北京市政府积极引导，为这些集群提供了良好的投资环境和政策支持，包括财政、金融、产业、创新、土地和人才等方面的政策倾斜。北京市政府还鼓励各区中小企业主管部门加强对集群的支持，落实各类惠企政策，推动产业投资基金加大对集群的投入力度。此外，集群内的企业通过与大型企业、高校、科研机构的协作，形成稳定的创新合作机制，强化知识产权运用和标准研制，从而在“一带一路”建设中发挥了重要作用。通过这种集群化发展模式，北京的中小企业实现了资源共享和优势互补，有效降低了投资风险，促进了各方的共同发展。

（二）科技创新中心优势推动创新合作网络建设

科技合作是“一带一路”发展的核心内容和重要驱动力。北京市是中国的科技创新中心，集聚了大量的高新技术企业和科研机构，是我国对外开放的重要窗口和参与“一带一路”建设的重要枢纽，科技创新合作是其重要领域。“一带一路”倡议提出10年来，北京市充分发挥首都资源优势和排头兵作用，不断深化科技创新合作，在共建联合实验室、加强科技园区交流合作、促进国际技术转移、推动科技企业支撑共建“一带一路”国家繁荣发展等方面取得了重要成就。北京的科技资源为共建“一带一路”注入了新动能，有效推动了创新合作网络的建设，进而为在京企业对共建“一带一路”国家的投资提供了强有力的支持和保障。北京市的科技创新优势主要体现在以下几个方面。

一是强大的科研实力。北京市拥有强大的科研实力，这为推动国际科技合作提供了坚实的基础，包括创新中心、联合实验室和科技组织的建设。北京市在欧洲承建并正式成立亚欧科技创新合作中心；推动建设了多个“一带一路”联合实验室，如中俄数学中心和中国—荷兰中医药防治重大感染性疾病“一带一路”联合实验室。我国首个国际科技组织总部集聚区于2023年5月31日在北京揭牌并正式启用，已迎来国际动物学会、国际数字地球学会、国际氢能燃料电池协会等8家国际科技组织入驻。这些实验室和创新中心通过联合研究和开发，共同解决科学技术难题，为北京企业在共建“一带一路”国家的投资提供了先进的技术支持和合作平台，增强了企业的竞争力和影响力。

二是科技创新政策的制定与实施。北京市科委、中关村管委会在2019年颁布《“一带一路”科技创新北京行动计划（2019—2021年）》，通过引智引技引资并举、共商共建共享并进的方针，逐步构建起北京与共建"一带一路"国家的创新共同体。图2显示，2018~2023年，中关村国家自主创新示范区企业收入整体呈增长态势，显示出政策的有效性和科技创新的活力。根据《"一带一路"科技创新北京行动计划（2019—2021年）》的相关规定，相关组织正逐步构建北京与共建"一带一路"国家及相关参与国家的创新共同体，使北京成为"一带一路"创新合作网络的重要枢纽。

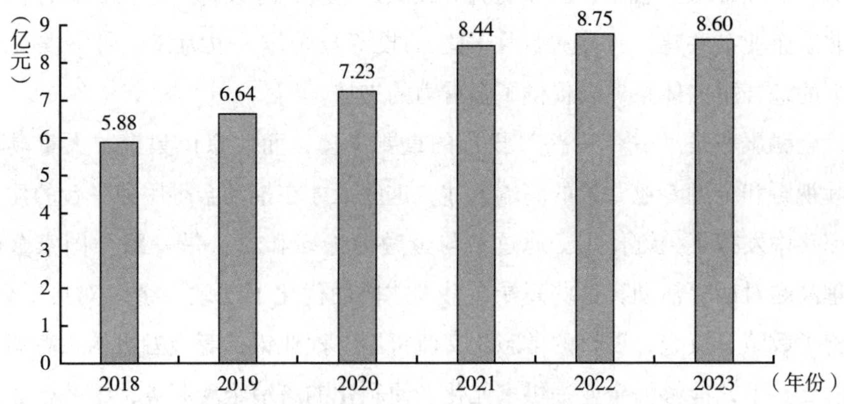

图2　2018~2023年中关村国家自主创新示范区企业收入

资料来源：北京市统计局、历年《北京统计年鉴》。

三是科技园区与高水平国际科技合作。北京市的科技园区通过与共建"一带一路"国家的科技园区和科研机构开展合作，搭建了广泛的国际科技合作网络。北京市积极利用中关村论坛、中国国际服务贸易交易会等高水平的国际科技交流平台，促进与共建"一带一路"国家的科技交流与合作。北京市连续多年举办多场以科技创新合作为主题的平行论坛，通过主旨演讲、圆桌对话等多种形式，加强了双边和多边的科技交流合作。这些交流平台不仅为北京企业提供了展示和交流的机会，还促进了科技成果的对接和转化，推动了北京企业在共建"一带一路"国家的投资。

（三）高端人才集聚优势助力打造综合服务体系

人才是驱动发展的核心要素。实现高质量共建"一带一路"走深走实，不仅需要以基础设施“硬联通”为重要方向，也需要高端人才作为重要的“软支撑”。企业“走出去”需要具有国际视野和专业背景的高端人才提供更多优质的服务。北京市作为中国的政治中心、文化中心和科技中心，集聚了大量具有国际视野和专业背景的高端人才，这些人才在专业技术、创新创业和国际交流等方面拥有丰富的经验和广泛的人脉资源。北京市制定和实施了一系列“人才行动”计划，在国际人才培养、引进和交流方面取得了显著成效。在金融、法律、国际交流等领域，这些人才发挥了独特优势，促进了北京企业在共建“一带一路”国家的投资与合作，也为“一带一路”倡议下的综合服务体系建设提供了强有力的支持。

金融服务是“一带一路”投资的重要支撑，而北京市集聚了大量具有国际视野和金融专业背景的高端人才。这些人才在推动金融服务平台的建立和完善中发挥了关键作用。通过参与金融街论坛和“一带一路”国家金融治理高端对话等活动，这些高端金融人才协助优化了“政金企”对接平台，完善了政策、资金、项目的常态化交流机制。商业银行等金融机构在高端人才的支持下，能够为企业提供多元化、便利化的跨境金融服务，帮助企业更好地应对国际市场的金融风险，提高国际化经营能力。

在共建“一带一路”国家进行投资，法律服务的保障至关重要。北京市依托其丰富的法律人才资源，积极打造“1+N”国际商事法律服务平台。这些高端法律人才不仅推动了国际商事争端预防与解决组织的发展，还提升了国际商事纠纷一站式多元解纷中心的功能。通过建立北京国际商事法庭和探索培育“一带一路”法律商事服务集聚区，北京市法律人才协助构建了一个高效、公正的法律服务体系。北京国际仲裁中心与共建“一带一路”国家建立联合仲裁机制，鼓励境内外当事人选择将北京作为解决国际商事纠纷的仲裁地，加快建设国际商事仲裁中心（北京），为企业在共建“一带一路”国家的投资提供了坚实的法律保障。

高端人才，尤其是海归人才，在国际交流合作中具有独特的桥梁作用。他们不仅具备跨文化沟通的优势，还对当地文化、法律法规和商业模式有深入的了解，有助于减少与共建“一带一路”国家和地区的交流障碍。通过与这些国家的人脉资源对接，高端人才能够吸引更多优秀外籍人才来中国就业创业，帮助中资企业结识更多合作伙伴，增进中资企业与外资企业之间的相互了解，实现更好的“走出去”。

（四）城市治理优势支撑国际交流合作平台搭建

“一带一路”倡议并不只限于基础设施和工业化，也还包括城市化。城市是承载了经济发展模式、生活方式和文化影响力的重要物质载体。与美国等西方国家的全球城市的模式不同，中国如今已形成自己独特的基础设施和城市形式。北京市作为中国的首都，是发展中国家的一个超大人口规模的城市，也是世界上首座“双奥之城”，在城市治理方面积累了大量宝贵的经验，已成为世界了解中国式现代化的重要窗口。北京市在生态城市、绿色低碳城市、智慧创新城市、文明城市等城市治理议题上取得了有效进展，为全球城市化乃至世界现代化探索方向和提供样板。在“一带一路”倡议下，北京的城市治理优势为企业投资提供了坚实的支撑。

北京市政府具有高度的执行力和政策制定水平，能够迅速响应并制定适应市场需求的“一带一路”政策，提供大量的政策支持与稳定的投资环境。同时，北京市政府提供高效、便捷的公共服务，涵盖行政审批、税务服务、公共安全等方面。北京市推出了一系列“一站式”服务平台，简化企业办事流程，提高行政效率，为企业的投资和运营提供便利。

北京市具有较高的国际化水平。北京市在国际化治理方面经验丰富，与多个国际城市建立了友好城市关系，定期举办国际性会议和论坛。圆满完成三届“一带一路”高峰论坛服务保障工作，并主办峰会首届地方合作论坛。连续举办五届中国—中东欧国家首都市长论坛，成为“一带一路”建设的重要平台。与33个共建“一带一路”国家首都结为友城，合作伙伴持续拓展，北京市成为“一带一路”国际交流合作的重要窗口。

北京市在城市规划和基础设施建设方面处于领先地位。北京市拥有世界一流的交通网络、通信设施和公共服务体系，为企业开展国际合作提供了坚实的基础。北京市具有独特的首都机场、大兴机场双机场优势，联合京津冀机场群，推动京津冀国际交流通道建设，提出鼓励航空公司加大对共建“一带一路”国家运力投放，推动多式联运、智慧口岸等平台建设，推动京津冀融合发展，筹办“一带一路”航线发展论坛等活动。北京市依托京津冀协同发展，实现优势互补，优化“一带一路”区域布局，构建“空中丝绸之路”核心枢纽，为参与“一带一路”投资的企业的一系列跨国业务提供了便利。

二　北京市助力企业“一带一路”对外投资的举措

推进“一带一路”高质量发展，是当前扩大对外开放的重要部署，也是推动“双循环”新发展格局的关键平台。在此背景下，北京市制定了明确的行动计划，以发挥首都作为“四个中心”的功能优势，进一步巩固其在“一带一路”建设中的引领地位。总体而言，在习近平新时代中国特色社会主义思想的指导下，全面落实党的十九大及后续各次全会精神。在新的发展阶段，北京市与国家部署紧密协同，以创新、数字、绿色、健康丝绸之路为重点，通过国际交往、科技合作、经贸投资、人文交流、综合服务等多功能平台，推动项目落地，强化风险防控，力求在国际合作和竞争中形成新的优势，取得标志性成果，为“一带一路”建设贡献北京智慧和力量。这些综合性措施为北京企业在共建“一带一路”国家的投资与合作营造了良好的环境，促进了企业的高质量发展和国际竞争力的提升。在总体思路和发展方向的引领下，北京市进一步细化了具体举措，以确保目标的实现。这些措施将从多个方面入手，全面提升北京在全面推动共建“一带一路”高质量发展中的核心作用。

（一）构建立体互联互通网络

党的二十届三中全会审议通过的《中共中央关于进一步全面深化改革　推进中国式现代化的决定》，提出构建“一带一路”立体互联互通网络。第三届“一带一路”国际合作高峰论坛在北京举行，习近平主席在开幕式上的主旨演讲中宣布了中国支持高质量共建“一带一路”的八项行动，排在首位的就是构建“一带一路”立体互联互通网络。论坛期间，中国同26个国家共同发起《深化互联互通合作北京倡议》。北京市深入贯彻落实习近平总书记关于共建“一带一路”的重要讲话精神，全面落实与共建“一带一路”国家的友好交流与务实合作，在基础设施建设的“硬联通”、金融与法律服务的“软联通”以及人文关怀的“心联通”等方面采取了一系列措施。

从基础设施建设的“硬联通”来看，设施联通是合作发展的基石，铺设了共同繁荣发展的道路。这正是北京企业的优势所在。2013年以来，北京市企业在共建“一带一路”国家实施了一系列基础设施建设和资源能源勘探开发的重大项目，充分发挥其在技术研发、咨询设计、投资建设和运营管理等方面的优势，积极参与“一带一路”重点项目建设。这些项目不仅推动了“一带一路”经济走廊重点节点的建设，促进了区域内各国的经济合作与交流，也帮助提升了当地的基础设施建设水平和产业发展能力，改善了当地的基础设施条件，同时带动了相关产业的发展，为实现共同繁荣奠定了坚实的基础。

从金融与法律服务的“软联通”来看，企业“走出去”需要强大的金融、法律等服务保障。北京市积极争取国家开发银行和中国进出口银行等政策性金融机构的贷款支持，专门用于支持北京企业在共建“一带一路”国家的投资和并购活动。同时，北京市引导市场化基金参与“一带一路”建设，支持企业的国际化发展，专注于绿色产业和可持续发展项目，为企业提供了充足的资金支持。在海外投资过程中，法律保障同样至关重要。北京市提供全面的法律服务，确保企业在共建“一带一路”国家的投资活动合法合规，降低法律风险。北京市通过与国内外知名法律事务所合作，为企业提供专业的法律咨询和服务，包括投资合同的起草与审查、法律风险评估、纠纷解决等，为企业在海外市场的投资活动提供法律保障。北京市政府积极推动与共建“一带一路”国家的法律合作，签订多项双边投资保护协议，确保北京企业在海外的合法权益得到有效保护。

从人文关怀的“心联通”来看，“走出去”的北京企业在实现自身国际化发展的同时，也为当地消除贫困、解决就业、改善生产生活条件、带动产业升级等带来了显著的社会和经济效益。北京企业参与的道路、桥梁、电力和通信等基础设施项目，改善了当地的交通和生活条件。通过设立工厂、建设基础设施和发展新兴产业，为当地居民提供了大量的就业岗位，不仅提升了他们的技能和就业水平，也显著提高了当地居民的收入水平。此外，在海外投资过程中，企业文化和社会责任活动促进了中外文化交流与融合。通过"心联通"，北京企业在共建"一带一路"国家在实现自身发展的同时，也为东道国带来了实实在在的利益。这些努力不仅改善了当地的经济和社会条件，也增进了中外人民的友谊和理解，为"一带一路"倡议的深入实施奠定了坚实的社会基础。

（二）推动数字经济国际合作

北京市数字经济增长势头强劲、数字基础设施有序搭建、平台治理政策密集出台，积极推动数字技术全球普及，缩小全球数字鸿沟，加快数字领域国际投资合作，为全球数字领域合作与发展提供了新的机遇。北京市推出了一系列数字经济相关政策，并举办多个大型数字经济相关会议，为企业提供政策支持和交流平台，推动数字经济的发展（见表1）。北京市在全球数字经济中具有重要的地位和作用，以上相关政策和会议为北京市在全球数字经济中的战略布局提供了重要的支持，不仅为企业在共建"一带一路"国家的投资营造了良好的环境，还为其提供了具体的实施路径和操作指南。在以上政策的引领下，北京市积极推动数字经济发展，助力企业在共建"一带一路"国家的对外投资。具体而言，主要包括以下三个方面。

表1　北京市部分数字经济相关政策及会议

时间	相关政策/会议
2020年9月22日	《北京市促进数字经济创新发展行动纲要(2020—2022年)》
2021年7月30日	《北京市关于加快建设全球数字经济标杆城市的实施方案》
2022年8月3日	《北京市促进数字人产业创新发展行动计划(2022—2025年)》

续表

时间	相关政策/会议
2022 年 11 月 25 日	《北京市数字经济促进条例》
2023 年 5 月 30 日	《北京市加快建设具有全球影响力的人工智能创新策源地实施方案(2023—2025 年)》
2023 年 6 月 20 日	《关于更好发挥数据要素作用进一步加快发展数字经济的实施意见》
2023 年 7 月	2023 全球数字经济大会、《全球数字经济伙伴城市合作倡议》
2023 年 9 月	2023 世界智能网联汽车大会展览会、《推进全球智能网联汽车商业化应用(北京)共识》
2023 年 10 月 18 日	《“一带一路”数字经济国际合作北京倡议》
2023 年 11 月 10 日	北京数据基础制度先行区启动会议
2024 年 7 月	2024 全球数字经济大会
2024 年 7 月 11 日	《北京市加快数字人才培育支撑数字经济发展实施方案(2024—2026 年)》

资料来源：根据公开资料整理。

一是推进数字基础设施的建设。北京市投资建设了一系列先进的数字基础设施，包括 5G 网络、数据中心和云计算平台、数字经济算力中心等。这些基础设施为企业提供了可靠的技术支撑，使其能够在海外市场快速部署数字化业务，提升国际竞争力。2019~2023 年，北京市的 5G 基站建设稳步推进，5G 基站数量呈现快速增长趋势（见图 3），为企业在全球市场中保持竞争力提供了坚实的网络基础。5G 网络的高速度和低延迟特性，使得企业可以更快地传输数据和进行实时通信，提高工作效率，从而在全球投资市场中保持较强的竞争力。同时，通过云计算平台，企业可以基于大量的历史数据和实时数据，灵活地调整资源配置，降低 IT 基础设施的建设和维护成本，从而将更多资源投入核心业务和海外投资市场中投资目标的选择。大数据人工智能等可以帮助企业识别和评估潜在的市场风险，如政治风险、经济波动和文化差异。通过建立风险预测模型，企业可以提前制定应对策略，降低投资风险。此外，数据中心提供了安全可靠的数据存储和处理能力，使企业能够有效管理和利用大数据，优化投资流程，提升竞争力。在共建“一带一路”国家，企业可以利用这些技术实现本地化运营，快速适应市场变化。这些基础设施的搭建使得企业能够在全球范围内进行高效、低成本的运营。

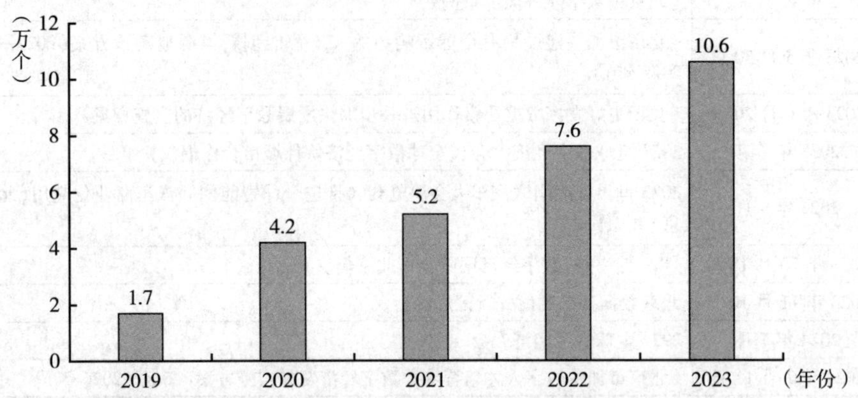

图 3　2019~2023 年北京市 5G 基站数量

资料来源：北京市商务局、北京市统计局、历年《北京统计年鉴》。

二是数据要素市场的培育。北京积极探索数据资源资产化、市场化、产业化发展的有效模式和可行路径，推动高质量数据要素供给，激活数据要素潜能，为企业提供更多的海外市场拓展机会。通过发展大数据产业，提升数据处理和应用能力，北京市率先形成国内领先的数据要素市场，数据出境制度也在北京率先落地。北京还通过建设国际信息产业和数字贸易港，加强数字领域国际合作，帮助企业在国际市场上实现数据驱动的商业模式转型。另外，北京国际大数据交易所于 2021 年 3 月成立，致力于建立集数据登记、评估、共享、交易、应用、服务于一体的数据流通机制，率先探索数据确权的市场化方式，推动多场景数据价值安全流动。这一系列措施能打破时空限制，让平台企业“出海”的脚步明显提速。一方面，数据交易平台允许企业在合规的前提下共享和交易数据资源，从而获得更多的市场洞察和商业机会。企业可以通过数据交易平台获取共建“一带一路”国家的市场数据，以此为基础开展市场研究和产品开发。另一方面，通过数据资源的共享和交易，企业可以开发新的商业模式和服务。

三是构建"数字丝绸之路"国际枢纽。首先，北京市发起成立数字经济企业"出海"服务基地，为企业提供一站式服务。在海外注册、税务、法律咨询等方面为企业提供支持，降低企业"走出去"的门槛和成本。支持企业完善海外仓和海外项目运营中心等配套服务设施。通过提供海外仓和运营中心，减轻企业在海外初期的物流和运营压力，分散市场风险，提升企业在海外市场的响应速度和服务质量。其次，北京市还设立了数字经济创新中心，吸引顶尖科技企业到北京设立研发中心或合作项目，促进国际合作与资源共享。依托国家服务业扩大开放综合示范区和自贸试验区建设数字贸易功能区，集聚更多有竞争力的数字企业，支持国际数字龙头企业总部、研发中心和运营中心等平台型项目落地。创新中心为企业提供最新的技术支持和研发资源，推动企业技术创新。通过与国际科技企业进行合作，北京市企业获取国际先进的管理经验和技术，提升企业的国际化水平。最后，北京市引领"数字丝绸之路"建设，积极探索建设"数字丝绸之路"经济合作试验区，落实《"一带一路"数字经济国际合作倡议》，推动与共建"一带一路"国家城市在新基建、大数据、云计算、智慧城市、电子商务、物联网、人工智能等领域的深度合作。支持本土跨国企业架设出海云平台，支持发展云服务、跨境电商、数字内容等业态，打造全球数据资源集聚配置新通道。通过技术输出和合作，在京企业可以更容易地进入共建"一带一路"国家市场，开展业务合作和技术输出。同时，这也有助于提升企业的国际品牌形象和市场影响力。

（三）坚持践行绿色发展倡议

2023 年 10 月，在第三届"一带一路"国际合作高峰论坛（以下简称"高峰论坛"）绿色发展高级别论坛上，《"一带一路"绿色发展北京倡议》正式发布。我国在绿色丝绸之路建设中取得了积极进展，成立"一带一路"绿色发展国际联盟，发布"一带一路"绿色投资原则，建立"一带一路"绿色发展伙伴关系，实施绿色丝路使者计划与"一带一路"应对气候变化南南合作计划。北京市在坚持绿色发展倡议方面也采取了一系列措施，通过

生态环境保护、绿色基础设施建设、绿色能源、绿色交通、绿色金融等领域的合作，积极推动“一带一路”倡议的落实。这些措施不仅提升了北京市企业在海外的投资能力和竞争力，也促进了全球的可持续发展。

一是积极深化生态环境保护理念，统筹绿色基础设施建设。具体而言，北京市通过加强生态环境保护合作，支持共建“一带一路”国家的环保与污染治理工作，推动污染防治与碳减排的协同增效，促进经济社会发展与生态环境保护的协调。增强绿色发展理念，完善交流机制，成为全球生态文明建设的重要参与者、贡献者、引领者。北京市企业在海外投资项目中，注重采用高环境标准和最佳实践，建设环境友好和有气候韧性的基础设施项目。北京市引导企业推广基础设施绿色环保标准和最佳实践，在设计阶段合理选址选线，降低对各类保护区和生态敏感脆弱区的影响。这些措施帮助北京企业树立了良好的国际环保形象，赢得了东道国政府和公众的信任。同时，高标准的绿色基础设施项目不仅吸引了更多的合作伙伴，还展示了企业的高标准建设能力和可持续发展承诺。

二是大力宣传绿色低碳发展理念，助力绿色项目的合作。北京市支持发展中国家制定基于国家自主贡献的可再生能源发展目标，鼓励太阳能发电、风电等企业“走出去”，推动绿色能源项目，深化能源技术装备领域合作，推广新能源和清洁能源车船等节能低碳型交通工具。北京市企业在共建“一带一路”国家投资建设太阳能、风能等清洁能源项目，深化能源技术装备领域合作，推广高效低成本可再生能源发电、先进核电、智能电网、氢能、储能等技术。推广智能交通中国方案，鼓励企业参与境外铁路电气化升级改造项目，巩固中欧班列良好发展态势，发展多式联运和绿色物流。2022年12月，北京市推进绿色丝绸之路建设创新服务基地成立。基地以“对接近百国家、联动百家企业、汇聚上千人才”为目标，积极对接共建“一带一路”国家产业转型升级需求，加强节能环保、清洁能源、新能源和可再生能源等领域国际投资合作，为高质量共建绿色丝绸之路做出北京新贡献。

三是为企业提供绿色金融支持，完善相关顶层设计。绿色金融能够为推动绿色“一带一路”提供资金支撑保障，有利于解决绿色项目在“出海”过程中遭遇的融资难的困境。北京市通过开发和使用绿色金融工具，落实《“一带一路”绿色投资原则》，支持绿色低碳项目融资。多元投融资渠道的探索，包括国际商业金融机构、多边开发性金融机构、机构投资人和资本市场中的普通投资者，推动了绿色金融市场的发展。北京市还积极参与国际绿色产业和金融的标准制定和对接，推动绿色金融市场的双向开放。创建北京绿色产业交流合作平台，发布《北京市建设“绿色丝绸之路”白皮书》，建立节能环保产业对外交流示范推广基地，深化与共建“一带一路”国家在节能环保、清洁能源、新能源和可再生能源等领域的合作，推动冬奥会和冬残奥会、城市副中心等绿色技术综合应用示范区建设。支持金融机构通过市场化方式建立“一带一路”绿色基金。此外，北京市通过发挥“一带一路”绿色发展国际联盟、“一带一路”能源合作伙伴关系、“一带一路”可持续城市联盟等合作平台的作用，深化绿色发展伙伴关系。这些平台提高了北京企业在全球绿色发展中的影响力和话语权，为北京企业整合更多的国际资源和合作伙伴，提升项目的成功率提供了重要保障。绿色金融的支持也为北京企业在海外投资绿色项目提供了充足的资金保障，降低了融资成本，撬动更多私人资本加大绿色投资力度，使得更多环保和可持续发展项目得以顺利实施。

三　北京市企业在共建“一带一路”国家对外投资情况

（一）投资规模情况

图4显示，2023年，北京企业在共建“一带一路”国家对外投资规模为111.4亿美元，与2022年的156.9亿美元相比，下降了45.5亿美元。尽管2022年北京企业在共建“一带一路”国家对外投资规模有所反弹，但2023年并未延续这一增长趋势，而是再次回落。这一回落反映了在全球经济复苏放缓和其他复杂因素影响下，北京企业调整了其投资策略，投资活动趋于谨慎。这些数字变动反映出多种经济、政治和市场因素的交织影响。

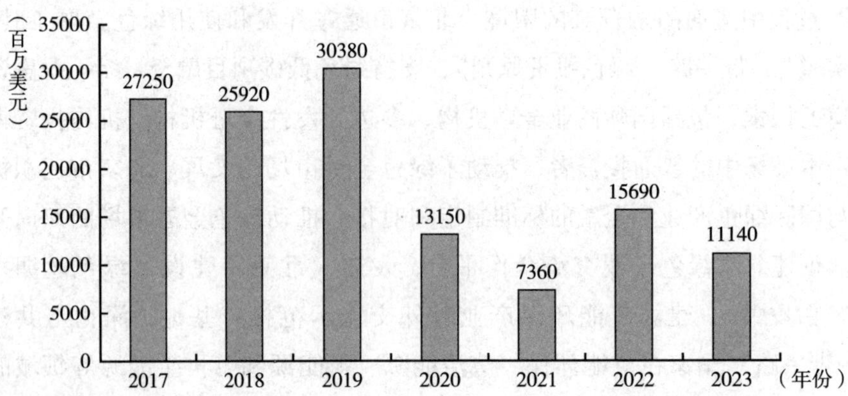

图 4　2017~2023 年北京企业在共建“一带一路”国家对外投资规模情况

资料来源：CSMAR & China Global Investment Tracker，https：//www. aei. org/china-global-investment-tracker/。

从全球投资环境来看，尽管 2023 年全球经济开始逐步从新冠疫情的影响中复苏，但复苏的速度和力度并不均衡。全球范围内的投资环境复杂且充满不确定性，大量企业面临全球供应链的中断、劳动力市场的不确定性、原材料价格上涨以及通货膨胀压力等一系列挑战。特别是对于共建“一带一路”国家中的一些发展中国家，经济复苏的滞后可能导致市场需求不足、营商环境不稳定，从而使北京企业在这些地区的投资更加谨慎。国际货币基金组织（IMF）等机构在 2023 年对全球经济增长的预测趋于保守，这也可能促使企业在规划长期投资时更加谨慎，以规避未来可能的经济波动给企业带来的负面影响。此外，全球市场需求的波动也是影响企业投资决策的重要因素。2023 年全球市场需求仍未完全恢复到疫情前的水平，尤其是一些共建“一带一路”国家中的发展中国家，内需恢复更加缓慢，基础设施投资回报不确定性增大。这一系列因素可能导致北京企业重新评估这些市场的投资潜力，减少或推迟在这些地区的大规模投资。

从国内政策的影响来看，政府在继续深化对外开放的同时，对国内的经济结构进行了调整。随着中国经济从高速增长向高质量发展转型，政府可能在政策层面更加鼓励企业投向具有高附加值和创新能力的产业。企业在共建

“一带一路”国家的投资策略也会随着国内政策的调整而变化，可能会从大规模的基础设施投资逐步转向更具技术含量和可持续发展的领域。基于全球和我国对数字经济和绿色发展的重视，北京企业在共建“一带一路”国家的投资也逐渐向这些新兴领域倾斜。数字经济和绿色项目虽然具有巨大的发展潜力，但通常需要更多的技术投入和更长的投资回收周期。这些新领域的投资往往在初期表现为资金投入多、短期回报不显著，因此在统计中可能反映为总体投资规模的下降。

（二）投资区域情况

1. 投资区域分布情况

如图 5 所示，2017 年北京企业对共建“一带一路”国家的投资主要集中在东亚和欧洲，尤其是在东亚的投资非常突出，达到了 148. 1 亿美元，远超其他地区。2018~2019 年，东亚地区仍然是主要的投资目标，但南美洲的投资明显增加。中东和北非地区的投资也开始增长，特别是在 2019 年，中东和北非的投资有较大幅度的上升。2020~2021 年，北京企业的对投资区域分布开始多样化，在南美洲、东亚、撒哈拉以南非洲等多个地区均有投资，且分布较为均衡。尤其是在 2020 年，南美洲和东亚的投资较高。2022 年东亚、中东和北非成为投资的主要区域，其投资明显增加，而其他区域的投资相对平稳。

与之前年份相比，2023 年北京市企业的投资格局发生了明显变化。相较于 2022 年，2023 年东亚地区的投资减少，但依然保持在较高水平，达到 32. 9 亿美元。这一情况可能受到区域经济不确定性或中美贸易摩擦的影响，北京企业在东亚的投资趋于谨慎。2023 年，北京市企业在南美洲的投资为 13. 3 亿美元，显示出稳定的投资态势。南美洲作为新兴市场国家的代表，在资源、人口和市场潜力方面具有重要的战略意义。一方面，南美洲自然资源丰富，北京市企业在矿产资源、农业种植以及农产品加工领域的投资，继续为这一地区的经济合作注入动力。另一方面，南美洲丰富的资源为北京市企业提供了原材料供应保障，并通过产业链延伸，实现对外投资的可持续发

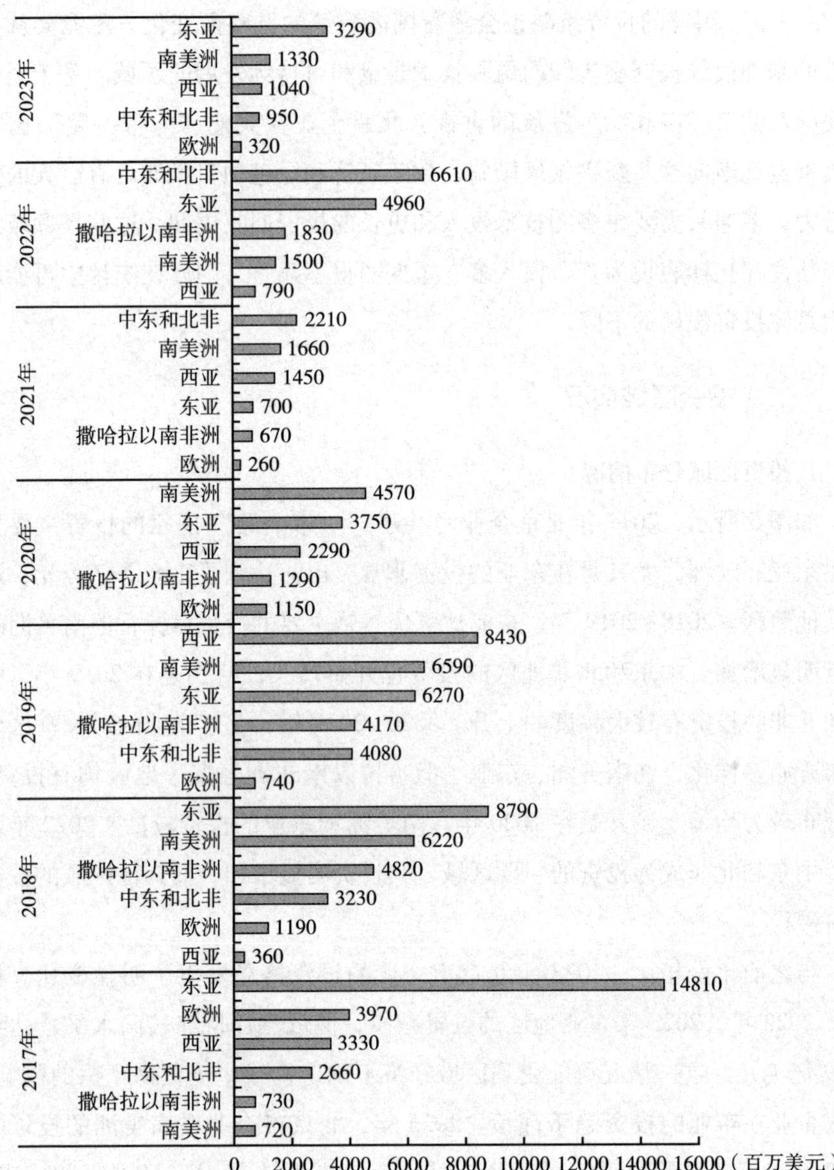

图5　2017~2023年北京企业在共建“一带一路”国家对外投资区域分布情况

资料来源：CSMAR & China Global Investment Tracker，https：//www.aei.org/china-global-investment-tracker/。

展。北京市企业通过寻求在南美洲的投资，进一步分散全球市场风险。2023年，北京企业在西亚地区的投资额为10.4亿美元，显示出增长的态势。这显示出中国与西亚地区之间的外交关系进一步巩固，双方在政治、经济、文化等多方面的合作日益密切。这种双边关系的深化为北京市企业在该地区的投资创造了更为有利的政策和环境条件。2023年，北京市企业在欧洲的投资降至3.2亿美元，为各区域中的最低水平。这一变化主要受以下因素影响。一是地缘紧张局势增加了在欧洲投资的不确定性和风险，导致投资下降。二是欧洲市场相对成熟且趋于饱和，加之其经济增速放缓，北京市企业可能认为在其他新兴市场有更高的投资回报率，因此减少了在欧洲的投资。

总体而言，2023年北京市企业在共建“一带一路”国家的投资显示出显著的区域差异，反映了全球政治经济环境的变化和市场需求的转移。企业在不断调整投资策略，寻找最具增长潜力的地区，以实现更高效的资源配置和更稳定的国际市场布局。

2. 投资国家分布情况

2017~2023年，北京市企业在共建“一带一路”国家的投资分布呈现显著的年度变化。如图6所示，总体来看投资热点国家在不同时期有所变化，反映了全球经济形势、地缘政治环境以及各国经济发展需求的不同。2023年，北京市企业在博茨瓦纳的投资达到18.8亿美元，柬埔寨在2023年吸引了13.1亿美元的投资。北京企业在印度尼西亚的投资额为10.9亿美元。卡塔尔和塞拉利昂在2023年分别吸引了9.5亿美元和9.0亿美元的投资，成为值得注意的投资目的地。2023年，北京市企业在共建“一带一路”国家的投资分布反映了全球经济和地缘环境的复杂性，北京市企业逐渐将目光投向非洲、中东等地区的新兴市场国家，通过与这些国家的经济合作，减少对欧美市场的依赖。

2017~2019年，东南亚国家如新加坡、印度尼西亚，以及南美国家如秘鲁、智利，是北京企业主要的投资目的地。然而在之后几年，北京企业投资重心逐渐向中东（如沙特阿拉伯、卡塔尔）和非洲（如博茨瓦纳、塞拉利昂）转移。这种转移反映了北京市企业对资源获取和能源的重视，同时体现

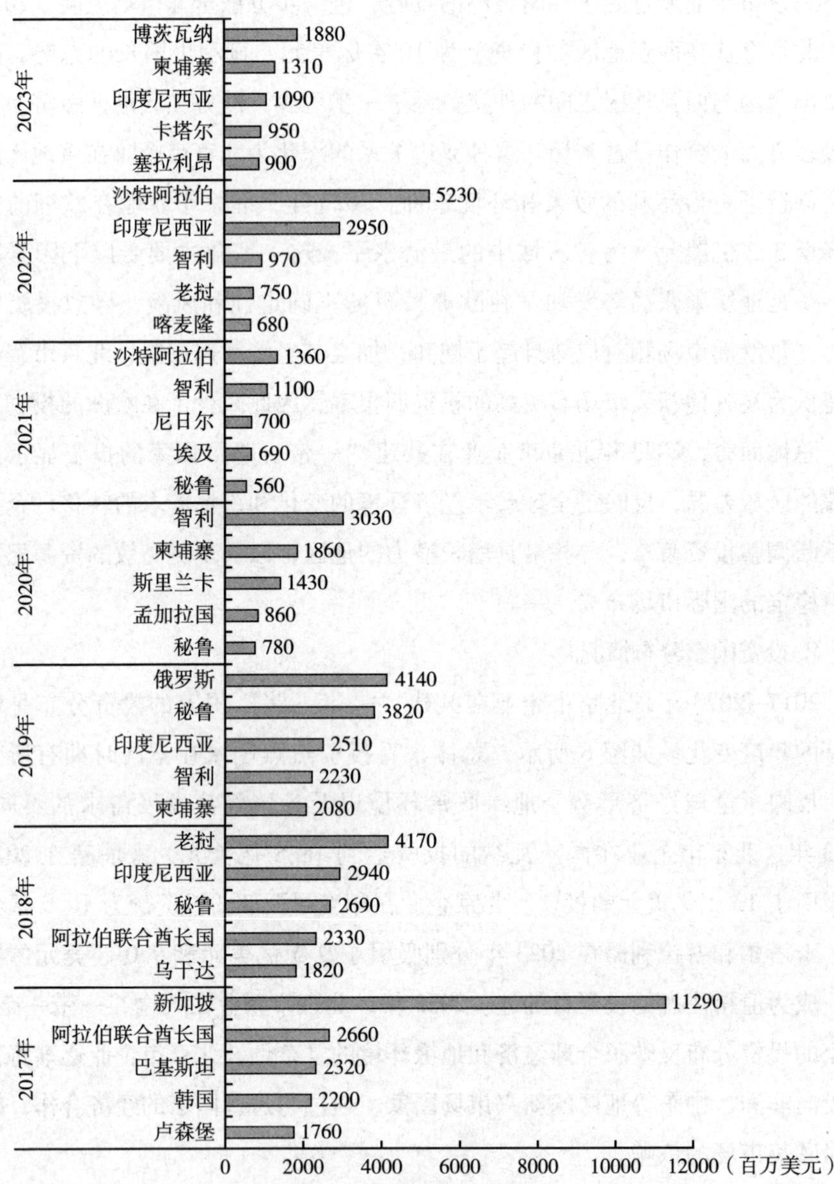

图 6　2017~2023 年北京企业在共建“一带一路”国家对外投资规模排前 5 位的国家

资料来源：CSMAR & China Global Investment Tracker，https：//www. aei. org/china-global-investment-tracker/。

了在“一带一路”倡议下，北京市企业对新兴市场潜力的挖掘。例如，在2017年，新加坡是北京市企业最大的投资目标国，投资额高达112.9亿美元。然而，从2018年开始，新加坡在投资榜单上的位置逐渐下降，到2023年几乎不再是主要投资目的地。这一变化可能与北京市企业逐渐将目光从东南亚的金融中心转移到资源更为丰富或市场潜力更大的国家有关。此外，值得注意的是，2019年，北京市企业对俄罗斯的投资达到41.4亿美元，显示了中俄经济合作的深化。然而，随着俄乌冲突及其后续的地缘政治紧张局势，北京市企业在2023年大幅减少了对俄罗斯的投资，并转向中东和非洲地区。此外，智利和秘鲁等南美国家在2019年和2020年是主要的投资目标，但到2023年，南美国家的投资占比有所降低，这反映了北京市企业在全球投资布局上的调整。

总体而言，2023年北京市企业在共建“一带一路”国家的投资分布呈现出与前几年显著不同的特征。全球地缘政治环境的变化，如中美关系的紧张、俄乌冲突的影响，使得北京市企业调整了投资方向，减少了在高风险地区的投资，转而加大对政策环境友好、经济发展潜力大的中东和非洲国家的投资力度。同时，2023年，北京市企业在共建“一带一路”国家的投资更加分散，避免将大量资金集中在少数国家。这一策略可能是为了应对全球经济和地缘政治的不确定性，通过投资多个国家，分散风险，确保投资回报的稳定性。这些变化显示出北京市企业在“一带一路”倡议下的对外投资正变得更加成熟和灵活，能够根据全球环境的变化进行及时调整，确保投资的可持续性和长期收益。

（三）投资行业情况

2017~2023年，北京市企业在“一带一路”倡议下的投资分布呈现明显的变化，这些变化反映了全球经济环境、技术发展趋势以及北京市企业的战略调整。图7显示，2023年，金属行业的投资大幅增长至39.6亿美元，成为当年增长最快的行业之一。这一现象背后有多个原因。第一，随着全球经济从疫情中逐步复苏，各国尤其是共建“一带一路”国家中的发展中国家

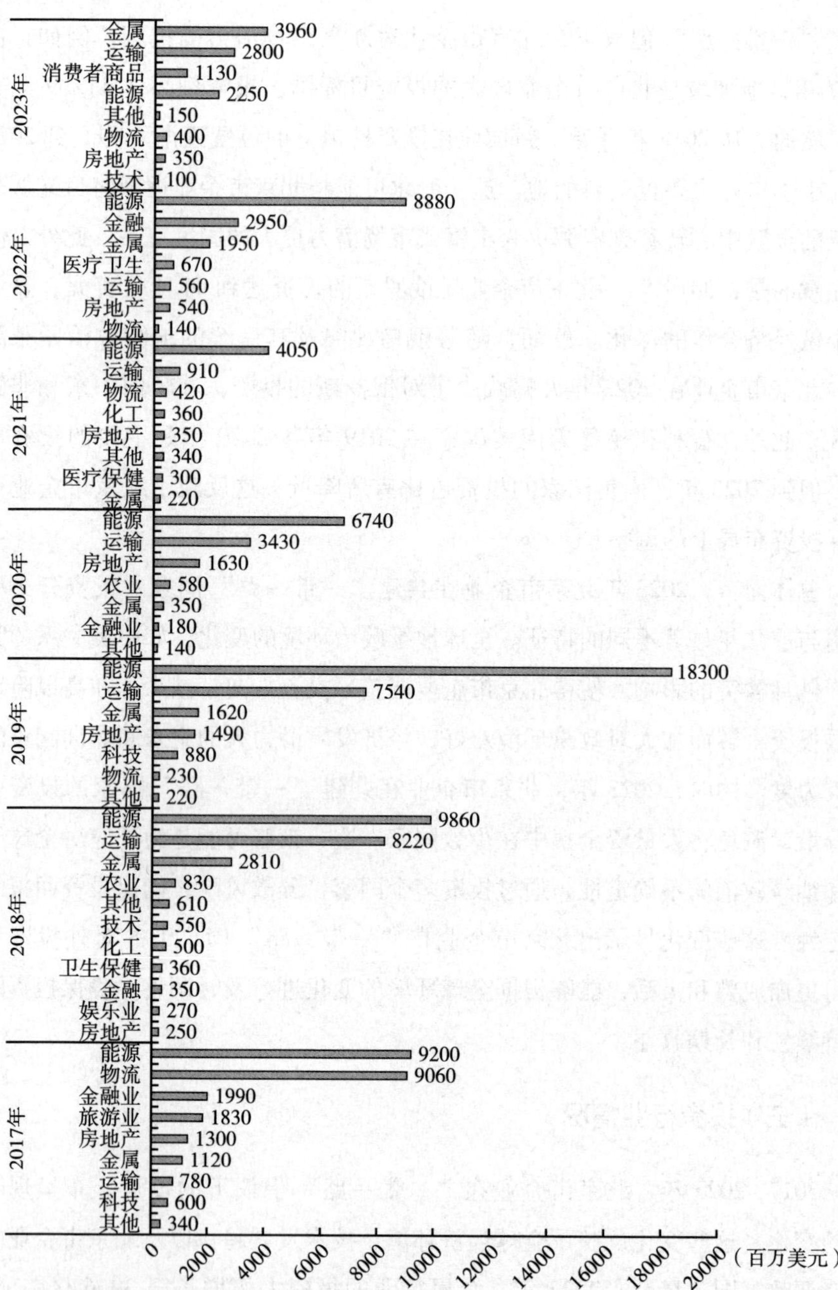

图 7　2017~2023 年北京企业在共建“一带一路”国家对外投资行业分布情况

资料来源：CSMAR & China Global Investment Tracker；https：//www.aei.org/china-global-investment-tracker/。

加大了基础设施建设的力度。这些建设项目对钢铁、铜、铝等金属的需求大幅增加，推动了北京市企业在金属行业的投资。第二，2023 年，全球金属市场出现了价格上涨的趋势，这主要是由于供需紧张、供应链问题以及全球通货膨胀压力。北京市企业在此背景下加大了对金属行业的投资力度，以确保能够稳定获取关键资源，并从价格上涨中获益。此外，面对金属价格的不确定性，北京市企业可能在 2023 年倾向于提高资源储备，通过增加对金属行业的投资，确保在全球市场动荡的情况下有足够的资源储备。第三，新能源及高科技产业的发展带动且对金属的需求显著增加，北京市企业通过投资金属行业，确保在这些高增长领域中保持竞争力。

2018 年，运输行业的投资额为 82. 2 亿美元，是当年投资较多的行业之一。这一时期正值“一带一路”倡议加速推进，各国基础设施建设需求旺盛，尤其是在交通运输方面，大量资金涌入铁路、公路、港口等项目。2019 年和 2020 年，运输行业继续保持强劲的投资势头，2019 年投资额达到 75. 4 亿美元，2020 年则为 34. 3 亿美元。尽管 2020 年投资额有所减少，但仍然维持在较高水平。这一时期，全球经济增速放缓，但共建“一带一路”国家的交通基础设施建设需求仍然强劲。2021 年，运输行业的投资降至 9. 1 亿美元。2022 年进一步下降到 5. 6 亿美元，降至低谷。这一下降可能与全球经济的不确定性、疫情对国际项目的影响、供应链中断等因素有关。2023 年，运输行业的投资回升至 28. 0 亿美元，尽管较 2019 年和 2020 年仍有所下降，但相较 2021 年和 2022 年显著增长。这种增长主要得益于全球经济复苏后的基础设施需求回升、新的“一带一路”项目启动、供应链安全考虑的加强，以及智能交通和绿色交通技术的推动。

能源行业在整个时期内持续吸引大量投资。2017~2019 年，能源行业投资额分别达到了 92. 0 亿美元、98. 6 亿美元和 183. 0 亿美元，显示出其在“一带一路”投资中的主导地位。然而，2023 年这一行业的投资额降至 22. 5 亿美元，反映了市场动态和全球能源转型的影响。消费者商品行业在 2023 年的投资为 11. 3 亿美元，显示出北京市企业在共建“一带一路”国家开拓消费市场的兴趣。这可能与这些国家经济增长和中产阶层群体扩大带来了新的消费需求有关。此外，2023 年房地产行业的投资维持在较低水平（3.5 亿美元），表明在全球经济不确定性增加的背景下，企业对房地产市场持谨慎态度。

总体来看，2023 年的投资趋势表明，北京市企业正在根据全球市场和经济环境的变化，灵活调整投资方向，逐步从单一行业的集中投资转向多元化投资，确保在多个战略领域保持稳健的发展。这种调整不仅增强了企业在国际市场中的竞争力，也为长期的可持续发展奠定了坚实基础。

（四）投资主体情况

2017~2023 年，北京市企业在共建“一带一路”国家的对外投资主体性质发生了明显的变化，主要体现在国有企业与非国有企业投资比例的变动上。在 2017~2019 年这一时期，国有企业占据了绝对主导地位，2019 年达到了峰值，国有企业的投资额为 276.7 亿美元，非国有企业的投资额为 26.1 亿美元。这种高投资额的背景可能与当时国家推动“一带一路”大规模基础设施建设、能源项目和战略性资源开发有关，国有企业在这些领域具有天然优势，因此成为主导力量。2020 年，国有企业投资额出现大幅下降，降至 125.5 亿美元，非国有企业投资额降至 5.0 亿美元。这可能是由于全球疫情的冲击，国际项目停滞或推迟，经济不确定性增加，企业在海外投资方面更加谨慎。然而，国有企业依然是主要投资者，尽管其投资额减少，但相对占比仍然较高。2021 年国有企业投资额继续下降，降至 69.5 亿美元，非国有企业投资额则降至 0 亿美元。随着一些经济活动的恢复，企业开始逐步重启投资计划。不过，由于全球经济不确定性持续，企业整体在对外投资方面依然谨慎。2022 年，非国有企业的投资额大幅增加至 80.6 亿美元，首次超过了国有企业的投资额（76.3 亿美元）。这一变化标志着非国有企业在共建“一带一路”国家对外投资中的作用显著增强，显示出在全球经济复苏背景下，非国有企业凭借其灵活性和市场驱动的特点，迅速抓住了新兴市场中的机遇。2023 年，国有企业的投资额回升至 92.7 亿美元，非国有企业的投资额则为 18.7 亿美元（见图 8），出现了较大的反转。这一年的数据表明，国有企业重新成为主导力量，非国有企业的投资比重则有所下降。

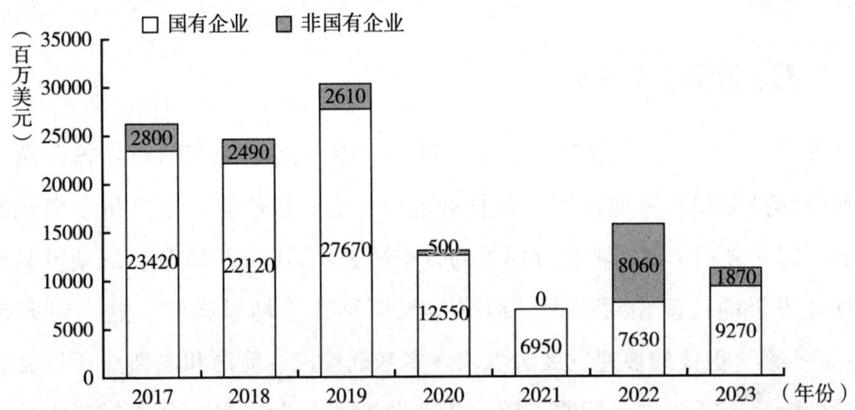

图 8　2017~2023 年北京企业在共建“一带一路”国家对外投资主体分布情况

资料来源：CSMAR & China Global Investment Tracker，https://www.aei.org/china-global-investment-tracker/。

2023 年国有企业的投资显著回升可能有以下几个原因。一是国家对外投资行业调整。2023 年，随着全球经济和地缘政治形势的变化，中国可能对在共建“一带一路”国家的对外投资进行了调整，重新聚焦关键基础设施、能源安全和战略资源，这些领域需要国有企业的参与和领导。二是政策支持和国家项目的推动。2023 年，政府通过政策、资金支持等手段，推动了国有企业在共建“一带一路”国家的重大项目实施，国有企业的投资额回升。三是非国有企业的市场调整。尽管 2022 年非国有企业投资额大幅上升，但 2023 年可能因为市场竞争加剧、风险增加或政策调整，非国有企业在一些领域的投资开始减少，投资额下降。

总体而言，2017~2023 年北京市企业在共建“一带一路”国家的投资主体分布经历了从国有企业主导，到非国有企业崛起，再到国有企业重新占据主导地位的过程。这一趋势的变化反映了全球经济环境的变化、企业在国际市场中的角色演变。2023 年，国有企业重新加强其在共建“一带一路”

国家对外投资中的主导地位，表明在当前复杂的国际环境下，国家对关键领域投资的重视程度进一步提升，同时显示出非国有企业需要更加灵活地应对快速变化的市场。

（五）投资模式情况

2017~2023 年，北京市企业在共建“一带一路”国家的对外投资模式按照绿地投资和非绿地投资（包括并购、合资、扩建等）划分呈现变动的趋势。图 9 显示了这两种投资模式的分布情况。2017~2019 年，绿地投资和非绿地投资的比例相对平衡，但绿地投资整体呈增长态势。这一时期是“一带一路”倡议的快速发展阶段，许多基础设施、能源和制造业项目需要大量的绿地投资来建立新的工厂、基础设施和商业设施。2020 年整体投资额大幅下降，非绿地投资降至 52. 9 亿美元，而绿地投资也减少到 78. 6 亿美元。这可能是由于全球经济的不确定性增加，企业在新建项目上的投入减少。2021 年，绿地投资继续下降至 36. 8 亿美元，非绿地投资与之持平。2022 年，绿地投资回升至 56. 0 亿美元，非绿地投资回升至 100. 9 亿美元。随着全球经济逐步复苏，北京市企业开始重新规划和启动新的海外项目，绿

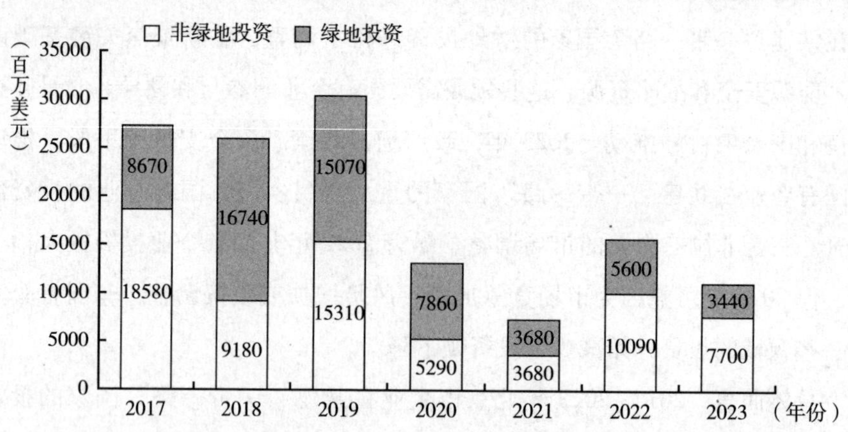

图 9　2017~2023 年北京企业在共建“一带一路”国家对外投资模式分布情况

资料来源：CSMAR & China Global Investment Tracker，https：//www. aei. org/china-global-investment-tracker/。

地投资的增加反映了企业对未来经济前景的信心逐渐恢复。然而，非绿地投资的显著增加表明，企业依然谨慎，更多地通过并购和扩建现有业务来扩大市场份额。2023 年，非绿地投资为 77.0 亿美元，而绿地投资则减少到 34.4 亿美元。

总体而言，2017~2023 年，北京市企业在共建“一带一路”国家的对外投资方式经历了明显的变化。2017 年以非绿地投资为主，2018~2021 年，绿地投资的占比达到 50%及以上。2022~2023 年，绿地投资占比有所回落，非绿地投资再次占据主导地位。这一转变反映了企业在面对全球经济不确定性、疫情影响以及地缘政治风险时，采取了更加灵活、低风险的投资策略。2023 年绿地投资的降低表明，企业更倾向于通过并购和合资等非绿地投资来迅速扩展市场和巩固业务，而非绿地投资的减少则反映了企业在全球经济复苏进程中的谨慎态度。未来，这一趋势可能会继续，企业将在稳健与扩张之间寻找平衡，以应对复杂多变的国际环境。

四 展望与建议

（一）展望

总体来看，2023 年北京市企业在共建“一带一路”国家的对外投资呈现显著的结构性变化，既充满机遇，也面临挑战。根据以上对北京市企业在共建“一带一路”国家对外投资情况的具体分析可知，随着全球经济逐步复苏以及地缘政治局势的不断演变，企业在区域布局、行业选择和投资模式等方面，做出了相应的调整，以适应变化的外部环境。然而，尽管在某些领域取得了进展，企业在推动国际化进程的过程中依然需要应对复杂的挑战。这一阶段，机遇与风险并存，在不确定的全球环境中把握机会、有效规避风险，成为企业实现可持续发展的关键。

展望未来，在当前复杂多变的国际环境下，北京市企业应继续保持灵活应对的姿态，充分利用政府的政策支持与国际合作平台，优化全球布局，提升自身的科技创新能力和全球竞争力。在全球经济复苏、新兴市场崛起、科技创新加速发展的背景下，把握住投资机会，推动国际化进程。同时，地缘政治风险、经济不确定性和市场竞争压力也要求企业具备更强的应对能力，以确保在多元化市场中的稳健发展。在这种背景下，政府的支持和引导显得尤为重要。通过企业与政府的协同努力，北京市在“一带一路”建设中的作用将更加突出，企业有望在全球舞台上实现更高质量、更可持续的发展，为“一带一路”倡议的成功实施贡献更大的力量。

（二）建议

为了更好地推动北京市企业在“一带一路”建设中的稳健发展，本报告从企业和政府两个层面提出具体的应对措施和政策建议。

从企业的角度而言，一是优化国际化布局，聚焦新兴市场。企业应积极拓展在非洲、中东和美洲等新兴市场的业务，特别是在这些地区的资源开发、基础设施建设和消费品市场中寻求增长点。通过战略合作和并购，企业可以迅速进入市场并占据市场优势，降低进入新市场的风险。二是加强风险管理与合规经营，建立健全的风险管理体系。针对全球经济的不确定性和地缘政治风险，企业应强化风险管理，包括采取地缘政治风险评估、汇率风险对冲和供应链多元化策略。通过建立预警机制和应急预案，确保在突发情况下能够迅速响应并调整运营策略。三是注重合规与文化适应。在跨国经营中，企业必须严格遵守当地的法律法规，同时重视适应当地文化，建立有效的跨文化管理机制。这将有助于企业降低合规风险，提升在当地市场的运营效率和社会认同度。四是加速科技创新与绿色发展，投资新兴技术与数字化转型。企业应加大对高科技领域的投资力度，特别是在人工智能、区块链和新能源技术方面。通过推动技术创新和数字化转型，企业可以在全球市场中保持技术领先优势，并在共建“一带一路”国家中建立创新合作平台。此外，在全球气候政策趋严的背景下，企业应积极参与绿色能源项目和可持续基础设施建设，探索新的商业模式和合作机会，以符合全球绿色发展趋势。五是优化全球供应链管理。在全球供应链面临挑战的背景下，企业应优化供应链网络，增强供应链的弹性和灵活性。通过与多国供应商建立合作关系，确保供应链的稳定性和可持续性。

从政府的角度而言，可以从以下几个方面为企业提供支持与保障。一是完善投资支持政策。政府应进一步完善对企业在共建“一带一路”国家对外投资的政策支持，包括提供资金支持、税收优惠和保险保障等措施，帮助企业降低投资风险。特别是对于重点行业和区域，政府应提供定向支持。尤其是应进一步鼓励企业参与绿色能源、环保产业和可持续基础设施建设项目。通过政策引导和激励机制，推动绿色投资在共建“一带一路”国家的落地实施。二是强化国际合作与多边平台建设。政府应积极参与和推动“一带一路”相关的多边合作平台建设，加强与共建“一带一路”国家的政策协调和合作，确保企业在这些国家的投资环境稳定和友好。同时，政府应通过外交渠道，帮助企业应对在海外市场中遇到的法律、政策和市场准入障碍。三是提升公共服务与信息支持水平。政府应建立和完善“一带一路”信息服务平台，及时更新共建“一带一路”国家的市场动态、政策法规和投资机会，为企业提供全面的信息支持。同时，政府还应加强对企业的指导和培训，帮助企业提高在海外市场中的运营能力和风险应对水平。此外，政府应在共建“一带一路”国家加强海外驻地服务网络的建设，为企业提供更便捷的服务支持，包括法律咨询、市场调研、投资保护等服务，确保企业在海外市场中的稳健运营。通过企业与政府的共同努力，北京市企业在“一带一路”倡议下的国际化发展将更加稳健、有序，并且能够在全球经济变局中抓住新的发展机遇，实现更高质量的国际合作与共赢发展。

参考文献

“China Belt and Road Initiative（BRI）Investment Report 2023，” https：//greenfdc. org/china-belt-and-road-initiative-bri-investment-report-2023/.

《北京市推进“一带一路”高质量发展行动计划（2021—2025 年）》，https：//fgw. beijing. gov. cn/fgwzwgk/2024zcwj/ghjhwb/xdjh/202112/W020240701534010875299. pdf。

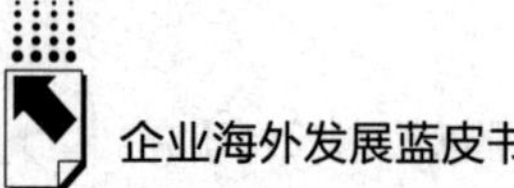

"World Investment Report 2023," https：//unctad. org/system/files/official - document/wir2023_ en. pdf.

《"一带一路"绿色发展北京倡议》，http：//ml. china - embassy. gov. cn/zgyw/202310/P020231019680042380846. pdf。

《"一带一路"数字经济国际合作北京倡议》，http：//lu. china-embassy. gov. cn/chn/zgyw/202310/P020231019680044766978. pdf。

案 例 篇

B.12

中国交建国际化发展案例研究

丁 璇 杨道广*

摘 要： 中国交建是全球领先的特大型基础设施综合服务商，自成立以来坚持“大海外”发展战略，是中国央企“走出去”的典范，其国际化发展水平在央企中处于领先地位。本报告以中国交建为研究对象，采用案例研究法，深入分析中国交建国际化发展历程、状况、动因、关键因素并提出建议。研究表明：中国交建在“十四五”规划的引领下，紧跟国家布局，以国企改革为契机提质发展，不断发挥主业优势，提高自主创新能力，并以此推动国际化发展。在国际化发展过程中，中国交建深耕海外战略、优化市场布局、整合内部资源、调整产业结构、坚持属地经营、强化外汇管理，逐渐构建起国际化竞争优势，现已发展成为全球基建行业龙头企业。未来，为进一步推进国际化发展进程，中国交建应当优化风险防控体系、提升海外业务优势、紧跟三网融合步伐、推进企业绿色低碳发展。

* 丁璇，对外经济贸易大学国际商学院博士研究生，主要研究方向为会计信息与资本市场；杨道广，对外经济贸易大学国际商学院教授、博士生导师，主要研究方向为内部控制与公司财务、审计与公司治理。

关键词： 中国交建 基建行业 国际化发展

一 公司概况

（一）中国交建简介

中国交通建设股份有限公司（简称“中国交建”）成立于2006年，位于北京市，是由国务院国有资产监督管理委员会直接监管的大型中央企业。中国交建由原中国港湾建设（集团）总公司（简称“中港集团”）和原中国路桥（集团）总公司（简称“路桥集团”）组建的中交集团发起设立。2006年12月，中国交建在香港联交所主板成功整体上市，总计发行44.28亿股H股，注册资本增加至148.25亿元；2012年3月，中国交建在上海证券交易所公开发行13.50亿股A股，发行总股本为161.74亿股，成为在两地成功上市的具有国际资本背景的基建板块龙头企业（见图1），公司的盈利能力和价值创造能力也在全球同行业企业中长期处于领先地位。

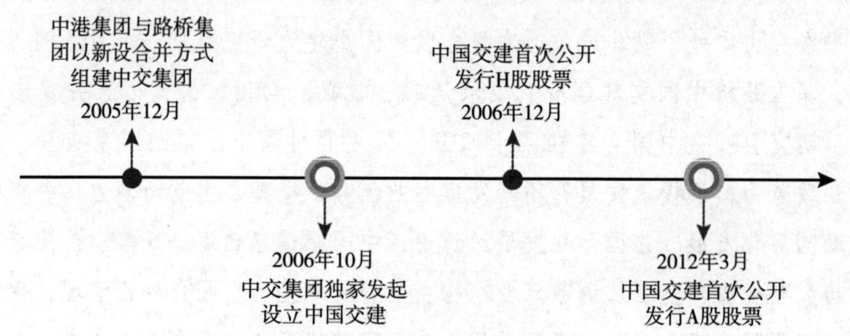

图1 中国交建发展历程

资料来源：中国交建网站。

作为全球领先的特大型基础设施综合服务商，中国交建的主要经营业务包括交通基础设施的投资建设运营、装备制造、房地产及城市综合开发等，下属64家全资控股子公司，为客户提供投资融资、咨询规划、设计建造、管理运营一揽子解决方案和一体化服务。目前，中国交建的核心业务领域包括基建建设业务、基建设计业务以及疏浚业务。此外，还涉足港口、航道、公路、桥梁等建设项目总承包，以及工程技术研究、咨询、工程设计、勘察、施工、监理等服务。中国交建在全球范围内拥有广泛的业务布局，业务遍及全球 150 多个国家和地区。同时，中国交建在众多国家重点项目中创造了多项“第一”和“之最”，如长江口深水航道治理工程、港珠澳大桥等。

经过多年来的不断创新与努力突破，中国交建现已发展成为世界最大的港口设计建设公司、世界最大的公路与桥梁设计建设公司、世界最大的疏浚公司、世界最大的集装箱起重机制造公司，同时是中国最大的国际工程承包公司、中国最大的高速公路投资商，拥有中国最大的民用船队。

（二）中国交建国内外发展历程

1. 国内发展历程

中国交建国内发展历程最早可追溯至 1897 年 3 月成立的天津海河工程局，从疏浚业务起步，经过了新设合并、两地上市、模式改革三个重要发展阶段，现已发展成为全球头部基础设施综合服务商，在国际基建行业占据领先地位。其具体发展进程如下。

第一阶段是新设合并阶段。中港集团、路桥集团强强联合，以新设合并方式设立了中交集团。在重组合并前，中港集团与路桥集团分别为中国水运行业与路桥行业龙头企业。2002 年，随着全国城镇化进程加快和基建需求不断增加，为进一步实现业务拓展，中港集团和路桥集团分别展开了“登陆”与“下海”计划。彼时国内基建领域同质化竞争不断加剧，并且中港集团与路桥集团均存在产业结构不合理、核心竞争力不足等重大发展问题。在此背景下，为解决困境，两集团于 2005 年 12 月以新设合并方式组建中交集团，完成了企业的新设合并阶段，自此正式迈入了高速发展阶段。

第二阶段为两地上市阶段。2006 年 10 月 8 日，由中交集团发起设立中国交建，注册资本为 148.25 亿元。2006 年 12 月 15 日，中国交建在香港联交所成功上市发行新股，成为中国第一家实现境外整体上市的特大型国有基建企业；2012 年 3 月 9 日，中国交建吸收合并了控股子公司路桥集团国际建设股份有限公司，在上海证券交易所成功上市。公司下设多家参股、控股子公司，业务范围涉及基建建设业务、基建设计业务、疏浚业务等多个领域。

第三阶段为模式改革阶段。随着 2015 年《关于深化国有企业改革的指导意见》等文件相继出台，国有资本试点的概念和目标开始成形。在此背景下，2016 年 7 月，中交集团成为国有资本投资公司试点。此后，中国交建的经营模式逐步向“投资+EPC”转型，并利用 REITs 来盘活公司存量基础设施，提升经营效率。2020~2023 年，公司聚焦基建主业，突出“大交通”“大城市”等重大发展战略，同时不断改革业务模式，延伸产业链条。通过这一系列的改革措施，中国交建不断优化经营模式，取得了一系列重要的经营成果，现已成为国内基建龙头企业。

历经数十载的奋斗征程，中国交建现已发展成为国内基建行业龙头企业，企业财务表中各项经营指标也多年保持稳健增长。2019~2023 年，合并报表中总资产由 11234. 14 亿元增长至 16842. 62 亿元，增长率为 49. 92%；营业收入由 5547. 92 亿元增长至 7586. 76 亿元，增长率为 36. 75%（见图 2），净利润也由 2019 年的 215. 30 亿元增长至 2023 年的 302. 24 亿元，增长率为 40. 38%（见图 3）。

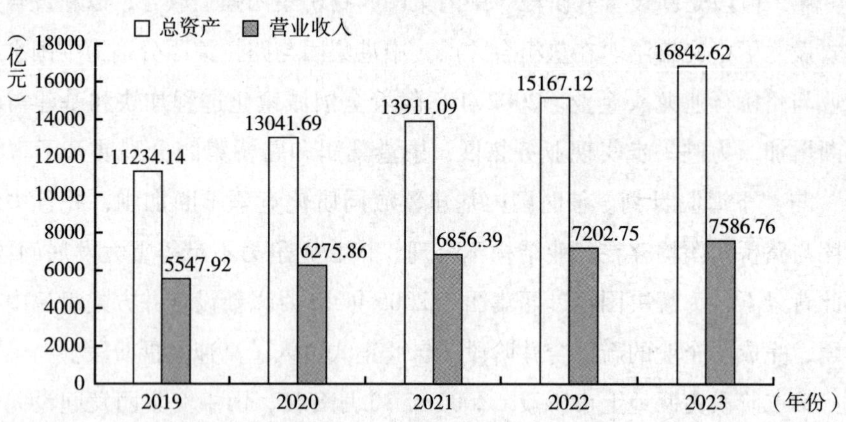

图 2　2019~2023 年中国交建总资产与营业收入

资料来源：中国交建年度报告。

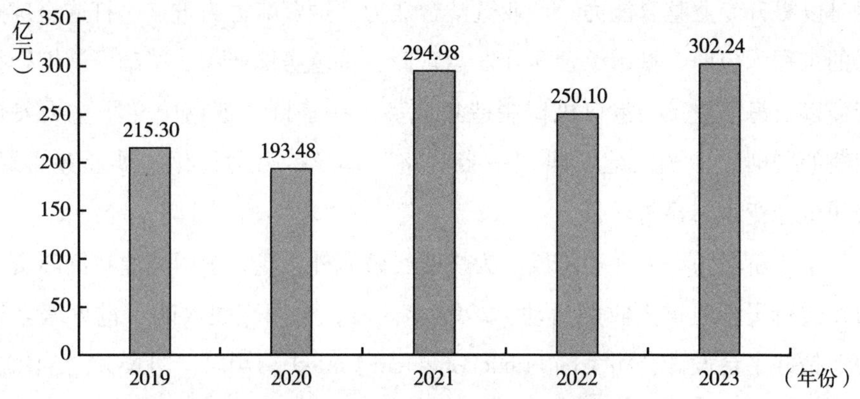

图 3　2019~2023 年中国交建净利润

资料来源：中国交建年度报告。

2. 国外发展历程

自 20 世纪 80 年代起，中国交建开始逐步走向海外市场，从劳务输出业务开始，逐渐发展到目前的以海外投资经营为主要标志的全产业链输出阶段。中国交建的海外发展历程可概括为以下三个阶段。

第一阶段为组织形成阶段。2006 年，中国交建提出了“大公司、大海外”战略，开始全面进军海外市场。此后，中国交建按照“四位一体”的海外运行机制形成了总部、平台公司、专业公司、驻外机构融合发展的“一体化”组织网络。在此基础上，公司于 2011 年专门成立了海外事业部，形成了“一体两翼”海外组织架构。其中，“一体”即指海外事业部，负责公司海外业务的统筹部署；“两翼”则是指中国港湾和中国路桥两大传统海外经营平台企业，这两大平台企业专注于国际市场，以工程总承包为主，主要负责市场开拓和项目管理。此外，中国交建还下设若干不同的品牌公司和专业公司，负责特定业务。自此，中国交建海外发展组织结构正式确立，为未来国际化发展奠定了重要基础。

第二阶段为战略提升阶段。2013 年，为更快突破国际市场，加快国际化发展进程，中国交建提出了打造“五商中交”的重要战略定位，加速了公司由工到商、工商融合的里程碑式产业升级进程。“五商中交”的战略内涵是以提升专业整合能力、产业链整合能力、融资能力为重点，打造全球知名的工程承包商、城市综合体开发运营商、特色房地产商、基础设施综合投资商以及海洋重工与港口机械制造集成商。在坚持“五商中交”重大发展战略的同时，中国交建紧跟“一带一路”倡议，大力优化海外业务布局，公司全球竞争力显著增强。

第三阶段为海外并购阶段。为快速突破海外市场，中国交建在国际资本市场进行了多项重大收购活动。2010 年 8 月，中国交建收购了世界著名的海上钻井平台设计公司美国 Friede Goldman United，Ltd.（“F&G”）100%的股权，完善了公司海洋重工业务的产业链条，自此也打破了发达国家对大型海工装备核心技术的垄断形势。2015 年 4 月，中国交建所属中交国际收购了澳大利亚 John Holland 公司 100%的股权，这是中国交建在完成美国 F&G 收购活动后的第二例重大国际并购活动，通过这次并购，中国交建在铁路、轨道交通方面的综合能力得到了快速提升。2017 年 4 月，中国交建成功收购了巴西 Concremat 公司 80%的股权（见表 1），将该公司更名为 CCCC-Concremat 公司，这成为中国交建拓展南美市场的重要平台。这一系列重大国际并购活动显示了中国交建在全球化战略中的积极布局。通过并购高端资源，中国交建不仅快速拓展了国际业务版图，还高效实现了业务转型升级，提升了企业的海外综合实力。

表 1　中国交建重大国际并购事件

并购时间	并购事件
2010 年 8 月	收购世界著名的海上钻井平台设计公司美国 Friede Goldman United, Ltd.（“F&G”）100%的股权
2015 年 4 月	收购澳大利亚 John Holland 公司 100%的股权
2017 年 4 月	收购巴西 Concremat 公司 80%的股权

资料来源：中国交建网站、中国交建年度报告。

通过对海外业务的不断拓展，中国交建境外经营也取得了重要成果。2019~2023 年，中国交建境外营业收入从 961.50 亿元增长至 1162.12 亿元，增长率达到了 20. 87%（见图 4）。同时，境外收入占公司总收入的比重也超过了 15%。由此凸显出境外业务对公司收益的重要贡献，也表明了拓展境外业务是中国交建构建全球竞争力的重要着眼点。

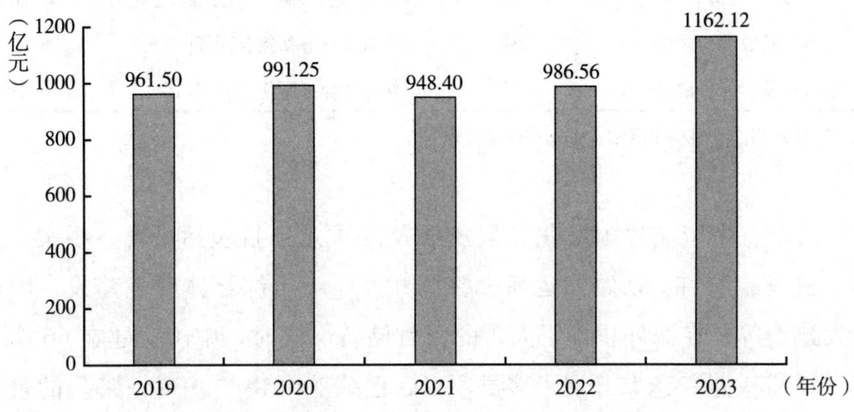

图 4　2019~2023 年中国交建境外收入情况

资料来源：中国交建年度报告。

（三）中国交建国际化发展状况

中国交建作为全球最大的基建龙头企业，其国际化发展水平在央企中处于领先地位。近年来，中国交建积极落实“海外优先”战略，通过优化海外布局和提升项目服务能力，不断拓展国际市场，取得了许多重大发展成果。截至 2023 年底，中国交建已在全球 157 个国家和地区设立了共计 289 个驻外机构，在全球范围内拥有 64 家全资控股子公司，构建起了能够覆盖全球的大型业务网络。同时，中国交建在基建建设业务、基建设计业务、疏浚业务和其他业务领域的营业收入均实现了稳定增长。2023 年，中国交建境外新签合同总额达到了 3197. 46 亿元，增长率达到了 47. 5%，约占公司新签合同总额的 18. 24%。其中，基建建设业务、基建设计业务、疏浚业务和其他业务新签合同总额分别为 2951. 26 亿元、31. 86 亿元、208. 07 亿元和 6. 27 亿元（见表 2）。

表 2　2023 年中国交建国际化业务经营情况

指标	数量/金额	指标	数量/金额
业务覆盖国家数量(个)	157	境外基建建设业务新签合同额(亿元)	2951.26
驻外机构(个)	289	境外基建设计业务新签合同额(亿元)	31.86
全资控股子公司(家)	64	境外疏浚业务新签合同额(亿元)	208.07
境外新签合同总额(亿元)	3197.46	境外其他业务新签合同额(亿元)	6.27

资料来源：中国交建网站、中国交建年度报告。

目前，中国交建国际化发展所涉及的重点项目包括公路、桥梁、隧道、机场、港口、铁路、运河、资源开发、城市综合体开发建设、园区开发建设等，在海外积累了大量的项目储备。同时，中国交建在 66 个共建“一带一路”国家开展了多类项目，已成为共建“一带一路”的重要推动者之一。具体到全球不同区域而言，在东南亚，有铁路、公路、港口、电网、油气管线等；在中亚，有中吉乌铁路、中塔公路以及中国—中亚天然气管道线；在东北亚，有中俄合作项目等；在南亚，有中巴经济走廊项目，主要为雷科特至伊斯兰堡公路项目，全长约 487 公里，连接喀喇昆仑公路一期线路等（见表 3）。此外，中国交建以港口建设为核心签约的产业园数量已达 17 个以上，主要项目有斯里兰卡科伦坡港口城市发展项目、马尔代夫综合基建项目、肯尼亚蒙巴萨自由贸易区开发项目等。

表 3　中国交建“一带一路”国际化重点业务分布情况

国际区域	项目
东南亚	铁路、公路、港口、电网、油气管线
中亚	中吉乌铁路、中塔公路以及中国—中亚天然气管道线
东北亚	中俄合作项目
南亚	中巴经济走廊项目(雷科特至伊斯兰堡公路项目)

资料来源：国务院国有资产监督管理委员会网站。

二　中国交建国际化发展动因分析

（一）“十四五”规划驱动，紧跟国家战略布局

2021 年 3 月，《中华人民共和国国民经济和社会发展第十四个五年规划和 2035 年远景目标纲要》正式发布。在“十四五”规划的重要引领下，中国交建提出要打造具有全球竞争力的“科技型、管理型、质量型”世界一流企业。依托“十四五”规划，中国交建深入贯彻“123456”总体发展战略。其中：“1”是加强党的领导和党的建设；“2”是突出“两大两优”，即大交通、大城市，优先海外、优先江河湖海；“3”是聚焦“三重”，即重点项目、重要区域、重大市场；“4”是深化“四做”，即做强投资、做大工程、做实资产、做优资本；“5”是推动“五商”落地；“6”是加快“六化”建设，即市场化机制、国际化水平、专业化精神、区域化布局、标准化管理、信息化支撑。通过贯彻“123456”总体发展战略，中国交建目前在大交通、大城市、优先海外、优先江河湖海方面已取得重大发展。

第一，在“大交通”领域发展方面，主要包括六项核心业务，分别为港口工程、疏浚工程、公路工程、铁路工程、桥梁工程和隧道工程。2023 年，中国交建在港口、桥梁、隧道等基建设计业务方面收入高达 472.6 亿元，毛利率达到了 18.6%。第二，在“大城市”领域发展方面，主要包括七项核心业务，分别为城乡综合开发、房建工程、轨道交通、流域及水环境治理、生态环境、市政景观和金融业务。2023 年，公司“大城市”业务实现新签合同额 7449 亿元，同比增长 18.7%。第三，在海外业务发展方面，公司不断开拓全球市场，持续优化海外市场布局，2023 年，公司境外基建建设业务新签合同额为 2951.26 亿元，境外基建设计业务、疏浚业务新签合同额分别为 31.86 亿元、208.07 亿元。第四，在“江河湖海”领域发展方面，中国交建 2023 年港口建设、疏浚业务新签合同额分别为 845.23 亿元、191.93 亿元，同比增速分别达到了 10.2%和 11.8%。

（二）国企改革加速推进，深度赋能企业发展

2013 年，中共中央出台了《中共中央关于全面深化改革若干重大问题的决定》等文件，标志着新一轮的国企改革将提上议程。随着 2015 年《中共中央　国务院关于深化国有企业改革的指导意见》等文件相继出台，国有资本试点的概念和目标开始成形。在此背景下，2016 年 7 月，中国交建被国务院国资委确定为国有资本投资公司试点企业。自此，中国交建持续深入推进企业改革，积极做好顶层设计，以此来突破目前发展过程中存在的问题和局限。按照国务院国资委工作部署，中国交建于 2017 年积极制定了试点工作方案，确立了“一台六柱”改革总体框架，以支持服务国家重大战略目标，打造基础设施领域的投资控股集团。

中国交建“一台六柱”改革总体框架的内涵是以原有优势主业作为改革基础，通过资本运营、股权运作以及产业培育，积极打造世界领先的交通基础设施、城市综合开发、装备制造及海洋重工、疏浚及海洋环保、园区投资建设运营服务、产业金融服务等六大产业集团（见图 5）。首先，为实现改革目标，中国交建对组织结构进行了全方位的优化调整，包括大力建设投资控股集团总部平台，将集团总部打造成为战略管理、资本整合以及产业培育的国有资本投资公司，以此来推动企业子产业所有制改革，提升核心竞争力。其次，中国交建还围绕“一台六柱”框架所提出的核心产业布局，对企业资源与价值链进行整合与优化；在持续发挥交通基建领域专业优势的同时，大力发展铁路建设、机场建设、道路养护等新兴业务。最后，在国企改革的重要契机下，为进一步推进公司国际化发展进程，中国交建提出了“五商中交”重大发展战略，实现了由“工”到“商”的战略转型，通过优化资源配置，利用全产业链形成一体化竞争优势，为公司开拓海外业务提供了重大支撑。

（三）主业优势领先带动，蓄力突破国际市场

作为全球基建龙头企业，中国交建在基建建设业务、基建设计业务、疏

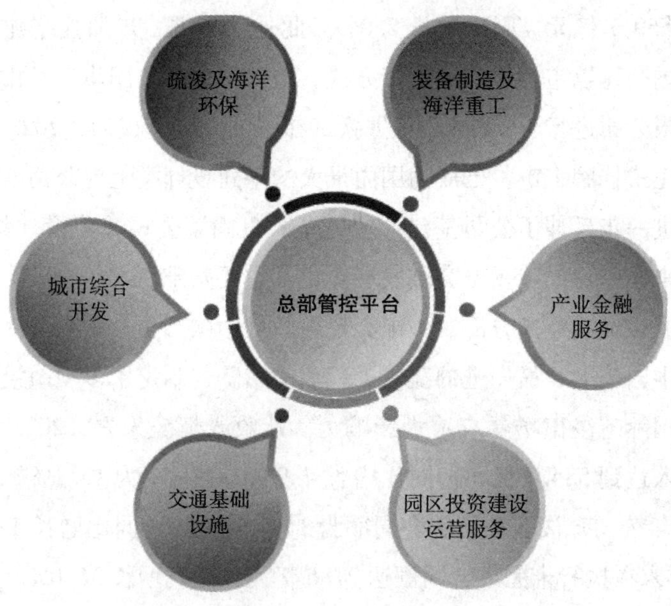

图 5　中国交建“一台六柱”改革框架

资料来源：国务院国有资产监督管理委员会网站。

浚业务领域具有领先优势，是突破国际市场的重要根基，有力地推动了公司国际化发展进程。

首先，在基建建设业务方面，中国交建的主要业务范围包括在国内及全球范围内兴建港口、公路与桥梁、铁路、水利水电、城市轨道交通、市政基础设施、建筑及环保等相关项目的投资、设计、建设、运营与管理。基建建设业务作为公司的核心主业，是公司最大的收入来源。2023 年，公司基建建设业务收入达到了 6658. 7 亿元，同比增长 5. 2%，占总收入比重高达 84. 7%，毛利率达到了 11. 6%。从合同情况来看，2023 年，中国交建基建建设业务新签合同额达到 15584. 8 亿元，同比增长 14. 0%（见表 4）。

其次，在基建设计业务方面，中国交建在港口、公路、桥梁及隧道等基建设计相关领域拥有显著优势。从收入情况来看，2023 年中国交建基建设计业务收入达到了 472. 6 亿元，同比下降 6. 0%，毛利率达 18. 6%，同比提升 2. 6 个百分点。从合同情况来看，2023 年中国交建基建设计业务新签合同额达到 559.7 亿元，同比增长 2.0%。此外，为进一步加强基建设计领域优势，中国交建以市场化借壳上市方式，与中国建材集团旗下甘肃祁连山水泥集团有限公司进行了 100%股权置换。在资产交割完成后，2023 年 12 月，中交设计正式挂牌上市，已成为国内最大的基建设计类上市公司。中国交建这一举措进一步延伸了公司基建产业链条，巩固了公司基建设计领域优势，为公司未来在基建设计领域突破发展奠定了重要基础。

最后，在疏浚业务方面，中国交建目前是中国乃至全世界最大的疏浚企业，拥有中国最大、最先进的疏浚工程船舶团队，制定了多项疏浚行业国际标准，在国际疏浚市场具有重大影响力。从收入情况来看，2023 年公司疏浚业务收入达到 534.4 亿元，同比增长 4.9%，毛利率为 13.1%。在合同方面，2023 年公司疏浚业务新签合同额为 1191.9 亿元，同比增长 11.8%，截至 2023 年末在执行未完成合同额达 2786 亿元，同比增长 36.0%。

表 4　2023 年中国交建优势主业经营情况

单位：亿元，%

类别	业务收入	业务收入增长率	新签合同额	新签合同额增长率	毛利率
基建建设业务	6658.7	5.2	15584.8	14.0	11.6
基建设计业务	472.6	-6.0	559.7	2.0	18.6
疏浚业务	534.4	4.9	1191.9	11.8	13.1

资料来源：中国交建年度报告。

（四）科技创新引领突破，培育壮大发展动能

科技创新是发展新质生产力的核心要素，也是突破国际市场的重要驱动力量。为培育新增长点、形成新发展动能，中国交建高度重视创新投入和创新途径，并形成了大批先进创新成果，致力于成为世界领先的科技型企业。

在创新投入方面，中国交建根据创新需求，建立了有效的创新投入机制。在不断加大自主科技创新投入力度的同时，中国交建还建立了以

政府资金为引导、总部资金为支持、二级企业资金为主体的多层次创新投入机制。同时，中国交建还将科技创新投入作为考核二级企业年度业绩的重要指标，以充分保障企业科技创新投入的稳定增长。在“十二五”期间，中国交建的科技总投入高达231亿元。在加大投入力度的基础上，中国交建还将人才发展作为科技创新的内生动力，积极构建“人才雁阵”，建立健全科技人才全链条培养机制，不断完善有利于激发创新活力的激励保障机制，着力构建专业覆盖、年龄合理、层次衔接的高水平科研人才队伍。

在创新途径方面，中国交建将产学研用紧密结合，通过积极交流与实践形成创新突破。目前，中国交建已成功和国内外多家重点企业、科研院所、高校建立了长期稳定的合作关系，并形成了技术创新联盟。在此基础上，中国交建还不断拓展创新联盟的合作范围，围绕公司发展过程中存在的关键性技术难题，开展交流探索，以此将创新链、产业链和市场需求紧密衔接在一起，加快形成以公司为主体、市场为导向、产学研用相结合的技术创新体系。此外，中国交建还与其他国有企业积极展开创新合作，针对存在的共性关键技术问题展开攻关，实现了不同企业之间科研资源的充分共享，同时降低了创新成本，提高了创新效率。

在创新成果方面，2023年，中国交建形成首研首创30余项重要成果，包括新一代港机及自动化码头、超大型盾构机、“新海鲟”号挖泥船等核心装备（见表5）。这些创新成果打破了国外技术垄断局面，有效提升了港机、海工、盾构等关键核心装备的自主可控水平和国产化率。此外，中国交建高站位攻关港机重型驱动桥、盾构机主轴承、疏浚控制软件等5项“卡脖子”技术，“1025”二期6项专项攻关任务也顺利推进。中国交建还充分发挥科技创新支撑引领作用，在离岸深水港、外海筑岛、深水航道、超大跨径桥梁、超长隧道、高原冻土地区高速公路建设等领域集成了一批世界领先的关键技术，助力国家重大工程建设。

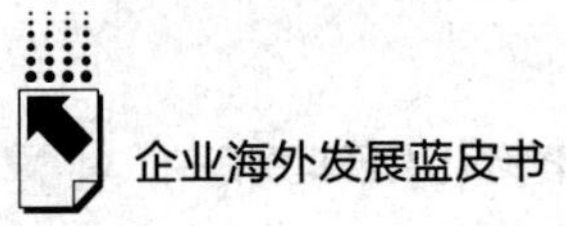

表 5　2023 年中国交建主要创新成果

时间	项目
2023 年 3 月	重庆武隆双堡特大桥主拱成功合龙
2023 年 6 月	国产首台超大型盾构机用主轴承“破壁者”通过专家组评审
2023 年 8 月	全球最大江海两用半潜驳船“四航永兴”号正式交付使用
2023 年 9 月	05QMD-2000 型全球最大吨位桥面吊机正式投用
2023 年 10 月	全球首台 3500 千焦 8.88 米液压打桩锤替打系统顺利交付
2023 年 12 月	全球最大、国内首艘双燃料动力系统耙吸式挖泥船“新海鲟”号顺利下水

资料来源：《中国交建 2023 年环境、社会及管治报告》。

三　中国交建国际化关键因素分析

（一）践行深耕海外战略，优化海外市场布局

作为国务院国资委确定的国际化经营和培育世界一流企业的“双十”重点发展企业，中国交建主动融入国家发展大局，根据公司总体发展目标和外部环境的变化情况，践行深耕海外战略，不断优化海外市场布局，使海外经营不断迈向新高度。

在践行深耕海外战略方面，为更快地突破国际市场，2013 年中国交建提出了打造“五商中交”的重要战略定位，加速了公司由工到商、工商融合的里程碑式产业升级进程。2015 年，中国交建在海外工作会议上提到，要让“五商中交”战略加快落地。为实现这一要求，中国交建组建了“一体两翼”海外组织架构，构建了“大海外”一体化发展新格局。同时，为适应海外发展的新目标、新模式和新业态，中国交建先后组建了中交国际（香港）控股有限公司、中交海外房地产公司、中交国际产业投资控股公司、中国交建境外投资咨询服务中心等海外投融资或专业化运营平台，为进一步发展海外业务提供组织保障。同时，为贯彻“一带一路”倡议，十年来，中国交建在共建“一带一路”国家累计投资建设 3000 余个基础设施项目，修建公路 13000 余公里、桥梁 200 余座、重点港口 150 个，新建或翻修

机场31座，提供集装箱桥吊1000余台，已签约及在修建铁路3000余公里（见表6）。

表6　2013~2023年中国交建“一带一路”建设重要成果

项目	数量	项目	数量
投资建设基础设施项目(个)	3000余	修建机场(座)	31
修建公路里程(公里)	13000余	提供集装箱桥吊(台)	1000余
修建桥梁(座)	200余	修建铁路(公里)	3000余
修建重点港口(个)	150		

资料来源：中国上市公司协会网站。

在优化海外市场布局方面，中国交建深化布局“六廊六路多国多港”，以“重点项目、重要区域、重大市场”和“大交通、大城市”为基本定位，不断调整海外业务结构，拓展海外经营区域。首先，从海外业务结构来看，中国交建业务范围广泛，主要包括建筑、港口、公路与桥梁、铁路、环保、城市建设等具体业务领域，境外业务为公司收益做出了重大贡献。2023年，中国交建境外基建建设业务新签合同额为2951.26亿元，同比增长41.5%，占基建建设业务的18.9%。此外，基础设施等投资类项目确认的合同额为135.62亿元，其中城市建设、道路与桥梁、城市轨道交通、港口、铁路、其他分别占境外新签合同额的33%、25%、11%、11%、8%、12%（见图6）。其次，从海外业务覆盖区域来看，根据中国交建网站数据，截至2023年，中国交建已在全球范围内拥有64家全资控股子公司，设立了289个驻外机构，其业务足迹已遍及全球157个国家和地区，以非洲、东南亚、欧洲、拉美以及中东等为重点布局市场。

（二）整合优化内部资源，产业结构全面调整

随着综合实力不断提升，中国交建逐渐将海外业务拓展作为经营重点。为了进一步打造核心竞争力、推进国际化发展进程，中国交建积极整合优化内部资源，在产业结构方面进行了全面调整，成为具有国际竞争力和强劲发

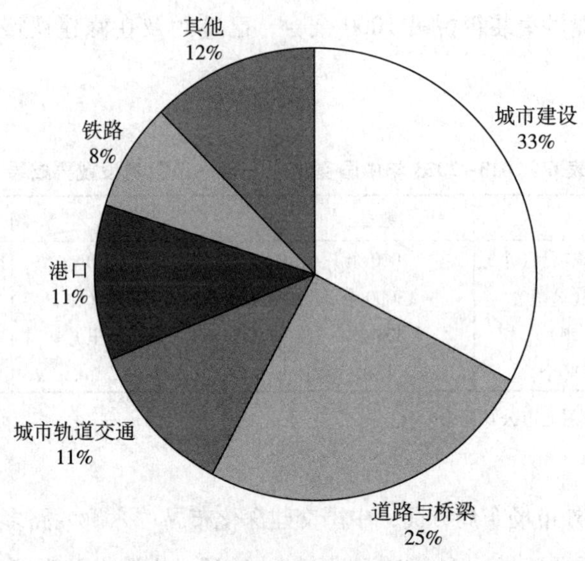

图 6　2023 年中国交建境外新签合同额占比情况

资料来源：中国交建年度报告。

展动力的现代大型国际化产业集团。

在资源整合优化方面，中国交建紧密围绕“五商中交”重要战略定位，通过优化资源配置，利用全产业链形成一体化竞争优势。为快速整合速度，中国交建收购了世界著名的海上钻井平台设计公司 F&G、澳大利亚建筑工程公司 John Holland 以及巴西最大的工程设计咨询公司 Concremat，加快优化了海外市场布局。此外，中国交建还积极调整资产结构，不断提升可持续发展能力，通过 PPP 等多种投融资形式形成了一批可持续价值近 2500 亿元的经营性资产，占资产总额的 25%左右。最后，中国交建积极推进基础设施 REITs 发行，打通资金回笼渠道，提升资金利用效率。在产业结构调整方面，中国交建围绕“一台六柱”重要产业布局，加快进行产业价值链拓展。在巩固各类主业优势的基础上，中国交建加大资源投入力度，积极培育开发养护、机场、铁路等新兴业务，同时大力提高重大装备设计制造、服务集成能力。近年来，伴随中国交建各类主业的持续发展和对新业务的不断突破，“一台六柱”产业布局已逐渐发展成为“一台多柱”产业布局。

（三）坚持属地经营原则，增强区域管理能力

与其他行业发展不同，基建行业在全球范围内具有高度本土化的特征，全球化的基础设施投资与深度本土化是基建行业国际承包商开展业务的核心要求。因此，为进一步打开国际市场，中国交建通过属地化用人、属地化管理、兼并收购方式坚持属地化经营原则，增强区域管理能力。

首先，在属地化用人方面，中国交建采取了人才本土化、属地化、区域化对策，积累了大量的国际化人才资源。截至 2020 年，公司常驻境外员工约 9.59 万人，其中外籍员工占比约为 70%。其次，在属地化管理方面，中国交建充分考虑到了国内外市场的异质性，为海外子公司建立了健全的管理制度，并根据项目所在地的标准规范要求实施完成多个工程。最后，在兼并收购方面，公司通过并购澳大利亚建筑工程公司 John Holland 实现了对澳大利亚高端市场的实质性进入，成为第一家在澳大利亚承接大型交通基础设施 PPP 项目的中资企业；通过对中交美国有限公司的增资改造，提高了对北美高端市场的整体布局能力；通过对巴西最大工程设计咨询公司 Concremat 的收购交割，中标多米尼加共和国蒙特格兰德大坝施工监理等重要项目，打开了南美市场。

（四）强化外汇风险管理，保障企业安全运营

伴随国际化进程的快速推进，中国交建境外资产规模不断扩大，汇率波动对公司的日常经营也产生了重要影响（见图 7）。为应对全球金融市场波动和汇率风险，中国交建积极开展外汇风险管理活动，充分保障企业海外运营安全。

强化外汇管理的核心环节是完善外汇管理体系。2022 年，国务院国资委先后发布了《关于印发〈关于推动中央企业加快司库体系建设进一步加强资金管理的意见〉的通知》等一系列相关文件，要求国有企业强化资金管理体系。因此，为响应国家政策，降低经营风险，中国交建正在加快建设全球一体化司库管理体系。截至 2023 年底，已建设完成 24 个模块，具备 400 多项功能。同时，中国交建还在香港设立了财资管理公司，以此来提升对境外资金

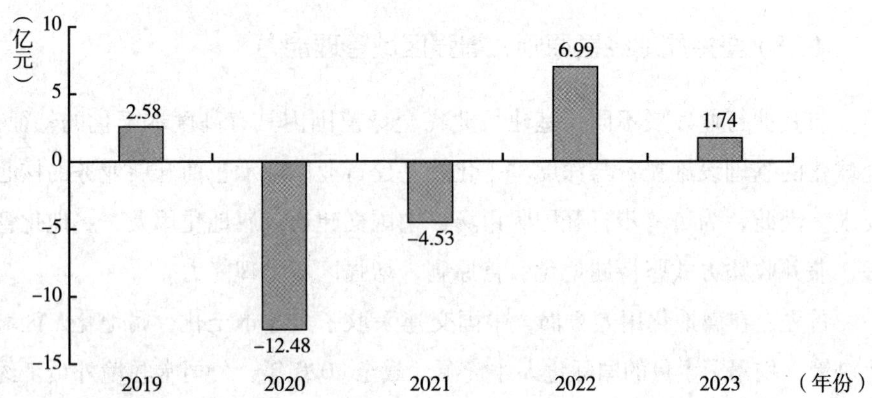

图 7　2019~2023 年中国交建汇率变动对现金及现金等价物的影响

资料来源：中国交建年度报告。

的集中管理能力。此外，为进一步加大对企业整体财务资源的管理力度，中国交建正在加紧建设国别财务管理中心。目前已明确设立新加坡、孟加拉国、塞尔维亚、埃塞俄比亚、沙特阿拉伯五个国家作为首批建设试点。

除加快完善外汇管理体系外，中国交建还制定了一系列外汇风险管控措施，以应对不同海外场景下的外汇风险。第一，加强对海外资金的集中化管理。通过在香港设立财资公司与结算中心，中国交建能够将所属各子公司的海外闲置资金进行强制归集，在保障资金安全的同时，也能够将无外汇管制国别的当地币种兑换成硬通货及时汇出，降低货币贬值风险。第二，灵活运用各类金融衍生工具对汇率风险进行套期保值。中国交建与不同地区的多家金融机构展开合作，积极利用外汇远期合同对汇率风险进行套期。第三，在海外经营过程中，中国交建严格把控当地货币存量，同时对小币种货币进行多渠道消化。

四　展望与建议

（一）优化风险防控体系

截至 2023 年底，中国交建在全球 150 多个国家和地区开展业务，企业国际化经营会受到多种复杂因素影响，未来国际贸易秩序和经济形势也可能存在起伏和波动，从而进一步引发公司境外经营风险。为应对各类国际化经营风险，继续推进国际化发展战略，中国交建应全面优化海外风险防控体系。首先，应建立健全海外合规体系、监管体系、廉洁体系、安全体系、社会责任体系等主要制度体系。在此基础上，进一步完善海外风险预警及处置机制，以应对突发情况。同时，要对相关人员加强风险管理培训，提高风险应对能力。通过以上措施来充分保障企业海外业务持续向好发展，同时为实现建设具有全球竞争力的科技型、管理型、质量型世界一流企业的重大目标做出贡献。

（二）提升海外业务优势

中国交建持续推进海外优先战略，在国际化经营方面已取得了诸多重大成果。为继续开拓国际市场，拓展海外经营版图，中国交建须继续提升海外业务优势。首先，中国交建需要继续围绕“大交通、大城市”两大核心业务，进一步调整公司的海外业务结构，通过补链、扩链、强链等方式，全面提升产业运营能力。其次，要有序推进区域布局和国别市场布局，加大市场前端资源配置的投入与整合力度，以此来实现对空白国别的快速突破。最后，要充分发挥中国交建建立的全球经营网络的布局优势，积极引导各海外子公司科学、合理地配置资源，积极推动国际分工与生产协作，提升海外经营效率。

（三）紧跟三网融合步伐

伴随全球范围内信息技术的飞速进步，以及全球经济快速转型，信息网、交通网和能源网的三网融合发展正逐渐成为基建行业未来发展的必然趋势。在此背景下，全球各国正不断推出数字基建、智慧能源与电动交通等方面的规划与政策，同时“一带一路”倡议也提出要将三网融合作为服务共建“一带一路”国家的重点任务。因此，为积极跟随国际基建行业发展趋势以及响应国家政策要求，中国交建未来国际化发展需要在保持各优势主业持续经营的基础上，加快三网融合，利用路径创新、模式创新和技术创新来加速实现三大网络的互联互通。同时，还要大力推动绿能数据中心、多站融合等枢纽共建，以打造能够覆盖全球、服务全球的基础设施建设综合体系。

（四）推进绿色低碳发展

近年来，全球能源转型进入新阶段，为应对气候变化，各国加快推动煤炭、石油、天然气等传统化石能源向以太阳能光伏、风能为代表的绿色能源转型。绿色低碳是世界经济未来发展的大趋势，也是全球基建行业实现可持续发展的必然选择。2022 年，《国家发展改革委等部门关于推进共建“一带一路”绿色发展的意见》提出，要扎实推进绿色基建、绿色能源、绿色交通、绿色金融等领域的务实合作。在此背景下，中国交建要实现国际化可持续发展，一方面，要积极打造绿色产业链、供应链，为海外基建业务发展提供能源清洁化、建材绿色化、建设运营低碳化的解决方案。另一方面，在设计和建设海外项目时，要积极将绿色低碳理念融入项目管理全过程，坚持绿色规划、绿色设计、绿色施工、绿色运营，在促进东道国经济发展的同时，为应对全球气候变化做出积极贡献。

参考文献

《【共建“一带一路”】深耕海外　中交集团“一带一路”项目建设成果丰硕》，国务院国有资产监督管理委员会网站，2023 年 10 月 17 日，http：//www. sasac. gov. cn/n2588025/n2588124/c29081537/content. html。

《中华人民共和国国民经济和社会发展第十四个五年规划和 2035 年远景目标纲要》，中国政府网，2021 年 3 月 13 日，https：//www. gov. cn/xinwen/2021-03/13/content_ 5592681. htm。

B.13
中国铁建国际化发展案例研究

贾志远　杨道广*

摘　要：　作为中国建筑行业的标志性企业，中国铁建展现了其在国际布局和海外投资建设方面的深厚实力和经验。在海外市场的成功实践不仅为其他中国企业“走出去”提供了宝贵的参考和依赖路径，而且树立了国际化发展的典范。本报告深入探讨了中国铁建海外战略的演进。首先，概述了中国铁建的发展历程，包括其国内外的里程碑事件以及当前的国际化状态。其次，从国家战略和历史机遇、集团在海外战略中形成的优势、企业品牌塑造、体制和创新改革等四个维度，深入分析了推动中国铁建国际化发展的关键因素。再次，从国际市场的潜力与机遇、国有企业管理体制改革的深化、与全球领先企业标准的对接等三个关键点出发，剖析了中国铁建在国际化进程中取得显著成就的原因。最后，针对海外政治风险、法律保障体系、金融风险、海外人才发展等方面，提出了对中国铁建未来国际化发展的前瞻性建议，旨在助力其持续强化全球竞争力。

关键词：　中国铁建　国际化战略　国有企业

---

* 贾志远，对外经济贸易大学国际商学院博士研究生，主要研究方向为会计信息与资本市场；杨道广，对外经济贸易大学国际商学院教授、博士生导师，主要研究方向为内部控制与公司财务、审计与公司治理。

一 中国铁建公司概况

（一）中国铁建简介

中国铁道建筑集团有限公司（以下简称“中国铁建”）前身是中国人民解放军铁道兵，现为国务院国有资产监督管理委员会管理的特大型建筑企业，2007 年 11 月 5 日在北京独家发起设立中国铁建股份有限公司，中国铁建是全球最具实力的特大型综合建设集团之一。如图 1 所示，中国铁建业务涵盖工程承包、规划设计咨询、投资运营、房地产开发、工业制造、物资物流、绿色环保、产业金融及其他新兴产业，经营范围遍及全国 32 个省、自治区、直辖市以及全球 140 多个国家和地区。中国铁建已经从以施工承包为主发展成为具有科研、规划、勘察、设计、施工、监理、运营、维护和投融资的完整的行业产业链，具备了为业主提供一站式综合服务的能力。在高原铁路、高速铁路、高速公路、桥梁、隧道和城市轨道交通工程设计及建设领

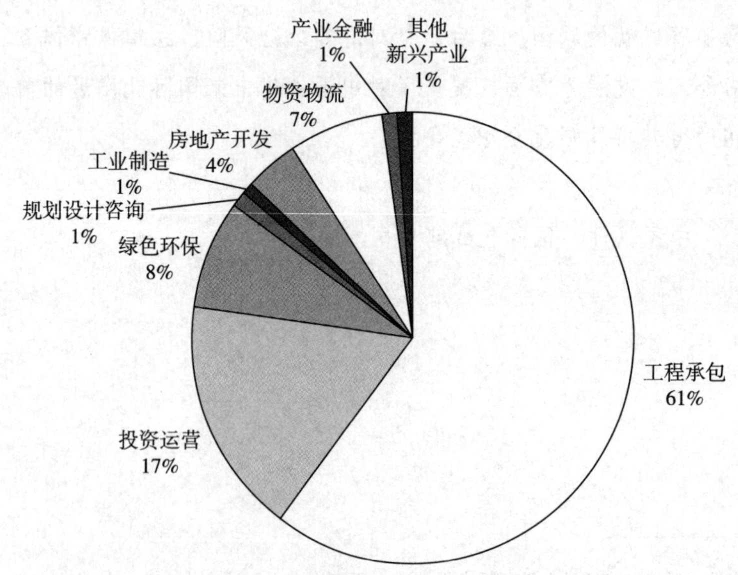

图 1 2023 年中国铁建主营业务占比情况

资料来源：2023 年中国铁建年度报告。

域确立了行业领导地位。中国铁建有1名工程院院士、10名国家勘察设计大师、11名“百千万人才工程”国家级人选和258名享受国务院政府特殊津贴的专家。累计获国家科学技术奖87项、中国土木工程詹天佑奖150项、国家优质工程奖537项（其中金奖45项）、中国建设工程鲁班奖172项、省部级工法3182项，累计拥有专利31479项。在2023年《财富》“世界500强企业”中排第43位。

（二）中国铁建国内外发展历程

1. 国内发展历程

从1948年中国人民解放军铁道兵成立开始，经历了多次改名和重组，最终在1979年8月3日，集团公司前身——中国人民解放军铁道兵独立建筑团正式成立，主要承担铁道兵直属机关及总参、总政下达的房建任务，并承建了铁道兵有史以来的第一座高层建筑——五棵松向阳招待所。1984年，铁道兵集体兵转工，公司开始走出北京，学习鲁布革经验，全面推行项目管理责任制，承建了华威大厦、华侨大厦等一批里程碑工程，企业产值首次突破10亿元。1990年8月，中国铁道建筑总公司注册成立（见图2），由此迈入了一个新的发展阶段。十年后，也就是在2000年9月，中国铁道建筑总公司与铁道部脱钩，整体移交中央企业工委管理。2003年3月，国务院国资委成立后，中国铁道建筑总公司又归属国务院国资委管理，列入国资委的央企名录。2001~2006年，集团公司整体改制，更名为“北京中铁建设有限公司”，积极导入卓越绩效管理模式，推行多元化经营模式，逐步实现全国业务布局。2007年11月5日，中国铁道建筑总公司进行了整体的重组改制并向股份有限公司转型，由此中国铁建股份有限公司正式挂牌成立。2008年3月10日、13日，中国铁建股份有限公司分别在上海、香港上市。经过数十年的发展建设，中国铁建成为中国建筑行业拥有各类资质等级最高、资质最全、总量最多的企业之一，拥有铁路、公路、房建和市政“四特级”资质。

“十三五”时期，中国铁建完成战略目标，5年累计实现新签合同额、营业收入、净利润分别为 8.87 万亿元、3.78 万亿元、997 亿元，分别完成规划目标的 148.86%、106.13%、115.61%。2020 年末资产总额和净资产分别达到 1.24 万亿元和 3136 亿元，较 2015 年末分别增长 78.5%、143.5%；资产负债率为 74.76%，较 2015 年下降 6.73 个百分点。

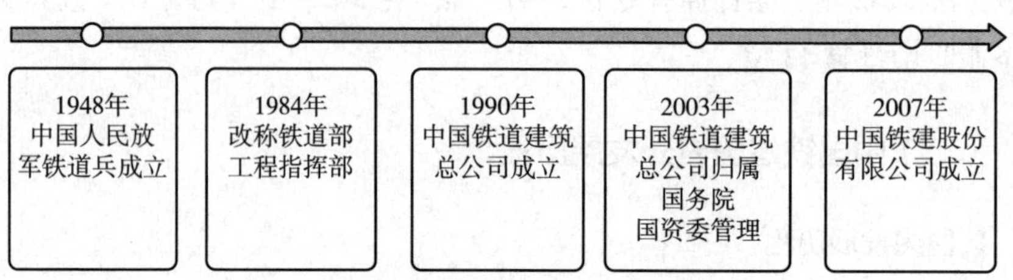

图 2　中国铁建集团历史发展历程

资料来源：根据中国铁建网站整理。

“十四五”时期，铁路市场投资额预计为 3.5 万亿元，重点是川藏铁路、沿江沿海高铁、西部陆海新通道等重大工程，以及“八纵八横”主通道和五大城市群的城际铁路，铁路维修、更新、改造提升业务将成为新增长点。中国铁建作为国有大型企业扮演着重要角色，新签合同额、营业收入、净利润各项指标总体达到预期。如图 3 所示，中国铁建的营业收入从 2020 年的 9100 亿元逐步增长到 2023 年的 11400 亿元，增长约 25.3%。如果按营业收入划分，中国铁建处于同行业第一梯队，年营业收入规模超过 10000 亿元。从营收构成来看，中国铁建的营业收入主要来自工程承包业务（主要为基建工程和房屋建设），多年来占公司总收入的比重高达 85%以上。其中，2022 年中国铁建新签合同额为 32450 亿元，为年度计划的 112.83%，同比增长 15.09%。境内业务新签合同额为 29389.5 亿元，占新签合同额的 90.57%，同比增长 14.70%。中国铁建的净利润水平呈上升趋势，2023 年净利润为 323.29 亿元，净利润在较大基数上的逐年增长反映了公司的盈利情况较为可观。

中国铁建核心主业是以铁路、公路、房建、城市轨道和市政业务等为主的工程承包业务，其中铁路工程等准入壁垒极高，整体竞争实力和抗风险能

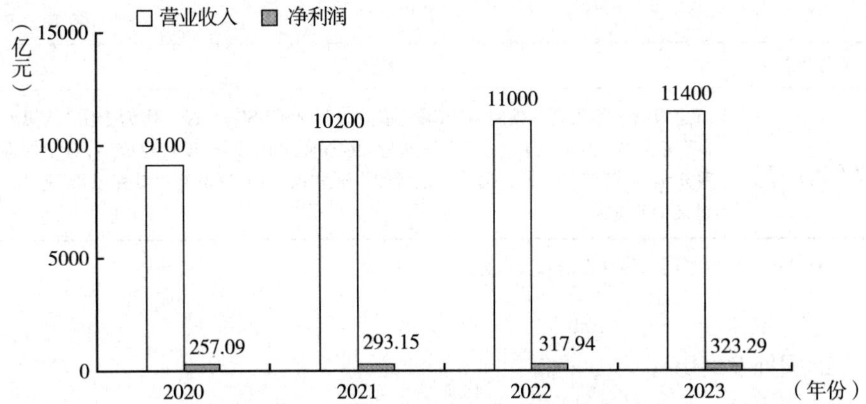

图 3　2020~2023 年中国铁建年主要财务指标趋势

资料来源：2020~2023 年中国铁建年度报告。

力极强，是中国铁建的核心竞争优势，是面对国内市场压力的“压舱石”。虽然国内建筑业市场总体仍有一定的空间，在建筑市场增量放缓的背景下，中国铁建需持续优化业务和区域结构，逐步向投资运营市场快速发展，从承包商向建设投资商转型。2024 年以来，中国铁建也在不断承接新工程项目（见表 1），持续带来基建投资动力，占领行业稳定的市场份额，未来有望持续受益，收入将保持稳健增长。

表 1　2024 年中国铁建国内主要承接项目

子公司名称	具体项目
中铁十一局	岑溪至大新公路的荔玉路共线段扩容工程是一个重要的交通建设项目，全长约 20 公里。这条公路在广西的综合交通运输体系中扮演着关键角色，发挥着不可或缺的功能，特别是在连接两个主要通道方面
中铁十二局	京港澳高速公路广州火村至东莞长安段及广佛高速公路广州黄村至火村段改扩建项目 TJ2 标，工程起自广州市黄埔区云埔街道火村社区，接广佛高速黄村至火村段，在增城区跨越广园快速路、广深城际铁路后止于新塘镇以南，全长约 20.8 公里。该项目地处粤港澳大湾区的核心地带，是国家高速公路网中京港澳高速公路（G4）及沈海高速公路（G15）的重要组成部分，也是广东省“十二纵八横两环十六射”高速公路主骨架中“第七纵”的重要一段

续表

子公司名称	具体项目
中铁二十四局	新建漳州至汕头高速铁路(广东段)站前工程 ZSGDSG-1 标。作为中国"八纵八横"高速铁路网主通道之一"沿海通道"的重要组成部分,项目建成后,对于加强粤东地区与珠三角、长三角核心地区的沟通联系,打破区域高速铁路发展"瓶颈"意义十分重大

资料来源：根据中国铁建官方信息公布整理。

2. 国外发展历程

中国铁建的海外发展可以追溯到 20 世纪 60 年代末 70 年代初。当时其作为"中国铁路'走出去'的先锋队"，开始援建平壤地铁、坦赞铁路等项目。进入 21 世纪，中铁七局与中国河南国际合作集团有限公司联合实施了海外首个项目——几内亚丁尼两桥，标志着中国铁建正式开启了海外经营之路。随着"一带一路"倡议的提出，中国铁建大力实施"海外优先"战略，主要布局海外国家，为区域布局和业务结构的多元化发展提供了有效支撑。如图 4 所示，自 2019 年以来，中国铁建海外营业收入逐步增长，保持强劲势头，海外市场营业收入从 355.94 亿元增长到 603.09 亿元，中资建筑企业中海外拓展规模仍保持前列。但是，如果划分主营业务收入情况，中国铁建海外业务毛利率降低 0.86 个百分点，国内业务毛利率提高 0.38 个百分点。

如图 5 所示，从财务数据也可以看出，中国铁建主要市场目前仍基于国内市场，2020 年国内在建项目总金额约为 3.91 万亿元，而国外在建项目总金额约为 3410.9 亿元，国外项目在建规模占 9%左右。2023 年，中国铁建国内在建项目总金额约为 4.62 万亿元，而国外在建项目总金额约为 1.15 万亿元，占比约为 25%，说明中国铁建的主营业务不再只依靠国内市场，其国外工程项目发展潜力较大。中国铁建规划未来的产业升级和业务转型时，需要投资更多的新型产业，抓住海外市场发展机遇，需要抓住时机实现业务结构升级和企业国际化战略。

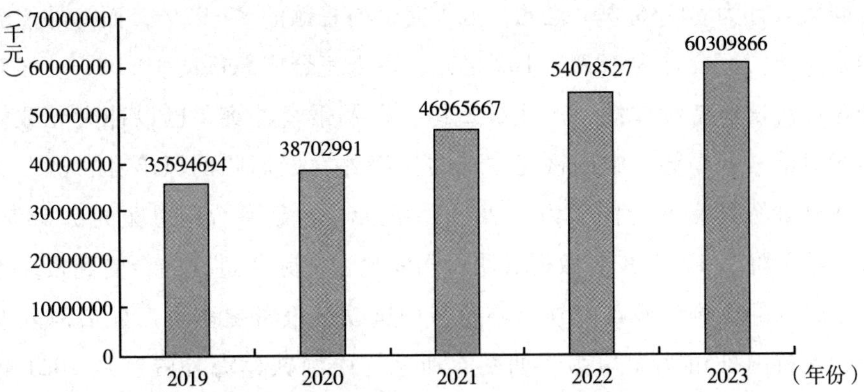

图4　2019～2023年中国铁建海外营业收入

资料来源：2023年中国铁建年度报告。

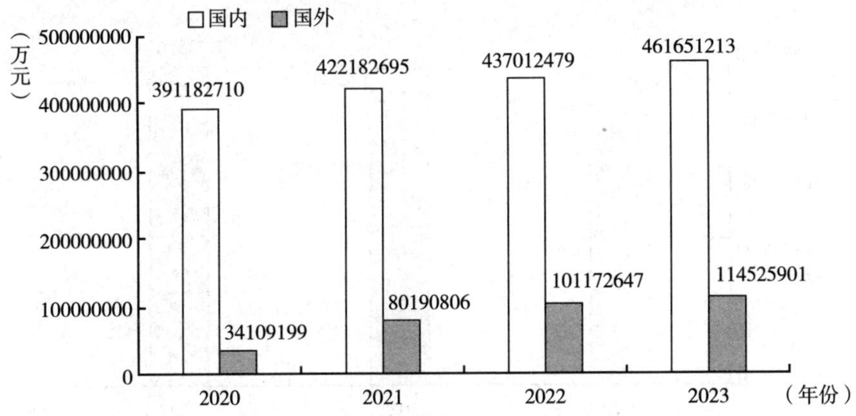

图5　2020～2023年中国铁建国内国外在建项目总金额对比

资料来源：2023年中国铁建年度报告。

（三）中国铁建国际化发展状况

截至2023年，中国铁建的新签合同总额达到了32938.7亿元，与上年相比增长了1.51%。此外，截至2023年12月31日，中国铁建的未完合同总额为66898.253亿元，同比增长5.14%。其中，国内业务的未完合同额合计为54136.091亿元，占未完合同总额的80.92%，而海外业务的未完合同额合计为12762.162亿元，占未完合同总额的19.08%。面对全球经济增速持续放缓、产业链重组，以及俄乌冲突、巴以冲突导致的地缘政治紧张局势，中国铁建主动迎接海外发展面临的风险和挑战。比如海外业务的新签合同额为2528.455亿元，占新签合同总额的7.68%，较上年下降了17.38%。数据表明中国铁建在国际化过程中会受到很多不稳定因素的影响，而且海外市场亟待中国铁建投资更多资产发展海外业务，保持国外市场竞争力。如图6所示，中国铁建海外资产从2021年853.52亿元增长到2023年的973.56亿元，增长了14.06%。中国铁建在国际化发展战略上，明确了实施国际化战略的必要性，并选择了最合适的优势竞争战略方案进行国际化。

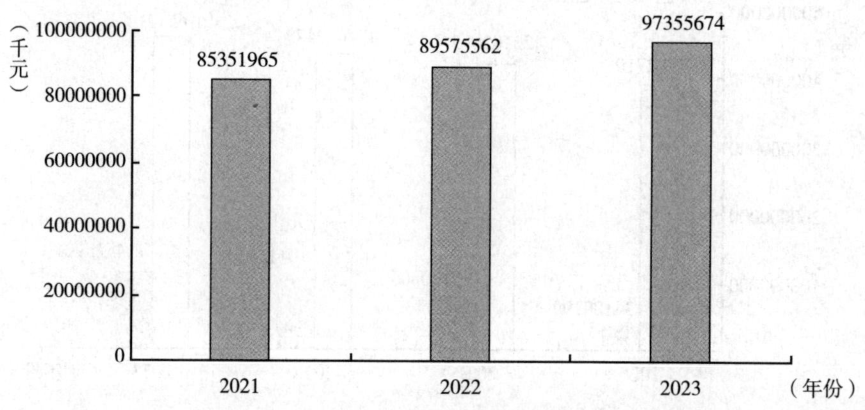

图6　2021~2023年中国铁建海外资产变化趋势

资料来源：2021~2023年中国铁建年度报告。

中国铁建不断完善海外业务的发展体系，深化对海外市场的了解和参与，创新海外经营方式，提高海外业务的质量和效益，以实现更加稳健和可持续的增长。中国铁建海外项目遍布全球120多个国家和地区，在71个国家和地区有133个驻外经营机构。表2为2023年中国铁建代表性海外项目。

表 2　2023 年中国铁建代表性海外项目

名称	日期	具体项目
埃塞俄比亚公路项目	2023 年 8 月	中国铁建在埃塞俄比亚承建的公路项目,包括迪拉—博莱—哈罗瓦图公路和德布雷马科斯—迪瓜特松—莫塔公路的两个标段,预计将显著提升埃塞俄比亚的国家公路网。迪拉—博莱—哈罗瓦图公路项目,位于南方州与奥罗米亚州的交界处,全长约 68.77 公里;而德布雷马科斯—迪瓜特松—莫塔公路的 1 标段和 2 标段,位于阿姆哈拉州,总长为 118.37 公里
坦桑尼亚公路项目	2023 年 6 月	中国铁建与坦桑尼亚公路局成功签订了 4 条公路项目合同,这些项目总长度超过 1500 公里,是中国土木在海外一次性承揽的最长公路项目群。这批项目是坦桑尼亚政府 2023 年的旗舰项目,它们对于完善坦桑尼亚国家公路网、促进区域经济发展具有重要意义。项目建成后,预计将极大地提升坦桑尼亚的交通基础设施,带动途经地区的经济增长,为当地居民提供更多的就业机会,并为整个国家的经济发展注入新的活力

资料来源：根据国务院国有资产监督管理委员会网站整理。

二　中国铁建国际化发展动因分析

（一）立足国家倡议，抓住历史机遇

从“一带一路”倡议初期，国家已成立亚洲基础设施投资银行（AIIB）和丝路基金为共建“一带一路”国家提供资金支持，使其发展较为落后的基础设施，从发展潜力来看，是各国促进经济增长的关键手段，海外建筑工程市场具有广阔的发展空间，新兴市场和新兴产业成为海外发展的新动力和增长点。然而中国铁建在基础设施建设方面拥有丰富的经验和先进的技术，得益于国家政策的支持，中国铁建不仅可以利用庞大的外汇储备资金，还能依靠高效的资金管控体系进行海外拓展。例如，亚洲基础设施投资银行和丝路基金等机构提供了强有力的资金支持（见表 3），亚洲基础设施投资银行作为多边投资融资平台，已经批准了多个项目，融资总额超过 450 亿美元，带动资本近 1500 亿美元，惠及 36 个亚洲域内外成员。丝路基金则通过市场化、国际化、专业化运作，为“一带一路”建设提供投融资支持，已累计

签约 75 个投资项目，承诺投资金额约 220.4 亿美元。为中国铁建国际化发展提供沃土，引导中国铁建融入“双循环”新发展格局，充分利用国内和国际市场、资源，坚定实施海外优先战略。

表 3　“一带一路”倡议成立重要的金融机构

日期	具体内容
2014 年 12 月	中国政府出资 400 亿美元成立丝路基金，以雄厚的资金实力直接支持“一带一路”建设
2015 年 4 月	由中国发起创建的亚洲基础设施投资银行，法定注册资本金达到 1000 亿美元

资料来源：根据商务部对外投资和经济合作司公布的信息整理。

截至 2023 年，中国铁建有 27 个二级单位随着中国铁建布局海外市场的步伐成功“走出去”。如图 7 所示，2023 年中国铁建主要海外项目分布在亚洲及太平洋地区、非洲地区，拥有 225 个项目，海外市场当地员工占比逾 90%。中国铁建国际化战略和共建“一带一路”发展中国家基础设施建设需要形成天然的契合，通过参与“一带一路”建设，中国铁建可以积累在

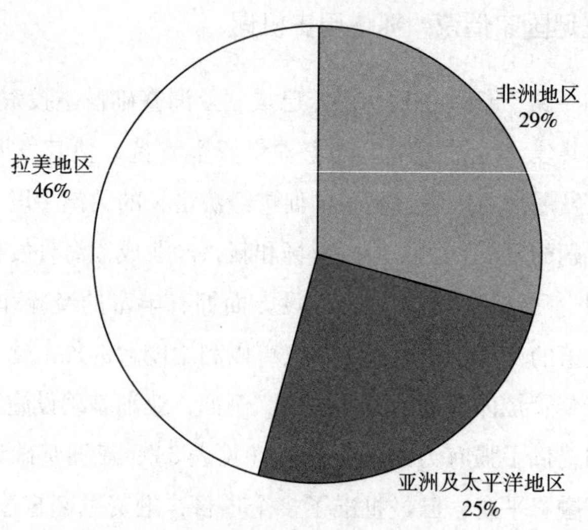

图 7　2023 年中国铁建新签海外项目分布情况

资料来源：根据 2023 年中国铁建财务报告整理。

项目投标、融资投资、工程建设、经营管理、风险管控等方面的经验，加强与东道国或第三方合作，提升企业国际合作的能力和水平。企业也在提高海外市场的知名度，利用“一带一路”协议平台吸引更多海外客户，创新管理模式，从单一的承包商模式向多元化经营模式转变，实现中国铁建的可持续发展，打造具有国际竞争力的企业。

（二）海外优先战略，形成集团优势

中国铁建将企业产业、产能、产品和一流人才等优势资源推向国际市场，这为中国铁建在基建领域发挥独特优势提供了千载难逢的战略机遇。中国铁建充分发挥集团竞争优势，发挥高新技术、先进管理、人力资源、成本竞争、机械装备等方面的综合竞争实力。中国铁建采取了“海外优先”的战略方针，并构建了一个“3+5+N”的海外发展模式。这一模式以中土集团、国际集团和中国铁建国际投资集团有限公司为领头羊，辅以5家独立运营的工程局，以及其他各单位的协同支持，形成了一个团结协作、共同开拓海外市场的团队。中国铁建通过子公司自身独特的战略（见表4）形成综合竞争优势，从建筑行业产业链的最低端承接施工订单向设计、施工、投资、采购、运营、管理等全产业链的全面进入创造了条件，进一步提升中国铁建的海外市场竞争能力和抗风险能力。这些措施不仅有助于中国铁建在国内市场巩固其地位，而且有助于其在全球范围内提供高质量的产品和服务，进而实现企业的长期可持续发展和国际化战略目标。

表4　中国铁建部分子公司“海外优先战略”

子公司名称	“海外战略模式”
铁建国际	主动加强与政府机构、金融资本、工程服务、运营管理、咨询设计、科技研发等各类高端资源的对接合作，提升资源整合能力，为争先海外创造先决条件
中铁十二局	解决海外经营工作中的痛点堵点问题，在政策和要素上给予适当倾斜。选拔招聘高端海外经营人才，积极引导和鼓励经营人员“走出去”
中铁十四局	海外资源优先保障、海外业绩优先考核、海外人才优先发展，为海外业务发展提供完善的体制机制保障和后台支撑

续表

子公司名称	“海外战略模式”
中铁十六局	提前熟悉海外政策、国别市场情况，积极做好人才、战略储备，实行属地化招聘，助推属地化发展
中铁十七局	海外项目经理、总工等关键岗位人员严格把关，将一流人才派驻海外，确保管理团队素质能力满足海外高质量发展要求
中铁十八局	注重把全球化的优秀人才、先进技术和产业模式等优质资源“引进来”，大力推动各种资源的互济共享、融通发展，努力实现资源配置国际化

资料来源：根据中国铁道建筑报整理。

（三）打造品质铁建，建立一流标准

2019年，中国铁建提出打造“品质铁建”奋斗目标，建设企业品牌在高质量国际化过程中发挥着重要的价值引领作用。中国铁建通过打造“品质铁建”，不仅为海外国家提供了高质量的基础设施，也贡献了中国智慧和中国方案，在东道国建立良好的品牌影响力，提升企业在海外市场的核心竞争力。公司凭借其卓越的业绩，已连续18年跻身“世界500强”，2022年后中国铁建集团首次排进“世界500强”前40位（见图8）。中国铁建设计、建设了我国50%以上的高速铁路和普速铁路、40%以上的城市轨道交

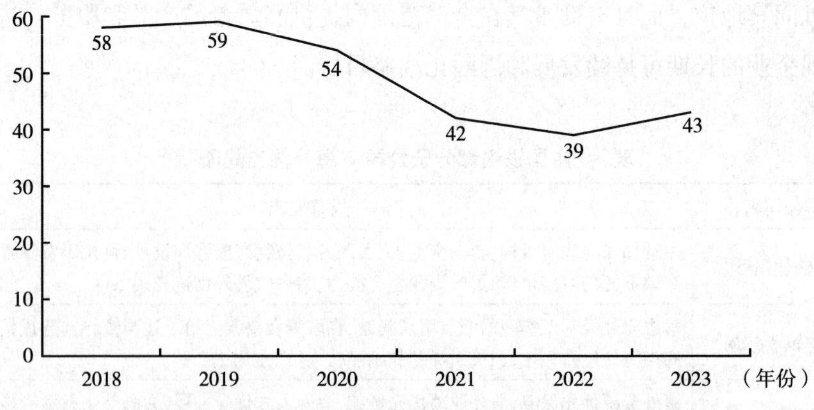

图8　2018~2023年中国铁建“世界500强”排名

资料来源：根据财富中文网整理。

通、约30%的高等级以上公路，制定了中国高速铁路50%以上的建设标准，承建了1000多项海外工程，多次刷新了中国对外工程承包单笔合同额最高纪录，赢得了较高的企业信誉，打造了CRCC和CCECC两个国际知名品牌。集团在全球知名品牌估值与咨询机构Brand Finance发布的《2023年全球品牌价值500强报告》中排第101位。在美国《工程新闻纪录》杂志的2022年排名上升至第3位。

"品质铁建"战略是企业生存和发展的基石，同时是企业在竞争中保持领先地位的关键途径。如表5所示，中国铁建所获得的工程奖项是企业在管理、创新、质量方面所做出的突出成就获得的市场认可。中国铁建正经历从传统的工程经营和投资驱动模式向创新驱动模式的转变，这一转变体现在对质量和效益的重视上，而不仅仅是规模和速度的扩张，包括品牌建设、价值链优化和商业模式创新。通过这种全面而深入的转型，实现可持续高质量发展，并在全球建筑行业中确立领导地位。

表5　中国铁建工程奖项

年份	奖项名称
2019	中国铁建7项海外工程获得中国建设工程鲁班奖，2项工程获得国家优质工程奖金奖
2021	中国铁建3项海外工程获得国家优质工程奖，2项获得国家优质工程奖金奖。这些荣誉不仅提升了中国铁建的企业形象，也使其成为全球建筑行业的新典范

资料来源：根据中华建筑网整理。

（四）产业升级转型，推动科技创新

中国铁建注重战略性新兴产业的顶层设计，成立了中国铁建培育发展战略性新兴产业领导小组，制定了工作方案和实施方案，明确了总体思路、发展目标、重点任务和实施举措。通过自上而下的机制建设、投资结构优化、科技创新强化、人才队伍建设以及专项支持政策的制定，确保了战略性新兴产业发展的相关工作得到统筹协同推进，推动战略性新兴产业实现"六个

融入”。将布局发展战略性新兴产业融入战略规划体系，融入日常经营管理体系，融入年度投资管理体系，融入全面预算管理体系，融入绩效考核体系，融入统计管理体系，并作为战略性、基础性、系统性、常态化工作狠抓落地。建立培育战略性新兴产业基础平台，成立未来产业深部地下空间利用重大项目办公室，组建地下空间研究院，牵头联合 20 家中央企业、14 家高校、4 家科研机构共同组建深部地下空间利用创新联合体，成立由 15 名院士领衔的深部地下空间利用专家委员会。

此外，科技创新作为推动企业进步的核心动力，中国铁建持续致力通过强化科技创新资源的整合与产业控制能力的提升，不断推动企业向更高水平发展。如图 9 所示，中国铁建集团的研发投入从 2020 年的 186.06 亿元提高到 2023 年的 267.49 亿元，增长率为 43.8%。研发投入占营业收入的比例从 2020 年的 2.05%增长到 2023 年的 2.35%。中国铁建还成立了中铁建科技创新有限公司，明确其作为科技创新业务的协同研发与产业转化平台的定位。该公司立足于科技创新业务，致力于培育和孵化具有战略意义的新兴产业业务，同时加强原创性技术研究，推动企业朝智能化与绿色化方向转型。

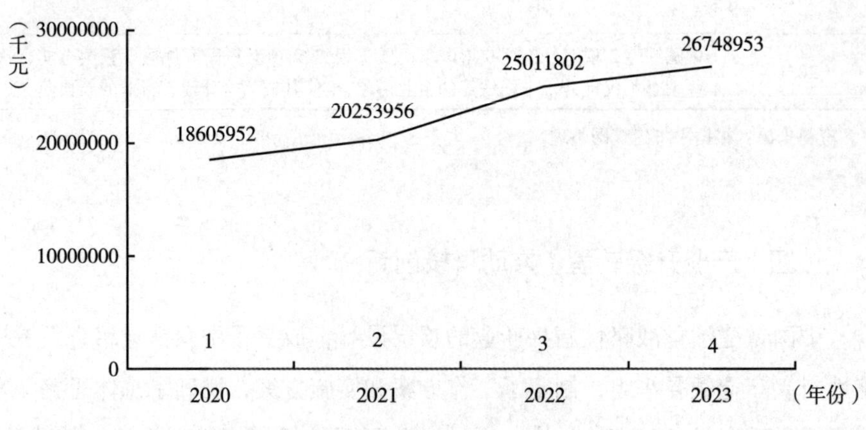

图 9　2020~2023 年中国铁建研发投入

资料来源：中国铁建 2020~2023 年度报告。

在专利积累和标准体系建设方面，2023 年中国铁建新增授权专利 6831 件，其中发明专利 2008 件，同比增长 65%，荣获中国专利银奖 1 项、优秀奖 7 项，并联合主导发布了 5 项 ISO、IEC 国际标准。在国家重大战略如交通强国、制造强国、“双碳”战略、数字中国等框架下，中国铁建加强了对行业前沿性、引领性、原创性技术的研究。例如，全球最大的竖井掘进机“梦想”号成功完成了上海地下智慧车库项目的首座超深竖井施工任务，最大开挖直径达 14.57 米的盾构机“定海”号在长沙成功下线。

三　中国铁建国际化关键因素分析

（一）细分国际核心市场，并购海外优质企业

在新的全球化发展背景下，发展中国家在世界经济中将扮演越来越重要的角色，中国企业将形成参与国际经济合作和竞争新优势，为国内企业国际化发展带来重大机遇。其中，海外建筑业市场保持增长态势，到 2025 年，市场规模有望达到 60 万亿元。中国铁建在海外市场主要呈现厚积薄发的态势，大项目开发能力突出，深耕细化不同国家市场，并围绕主业展开多元化发展。中国铁建构建了“10+5”国别市场体系，通过巩固传统优势市场和细化不同国家开发具有潜力的市场，加快优势专业出海竞技，全力做强做大海外板块。如图 10 所示，2020~2023 年中国铁建海外工程项目呈现稳定增长的势头，2023 年亚非国家的在建项目已经突破 1100 项，发展潜力与市场规模远高于其他地区。主要原因是发展中国家建筑业市场增速较快，尤其是非洲、拉美和东南亚地区增长较快，年均增速有望达到 4%左右，而发达国家年均增速预计为 1%~2%。中国铁建发挥自身技术实力、项目管理经验、融资能力等方面的优势，在海外市场上获得更多的竞争机会，扩展国外市场份额。

海外并购是中国铁建实现全球化战略的关键手段，它允许企业快速获得市场准入、技术、品牌和人才等资源。中国铁建在 2020 年成功收购西班牙

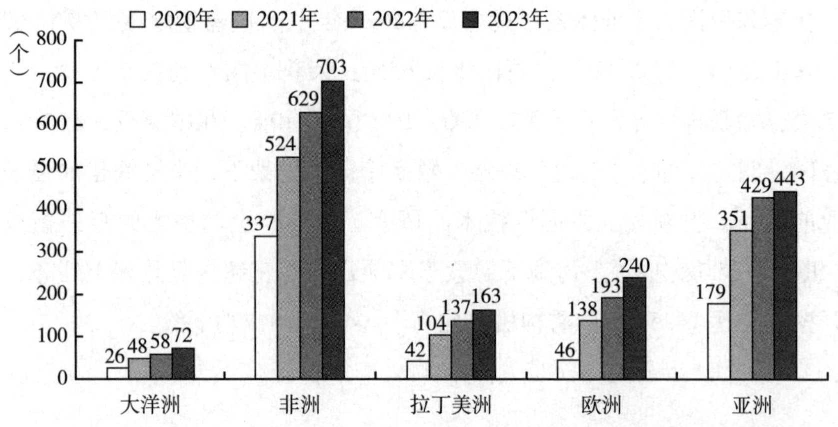

图 10　2020~2023 年中国铁建在各大洲海外项目数量

资料来源：2020~2023 年中国铁建年度报告。

Aldesa 集团，这一举措体现了中国企业在全球经济一体化进程中的积极作为。中国铁建通过其子公司铁建国投的统筹运作，有效整合了中国铁建的资源优势，遵循国际公司的运营规范，对 Aldesa 集团进行了科学的管理和资本结构的优化。这不仅增强了 Aldesa 集团的资本实力，而且促进其在欧洲和拉丁美洲等国际市场的业务拓展，以及在新业务领域的积极探索。此次并购是中国铁建响应国家“走出去”战略，也是其实施“海外优先”战略的重要步骤。通过这一并购，中国铁建旨在强化其海外投资品牌，不断取得新的海外投资合作成果，为其在欧洲市场的长远发展打下坚实的基础。

（二）深化国企体制改革，建立属地管理优势

通过国际化战略，中国铁建不断承接新的基础设施建设项目，促进新兴产业和新商业模式的快速发展，为中国铁建创造新的经济增长点提供了重要机遇。在这一背景下，中国铁建通过不断优化国有体制的改革，坚持将涉外事务纳入统一管理，成立海外发展有限公司，有效提升了管理效率和响应速度。在项目管理方面，中国铁建坚持创新驱动，通过精细化管理提高项目质量，并在国际市场上进行试点探索，推动数智建造管理平台的建

设，促进海外业务的价值链和产业链的一体化发展。2023 年，铁四院积极响应“一带一路”倡议，坚定实施“海外优先”战略，海外业务新签合同额同比增长 30%，实现了以设计为主导的海外工程总承包项目零的突破，显著提升了精细化管理水平和技术品牌实力。2023 年，铁四院在海外项目部的费用同比降低了 5%以上，这一成绩体现了公司在国际市场上的竞争力和影响力。

此外，中国铁建在推进全球化战略的过程中，认识到属地化和本土化的重要性，并将其视为提升企业竞争力和影响力的关键。例如，中铁十八局在海外市场的拓展中，特别是在中东地区，实施了“一国一策”的外籍人才管理办法，这体现了中铁十八局对本土化人才配置原则的遵循。通过这种方式，中铁十八局不仅提升了对外籍员工的管理效能，还有效降低了用工成本，实现了管控效能和成本的“一升一降”。中国铁建在阿尔及利亚的实践也体现了其在属地化人才培养上的深入探索。中铁十八局不仅大量雇用了当地员工，还通过结合员工兴趣和综合素质，制定了个性化的培养策略，如组织定向免费培训课程，安排脱产学习，为重要岗位储备技术和管理人才。这种从雇用到培养的转变，帮助中铁十八局构建了一个更加成熟和高效的属地化人才培养体系。

（三）构建企业文化“软实力”，关注东道国环境民生

中国铁建凭借着自身的技术优势，在海外市场从事工程承包的经验和累积的品牌效应日益增长。中国铁建不仅要打造自身技术品牌的“硬实力”，而且要提升中国铁建在共建“一带一路”国家的“软实力”。首先，共建“一带一路”国家文化与语言具有多样性，容易产生交流障碍，而尊重东道国的文化和人文交流对于企业海外战略的成功显得至关重要。中国铁建海外项目注重与东道国合作过程中的文化交流从而建立互信机制，为深耕海外市场夯实基础。例如，2017 年中国铁建进入俄罗斯市场，实施了中国企业在欧洲的首个地铁项目——莫斯科地铁第三换乘环线西南段。在此过程中，中国铁建联合项目业主，多次邀请俄罗斯主流媒体记者到现场进行盾构机始发

的新闻报道，以提高项目的透明度和影响力。同时，还邀请俄罗斯主流媒体代表团来华访问，与企业相关负责人座谈，深入了解企业的发展历程和现状。通过这些合作项目，中国铁建不仅增进了两国文化的交流和融通，还助力了中俄友谊的世代传承，成为中俄文化交流与融合的新名片。

其次，中国铁建积极履行其企业社会责任，致力于提升东道国的经济社会发展和民生水平。例如，中铁十五局三公司坦桑林迪 53.2 公里道路升级项目，位于坦桑尼亚林迪省万瓦区，道路总长 53.2 公里，主要包括路基、路面、涵洞及附属工程。截至 2023 年，该项目正在开展表处路面附属防护施工。项目为当地工人提供用工岗位 174 个，培养了一大批优秀技术人才，同时积极履行社会责任，保障了当地居民的出行与交通运输。项目建成后将大大提高既有道路运输能力，促进地区经济增长。

最后，作为建筑施工类企业，中国铁建在项目推进过程中面临的安全环保问题较为突出，其也在不断健全环保管理体系和工作，深入贯彻绿色发展理念。2023 年，中国铁建投入环保资金 36.67 亿元，在海外项目建设中积极引入全生命周期的绿色设计模式，致力于从项目的早期阶段就开始实施绿色、低碳、生态的规划与设计。公司大力推广绿色施工技术，采用低碳建筑材料，将环保理念全面融入项目的规划、设计及建设的每一个环节。在承建的匈塞铁路（匈牙利段）项目中，中国铁建特别注重动物保护和生态维护。项目团队对架空线上安装使用的防电击、防撞击装置进行了细致的研究，以减少对周围生态环境的影响。

四　展望与建议

（一）把控政治风险，谨慎选择投资

地缘政治风险不断加剧，国际安全形势发生深刻复杂变化，世界经济下行压力增大。在这一背景下，中国铁建在海外的投资主要集中在发展中国家，这些国家的政治具有不稳定性，潜在的损失是难以预测的。第一，中国

铁建应高度重视国际化经营风险管理工作，通过实施海外项目全过程风险管理，不断加强与国内的信息沟通和工作协调，完善风险监控体系。第二，密切关注国际组织及其所在国政治、社会、经济政策变化，完善风险预警、预控机制，严防各类国际化经营风险，特别是战争、恐怖袭击风险，合规风险，项目推迟延误、停工停产带来的经济和履约风险，防止风险的交叉传导。第三，对投资区域的深入研究、潜在风险的规避以及经济社会发展良好区域的审慎选择变得至关重要。企业合理选择行业、发展新兴产业、聚焦战略资源业务，并结合不同区域的实际情况开展业务，是降低风险、实现稳健投资的关键策略。第四，加强与优质合作伙伴的合作，利用属地化优势拓展海外市场，也是中国铁建在面对政治风险时的一种有效应对措施。通过构建多元化的投融资合作模式，可以在不同层面上分散政治风险带来的影响。

（二）强化法律意识，建立保险制度

随着企业国际化进程的推进，中国铁建在海外投资与运营中，面临错综复杂的法律环境。为了确保海外投资项目的合法权益得到有效保护，第一，企业需要构建一个完善的法律保障体系，包括建立海外投资协调管理保障机构，设立应急处理机制，深入分析投资环境和风险，建立资料库，为企业提供市场和项目信息咨询服务，促进海外投资高质量发展。第二，了解和遵守东道国的法律，尊重不同国家在反垄断、国家经济安全审查、环境保护、劳工、公司治理、税收、知识产权等方面的标准，是中国企业在海外投资中必须遵循的原则。第三，中国铁建在海外投资中还应重视知识产权的保护，在避免侵犯他人知识产权的同时，加强自身知识产权的保护。第四，公司需规范投资与经营行为，建立海外投资保险制度，并与国际投资协定相衔接，从而增强风险防范能力，保障海外投资活动的顺利进行。海外投资保险制度可以为投资者在面对政治风险、汇兑限制等不可预见的风险时提供一定的保障。

（三）预防金融风险，强化管理体系

在海外项目建设中，中国铁建面临国际金融市场环境、能源价格以及项目所在地区经济水平等多方面因素的影响，这些因素可能引发资金流动性压力。建筑企业具有垫资施工和工程结算周期较长的经营特点，营运资金在应收科目中沉淀，融资成为补充流动资金的重要手段。供应链融资作为一项重要的金融工具，对海外项目建设具有显著的推动作用。大力发展供应链融资可以促进更多国内大型建筑企业参与国际项目，同时通过信用等级的划分降低信用风险。中国铁建在海外发展过程中，需要重视金融风险管理，构建有效的风险管理体系，以应对金融市场的各种不确定性因素，确保企业稳健发展。企业在评估项目可行性时，应采取科学的态度，对投资项目进行详细调查和评价，确保项目的顺利实施。中国铁建等企业应采取一系列优化策略，包括加强与共建“一带一路”国家的经济政策协调、推进资金融通机构和服务的网络化布局、加强金融合作以促进项目落地，以实现投融资合作的高质量和可持续发展。

（四）尊重当地文化，培养属地人才

在全球化浪潮中，中国铁建在海外市场的拓展中，跨文化管理成为一项重要课题。企业成功的关键之一便是培养能够适应多元文化环境的人才，并实施有效的跨文化管理策略。中国铁建在海外投资前，应对参与项目的员工进行跨文化沟通培训，确保他们理解并尊重不同的文化，减少文化差异带来的冲突。跨文化管理的关键在于解决文化差异问题，塑造独特的企业文化，并形成有效的管理行为。其中包括明确企业文化价值、避免文化本位主义、制定跨文化管理策略和培养本土化人才。中国铁建在实践中不断优化跨文化管理策略，以适应多元文化背景下的员工。公司通过建立属地化人才机制，解决专业人才短缺问题，结合国内外培训，提升当地员工的理论素养和实践技能，满足铁路运营的专业需求。

参考文献

中国铁建国际集团有限公司网站，http：//international. crcc. cn/col/col41577/index. html。

《241 项工程获鲁班奖，中国建筑、中国中铁、中国铁建、中国交建各领风骚》，中华建筑网，2019 年 12 月 12 日，https：//www. zhjsw. cn/news/show-19747. html。

《聚合“海外优先”战略新力量》，《中国铁道建筑报》2019 年 1 月 31 日，第 1 版。

温凯：《新春五连签　海外开门红》，《中国铁道建筑报》2023 年 2 月 20 日，第 1 版。

王飞辉：《深入推进“海外优先”　谋篇布局海外发展》，《中国铁道建筑报》2024 年 3 月 16 日，第 1 版。

李吕：《中国铁建连续 19 年跻身世界 500 强》，《中国铁道建筑报》2024 年 8 月 9 日，第 1 版。

肖斌：《激流渡远筑锦途——中国铁建 2023 年海外发展纪实》，《中国铁道建筑报》2024 年 1 月 26 日，第 4 版。

《住房和城乡建设部关于印发“十四五”建筑业发展规划的通知》，中国政府网，2022 年 1 月 27 日，https：//www. gov. cn/zhengce/zhengceku/2022-01/27/content_5670687. htm。

《2024 年 1—5 月我国对“一带一路”共建国家投资合作情况》，商务部网站，2024 年 6 月 27 日，https：//www. mofcom. gov. cn/tjsj/gwjjhztj/art/2024/art_8c109fd5fe5b46b19d57f19deb1433e0. html。

《中国铁建：以“十四五”规划开启高质量发展新征程》，国务院国有资产监督管理委员会网站，2022 年 11 月 28 日，http：//www. sasac. gov. cn/n2588020/n2588072/n2590902/n2590904/c26597851/content. html。

《中国铁建绘就共建“一带一路”美好画卷》，国务院国有资产监督管理委员会网站，2023 年 10 月 13 日，http：//www. sasac. gov. cn/n2588025/n13790238/n16406218/c29084886/content. html。

叶建木、潘肖瑶：《“一带一路”背景下中国企业海外投资风险传导及控制——以中国铁建沙特轻轨项目为例》，《财会月刊》2017 年第 33 期。

B.14

小米科技国际化发展案例研究

周亦杨　贺 佳　王分棉*

摘　要：　小米科技是一家以智能手机、智能硬件和 IoT 平台为核心的消费电子及智能制造公司。作为中国智能手机行业中极具代表性的生产商，小米科技于 2014 年便开始布局国际化发展。从亚洲到非洲，从新兴市场到发达市场，小米科技的国际化每一步都稳扎稳打，得以跻身全球智能手机厂商前列。本报告以小米科技为研究对象，对小米科技的国内外发展历程、国际化发展动因、企业国际化战略关键影响因素等进行深入讨论。研究发现，来自市场、技术、高层管理者的国际化倾向、竞争对手等因素推动了小米科技的国际化进程。在小米科技的国际化发展过程中，高性价比、持续的科技创新、率先布局"手机×AIoT"、本土化战略、利用数字技术赋能新零售、互联网营销以及社交媒体运营等因素发挥了关键作用。未来，小米科技需要加大研发投入力度，实现产品升级，注重合规经营，减少海外知识产权争端，在提高本土化水平的同时兼顾对海外子公司的控制，以更好的品牌形象在全球彰显"中国智造"。

关键词：　小米科技　智能手机　国际化

* 周亦杨，对外经济贸易大学国际商学院博士研究生，主要研究方向为国际企业管理；贺佳，对外经济贸易大学国际商学院博士研究生，主要研究方向为国际企业管理；王分棉，博士，教授，对外经济贸易大学北京企业国际化经营研究基地研究员，主要研究方向为战略管理、国际企业管理。

一 公司概况

（一）小米科技简介

小米科技有限责任公司（以下简称“小米科技”）成立于2010年4月，是一家以智能手机、智能硬件和IoT平台为核心的消费电子及智能制造公司。小米科技的使命是始终坚持做“感动人心、价格厚道”的好产品，让全球每个人都能享受科技带来的美好生活。2014年2月，小米科技开始拓展海外业务。2018年7月9日，小米科技在香港交易所主板挂牌上市。

小米科技是全球领先的智能手机品牌之一，智能手机出货量稳居全球前3位。截至2023年6月，全球MIUI月活跃用户为6.06亿。截至2023年底，集团业务已进入全球100多个国家和地区。2023年8月，小米科技连续5年入选《财富》“世界500强”。小米科技旗下拥有小米（MI、Xiaomi）、独立品牌红米（Redmi）、智能家居品牌米家、海外独立品牌POCO等品牌。公司业务广泛，包括电子设备、智能家居、芯片、操作系统、应用程序、云服务、金融保险、移动运营商、新零售、新能源电动汽车等，业务类型可以分为三大类：以智能手机、汽车、智能家居产品为核心的硬件、以AIoT、云服务等为核心的互联网服务、以小米有品和小米之家为代表的线上线下相结合的新零售。这三大类也被小米科技定义为“铁人三项”商业模式（见图1）。

与此同时，小米科技通过自有业务和投资布局，实现了产品与业务多元化。截至2023年，小米科技已投资旗下的生态链公司超500家，已建成全球最大消费类AIoT物联网平台，结合智能手机和互联网服务业务，构建起多元的产品业务结构。根据2017~2023年小米科技财务年报数据，智能手机始终是小米科技最主要的收入来源，其收入在2022年以前始终保持正增长；IoT与生活消费产品次之，收入同样在2022年以前逐年增长；互联网服务所占收入份额最小，但在不断扩张（见图2）。硬件生态端从核心的智能

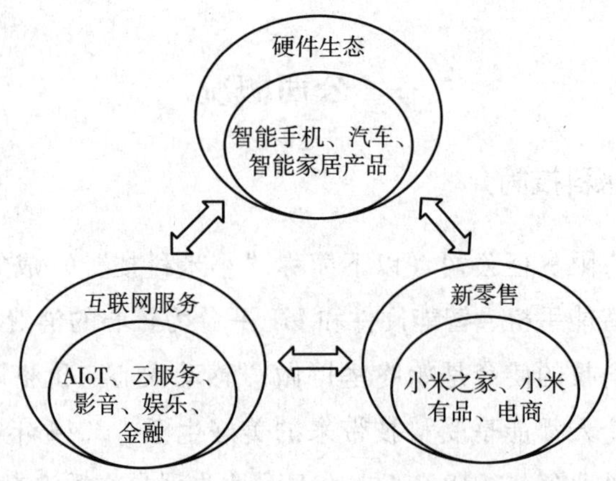

图 1　小米科技"铁人三项"商业模式

手机出发，产品延伸到手机周边产品（包括耳机、移动电源、路由器和音响等），接着进一步涉及各类其他智能硬件（包括净水器、电饭煲、平衡车和空气净化器等），最后甚至延伸至各类生活耗材（包括毛巾、牙刷、饰品和服饰等）。互联网端的产品生态则主要是以搭载在小米手机及各类其他硬件上的 MIUI 操作系统为入口，将公司的产品和业务拓展至广告、游戏和金融科技等各类互联网增值业务。

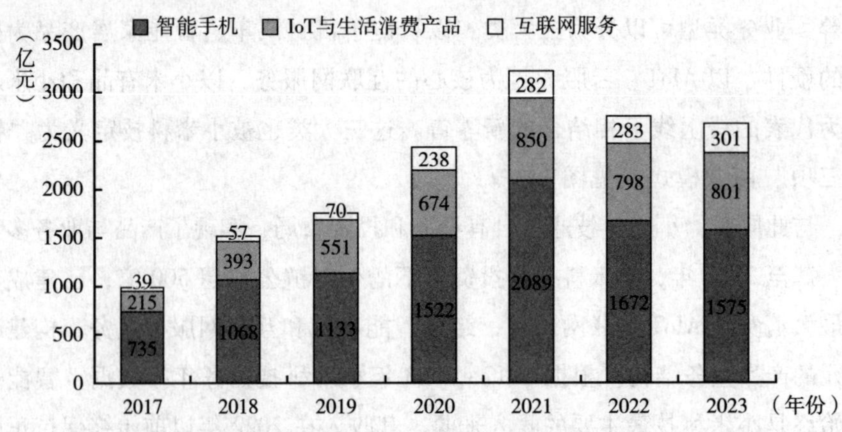

图 2　2017~2023 年小米科技各项业务收入

资料来源：小米科技财务年报。

（二）小米科技国内外发展历程

1. 国内发展历程

纵览小米科技在国内市场的发展历程（见表 1），可分为四个阶段。

第一阶段：2010~2014 年。小米科技于 2010 年 4 月 6 日在北京成立，并于同年推出首个 MIUI 内测版；2011 年第一代小米手机发布，以 1999 元的定价引起手机市场轰动；2013 年红米手机发布，超高的性价比使得山寨机逐步在中国市场销声匿迹。同年，小米电视和小米移动电源发布，成为热销单品；2014 年，小米科技中国智能手机出货量位居第一。

第一阶段的小米科技凭借雷军、林斌等创始人的资源禀赋和技术支持，乘着 3G 转 4G 的时代红利，以 MIUI 为突破口，从线上营销起步，以极致的性价比迅速打开了手机市场，实现手机销量国内第一、全球第三。同时，正式启动了 IoT 的平台业务，构建平台生态。

第二阶段：2015~2016 年。2016 年 2 月，小米手机 5 发布，机型累计销量 920 万台（含小米 5S、5Splus），全年出货量暴跌至 4150 万台，市占率仅为 8.9%，排名国内第五。同年，小米科技正式启用米家品牌（MIJIA），专注于智能家庭和提升用户生活品质。

2016 年是小米科技内忧外患的一年。在一、二线城市电子产品消费升级和二、三线电子产品消费依赖线下的双重影响下，小米手机销量遭遇滑铁卢。同年 12 月，小米之家全面转型销售体验店第一年，探索线下新零售模式，门店数量突破 50 家。

第三阶段：2017~2020 年。2017 年，小米科技发布首款自研手机芯片澎湃 S1，成为全球第 4 家可同时研发设计芯片和手机的企业。同年 11 月小米科技在 MIDC 2017 小米 IoT 开发者大会上宣布，小米科技 IoT 已成为全球最大智能硬件 IoT 平台；2020 年，小米科技宣布将核心战略升级为“手机×AIoT”。

这一阶段的小米科技努力转型，不断加大研发力度，逐步探索高端手机之路，调整战略，重新规划产业布局。

第四阶段：2021 年至今。2021 年 3 月，小米科技宣布进军智能电动汽车领域。同年12月小米首次将自研的充电芯片澎湃P1运用到旗舰手机上。2023年3月，定位于“C级高性能生态科技轿车”的小米SU7新能源汽车正式发布，引起广泛关注。2023年6月，MIUI全球月活跃用户突破6亿。

这一阶段，小米科技进行了战略再定位，业务聚焦智能硬件和IoT平台，实现生态链和供应链两手抓。

表1 小米科技国内发展历程

时间	重要事件
2010年4月	北京小米科技有限公司正式成立
2010年8月	MIUI首个版本发布
2011年8月	第一代小米手机发布
2011年11月	小米网正式对外上线
2012年4月	小米科技首次举办“米粉节”庆典
2012年6月	小米手机销量突破300万台
2013年7月	红米手机正式发布
2014年4月	小米路由器、小米路由器mini发布,小米科技进军智能家庭网络中枢
2015年2月	2014年小米科技中国智能手机出货量位居第一
2015年6月	小米科技智能家庭在线设备超1000万台、App安装用户超1500万人、日活超200万,成为国内第一智能家庭平台
2015年8月	小米科技进军互联网券商,领投老虎证券
2016年3月	小米科技正式启用MIJIA品牌,专注于智能家庭和提升用户生活品质
2016年10月	小米科技内忧外患,手机销量遇滑铁卢
2016年12月	小米之家全面转型销售体验店第一年,探索线下新零售模式,门店数量突破50家
2017年2月	小米科技发布首款自研手机芯片澎湃S1,成为全球第4家可同时研发设计芯片和手机的企业
2017年11月	小米科技生态链入选时代影响力·中国商业案例Top30
2018年4月	小米科技宣布新的董事会决议:每年整体硬件业务,包括手机和各种生态链产品的综合净利率不超过5%,如超过,将把超过部分用合理的方式返还给用户
2018年7月	小米科技赴港主板上市,成为继阿里巴巴和Facebook之后,全球规模第三大科技互联网公司IPO
2019年1月	红米(Redmi)品牌正式宣布独立,小米科技启动“手机+AIoT”双引擎战略
2019年7月	小米科技首次登榜《财富》“世界500强”,排468位,成为最年轻的“世界500强”
2019年8月	小米科技CEO雷军当选年度“中国杰出质量人”,成为唯一获得全国质量奖中个人最高荣誉的互联网行业代表

续表

时间	重要事件
2020 年 8 月	小米科技宣布核心战略升级为“手机×AIoT”
2021 年 3 月	小米科技宣布进军智能电动汽车领域，未来 10 年投入 100 亿美元
2021 年 7 月	小米科技向 3904 名员工授予约 7000 万股股票，奖励优秀青年工程师、优秀应届生和团队核心岗位的优秀员工，以及年度技术大奖获得者
2021 年 8 月	小米科技宣布向 18.46 万小米手机 1 代首批用户，每人赠送 1999 元红包，以回馈米粉支持
2021 年 12 月	CEO 雷军宣布，未来五年小米科技研发投入提高到超 1000 亿元
2022 年 8 月	小米科技宣布全面构建“小米科技生态”，以人为中心，更紧密连接人和万物
2022 年 9 月	小米科技宣布与饿了么达成合作，全国 3000 家小米之家门店将陆续登录饿了么
2023 年 3 月	小米科技举行发布会，正式发布小米 SU7，新车定位于“C 级高性能生态科技轿车”
2023 年 4 月	小米科技成立大模型团队

资料来源：小米科技网站。

2. 国外发展历程

纵览小米科技在国外市场的发展历程（见表 2），可分为三个阶段。

第一阶段：2014~2015 年。2014 年 2 月，小米科技正式进军国际市场，为适应国际化战略，小米科技启用新域名 mi. com。小米科技首先进入新加坡市场，随即与运营商新加坡电信、星空传媒和 M1 达成产品分销的相关协议。2014 年 7 月，小米科技在印度开设了第一家公司，同时发布了首款智能手机 Mi3。之后小米科技先后进入马来西亚、菲律宾和印度尼西亚市场，其品牌在东南亚市场上的知名度逐渐升高。

这一阶段的小米科技主攻东南亚和印度市场。东南亚地区市场人口基数大，市场体量大，电商潜力巨大，这些因素也是小米科技将“出海”的首站定在东南亚和印度市场的原因。

第二阶段：2015~2017 年。2015 年 7 月小米科技正式进军巴西市场，推出了红米 2 和红米 2Pro 两款手机，通过电商平台和线下实体店进行销售。但由于缺乏对当地市场复杂情况和政策的了解，小米科技面临严厉的当地市场保护政策限制，进军巴西市场不满一年便遗憾宣布暂时告别巴西市场。同年小米科技遭遇美国著名专利诉讼机构 Blue Spike 的专利侵权起诉。

这一阶段的小米科技不断受挫，侧面反映了小米科技核心竞争力的不足以及应对海外市场法律风险相关准备的欠缺。2016 年，小米科技在海外市场全年出货量下滑，甚至在印度市场上的表现不如后发进入的 OPPO、vivo 等品牌，公司海外市场发展状况亟须调整。

第三阶段：2017~2023 年。2017 年 11 月，小米科技以西班牙为切入点进入西欧市场。小米科技在西班牙的线上业务与 Ingram Micro 和阿里全球速卖通在产品销售、配送以及售后服务等方面进行合作。2018 年之后，小米科技陆续进入意大利、法国、德国市场。2019 年，小米科技在法国香榭丽舍大街开设了欧洲最大的店面。2020 年，小米科技将西欧总部设在了德国。在欧洲市场，线下及运营商渠道一直是手机销售的主流。因此，小米科技与运营商长江和记集团、零售巨头 A. S. Watson、电器零售商 Media Market 陆续展开合作。据市场研究公司 Canalys 和 IDC 的数据，2023 年全年，小米科技以 1.46 亿台出货量排名全球第三，市场份额为 13%。

这一阶段的小米科技在欧洲靠性价比赢得广泛的市场。小米科技在欧洲实行双品牌策略：红米主打性价比，小米科技主打高端科技与品牌化。据中信建投研报，红米系列是小米科技打开海外市场的核心系列，偏高端的小米科技系列在海外主要销往西欧。

第四阶段：2023 年至今。2023 年 3 月，小米科技发布首辆 C 级高性能生态科技轿车小米 SU7。虽然尚未出口海外，但海外市场反响热烈。可以预见的是，小米科技汽车将成为海外市场的下一个“大爆单品”。

表 2　小米科技国外发展历程

时间	重要事件
2014 年 2 月	小米科技正式开启国际市场，红米手机在新加坡首发
2014 年 4 月	为适用国际化战略，小米科技启用新域名 mi. com
2014 年 7 月	小米科技开始进军印度市场
2014 年 8 月	小米科技进军印度尼西亚市场，在该国电子商务网站 Lazada 上独家销售红米手机

续表

时间	重要事件
2014 年 10 月	小米科技超过联想公司和 LG 公司,一跃成为全球第三大智能手机制造商,仅次于三星公司和苹果公司
2015 年 4 月	小米科技创始人、CEO 雷军入选 *Time*"100 位最具影响力人物"
2016 年 5 月	MIUI 全球联网激活用户数超过 2 亿,遍及全球 156 个国家和地区
2017 年 7 月	国际数据公司(IDC)数据显示,小米科技 2017 年第三季度在印度的手机出货量为 920 万台,市场占有率达到 23.5%,成为印度第一大手机品牌
2017 年 11 月	小米科技在俄罗斯的市场份额达到 11.1%,是国产手机中市场份额最大的品牌。同时,小米科技在乌克兰市场的市场份额已经扩大至 17%,同比增长了 102%,排名第二,仅次于三星
2018 年 2 月	继芬兰设计博物馆、法国蓬皮杜艺术中心后,小米 MIX 系列被德国慕尼黑国际设计博物馆收藏
2018 年 7 月	小米科技开始通过当地运营商在韩国销售红米 Note5,正式进军韩国市场
2019 年 10 月	小米科技在芬兰坦佩雷建立研发中心,用于研究智能手机相机
2019 年 12 月	小米科技在日本东京举行发布会,正式宣布进入日本市场
2020 年 2 月	小米科技在印度发布 POCO X2
2020 年 11 月	小米科技在德国杜塞尔多夫市设立西欧总部
2021 年 7 月	据 Canalys 第二季度全球智能手机市占率排名,小米手机销量超越苹果,首次晋升全球第二
2021 年 8 月	小米科技在日本推出了 Redmi Note 10 JE
2022 年 5 月	小米电视 F2 在海外发布
2022 年 8 月	小米科技印度公司穆拉里什南(MuraliKrishnanB)担任公司总裁一职,负责小米科技印度公司的日常运营、服务、公共事务及战略项目,并将继续努力加强公司对"印度制造"和"数字印度"计划的承诺
2022 年 12 月	小米科技与印度电信公司 Reliance Jio 合作,为用户 OTA 提供 True 5G 服务支持
2023 年 2 月	小米科技与 DBG Technology 公司合作,在孟加拉国达卡专区下辖的加济布尔县生产智能手机主板
2023 年 6 月	Google 携手凯度,发布《BrandZ™中国全球化品牌榜》2023 榜单,小米科技排名第二,荣登消费电子行业榜首
2023 年 11 月	小米科技宣布成为西班牙智能手机出货量第一品牌,自 2017 年 11 月登陆西班牙市场以来,小米社区应用注册粉丝已超过 100 万
2023 年 8 月	小米科技连续 5 年入选《财富》"世界 500 强"

资料来源：小米科技网站。

（三）小米科技国际化发展状况

自2014年开始拓展海外市场，历经近10年的努力，截至2023年底，小米科技境外市场收入为1218亿元，占总收入的44.9%。智能手机方面，小米科技在全球智能手机中出货量排前3名，市占率为12.5%（见图3），连续3年稳居全球前3名，全球月活跃用户数达6.4亿。在全球51个国家和地区中智能手机出货量排前3名，在65个国家和地区中智能手机出货量排前5名。IoT和生活消费产品方面，AIoT平台连接到7.4亿IoT设备。小米科技电视全球出货量稳居世界前5名。海外地区平板电脑出货量实现翻番增长。可穿戴腕带在全球销量排第2名。互联网服务方面，小米科技境外互联网服务收入达84亿元，同比增长24.1%。

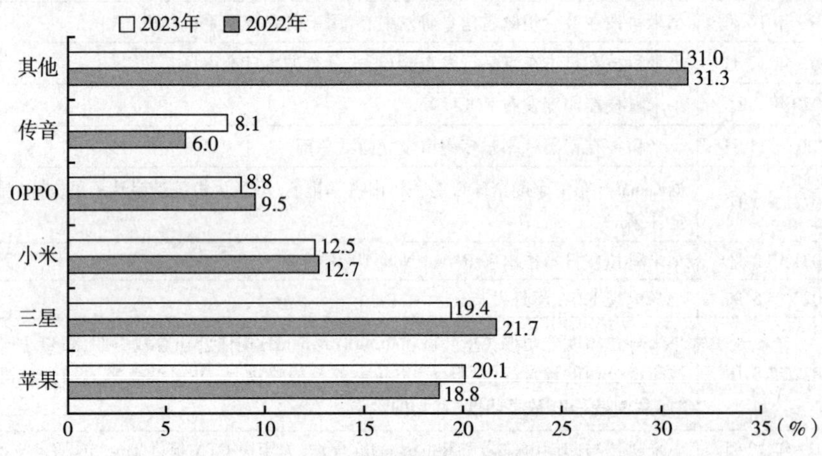

图3　2022~2023年全球智能手机Top5企业市场份额

资料来源：国际数据公司（IDC）。

1. 印度及东南亚市场

2014年7月，小米科技进入印度市场，通过与印度电商巨头Flipkart合作，复制国内的“饥饿营销”模式迅速打开市场。小米科技依旧凭借自身产品的超高性价比、本土化的宣传和印度市场负责人的有力领导在印度市场保持了快速增长。进入印度仅仅两年，小米科技的营收就突破了10亿美元。

“红米”系列手机在印度的爆火，使得小米科技终于成了印度线上平台的超级大牌。2017年前后，小米科技面临线上销售渠道单一、市场增长速度停滞的挑战，采用三管齐下的策略进攻线下市场。小米科技不但建立了大型零售店，还在各地开办小米之家并与第三方商店进行合作。不仅如此，小米科技还向印度的100家创业公司投资10亿美元，建设围绕其智能手机品牌的应用生态系统。截至2021年，小米科技在印度与富士康、伟创力（Flex）合作，在泰米尔纳德邦和安得拉邦建成3家制造工厂。此后的5年里，小米科技在印度智能手机市场的份额分别为28.9%、28.6%、26.0%、24.0%、20.0%。虽然一直呈下滑趋势，但依然连续5年坐稳印度第一大手机品牌的宝座。2023年6月，小米科技遭遇了印度市场最大“滑铁卢”。印度监管机构以“向外国实体非法转移资金”为由，宣布没收小米科技印度公司555.127亿卢比，相当于小米科技在印度9年利润总额的6倍。即便如此，巨大的市场潜力和前期重资产的投资还是让小米科技选择继续扎根印度。

2014年，小米科技陆续进军马来西亚、菲律宾、印度尼西亚等国。通过自建的电商平台，小米科技将手机卖进了东南亚。2015年，印度尼西亚提出本地化生产诉求，逐步禁止部分机型从海外整机进口，要求在印度尼西亚当地实现组装，并从低端手机逐步推进到高端手机领域。2017年2月，小米科技宣布在印度尼西亚本土生产手机，与印度尼西亚当地企业Erajaya、SAT Nusapersada以及TSM Technologies合作建厂。从2017年起，小米科技在印度尼西亚销售的手机产品实现了100%本地化。印度尼西亚工厂成为小米科技在东南亚的首个海外手机生产基地。小米科技越南工厂在2021年6月建成投产，2022年6月由越南代工生产的小米科技手机开始销售。除了供应越南本地市场外，也会供应其他东南亚国家，如泰国和马来西亚。截至2024年1月，小米手机在东南亚市场的份额为18%，成为东南亚仅次于三星的第二大手机品牌。

2. 东亚市场

2019年12月9日，小米科技正式进军日本市场。在此之前，苹果占据了日本超过半数的市场份额，其他市场份额由日本国内的自有品牌占据。日本市场的消费者追求低价但功能齐全的手机产品，因此小米科技推出了搭载 5G 的 Mi Note10、10Pro、小米手环 4 等产品。小米手环 4 在发布当月，就成为日本亚马逊运动追踪类“最畅销”榜单的第 1 名。2024 年 7 月，小米手机在日本市场取得显著突破，成功进入市场前 3 名，并实现了 359%的出货量增长。

小米科技在 2021 年进入竞争激烈的韩国市场。韩国拥有全球第一大手机品牌三星和排前 5 名的电子数码巨头 LG，韩国民众偏爱使用本土品牌手机。在韩国除了苹果手机以外，其他品牌使用率趋近于 0。因此，小米科技在进军韩国时，避免与走“大而全”路线的苹果、三星等正面作战，而选择立足于“迂回”战略首先发力细分市场。在腕带市场，小米手环以 38.9%的市场占有率遥遥领先。2021 年 12 月，小米科技在韩国龙山开设了首家“Xiaomi Lite Store”，两年多过去了，小米科技在韩国稳稳扎根，很受韩国消费者的喜爱。目前，小米科技已形成了专业运动、专业健康、入门类运动检测、标准智能手表四类可穿戴设备产品线。除在韩国龙山开设的首家店铺以外，小米科技也在 homeplus 设立了体验店。目前，韩国九老区、佳阳站均设有小米体验店，并在光明市设立了维修服务中心，让韩国用户消费无忧。

3. 欧洲市场

2017 年 11 月，小米科技在西班牙发布小米手机 MIX 系列第二代产品，与谷歌 Android One 开展深度合作。同时推出米家智能生态链产品。在此之后，小米科技开始深度挖掘西欧市场，连续开拓了法国和意大利市场。根据 Canalys 的统计数据，2023 年小米手机欧洲市场占有率为 17%，虽然市场占有率有所下滑，但依然稳居欧洲智能手机出货量第 3 位。小米科技在欧洲的线下销售门店也在不断建设。小米科技设定了非常明确的发展路线，在线上销售模式中塑造手机品牌形象的同时，建设线下门店，打造一个智能家庭场景。小米科技先后在西班牙、意大利和罗马尼亚建立小米科技之家，由于颇受消费者欢迎，小米科技又陆续在英国、法国、德国开设小米科技授权店。2018 年小米科技正式进驻欧洲市场，2019 年其欧洲线下门店就已经超过 50 家。

4. 拉丁美洲、非洲和中东市场

拉丁美洲区域发展不均衡，其中巴西、墨西哥、哥伦比亚、阿根廷、智利和秘鲁六国是这一区域发展水平较高的国家，也成为手机厂商重点布局的市场。早在2015年，小米科技就曾试水拉美市场。而作为拉美最大经济体的巴西成为小米科技的首选。然而，当时巴西整体的经济状况不佳，再加上巴西高昂的税收，以及政府因本土保护主义而出台的一系列政策，小米科技在频频受挫后，最终于2016年宣布暂别巴西市场。3年之后，已经在国际上获得一定知名度的小米科技决定重回巴西市场。2019年6月，小米科技在巴西圣保罗开设了第一家实体店。随后，小米科技加快了在拉美的布局，通过在线商城和线下"米店"将产品卖到了巴西、墨西哥、哥伦比亚、智利和乌拉圭等市场。其中，小米科技旗下的红米手机具有很高的性价比，在因为经济下行而"消费降级"的消费者中获得了高度认可。2023年，小米科技在拉丁美洲市场居手机出货量第3位，同比增长42%。

2017年，小米科技宣布将进入中东地区，在迪拜开设了首家授权实体店，旗下产品通过授权分销商的方式销售，包括电商平台、本地电信运营商以及本地商超等，多管齐下。2021年6月，小米科技在沙特阿拉伯开设了第一家小米商店，提供涵盖智能手表、吸尘器和生态系统产品的高端、中端和入门级产品，智能电子产品深受中东消费者的喜爱。2022年初，小米科技牵手迪拜本地战略营销伙伴BroomstickCreative，打通阿联酋线上社交媒体渠道，提高品牌知名度和消费者参与度。目前，小米、荣耀和传音已成为中东200美元以下细分市场的领军者。2023年，小米科技以14%的市场份额居中东地区智能手机品牌第3位。

与其他地区相比，非洲是一个潜力巨大的市场。它拥有接近13亿人口，人口年增长率约为2.3%，远超亚洲1%的增速。同时，受限于经济发展水平，功能机仍然占据非洲市场主流。早在2015年底，小米科技就已试水非洲市场，在条件较好的南非、尼日利亚和肯尼亚发售小米科技4和红米2两款产品。与国内的线上销售不同，小米科技选择与经销商Mobile in Africa合作，由后者负责进口、物流、营销和售后等环节，自己仅提供货源。但这一合作并未激起太大的浪花。到了2019年，小米科技在国内市场面临越来越大的竞争压力，开始把更多资源投入海外，非洲市场再度获得重视。小米科技以价格低于100美元的高性价比产品作为突破点，根据非洲每个国家的不同消费习惯和偏好制定不同的营销方案，与当地的移动集团进行合作。截至2023年，小米科技以11%的市场份额稳居非洲手机品牌第3位，销售量环比增长100%。

二 小米科技国际化发展动因分析

（一）寻求海外的市场驱动

国内市场竞争压力过大会促使企业将业务开拓到海外市场以扩大产品的市场份额，寻求新的海外市场是跨国企业出口经营的重要动机。从图4中可以看到，2012~2014年，小米科技智能手机销量高速增长后，2015~2016年增速放缓甚至出现负增长。其间正值4G手机产业高速发展时期，国内既有国际品牌苹果、三星、HTC的夹击，又涌现出如华为、中兴、酷派、联想等众多极具竞争力的国产手机品牌。2017年中国智能手机市场整体出货量

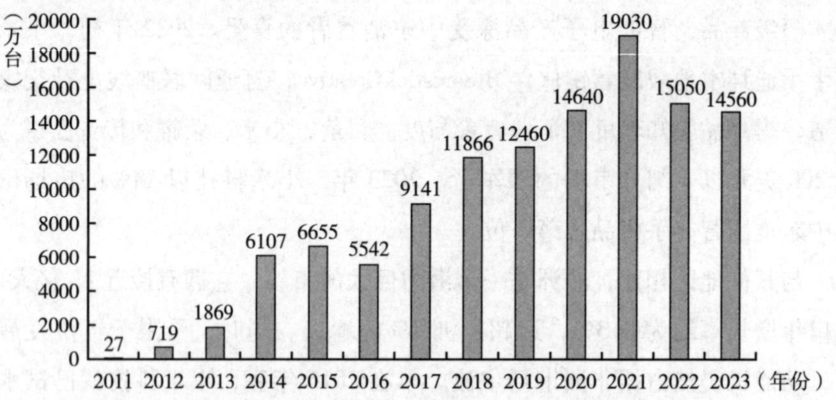

图4 2011~2023年小米科技智能手机销量

资料来源：小米科技网站。

首次出现下跌，与 2016 年相比，跌幅为 4%。2017 年底，国内智能手机品牌商由 2016 年的 200 余家减至 120 余家，国内手机市场的竞争越发激烈，国内手机市场进入存量模式。“小米模式”在度过了初始的红利期后逐渐显现疲态，面临国内市场的激烈竞争，竞争优势减弱，品牌吸引力下降，此时小米科技想要实现企业的可持续发展，只能走差异化路线，将目光投向国外市场。

与此同时，大多数海外新兴市场正处在功能手机和智能手机的换机潮中，与功能手机相比，智能手机的市场价格高不少，小米科技的出现精准地捕捉到了巨大的市场机会，用国外蓝海大幅度增加的市场需求来弥补中国本地智能手机市场由销量饱和而导致的消费意愿下降的问题。

（二）寻求技术的驱动

与苹果、华为等老牌科技公司相比，年轻的小米科技存在创新底蕴不够深厚、核心技术不足的关键问题。早期的小米科技没有自己的工厂，所有的零部件生产都靠加工厂代工。当需要某种必要技术时小米科技只能选择通过付出高额代价来购买其他企业的核心技术和硬件设备。这使得小米科技时常陷入与其他企业的专利纠纷中。因此，为了在全球市场中保持竞争力，小米科技需要寻求新的技术来源和创新动力，这推动了其向海外市场进军。华为的成功经验为小米科技提供了重要的借鉴。华为通过在欧洲、日本等地设立研发中心，吸引了大量的本地研发人才，结合自身的需求，逐步实现了在通信技术领域的突破。同样，小米科技也通过在全球范围内的布局，尤其是在技术发达的国家和地区建立研发中心或合作机构，吸收先进技术并融入自己的产品开发过程。例如，小米科技在印度、欧洲等地设立了研发和制造基地，通过与当地企业的合作，获取先进技术和生产能力，弥补自身在技术方面的不足。这种国际化布局，不仅有助于小米科技在这些市场上获得更多的用户基础，还能借助当地的技术资源，推动自身的技术升级和创新，提升其在国际市场中的竞争力。国际化经营对于小米而言，不仅是扩大市场份额的手段，更是推动技术进步和提升核心竞争力的关键步骤。

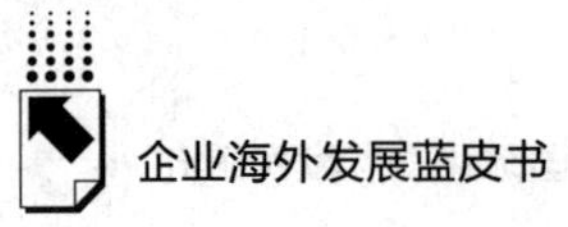

（三）跟随竞争对手

2014 年前后，小米科技在国内的主要竞争对手华为、中兴、联想、酷派等均已早早进入国际市场。华为手机所在母公司华为公司早在 1996 年就开始了国际化经营。华为在国际化经营过程中，与各国外厂商的业务合作关系不断增强，这种强大的国外关系网络为后来华为手机进入相关的国外市场创造了非常有利的条件。中兴通讯在 1998 年开始进军美国市场，近几年通过赞助 NBA 球队在美国打开了品牌知名度，通过与各大电信运营商的密切合作，主打中低端市场，取得了很好的销售业绩。联想手机在 2012 年开始实施国际化战略进入印度市场，在 2014 年收购摩托罗拉手机，并吸收了摩托罗拉的国际销售渠道。

在竞争对手纷纷进军国际市场并取得不错进展的情况下，小米科技必将跟随竞争者的脚步进军国际市场，以避免在国际市场竞争中处于劣势。

（四）管理层动因

高层管理者的个体特征是影响企业战略决策的关键因素，高层管理者的认知特性会通过影响决策团队的思维模式和战略意图，进而改变资源配置和组织架构，形成最终的战略决策。小米科技的主要决策层包括雷军、林斌、黎万强、周光平、黄江吉、刘德、洪锋等，这些高管大多具有国际化视野和国际化经营经验。雷军作为小米科技的创始人，在大学时期就深受《硅谷之火》一书中提到的美国硅谷的一些科技巨头影响，开始具备国际视野。大学毕业后在金山软件担任多年领导职位，其间成功促成金山软件上市。离开金山软件后，雷军作为天使投资人，成功投资了多家创新型高科技企业，获利丰厚，随后创办小米科技，可以说小米科技自成立之初就承载着创始人雷军国际化经营的目标。而其他六名联合创始人中有多名具备海外留学背景以及在跨国公司国际化经营中进行技术研发和经营管理的经验。小米科技管理层丰富的海外生活经验、国际化视野和国际化经营经验，使小米科技具备了国际新创企业的特质，是小米科技在成立短短几年就开始进军国际市场的重要动因。

三　小米科技国际化关键影响因素分析

（一）以高性价比迅速赢得海外消费者的关注

自小米科技成立之初，性价比就是其最好的代名词。小米手机能够一战成名，除了对技术的把握，更重要的是其超高的性价比。小米科技推出的小米手机 1 代配置强大、技术过硬、质量有保障的同时售价亲民，定价 1999 元，迅速抢占市场。在国际化过程中，高性价比同样是小米科技“征战海外”的一把利刃。

2014 年，小米科技进入印度市场，其推出的小米 NOTE，具有旗舰机的配置，拥有四核 Snapdragon 801 处理器，支持 1080p 的 5.7 英寸显示屏，但价格仅在 400 美元左右，其性价比要高出其他知名品牌一大截，直接打破了国际手机巨头在印度市场的垄断。同样，小米科技在进入新兴市场如东南亚和非洲时，也将发力点放在中低端手机市场。小米科技以红米系列手机为核心机型，以远低于市场平均水平的价格提供了高性能的手机。例如，红米 2 使用 Snapdragon 410 处理器和 IPS 显示屏，价格仅为 100 美元，非常具有竞争力，这使得小米科技在新兴市场赢得大量粉丝。由于东南亚和非洲市场的手机消费者大多数为年轻人，他们更关注手机的外观设计、拍照功能以及品牌口碑等方面。在这一方面，小米手机凭借时尚的外观设计和优秀的拍照性能，逐渐赢得了年轻消费者的喜爱。同样，在欧洲市场，小米科技依然靠性价比征服了欧洲消费者。根据 Canalys 在 2020 年的统计数据，欧洲市场的十大畅销机型中，除了 iPhone 系列价格比较高之外，其余都是售价在 250 欧元以下的廉价机型。其中，小米科技独占 3 款。在日本、韩国等国家和地区，小米科技高性价比的形象同样深入人心。在高性价比策略的引导下，小米科技总能迅速打开海外新市场。

（二）持续的技术创新提升了国际竞争力

小米科技的核心优势还在于持续的科技创新。小米科技基于安卓系统深度优化、定制、开发的 MIUI 系统，具有人性化、操作流畅等特点。同时，小米科技借助线上社区收集的客户意见，不断优化升级 MIUI 系统，通过技术更新更好地满足客户需求。在“出海”过程中遭遇知识产权争端、专利税罚款等挑战后，小米科技不断引入技术，夯实核心竞争力。小米科技于 2017 年 2 月发布芯片“澎湃 S1”，成为继苹果、三星、华为之后的第 4 家拥有自主研发手机芯片的手机厂商。此外，小米科技受到了专利诉讼案的启发，不断加大专利申请力度，并与微软、诺基亚签署了专利交叉授权协议。小米科技发布的数据显示，截至 2023 年底，小米科技全球授权专利数已超 3.7 万件，正在申请的还有 3 万件。海外专利主要布局美国、欧洲、印度、日本、韩国、俄罗斯和巴西等国家和地区。此外，小米科技近年来不断加大研发投入力度，提高研发成投入在总营收中的占比，并从 2019 年开始，设立小米技术奖，向全年度技术成就最高的项目的核心研发人员颁发 100 万美元的奖金。小米科技还和商汤、百度、搜狗等企业开展深度合作，充分利用这些企业的技术优势，提升品牌竞争力。现如今，小米科技正在逐步改善手机品牌的形象，在海外销售高端机型，产品力得到有效提升。

（三）实行“手机 × AIoT”双引擎核心战略

AIoT 是 AI（人工智能）技术和 IoT（物联网）技术的结合，有极广阔的应用场景，是目前全球手机厂商竞争的主战场。根据 IoT Analytics 的数据，2020~2023 年全球 AIoT 行业的市场规模有望达到 29%的复合增长率。AIoT 通过物联网产生或收集不同维度的海量信息，并存储至边端、云端，再利用大数据分析、人工智能，实现万物数据化、智联化。小米科技自 2017 年起加速布局 AIoT，占据绝对先机，目前已形成以手机、智能硬件和 AIoT 平台为核心的业务布局，产品线覆盖多个地区和领域。2017 年第一届 MIDC 大会宣布小米科技成为全球最大的智能硬件 IoT 平台。近年来频频发布的小米科技 AIoT 系列产品，在各个海外市场屡创佳绩。以欧洲为例，作为技术和消费电子产品的重要市场，欧洲对高科技智能家居和物联网设备的需求十分旺盛。小米科技利用这一市场特点，通过“手机×AIoT”战略，成功将其 AIoT 产品推向欧洲，取得了良好的市场反响。小米科技在欧洲推出了一系列智能家居产品，包括智能灯泡、智能音箱、扫地机器人、智能手环和空气净化器等。这些产品以先进的技术和易用性，迅速吸引了欧洲消费者，尤其是德国、法国和西班牙等国家的消费者。这些产品不仅赢得了消费者的青睐，还获得了多项欧洲技术奖项。

放眼全球，互联网用户已进入存量竞争时代，互联网企业竞争激烈，获客成本逐年递增。小米科技以“手机×AIoT”为核心战略，形成智能手机与 AIoT 的战略互补，凭借多样的硬件设备和海量的用户基础，实现进一步的数据沉淀和生态链发展，再反哺智能手机与 AIoT 业务的良性循环，在全球万物互联时代占得先机。

（四）因地制宜实现本土化

通过发展与培育小米科技文化相契合的本土化策略，公司持续拓展全球业务。2020 年，小米科技 CEO 雷军公布小米科技在海外市场的发展原则，即小米科技将继续坚定不移地追求“全球化中的本地化”，将产品卖到各个国家，真正成为每一个国家的本地企业。在这一点上，小米科技在印度市场的本土化战略十分成功。随着印度政府加强对智能手机进口的管控，小米科技迅速与富士康合作，将其供应链快速部署到印度，实现本土化生产。这比苹果整整领先了 5 年。这一策略为小米科技贴上了“印度制造”的标签，使得小米科技在印度市场的份额一年之内从 3.3%涨到 13.3%，2018~2021 年，小米为印度第一大手机品牌。除了将供应链快速部署到印度，小米科技还在印度部署自己的零售店。印度政府此前规定，要想在印度开设实体店，必须有 30%的商品采购自印度本土。2017 年，小米科技选择适应印度政府的规定，开设小米商店。现在，小米科技在印度已经有 3000 家品牌店。而苹果直到 2019 年才在印度开设了第一家苹果商店。截至 2023 年，小米

在印度销售的手机，99%由印度工厂生产。除此之外，小米科技还联合顺为资本投资了众多印度企业，如在线小额贷款平台 KrazyBee、在线音乐和视频供应商 Hungama Digital Media Entertainment、二手手机回收及维修公司 Cashify 等。这些“重资产”投资，不仅帮助小米科技降低了生产和运营成本，还为其全球化战略提供了强有力的支持，确保了公司在印度市场的长期发展。

小米科技因地制宜的本土化战略在全球范围内取得了显著成功。通过快速适应不同国家的市场环境和政策要求，小米科技不仅成功实现了本土化生产，还通过投资本土企业、开设本地零售店等措施，进一步巩固了其市场地位。

（五）数字技术赋能新零售建设

早期为节省销售成本，小米科技采取全线上销售模式，不设线下实体店。然而在进军海外的过程中，小米科技逐渐发现国外的电商平台相较于国内并没有那么普及，消费者依旧以线下消费为主。因此，2016 年小米科技首家海外线下门店在新加坡开业，之后逐渐开遍全球。小米科技线下门店以直营模式为主，为了降低线下门店所带来的销售成本，小米科技将除手机之外的其他智能硬件也摆上货架，大大降低了单类商品销售成本。消费者可以事先在线上商城进行挑选，随后到线下门店进行详细信息的确认和直接提货，减少了消费者的购买决策时间，门店平均坪效达 20 万元，是线下门店平均坪效的 20 倍。

更重要的是，线下门店提供了海量的消费数据，成为小米科技深入海外市场的切入点。利用数据赋能提升整体运营效率。2020 年 9 月，小米科技推出自主研发的门店管理 App——小米零售通，将线下渠道实时客流量、销售情况及库存等数据进行汇总、分析、处理，供经营决策使用，以数字化赋能门店运营体系，将数据驱动作为公司线下模式的核心竞争力，提高整体运营效率及店面投资回报率。小米科技早期进入西班牙市场时受阻，经调研后发现当地消费者更倾向于线下购物。为了适应这一消费习惯，小米科技开始在当地布局线下门店。为了提升线下门店的运营效率，小米科技在西班牙引入零售通 App，通过将线上平台和线下门店的数据联通，实时监控商品销售情况、库存量以及顾客的消费偏好。小米科技还利用数字技术对门店的客流量、销售数据进行实时分析。这些数据不仅帮助小米科技优化产品陈列和营销策略，还为门店的运营决策提供了强有力的支持。

（六）利用互联网实现线上营销

在小米科技的国际化经营过程中，互联网销售依旧是主要的营销方式。互联网营销主要通过以下两个方面来降低成本。首先是降低营销成本。和传统的营销体系相比，互联网营销中会产生很少的劳动力成本和固定资产开支。互联网营销在很大程度上减少了经销商等中间环节，企业和消费者可以直接进行交易。由于营销成本的降低，最终的产品具有明显的价格优势。其次是降低生产成本。根据顾客订单进行生产是互联网营销的另一个特征。在这种按需生产模式下，企业能够对各部门资源和优势进行有效整合，使得企业内部支出流动性大大增加，库存量大大降低。依托互联网营销模式的差异化策略，小米科技获得了低运营成本的巨大优势。

小米科技的线上营销又分为线上直销和线上经销两种模式。线上直销是通过小米网站及其自有的电商平台（如小米商城）直接向全球消费者销售产品。这种方式减少了中间商环节，使得产品价格更具竞争力，同时增强了品牌的直接影响力和用户黏性。线上经销是通过当地市场的第三方电商平台来销售，如印度的 Flipkart、亚马逊印度，俄罗斯的 Ozon、Wildberries，西班牙的 PcComponentes 等，进一步扩大其市场覆盖面。通过这些平台，小米能够迅速进入市场并触及更多潜在客户，同时利用本地平台的物流和支付系统，减少市场进入的障碍。以俄罗斯市场为例，小米自 2016 年进入该市场以来，成功地采用了线上为主、线下为辅，直销与分销相结合的战略。截至 2023 年，小米已经成为俄罗斯市场的第一大智能手机品牌。小米在俄罗斯与多个分销商合作，覆盖了从城市到农村的不同市场需求。在城市中，小米主要与大型连锁分销商合作，而在农村地区则依赖小型分销商，并通过全球化的电商平台如 AliExpress 进一步扩大其市场影响力。与传统的线下营销相比，互联网营销不仅使营销费用大幅降低，还能利用大数据分析和客户反馈进行精准营销，提升产品竞争力和品牌形象。

（七）社交媒体运营，建立粉丝社区

小米科技本地化战略的高速推进，离不开海外营销团队有效的本地传播策略和口碑运营支撑。互联网时代最为成功的品牌全球化传播，必须借助主流社交媒体矩阵全面发力。然而，目前中国品牌在海外主流社交媒体上的整体影响力依然较弱，小米科技先人一步的海外营销思维在社交媒体上的突围尤为显著。截至 2020 年底，小米科技已在全球 7 大社交媒体平台、75 个市场建立了官方主页，通过富有黏性的互动活动和深入人心的本地文化融合，步步推动“米粉”文化的全球裂变。同时，小米科技的国际总部账号于 2020 年 4 月达成了国际四大主流社媒平台（Facebook、Twitter、Instagram、YouTube）“百万粉丝大满贯”的成就，是业内继苹果、三星后第 3 家达成这一成就的品牌。小米科技在海外社交媒体 IP 栏目的内容，包含围绕“用小米科技手机拍大片”的 Xiaomi Studios、挖掘爆品背后故事的 Mi Insider、围绕精彩开箱测评的 Mi Stery Box 与讲解小米科技前沿黑科技的 Mi Academy 等，这些小米科技基于自身社交媒体的原创 IP 栏目，配合各类线上线下实时热点活动的推进，如“米粉跑”、“云蹦迪”、游戏直播类活动“Take Mi On”、云拍片比赛“My Home Movie”等，丰富了用户体验，拉近了用户之间的沟通距离，深化了产品内涵，也让海外用户加深了对小米科技的品牌记忆。

经过长期经营，Xiaomi Community 已经成长为全球最大的智能手机品牌社区，总注册用户超过千万人，日活用户数达到 470 万，并在 20 个市场建立了本地分站点，成为米粉社群联动交流的精神角落和展示舞台。“米粉”能在线上社区进行意见反馈，参与手机生产制造的全过程。这种良性互动有利于企业与用户之间建立深厚的情感联系，也在无形中提升了用户对小米科技品牌的认可度，用户因获得了参与感而自发传播。这体现了小米科技一以贯之的“以用户为中心”的经营理念，激发了用户的力量和沟通的价值，

凸显了远高于同类品牌的互联网传播效能、创意积淀和深刻的本地文化洞察力。

四 展望与建议

（一）加大研发投入力度，实现产品升级，提升品牌形象

曾将性价比作为核心竞争力的小米科技，迟迟难以走向高端，被外界诟病，以及与苹果、华为等相比缺乏竞争力的最根本问题，正是缺少核心技术。2015 年，研发投入首次出现在小米科技的财务年报上，占总营收的比例为 2.26%。近年来，由于国际化发展需要，小米科技不断加大研发投入力度，不过其在总营收中的占比并未出现大幅提升。受早期高性价比战略的影响，小米科技始终在尽量压低生产成本。但随着企业成长，小米科技在进军发达市场时势必需要对自己的产品形象做出调整。数字经济时代，无论是智能手机还是其他智能硬件，市场对于产品的科技含量有更大的期待，AI 等技术被逐步商用化、个人化，手机成为私人大数据处理的智能终端。全球市场的消费趋势更趋向于重视性能、技术、品牌形象等卖点，靠打价格战显然在未来失去了可持续性。小米科技的战略转型迫在眉睫。转型高端市场，是小米科技提升品牌力和产品力的必由之路。其中的关键就是不断提高对研发和创新的重视。一是要大幅提升研发投入，不仅要在总营收中提高研发投入的占比，更要在关键技术领域实现突破。通过掌握核心技术，小米可以摆脱对外部供应商的依赖，提高产品的独特性和技术含量，为高端产品的推出奠定坚实基础。二是要重新定位品牌形象，从“高性价比”向“技术领先、高端创新”过渡。三是应进一步扩展其全球研发网络，特别是在技术发达国家设立更多的研发中心，吸引全球顶尖技术人才。同时，通过与国际顶尖高校、研究机构的合作，获取最前沿的技术资源。四是应加快 AI 和大数据技术在产品中的应用，使手机成为个人大数据处理和管理的智能终端。通过智能技术的应用，提升产品的科技感和用户体验，增强在高端市场中的竞争力。

（二）注重合规经营，减少知识产权争端

在智能手机行业，没有一家公司可以独立、不依靠他人的技术来制造一部智能手机。因此，全球的知识产权合作和规则十分重要，知识产权的保护体系的核心是保护创新。小米科技在其全球化过程中始终面临多元复杂的知识产权争端。小米科技在2014年进入印度市场仅5个月的时间里就遭遇移动通信设备商爱立信的专利诉讼。后面进入拉美和欧洲市场也频频面临挑战，历经多次以Blue Spike、Sisvel等为代表的非专利实体机构（NPE）的指控。每一台智能手机的背后都有相应的发明专利做支撑，因此对于手机企业来说，专利就是最重要的基础性资产。于小米科技而言，加强国内外专利布局迫在眉睫。一方面，提高创新能力、加大自研力度是根本。要重视技术研发和专利部署，将自主创新和技术驱动尽快转化到企业基因中，在新的技术领域取得更多的专利，构筑自己的专利“护城河”。另一方面，通过专利收购实现短时间内补足或缩短建立资产的时间。小米科技可以通过收购具有战略价值的专利组合，快速补齐自身在某些技术领域的专利短板。这不仅可以增强小米科技在这些领域的技术竞争力，还可以降低因专利不足而遭遇诉讼的风险。同时，考虑到地缘政治等因素，在进入海外的新市场时，要积极建立与当地企业的专利联盟与合作关系，尽可能达成专利交叉许可协议，追求双赢的问题解决方式。这样的合作不仅可以为小米科技提供法律保障，还能拓展其在当地市场的业务网络，提升市场进入的顺畅度。

（三）提高本土化水平的同时加强对海外子公司的控制

小米科技在布局海外市场的同时，面临被当地政府要求本土化的压力。以印度为例，2023年，印度政府向包括小米、OPPO、vivo、realme等在内的中国手机品牌提出要求，在印度运营的中国手机品牌，应当任命印度籍人士担任首席执行官、首席运营官、首席财务官和首席技术官等高管职位。印度政府同时提出要求，中国手机厂商需将制造合同委托给印度公司，并让当地企业参与手机制造流程，通过任命印度本地经销商，实现分销结构的本地

化。其中，对于中国手机厂商 vivo，印度政府要求塔塔集团持有 vivo 印度公司至少 51%的股份，同时要求收购后的合资公司由印度厂商主导，营销网络也要实现在地化。

实施本土化战略的优势自不必说，但是不能忽视印度子公司存在脱离母公司的风险这一问题，尤其是在当地政府的强力介入和印度子公司的本土化程度越来越高的情况下。本土化程度过高，自主化程度高，就会有脱离控制的风险；本土化程度过低，自主化程度低，就会打击子公司的发展积极性。因此，小米科技需要在保持市场竞争力与防范子公司脱离母公司的风险之间找到平衡点。首先，小米科技可以考虑分阶段放权，在本地化的过程中设定关键控制点，保留对核心技术研发、产品设计、品牌管理和财务审计等关键领域的控制权。其次，在海外子公司实施双重领导架构，保持对子公司战略方向上的控制。再次，与印度当地企业合作，成立合资公司，并确保在合资公司中保持一定的控股权。最后，小米科技需要保持本土化策略的灵活性，随时根据当地政府政策的变化进行动态调整。在法律和合规层面做好充分准备，防范潜在的风险。

参考文献

小米科技网站，https：//www. mi. com。

雷军（口述）、徐洁云（整理）：《小米科技创业思考》，中信出版社，2022。

尹世强：《小米公司欧洲市场出口经营策略分析》，硕士学位论文，天津商业大学，2022。

全昆成：《小米公司在韩国市场的营销模式分析》，硕士学位论文，首都经济贸易大学，2020。

Abstract

With the increasingly intense international competition, Chinese companies are facing unprecedented challenges and opportunities in overseas development. On the one hand, global economic growth remains sluggish, economic globalization faces headwinds, geopolitical tensions are spreading, and global supply chains and industrial chains are being rapidly restructured, making the external trade environment increasingly complex. On the other hand, China's economy has successfully withstood external risks and multiple domestic pressures. Thanks to a series of policies aimed at stabilizing growth, China's economy is gradually recovering and improving. At the same time, China's high-level opening-up continues to deepen, and timely and effective foreign trade policies have provided more favorable conditions for the development of external trade. Amid this dual landscape of challenges and opportunities, China's foreign trade has demonstrated strong resilience and innovative dynamism, contributing positively to stable economic growth and ongoing recovery.

The report points out that in 2023, China's trade in goods exceeded expectations, with the structural optimization of trade subjects, partners, products, and regional distribution improving further. Positive progress was made in the integrated development of domestic and foreign trade, with intermediate goods trade showing strong growth. The scale of service trade reached a record high, and both foreign direct investment and overseas engineering contracts remained stable with upward trends. In 2023, although the number of Chinese enterprises included in the "Fortune 500" decreased, their revenue saw moderate growth. The number of Chinese enterprises in the "Top 100 Most Valuable Global Brands" remained steady compared to 2022, but their overall brand value declined. From the perspective of foreign investment by Chinese listed companies, the total foreign investment in 2023 increased, with investment primarily focused on regions with geographical advantages and complementary advantages. Investment sectors were diversified, mainly focusing on metals, equipment manufacturing, and the chemical industry. The investment model was predominantly independent investment, capital increase, and joint ventures. The geographical distribution of investing companies was uneven, showing a concentration in the east and fewer in the west, with the majority of investing companies coming from the manufacturing sector, predominantly private enterprises. Since the implementation of Beijing's "Two Zones", the total import and export volume of Beijing's service, goods, and digital trade has shown an upward trend, driving the high-quality development of Beijing's foreign investment. Following the implementation of RCEP, Beijing enterprises have made new progress in goods trade, service trade, and digital trade with RCEP member countries, presenting both opportunities and challenges for Beijing's high-quality foreign investment. In 2023, Beijing's cross-border e-commerce experienced strong growth in total import and export volume, pilot programs for pharmaceutical products, government financial support, and the number of newly established enterprises. Beijing Cross-border E-commerce Comprehensive Pilot Zone contributed to cross-border e-commerce growth through policy synergism, consumption growth, and industrial upgrading. In addition, while Beijing enterprises have certain advantages in foreign trade along "Belt and Road", they also face challenges such as insufficient international operational and risk management capabilities, intense global digital trade competition, and a lack of depth in green trade cooperation. In 2023, Beijing enterprises' investment along the "Belt and Road" decreased, with a broader layout in emerging markets, indicating that while avoiding high-risk markets, companies actively sought new growth opportunities.

Keywords: Chinese Enterprises; Beijing's "Two Zones" Initiative; RCEP; "Belt and Road"; Cross-border E-commerce

Contents

I General Report

Abstract: In 2023, China's foreign trade demonstrated strong resilience by withstanding external pressures and overcoming internal difficulties. The scale of goods imports and exports exceeded expectations, allowing China to maintain its position as the world's largest trader in goods. The structure of trade entities, trading partners, goods categories, and regional distribution were further optimized. Positive progress was made in the integration of domestic and foreign trade, with intermediate goods trade showing strong growth. The scale of services trade reached a historic high, with significant growth in travel services and knowledge-intensive services trade. Both foreign direct investment and overseas contracted projects remained stable with upward trends, showing robust growth in investment and engineering contracts in countries involved in the "Belt and Road" Initiative.

Keywords: Foreign Trade; FDI; Overseas Contracted Projects

Ⅱ Sub-reports

Abstract: This report quantitatively analyzes the Chinese enterprises listed in the Fortune 500 in 2023 from three dimensions, namely, geographical distribution, industry distribution and ownership structure distribution, and qualitatively analyzes and summarizes the typical cases of typical enterprises. Generally, the number of Chinese enterprises on the list in 2023 decreased by 3 compared with that of the previous year, and their business revenue showed a certain degree of growth. From the geographical distribution, most of the shortlisted enterprises still come from the eastern region, and the number of shortlisted enterprises in the western region had a breakthrough in the past; from the distribution of industries, the top three industries are manufacturing, general and finance; from the distribution of ownership structure, state-owned enterprises still account for a large proportion, and are still the backbone of Chinese economic development, but the highest rankings of the private enterprises in the world's top 500 enterprises have become more and more advanced, indicating that the international competitiveness of private enterprises has been increasing. This indicates that the international competitiveness of private enterprises is increasing. Combined with the specific analysis of typical enterprises, this report believes that Chinese top 500 enterprises have a good foundation of scale, and in the future, they should continue to focus on the quality of development, continue to make breakthroughs in innovation, branding, and internationalization, adhere to the innovation-driven, promote transformation and upgrading, accelerate the development of new quality productive forces, and focus on high-quality development, and gradually start from being "big" to being "strong". Focusing on high-quality development and gradually shifting from being "big" to being "strong". Chinese top 500 enterprises plan their own development based on the overall situation of Chinese-style modernization, cope with various difficulties and challenges from the international and domestic markets, actively participate in the construction of a modernized industrial system, adhere to the direction of high-quality development, focus on improving their core competitiveness, and strive to achieve effective qualitative enhancement and reasonable quantitative growth, so as to play a greater role in the construction of Chinese-style modernization.

Keywords: Chinese Enterprises; Fortune 500 Companies; High-quality Development

B.3 Evaluation and Analysis of Chinese Enterprises in the Top 100 Most Valuable Global Brands in 2023

Ge Chao, Yang Daoguang / 078

Abstract: This report makes a quantitative analysis of the Chinese brand enterprises listed in the "Top 100 Most Valuable Global Brands" in 2023 from the dimensions of geographical distribution, industry distribution and ownership structure distribution, and selects typical enterprises for qualitative analysis and summary. Overall, the number of Chinese enterprises that were shortlisted in 2023 remained the same as that in 2022, while the overall brand value showed a certain decline compared to 2022. From the perspective of geographical distribution, most of the Chinese brand enterprises that were shortlisted still came from the eastern region, with one each from the western region and Hong Kong. There were no enterprises from the central region, northeastern region, Taiwan region, and Macao region that were shortlisted; From the perspective of industry distribution, the largest number of industries are information transmission, software and information technology services, and wholesale and retail, followed by manufacturing and finance, with a relatively even distribution of finalists across these four industries; From the perspective of ownership structure, private enterprises still account for a large proportion, followed by state-owned enterprises. The number of wholly owned brands by Hong Kong, Macao and Taiwan legal persons is the smallest, with only one. Based on the specific cases of typical enterprises, it is analyzed that in the post-pandemic era, the global economic growth rate is slowing down, and the Chinese market is entering a gradual recovery stage. Focusing on the high-quality development of brands is the unchanging theme, and the ability to innovate in branding that cannot be replicated is crucial; Brands should always stand with consumers, continuously meet people's yearning for a better life, and build core capabilities that can survive through cycles and achieve long-term stability; at the same time, brand expansion into multiple categories or markets can enhance risk resistance. Chinese brands need to seize new users, new scenarios, new channels, new demographics, new regions, and create or join shared ecosystems.

Keywords: Brand Value; Ownership Structure; High-quality Development

Abstract: This report focuses on China's publicly traded companies in 2023, providing a quantitative analysis of their overseas investments. The analysis is conducted across six key dimensions: the regions and sectors targeted for investment, the modes of investment employed, as well as the geographical distribution, industrial composition, and ownership structures of the invested enterprises. The data show that: in 2023, the total overseas investment of China's listed companies continues to heat up, showing a growing trend; The investment areas are mainly those with obvious geographical advantages (Southeast Asia) and complementary advantages (Europe). The investment areas are mainly focused on metals, equipment manufacturing and chemical industries and are diversified. The investment mode is mainly independent investment, capital increase and joint venture. The regional distribution of investment enterprises is not balanced, showing the characteristics of "more east and less west"; The investment enterprises mainly come from manufacturing industry; The types of investment enterprises are mainly private enterprises. Based on the analysis of typical enterprise cases, this report believes that in the post-epidemic era, in order to promote high-quality development of overseas investment, Chinese enterprises "going global" must rely on the development of "Belt and Road" and RCEP, and continue to pay attention to the existing mature markets. We will build a new pattern of regional economic cooperation with emphasis on key sectors of the national economy, diversified and balanced development of investment distribution, and the leading role of private enterprises. At the same time, we will align with high international standards and rules to ensure steady progress in foreign investment.

Keywords: The Listed Companies; Foreign Investment; "Belt and Road"

Ⅲ Special Reports

Abstract: Based on the general situation of the construction of Beijing's "Two Zones", this report systematically combs the compatibility of the construction of Beijing's "Two Zones" to promote the high-quality development of Beijing's foreign trade from the three dimensions of national policy support, regional industrial coordination and linkage with the "three platforms". Based on this, this report expounds the influence mechanism of the construction of Beijing's "Two Zones" to promote the high-quality development of foreign trade from four aspects: expanding industrial opening, optimizing the business environment, promoting digital trade and improving risk prevention and control. The data show that after the construction of the "Two Zones" in Beijing, the total import and export volume of service trade, goods trade and digital trade in Beijing shows an overall upward trend; At the same time, the ratio of Beijing's service trade to goods trade in 2023 is 3: 10, higher than the national average level, and basically the same as the ratio of global service trade to goods trade, indicating that the development of Beijing's service trade is conducive to the structure optimization of China's service trade and goods trade. By comparing the import and export structure of trade, we find that whether it is service trade or goods trade, Beijing still has trade deficit, but the deficit of service trade is narrowing, and the deficit of goods trade is expanding. Based on the above analysis, this report believes that Beijing should rely on the digital economy to ease the trade deficit, promote the construction of digital trade pilot zone to develop digital trade, and seize the pilot opportunity to help expand the opening up of the national service industry with "Beijing's experience".

Keywords: "Two Zones" Platform; Service Trade; Digital Trade; Goods Trade; Beijing

Abstract: The Beijing's "Two Zones" platform has injected strong impetus into institutional innovation, industrial synergy and international exchanges, and is also brought and important opportunities for promoting high-quality outbound investment in Beijing. Therefore, this report studies how the Beijing's "Two Zones" platform can promote high-quality outbound investment in Beijing. Firstly, The report summarizes the strategic positioning of the Beijing's "Two Zones" platform and its strategic fit with Beijing's outbound investment; Secondly, it explores the mechanisms by which the Beijing's "Two Zones" platform can promote high-quality outbound investment in Beijing, including driving synergy between domestic and foreign markets, achieving policy and information interaction, promoting the spillover effect of technology, optimizing financial service models, and accelerating the aggregation of data resources; Thirdly, it focuses on the achievements of the Beijing's "Two Zones" platform in promoting high-quality outbound investment in Beijing, including the achievements of Beijing's outward non-financial direct investment, Beijing's outbound contracting and subcontracting, the achievements of Beijing's establishment of overseas enterprises, and an analysis of the regional, field, and entity situation of Beijing's outbound investment; Finally, based on the above analysis, it puts forward prospects and suggestions for promoting high-quality outbound investment in Beijing through the Beijing's "Two Zones" platform. This report aims to provide reference for promoting high-quality outbound investment in Beijing through the Beijing's "Two Zones" platform.

Keywords: Beijing's "Two Zones" Platform; Foreign Investment; High-quality Development; Beijing Enterprises

B.7 Research on the Promotion of RCEP to Facilitate High-quality Development of Beijing' Foreign Trade

Guo Tongtong, *Liu Siyi* / 172

Abstract: In June 2024, the Regional Comprehensive Economic Partnership (RCEP) mark the first anniversary of its full entry into force for 15 signatories, which have a profound impact on the high-quality development of Beijing's foreign trade. This report first reviews the new progress made by Beijing enterprises and RCEP member countries in trade in goods after the full implementation of RCEP, and makes an in-depth analysis of the status quo of import and export development from the overall dimension and country dimension respectively. Secondly, from the two aspects of service trade rules and service trade status, it analyzes the characteristics of the RCEP agreement in service trade, and the new achievements made by Beijing enterprises and RCEP member countries in service trade. Third, by interpreting the rules of RCEP on digital trade, as well as the digital trade potential of current RCEP member states and the digital trade endowment of Beijing, it provides new thinking on how to better build a regional digital trade system and promote the high-quality development of digital trade between Beijing enterprises and RCEP member states. Finally, it analyzes the key opportunities and core challenges for Beijing's foreign trade to achieve high-quality development after the full implementation of RCEP from five dimensions: connecting Beijing's "two zones" construction, stabilizing regional trade environment, improving technological innovation capability, deepening geopolitical pattern, and significantly increasing substitution effect. It also puts forward relevant policy suggestions for Beijing to further promote the high-quality development of foreign trade from the government level and enterprise level. This report has certain reference significance for Beijing to make good use of the RCEP agreement, give play to the advantages of the digital economy, and promote the high-quality development of foreign trade.

Keywords: RCEP; Foreign Trade; High-quality Development; Beijing

Abstract: The all-sided implementation of the Regional Comprehensive Economic Partnership (RCEP) has advanced the regional opening up and cooperation to a new level, and also brought opportunities and challenges for promoting a high-quality development of Beijing's overseas investment. Taking listed firms as representative firms and using the overseas investment data of Beijing listed firms from 2018 to 2023, this report first analyzes the overall impact of the all-sided implementation of RCEP on Beijing's overseas investment by examining the investment size change and nation distribution, and further analyzes the concrete impact of the all-sided implementation of RCEP on Beijing's overseas investment by distinguishing investment regions and investment models. Then, this report discusses the opportunities and challenges of promoting a high-quality development of Beijing's overseas investment under RCEP. Finally, based on the above analysis, this report puts forward corresponding suggestions, including increasing the breadth and depth of overseas investment, improving the ways and effectiveness of investment cooperation, advocating the concept of the New Quality Productive Forces, addressing compliance risks and ESG risks, and building a golden brand of "Invest in China" brand. This report aims at providing refrence for realizing provide reference for promoting a high-quality development of Beijing's foreign investment under the RCEP.

Keywords: RCEP; Foreign Investment; High-quality Development; Beijing Enterprises

Ⅳ Beijing Reports

Abstract: In 2023, Beijing's cross-border e-commerce has become a key force in stabilizing and optimizing the scale and structure of foreign trade, injecting new vitality into the high-quality development of the economy. This report examines the development of cross-border e-commerce in China and Beijing in 2023. The report highlights that China's cross-border e-commerce has seen steady growth for five consecutive years, and Beijing's cross-border e-commerce has shown significant growth in terms of the total volume of imports and exports, the pilot project of pharmaceutical products, the government's financial support, and the number of newly-established enterprises. Then, the report focuses on the policy of Beijing Cross-border E-commerce Comprehensive Pilot Zone and analyzes the impact of the Comprehensive Pilot Zone's policies on the development of cross-border e-commerce in Beijing in terms of policy synergism, driven consumption and industrial upgrading. Further, using a multi-period difference-in-difference model, the report empirically examines the policy effects and mechanisms of the comprehensive pilot zone based on data from Beijing-Tianjin-Hebei region. Finally, the report offers strategic recommendations for enhancing Beijing's cross-border e-commerce, which include leveraging pilot zone opportunities, increasing operational resilience, and improving digital and intelligent logistics systems.

Keywords: Cross-border E-commerce; Cross-border E-commerce Comprehensive Pilot Zone; High-quality Development; Beijing Enterprises

Abstract: Under the dual background of increasingly close trade exchanges along the "Belt and Road" and entering the second decade of jointly building the "Belt and Road", this report focuses on how Beijing enterprises develop high-quality the "Belt and Road" foreign trade. Firstly, this report reviews the current development status of trade about China and Beijing along the "Belt and Road"; Secondly, based on the strategic positioning of the capital city as the national political center, international exchange center, scientific and technological innovation center and cultural center of Beijing, this paper analyzes the advantages of Beijing enterprises in developing the "Belt and Road" foreign trade, and points out that they are currently facing challenges such as insufficient international operation and risk control capabilities, global fierce digital trade competition, and insufficient green trade cooperation; Thirdly, proposes key development paths from enhancing the integrated management capabilities of domestic and foreign trade, actively responding to trade digitization, and practicing the concept of sustainable development; Finally, relevant policy recommendations are proposed for steadily expanding institutional openness, building a comprehensive service system, and promoting collaborative innovation in the Beijing Tianjin Hebei region.

Keywords: "Belt and Road"; Foreign Trade; Beijing Enterprises

B.11 Research on Beijing Enterprises' Foreign Investment with "Belt and Road" Cooperation Countries in 2023

Han Zixuan, Yang Daoguang / 269

Abstract: In 2023, enterprises in Beijing demonstrated significant changes in their foreign investments in the Belt and Road cooperation countries, reflecting fluctuations in the global economic environment and shifts in geopolitical dynamics. This report summarizes the strengths of Beijing enterprises in the BRI and explores specific measures taken by Beijing to support these investments. It further focuses on analyzing the distribution of investment scale, geographic regions, industry sectors, nature of the investment entities, and investment methods. The data indicates that the scale of BRI investments by Beijing enterprises declined in 2023; however, the enterprises have expanded their presence in emerging markets, particularly with increased investments in Africa and the Middle East. This suggests that while enterprises are avoiding high-risk markets, they are actively seeking new growth opportunities. Meanwhile, the nature of the investment entities remains predominantly state-owned, with a gradual shift from primarily greenfield investments to more flexible non-greenfield investments. The report also proposes that in the face of current challenges and opportunities, Beijing enterprises need to further enhance their risk management capabilities, optimize their global footprint, and improve international competitiveness through technological innovation and green development. The government should intensify policy support during this process to promote higher-quality development of enterprises in the BRI framework.

Keywords: "Belt and Road"; Foreign Investment; Beijing Enterprises

V Case Studies

B.12 A Case Study of China Communications Construction's International Development

Ding Xuan, Yang Daoguang / 299

Abstract: China Communications Construction Company Limited (CCCC) is the world's leading oversize infrastructure integrated service provider. Since establishment, CCCC has adhered to the strategy of giving priority to overseas development, it is a model of "going global" for Chinese central enterprises and its international development level is in a leading position among central enterprises. This report takes CCCC as the research object and adopts the case study method to analyze the internationalization development process, current situation, motivation, key factors and prospect suggestions. The research shows that under the guidance of the "14th Five-Year Plan", CCCC closely follows the national layout, takes the reform of state-owned enterprises as an opportunity to improve quality development, constantly gives play to the advantages of its main business, improves its independent innovation ability, and thus promotes the internationalization of enterprises. In the process of international development, CCCC has been deeply engaged in overseas strategy, optimized market layout, integrated internal resources, adjusted industrial structure, adhered to territorial management, and strengthened foreign exchange management, and gradually built up an international competitive advantage, and has now developed into a leading enterprise in the global infrastructure industry. In the future, in order to further promote the process of international development, CCCC should optimize the risk prevention and control system, enhance the advantages of overseas business, keep up with the pace of triple play integration, and promote the green and low-carbon development of enterprises.

Keywords: China Communications Construction Company Limited; Infrastructure Industry; International Development

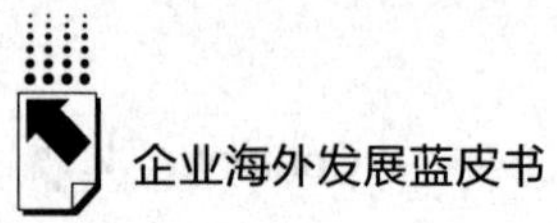

B.13 A Case Study of China Railway Constructionon's International Development *Jia Zhiyuan, Yang Daoguang* / 319

Abstract: As a landmark enterprise in China's construction industry, China Railway Construction has demonstrated its strength and comprehensive experience in international layout and overseas investment and construction. Its successful practices in overseas markets have not only provided valuable references and a path of reliance for other Chinese enterprises globalization, but also set a model for international development. This report focuses on the globalization of China Railway Construction and evaluates its overseas strategy, which divided into four main parts. Firstly, it outlines the development history of China Railway Construction, including its milestones both domestically and internationally, as well as its current state of internationalization. Secondly, it deeply analyzes the key factors driving the international development of China Railway Construction from four dimensions: national strategy and vital opportunities, the advantages formed by the corporate in overseas strategy, corporate brand building, and system reform and innovation. The third part dissects the reasons behind China Railway Construction's remarkable achievements in the internationalization process from three key points: the potential and opportunities of the international market, the deepening of state-owned enterprise management system reform, and alignment with the standards of world-leading enterprises. Finally, the report provides forward-looking prospects and suggestions for the future international development of China Railway Construction in terms of overseas political risks, legal protection systems, financial risks, and the development of overseas talent, aiming to help it continuously optimize and strengthen its global competitiveness.

Keywords: China Railway Construction; International Strategy; State-owned Enterprise

B.14 A Case Study of Xiaomi's International Development

Zhou Yiyang, He Jia and Wang Fenmian / 340

Abstract: Xiaomi is a consumer electronics and smart manufacturing company with smartphones and smart hardware connected by an IoT platform at its core. As a representative manufacturer in China's smartphone industry, Xiaomi began to layout international development in 2014. From Asia to Africa, from emerging markets to developed markets, Xiaomi's internationalization has been steady and steady in every step, making it among the top global smartphone manufacturers. This chapter takes millet as the research object, and makes an in-depth discussion on millet's domestic and international development process, internationalization development motivation, and key influencing factors of enterprise internationalization strategy. The study found that factors such as market, technology, internationalization tendency of senior managers, and competitors promoted the internationalization process of Xiaomi. In the process of Xiaomi's international development, factors such as high cost performance, continuous scientific and technological innovation, taking the lead in the layout of "mobile phone×AIoT", localization strategy, and the use of digital technology to enable new retail, Internet marketing and social media operations have played a key role. In the future, Xiaomi needs to increase investment in research and development, achieve product upgrades, pay attention to compliance management, reduce overseas intellectual property disputes, and take into account the control of overseas subsidiaries while improving localization, so as to highlight the "Chinese wisdom" in the world with a better brand image.

Keywords: Xiaomi; Smart phone; Internationalization

北京市哲学社会科学研究基地智库报告系列丛书

推动智库成果深度转化

打造首都新型智库拳头产品

为贯彻落实中共中央和北京市委关于繁荣发展哲学社会科学的指示精神，北京市社科规划办和北京市教委自2004年以来，依托首都高校、科研机构的优势学科和研究特色，建设了一批北京市哲学社会科学研究基地。研究基地在优化整合社科资源、资政育人、体制创新、服务首都改革发展等方面发挥了重要作用，为首都新型智库建设进行了积极探索，成为首都新型智库的重要力量。

围绕新时期首都改革发展的重点热点难点问题，北京市社科联、北京市社科规划办、北京市教委与社会科学文献出版社联合推出“北京市哲学社会科学研究基地智库报告系列丛书”。

北京市哲学社会科学研究基地智库报告系列丛书

（按照丛书名拼音排列）

· 北京产业蓝皮书：北京产业发展报告

· 北京人口蓝皮书：北京人口发展研究报告

· 城市管理蓝皮书：中国城市管理报告

· 法治政府蓝皮书：中国法治政府发展报告

· 健康城市蓝皮书：北京健康城市建设研究报告

· 京津冀蓝皮书：京津冀发展报告

· 平安中国蓝皮书：平安北京建设发展报告

· 企业海外发展蓝皮书：中国企业海外发展报告

· 首都文化贸易蓝皮书：首都文化贸易发展报告

· 中央商务区蓝皮书：中央商务区产业发展报告

皮书

智库成果出版与传播平台

✤ 皮书定义 ✤

皮书是对中国与世界发展状况和热点问题进行年度监测，以专业的角度、专家的视野和实证研究方法，针对某一领域或区域现状与发展态势展开分析和预测，具备前沿性、原创性、实证性、连续性、时效性等特点的公开出版物，由一系列权威研究报告组成。

✤ 皮书作者 ✤

皮书系列报告作者以国内外一流研究机构、知名高校等重点智库的研究人员为主，多为相关领域一流专家学者，他们的观点代表了当下学界对中国与世界的现实和未来最高水平的解读与分析。

✤ 皮书荣誉 ✤

皮书作为中国社会科学院基础理论研究与应用对策研究融合发展的代表性成果，不仅是哲学社会科学工作者服务中国特色社会主义现代化建设的重要成果，更是助力中国特色新型智库建设、构建中国特色哲学社会科学“三大体系”的重要平台。皮书系列先后被列入“十二五”“十三五”“十四五”时期国家重点出版物出版专项规划项目；自 2013 年起，重点皮书被列入中国社会科学院国家哲学社会科学创新工程项目。

皮书网

（网址：www.pishu.cn）

发布皮书研创资讯，传播皮书精彩内容
引领皮书出版潮流，打造皮书服务平台

栏目设置

◆ **关于皮书**
何谓皮书、皮书分类、皮书大事记、
皮书荣誉、皮书出版第一人、皮书编辑部

◆ **最新资讯**
通知公告、新闻动态、媒体聚焦、
网站专题、视频直播、下载专区

◆ **皮书研创**
皮书规范、皮书出版、
皮书研究、研创团队

◆ **皮书评奖评价**
指标体系、皮书评价、皮书评奖

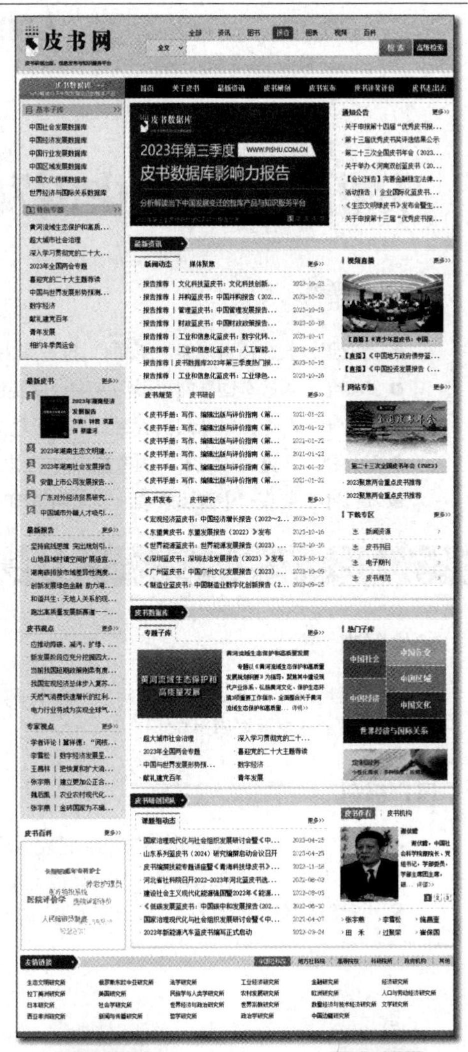

所获荣誉

◆ 2008 年、2011 年、2014 年，皮书网均在全国新闻出版业网站荣誉评选中获得“最具商业价值网站”称号；

◆ 2012 年，获得“出版业网站百强”称号。

网库合一

2014年，皮书网与皮书数据库端口合一，实现资源共享，搭建智库成果融合创新平台。

皮书网

“皮书说”
微信公众号

S 基本子库
UB DATABASE

中国社会发展数据库（下设 12 个专题子库）

紧扣人口、政治、外交、法律、教育、医疗卫生、资源环境等 12 个社会发展领域的前沿和热点，全面整合专业著作、智库报告、学术资讯、调研数据等类型资源，帮助用户追踪中国社会发展动态、研究社会发展战略与政策、了解社会热点问题、分析社会发展趋势。

中国经济发展数据库（下设 12 专题子库）

内容涵盖宏观经济、产业经济、工业经济、农业经济、财政金融、房地产经济、城市经济、商业贸易等12个重点经济领域，为把握经济运行态势、洞察经济发展规律、研判经济发展趋势、进行经济调控决策提供参考和依据。

中国行业发展数据库（下设 17 个专题子库）

以中国国民经济行业分类为依据，覆盖金融业、旅游业、交通运输业、能源矿产业、制造业等 100 多个行业，跟踪分析国民经济相关行业市场运行状况和政策导向，汇集行业发展前沿资讯，为投资、从业及各种经济决策提供理论支撑和实践指导。

中国区域发展数据库（下设 4 个专题子库）

对中国特定区域内的经济、社会、文化等领域现状与发展情况进行深度分析和预测，涉及省级行政区、城市群、城市、农村等不同维度，研究层级至县及县以下行政区，为学者研究地方经济社会宏观态势、经验模式、发展案例提供支撑，为地方政府决策提供参考。

中国文化传媒数据库（下设 18 个专题子库）

内容覆盖文化产业、新闻传播、电影娱乐、文学艺术、群众文化、图书情报等 18 个重点研究领域，聚焦文化传媒领域发展前沿、热点话题、行业实践，服务用户的教学科研、文化投资、企业规划等需要。

世界经济与国际关系数据库（下设 6 个专题子库）

整合世界经济、国际政治、世界文化与科技、全球性问题、国际组织与国际法、区域研究 6 大领域研究成果，对世界经济形势、国际形势进行连续性深度分析，对年度热点问题进行专题解读，为研判全球发展趋势提供事实和数据支持。

法律声明